三井不動産　産学連携推進部 監修

都市の産学連携エコシステム

湯川俊一・藤塚和弘・太田耕史郎 [著]

Industry-
Academia
Collaboration
for Regional
Ecosystems

勁草書房

はしがき

　広大な国土を持つ米国。にもかかわらず，日本人にとってはおなじみの西海岸や東海岸の一部の大都市ばかりに目が行きがちである。ニューヨーク，ボストン，ロサンゼルス，サンフランシスコ，シアトル，そのような西海岸や東海岸の大都市の動向に目を奪われている間に，かつて製造業で栄えた中西部ラストベルトや南部のサンベルトにおける中規模都市も勢いを増していることに気がついた。そして，その背景には長年にわたる産学連携の取り組みがあることがわかってきた。

　日本では地方の優秀な人材が大都市に吸い上げられていく。米国においても2000年代以降のGAFAに代表される企業の成長に伴って，地方都市から大都市に優秀な人材が吸い上げられるといった傾向が顕著となった。ところが，高度人材や新産業の流出を問題視した地方大学や地元の経済団体が西海岸や東海岸の大都市にならって，起業支援や大学と民間企業の連携を深めることに注力するようになる。その結果，2010年ごろからミレニアル世代をはじめとする若い世代のつなぎとめによる人口増加や，雇用創出につながる事業創出や大企業進出といった好ましい例も散見されるようになった。

　国土の規模や交通利便性などのインフラ事情，それから多民族性や労働文化などの面で大きく異なるために，日本と米国を単純に比較することはできない。そこで，欧州の中規模都市も参考事例に取り上げた。欧州においてもかつて栄えた製造業の流出により衰退した都市がいくつもあるが，その中で産学連携によって再生に取り組んでいる地方都市がある。いずれの都市も首都から一定の距離を保ち，独自の文化的土壌と世代を超えた人材育成を担う教育基盤を支えとして，新たな産業創出に一定の成果をあげていることが，日本の多くの都市にとって参考になると考える。

2024年秋

　　　　　　　　　　　　　　　　　　　　　　　　　　湯川俊一

目　次

はしがき

序論 ………………………………………………………………… 3

第1部　産学連携に関する不動産業の視点

第1章　産学連携エコシステムとは ………………………………… 9

1. はじめに　9
2. 産学連携の系譜　10
3. 産学連携の不動産アセット　12
4. 産業連携エコシステム　17
5. おわりに　18

第2章　なぜ海外の地方都市に着目するのか ……………………… 20

1. はじめに　20
2. 海外の地方に着目する理由　21
3. どの都市に着目するか　22
4. 大学について　24
5. おわりに　26
   補論　26

第3章　米国・日本の代表的なリサーチパーク ………………… 31
　　　　　——Stanford Research Park を中心として——

1. はじめに　31
2. Stanford Research Park　32
3. インキュベータ・アクセラレータ　40
4. 米国のその他のリサーチパーク　43

5. 日本の代表的なリサーチパーク　47

6. 日本のその他のリサーチパーク　51

第2部　米国サンベルト

第4章　高度人材を魅きつけるサンディエゴ …………………………57

1. はじめに　57

2. サンディエゴの大学　58

3. サンディエゴの産業界　70

4. サンディエゴにおける財団などの主な諸団体　77

5. サンディエゴにおける主な産学連携の不動産アセット　79

6. おわりに　82

第5章　企業・コンソーシアム誘致を発展の糧とするオースティン ……86

1. はじめに　86

2. オースティンの主要産業　87

3. オースティンの大学　92

4. オースティンにおける民間のリサーチパーク・インキュベータ／
アクセラレータ　98

5. オースティンにおける寄付　101

6. オースティンの生活・事業環境　105

7. おわりに　109

第3部　米国ラストベルト

第6章　大学と産業構造の転換をはかったピッツバーグ ………………113

1. はじめに　113

2. ピッツバーグの大学　114

3. ピッツバーグの産業界　121

4. ピッツバーグにおける財団などの主な諸団体　129

5. ピッツバーグにおける主な産学連携の不動産アセット　132

6. おわりに　137

目　次　　　　　　v

第7章　Deep tech に向かうシカゴ……………………………………141

1. はじめに　141
2. シカゴの主要産業　142
3. シカゴの大学　142
4. シカゴの産業界　158
5. シカゴにおける財団などの主な諸団体　163
6. シカゴにおける主な産学連携の不動産アセット　166
7. おわりに　170

第8章　Micro-Urban Community として新産業創造に取り組む
シャンペーン／アーバナ…………………………………………174

1. はじめに　174
2. シャンペーン／アーバナの大学　174
3. シャンペーン／アーバナの産業界　182
4. シャンペーン／アーバナにおける財団などの主な諸団体　185
5. シャンペーン／アーバナにおける主な産学連携の不動産アセット　186
6. おわりに　188

第9章　大学とともに成長するマディソン……………………………191

1. はじめに　191
2. マディソンの大学　192
3. マディソンの産業界　196
4. ウィスコンシン州における財団などの主な諸団体　199
5. マディソンにおける主な産学連携の不動産アセット　200
6. おわりに　201

第10章　ミネソタの奇跡を礎とするミネアポリス／セントポール
（MSP）…………………………………………………………204

1. はじめに　204
2. ミネアポリス／セントポールの主要産業　205
3. ミネアポリス／セントポールにおける産業発展の要因　210
4. ミネアポリス／セントポールにおける産業発展の広義の要因　216

第11章 メイヨクリニックとロチェスター（MN） ……………………… 228

1. はじめに　228
2. メイヨ家とメイヨクリニックの沿革　229
3. DMC initiative の背景　232
4. DMC initiative の構成　232
5. おわりに　238
   補論　クリーブランド　240

第4部　欧州ブルーバナナ

第12章 地域分散型ネットワークのニュルンベルグ都市圏 …………… 245

1. はじめに　245
2. ニュルンベルグ都市圏の大学　246
3. ニュルンベルグ都市圏の産業界　249
4. ニュルンベルグ都市圏における財団などの主な諸団体　256
5. ニュルンベルグ都市圏における主な産学連携の不動産アセット　257
6. おわりに　261

第13章 再開発により悪循環を断ち切ったトリノ ……………………… 267

1. はじめに　267
2. トリノの大学　269
3. トリノの産業界　275
4. トリノにおける財団などの主な諸団体　281
5. トリノにおける主な産学連携の不動産アセット　284
6. おわりに　288
   補論　291

第14章 米国とつながるリムリック都市圏 ……………………………… 298

1. はじめに　298
2. リムリック都市圏の大学　300

目　次　　　　　vii

　　3. リムリック都市圏の産業界　　306
　　4. リムリック都市圏における財団などの主な諸団体　　309
　　5. リムリック都市圏における主な産学連携の不動産アセット　　311
　　6. おわりに　　313

結論 ･･ 319

付表 ･･ 325

参考文献 ･･ 347

事項索引 ･･ 363
地名索引 ･･ 367
人名索引 ･･ 370
組織名索引 ･･ 376

都市の産学連携エコシステム

序論

　スタートアップ（startup）は地域の産業の強化または多様化に貢献するが，その成長には技術の開発・実用化・商業化，販路の開拓，さらにはそのための活動空間，資金，人材の確保や販路の開拓以外のさまざまな経営ノウハウの獲得といった難関の克服が求められる。それらの円滑な実施を支援するものにいずれもシリコンバレーを起原とするリサーチパーク（research park; サイエンスパーク（science park）とも呼ばれる），（スタートアップ）インキュベータ（incubator）・アクセラレータ（accelerator）——本書ではリサーチパークとインキュベーション施設（incubation facility）を不動産アセットと総称する——とベンチャーキャピタル（venture capital: VC）がある[1]。リサーチパークは研究大学（research university），公的研究機関，大企業の研究開発部門とそれらから独立して誕生するスタートアップとが集積する場所であり，そこにしばしばインキュベーション施設が設置され，スタートアップにオフィス・実験室（ラボ）を賃貸する他にコンサルティングサービスを提供したり，起業家と VC を引き合わせるピッチコンテスト（pitch contest/competition）を開催したりする。リサーチパークには産学連携（academia-industry collaboration/partnership），オープンイノベーション（open innovation），あるいは大学の研究成果である技術の社会実装（social implication of technology）を促進する役割も期待される（「オープンイノベーション／オープンサイエンス」・「社会実装」は『（第5期）科学技術基本計画』（2016-20年度）に登場している）。そこで，サイエンスパーク

1　ただし，インキュベータ・アクセラレータについてはシリコンバレーは「実質的な」起源となる。最初のものは1959年にバタビア（NY）に設立された Batavia Industrial Center であり，最初の「現代的」なものとされる Y Combinator は2005年にケンブリッジ（MA）で設立され，翌年に本社をシリコンバレーに移転した。

はしばしば官（自治体など）が資金や土地を提供する，一帯の交通インフラを整備する，またはテナントに税制優遇措置を適用するなど産学官連携の形で開設・運営される。また，大学にとって産学連携とリサーチパークは研究の資金源となるものであり，後者は大学が中心となって開発されることが少なくない。地域がその振興に傾注する産業がある場合には，あるいはそれらにより価値のあるサービスを提供する，それらの間の価値のあるコミュニケーションを促進するなどのために，テナントが特定の産業に関連するものに限定されることもある。

　リサーチパークはその先駆けとなった，1951年にスタンフォード大学が開設したStanford Research Parkの成功により米国，欧州，そして日本でも開設が続いている。しかし，Saffron（2015a）は「現実には，〔リサーチパーク〕が適するのは非常に有望な条件を備えたいくつかの大学のみである」と述べている。成功したリサーチパークが「例外」（Saffron 2015b）か否かはともかく，そうした条件を研究することには意味があるかもしれない。Wessner（2013）は「イノベーション・クラスターを開発する州と地域のほとんどでないとしても多くの取り組みは［　］シリコンバレーを重要な参照点（point of reference）としている。今日のシリコンバレーを生み出した個人の才能，幸運な偶然，地域の優位性の比類のない（uniqueな）組み合わせを完全に再現することは不可能であると一般的に認識されているが，バレーの成功したイノベーション・ダイナミズム（innovation dynamic）の基礎となる個々の要因は研究・模倣の価値があると考えられている。これらの中で最も重要なものの1つはシリコンバレーの誕生（origin）において，また周辺地域のハイテク産業の存続と繁栄の維持においてスタンフォード大学により果たされた歴史的役割である」（p. 219）と述べている。ただし，リサーチパークと大学，政府（連邦政府，地方政府など），NPOなどの関係は一様でない。参照点はより多くあってよい。ここに本書の1つの目的がある[2]。そこで，本書では産業を振興する手段として主にリサーチパークとインキュベータに注目し，リサーチパークの開発・運営で耳目を集める米国と欧州のいくつかの都市——米国はサンベルト（Sun Belt）

2　Saffron（2015a）は上記の主張に続けて，そうした条件を備えない大学は「土地を売却し，奨学金基金または寄付基金教授職を創設すべきである。……大学は地域経済の救済ではなく，質の高い教育を効率的に提供することに集中すべきである」としているが，本書で取り上げる事例からはそれも地域経済の救済策となりうることが示唆される。

から2都市，ラストベルト（Rust Belt）を含む中西部から6都市，欧州はブルーバナナ（Blue Banana）の2都市を含む3都市——での取り組み，そしてそれが明確な場合には成果を観察する。サンベルトとラストベルトでは人口や経済の成長，そしてその要因となる人材と企業の維持・誘致の点で大きな格差があり，またラストベルト，そして欧州の伝統的な工業都市では産業の多様化が大きな課題となっている。また，本書ではリサーチパークやそれを補完，さらにはそれと連携する機関が開設された背景，そしてそれらの開設・運営で中心的な役割を果たした（ている）人物——大半の事例でそのような人物に遭遇することとなる——にも言及する。日本には1987年に開設された京都リサーチパークをはじめとしてすでに多くのリサーチパークがあるが，上記の産学連携などの観点では成功事例はそれほど確認できない。2016年に閣議決定された『（第5期）科学技術基本計画』には「産学連携はいまだ本格段階には至っていない。産学連携活動は小規模なものが多く，組織やセクターを越えた人材の流動性も低いままである。ベンチャー企業〔（＝スタートアップ）〕等は我が国の産業構造を変革させる存在にはなり切れていない」（p. 4）との見方が示されている。それが成功する条件の導出はリサーチパークの日本への本格的な導入の可能性を占う，さらにはそのための障害の克服につながるものとなろう。

　本書は4部，14章により構成される。第1部は「産学連携に関する不動産業の視点」で，第1章～第3章が含まれる。第1章の「産学連携エコシステムとは」は産学（官）連携の内容とそれを促進するために定められた制度を紹介，また不動産アセットを，その産学連携上の役割・要件とも関連した，いくつかの観点からの分類を提示する。第2章の「なぜ海外の地方都市に着目するのか」は本書が第2部・第3部で取り上げる都市の，大学などの選択の基準と選択された都市の概要を説明する。第3章はそのタイトル通り，リサーチパークの先駆けとなったStanford Research Parkを中心として「米国・日本の代表的なリサーチパーク」とそこに設置されたインキュベータ・アクセラレータの活動を紹介する。第4章からは都市（圏）の事例に移る。第4章～第5章は第2部の「米国サンベルト」の都市としてサンディエゴとオースティン，第5章～第11章は第3部の「米国ラストベルト」の都市としてピッツバーグ，シカゴ，シャンペーン／アーバナ，マディソン，ミネアポリス／セントポール，ロチェスター，第12章～第14章は第4部の「欧州ブルーバナナ」都市としてドイツのニュルンベルク都市圏，イタリアのトリノとアイルランドのリムリッ

ク都市圏を取り上げる。なお，ミネソタ州はラストベルトには属さないが，ミネアポリス都市圏では中核産業の1つが消滅しながらやや形を変えて生き残り，また他の産業が大きく成長している。ロチェスター，そしてやはり正確にはブルーバナナに属さないアイルランドのリムリック都市圏にも興味深い事例が観察される。また，小規模で，恐らくは知名度の高くないシャンペーン／アーバナ，マディソンに簡単に触れておくと，まずシャンペーン／アーバナにはイリノイ大学（UIUC），同校が運営する Research Park at the UIUC とインキュベータの EnterpriseWorks が，またキャンパス内には「最初の大衆的（popular）なワールド・ワイド・ウェブ用グラフィック・ブラウザ」（イリノイ大学記念プレート）の Mosaic が開発された National Center for Supercomputing Applications（NCSA）がある。マディソンにはウィスコンシン大学（UWM）と同校の "affiliate"（website, "About URP"）[3] の University Research Park（URP）の他に EHR（Electronic Health Record）システムを開発する Epic Systems がある。Epic は 2023 年の収入が 46 億ドルの大企業に成長したのみでなく，UWM，とりわけその Department of Computer Science と密接な関係を構築し（see Wisconsin Alumni Assoc. 2017），また「〔同社〕の元従業員が〔多数の既存企業またはスタートアップ〕のほとんど，あるいはすべてに見出される」（Boulton 2017）など地域のエコシステムの中で重要な役割を果たしている。

　最後に結論で全体を簡単にまとめ，その上で日本での不動産アセットの構築，そしてそれを中心とした地域振興策に関する問題を提起，あるいは提言を提示する。

3　affiliate は関連会社などと訳される。ただし，URP website（"Property"）は，「大学の土地は独立した NPO である University Research Park Inc. に売却された」と記述している。

第 1 部　産学連携に関する不動産業の視点

第1章　産学連携エコシステムとは

1.　はじめに

　産学連携とは，大学などの教育・研究機関のリソースを産業化することを目的として，民間企業と大学が連携することである。この連携に官が加わることも多く，専門的な定義として，文科省の以下の定義を引用したい（文部科学省website,“産学官連携の意義”）。

「産」「学」「官」のそれぞれの意義と役割
　「産」とは，民間企業やNPO等広い意味でのビジネス（ないしプライベート）セクターを指し，「産」の研究開発は経済活動に直接結びついていくという意味で重要な役割を担っている。
　「学」とは，大学，大学共同利用機関，高等専門学校等のアカデミックセクター（国公私を問わない）である。これらの機関は教育と学術研究を基本的使命とし，これらに加えて社会貢献をも使命とするものであって，優れた人材の養成・確保，未来を拓く新しい知の創造と人類の知的資産の継承等の役割を担っている。
　「官（公）」とは，国立試験研究機関，公設試験研究機関，研究開発型独立行政法人等の公的資金で運営される政府系試験研究機関を指す。（中略）
　産学官連携は，このように基本的な使命・役割を異にするセクター間の連携であり，産学官連携活動に際しては，各セクターの使命・役割の違いを理解し尊重しつつ，双方の活性化に資するような相互補完的な連携を図っていくことが重要である。

多様な産学官連携の形態・分野

　産学官連携には多様な形態がある。1つの考え方として，その形態を以下に示す。

1. 企業と大学等との共同研究，受託研究など研究面での活動
2. 企業でのインターンシップ，教育プログラム共同開発など教育面での連携
3. TLO（Technology Licensing Organization：技術移転機関）の活動など大学等の研究成果に関する技術移転活動
4. 兼業制度に基づく技術指導など研究者によるコンサルタント活動
5. 大学等の研究成果や人的資源等に基づいた起業

　TLOとは大学の研究者の研究成果を特許化し，それを企業へ技術移転する法人であり，産と学の「仲介役」の役割を果たす組織である。

　本書では，上記定義に加え，産学連携にかかわる建物建設や設備投資，あるいは奨学金制度も含めた教育プログラムを充実させるための寄付，資金提供も含めて産学連携ととらえる。特に，産学連携の不動産アセットという切り口で論ずる場合，起業で財をなした個人あるいはその企業からの経済的支援の多寡が大きく影響するからである。アカデミアの成り立ちそのものがなんらかの支援によるものであったともいわれており，これについては以下を引用する。「本来アカデミアの研究とは，特定の知的エリートが，自然やヒトや社会について，金銭的な対価を求めることなく行っていた自由な思索の延長線上にあり，19世紀までは一握りのエスタブリッシュメントや貴族による支援に大きく依存してきたのである。いわば，世俗的な地位や金銭的な報酬とは無関係の，どこかで社会の上澄みのような財政的支援が必要だった」（上山 2010）。

　この支援をパトロネッジ（patronage）と読み替えると，支援元であるパトロンが貴族から政府，そして企業や財団へと時代とともに幅を広げ，現代においては起業によって財を成した篤志家や私企業や私的財団が大きな影響力を持つようになって，大学を起点とした地域経済の活性化においても重要な意味を持ち始めた。

2. 産学連携の系譜

　リサーチパークの開設の他に，日本における産学連携の歴史を振り返ると，

大きなターニングポイントとなったのが，1998 年の「大学等技術移転促進法」いわゆる TLO 法の策定である。大学の研究成果を産業のシーズとするためには，それを知的財産として扱うようにするための組織が必要であり，その組織を設立することを政策的に支援する法律である。これによって，大学の研究者が研究成果を特許などの知財とすることで，さらなる研究のための資金調達につながる。企業側からすると，権利関係が明確になって大学の研究成果を利用しやすくなるというメリットがある。この年に東京大学をはじめとするいくつかの大学で TLO が設立される。そしてその 2 年後の 2000 年には「産業技術力強化法」が策定され，国立大学の施設の使用や教員の兼業などが許可されるようになり，産学連携の仕組みが整う。その後，2004 年に「国立大学法人法」施行にともなって国立大学の教職員の身分が非公務員となり，承認 TLO への出資も可能となる（経済済産業省 website，"産学官連携の系譜"）。この年に東京大学が承認する「技術移転関連事業者」として東京大学エッジキャピタルパートナーズ[1] というベンチャーキャピタルが設立される（東京大学エッジキャピタルパートナーズ website）。

　2013 年には，「産業競争力強化法」が制定されることで，国立大学によるベンチャーキャピタル等への出資が可能になって，大学側がより積極的に産学連携に乗り出す機運が高まっていく。例えば，東京大学では，東京大学協創プラットフォーム開発株式会社が 2016 年に設立され，産業競争力強化法に基づく特定研究成果活用支援事業計画が認定され，協創 1 号ファンドが設立された（東京大学 IPC website，"沿革"）。また，2022 年には政府により（国研）科学技術振興機構（Japan Science and Technology Agency: JST）に「運用益を活用し，〔文部科学省が認定した国際卓越〕研究大学における将来の研究基盤への長期・安定投資を実行」（文部科学省 2021）させる 10 兆円規模の大学ファンドが創設

1　小林（2019）は「認定 VC 以外の VC や投資ファンドでも，大学発 VB への出資は可能である。……ただし，国立大学の場合，法律では認定 VC 外の VC への出資は認められていないので，同窓会，教員有志，民間企業等が VC を組成し，大学の承認 VC として大学と協力しつつ，大学発 VB〔（スタートアップ）〕への投資を行うケースが見られる。その嚆矢が，2004〔 〕年設立の東京大学エッジキャピタル〔UTEC〕である」（p. 124）と述べている。UTEC は「研究成果の企業化のためにシード（種）・アーリー（早期）の段階からハンズオン型のベンチャー投資を行うベンチャーファンドの運営会社」（東京大学産学協創推進本部 website，"関連支援機関"）であり，「これまでに累積で 850 億円近くの 5 本のファンドを運営し，150 社以上に投資を行〔い〕，うち 20 社が株式上場，20 社が M&A（合併・吸収）等の有意義な Exit を果た〔している〕」（UTEC website，"Top Message"）。

された。

日本のこうした法制度は米国を参考としている。「米国では，1980 年に成立したバイ・ドール法によって連邦政府が資金を出した発明に大学の財産権が認められ，アカデミック・スタートアップの創出が加速された」（渡辺 2008）とともに，大学による技術移転活動が活発に行われるようになった。前述のTLO が米国の大学で組織化されたのもこの法律の制定以降である。

米国で始まった大学における研究成果の技術移転の制度化についてはその弊害も指摘されていることをここで触れておきたい。「一つは，大学における研究目的が商業化や知財化に偏る，二つ目は，特許となった研究成果が他の研究で使えなくなる，あるいは出願までは秘匿となるため，その分野全体としての研究が遅れる，三つ目がライセンス収入や研究費獲得など，不正・捏造への誘惑である」（宮田 2011）。産学連携を進めるにあたっては，このような弊害を回避することも念頭に置く必要がある。

3. 産学連携の不動産アセット

産学連携の不動産アセットも日本の各地で生まれている。例えば，東京大学医学部附属病院分院があった目白台には，「目白台インターナショナル・ビレッジ」が 2019 年 9 月にオープンしている。これは日本人と外国人が互いの生活文化に触れながら国際交流できる日本最大級の国際宿舎と産学連携施設の一体開発である。黒田教授[2]のシステムデザインラボと，川原教授のインクルーシブ工学連携研究機構が入居，民間企業との共同研究を実施している（目白台インターナショナル・ビレッジ website）。また，九州大学が 2018 年に統合移転した伊都キャンパス付近には，研究施設と産学連携施設に加え，住居，生活利便施設をそなえた「いと Lab+」が 2023 年 5 月にオープンしている。この施設は官民連携の郊外型の産学連携集積であり，九州大学は施設の入居者という立場であり，開発にも運営にも直接関与していない（いとラボ + website）。

このような産学連携の不動産アセットは日本でも増えつつあり，今後注目が高まっていくアセットと考えられる。そこで，欧米の都市における不動産アセットについて，以下のような分類を意識しながらその成り立ちを理解する。

2　半導体メーカーのラピダスとほぼ同時期の 2022 年に設立された「技術研究組合最先端半導体技術センター（Leading-edge Semiconductor Technology Center（LSTC））」の設計責任を担う。

3.1. 事業主体による分類

　事業主体については，大学，行政，民間企業のうち誰が主体なのかによって投資回収の基本的な考え方が異なってくる。民間，特に上場している株式会社であれば投資家である株主に対して投資効率について説明責任が求められる。一方，行政であればその地域にとっての経済効果，税収だけでなく雇用創出への成果も求められる。前者であれば会計年度での成果が求められるが，後者は比較的長期での地域経済への波及効果が重要とされるため，テナントリーシングに対するスタンスも変わってくることがピッツバーグなどの事例で明らかになっている。

　さらに事業主体として所有と運営が分離するケースがあることにも留意したい。所有と運営が分離するメリットとしては，投資後早期にアセットを売却することで次の投資資金に充当できるキャッシュにより，規模の拡大を早められることが挙げられる。一方，デメリットしては，例えば複数の所有者にアセットが分散することにより，アセット全体の運営コントロールが効かなくなり，集積の効果が薄れることが挙げられる。ここで，イノベーションベース東京を例にしてみる。イノベーションベース東京は「企業や大学，行政などの組織」と「スタートアップ」を結び付けるオープンプラットフォームとして，東京都が2023年に設立している産学連携の不動産アセットである。アデコ株式会社がプラットフォーム事業の運営業務を東京都から受託し事務局を設立しており，事業主体と運営主体が異なる。2024年5月にはSusHi Tech Tokyo 2024 Global Startup Programにあわせて活動拠点も開設し，製品の試作サポートが受けられるFABゾーンはDMM.make TOKYOが，テスト販売ができるSHOPゾーンは丸井が，SALONゾーンを活用したネットワーキングは一般社団法人スタートアップエコシステム協会と東京大学協創プラットフォーム開発株式会社がそれぞれ担う（イノベーションベース東京 website）。本書で対象とした産学連携の不動産アセットの海外事例では，事業主体が誰なのか特に意識して記述している。大学キャンパス内のアセットに関しては，建設の許認可権において特例が適用されることもあり，注意が必要である。後述する事例では，大学と行政が共同でマスタープランを計画したり，税控除を適用したりと，日本の法制度とは異なる点もあるためにそのまま参考になるわけではないので，許認可制度については深入りしないこととする。

3.2. 立地による分類

立地も分類の大きな要素となる。都心型と郊外型では，地代や賃料に大きな差があるばかりか，利用者にとっての利便性を担保するための外部アクセス性が異なる。つまり，都心型であれば利便性は外部依存できるが，郊外型となると利便性をその施設で一定程度確保しなければならない。先ほど取り上げた「目白台インターナショナル・ビレッジ」と「いとLab+」を比べるならば，都心型の前者には必要最低限のレストランなどがあれば利便性は確保できるが，郊外型の後者には一定数の駐車場やレストラン，商業施設が必要となる。また，キャンパス内かアウトリーチかについては，教員・学生にとっての利便性が大きな違いとなる。1ヶ所にまとまった敷地で教育，研究，その他関連業務が完結する場合はほとんどなく，メインキャンパスとの往来を考えると，その距離感や交通利便性が重要な立地要素となる。さらに，リサーチパークにおいて，大学と企業が近接する大きなメリットとして，face to faceの交流が行いやすいことがいわれている。大学から生まれたシーズがすぐに企業に移転されるわけではなく，技術移転および社会実装の前後での協業において，非公式的なコミュニケーションも含めた交流の場が重要となる。あとで取り上げる事例においては，パーク内にホテルやコンファレンス会場を設けて，世界中の研究者を集める国際会議まで開催できるようにしているケースもある。

3.3. 規模・機能による分類

立地の分類で機能にも触れたが，これらに関連する項目としては規模も大切な分類項目になる。ここでいう規模は面積もさることながら，企業の成長をどこまで許容するかというアコモデーション（accommodation）の概念である。その施設が単なるインキュベーション施設なのか，あるいは一定規模の成長（scale-up）まで支援する機能としてVCや弁護士・弁理士・会計士などの専門職が入居することまで考慮したグレード感のある施設なのか，さらには（大量）生産拠点に必要な労働力や専門技師の供給（労働市場）ができるのか，そういった観点でも不動産アセットを見ていく必要がある。後述する都心型アセットの中には，起業後社員が一定数増えただけで転居することを前提としているものが多く含まれる。一方で，郊外型の大学のキャンパスに隣接するリサーチパークでは，スケールアップや一定程度の製造拠点化も視野にいれているものもある。

この観点が重要な理由は，リサーチパークのアコモデーションがその地域における雇用や税収と直結するからである。インキュベーション施設で生まれたベンチャー企業を目当てとする大企業をそのリサーチパークに誘致できる場合もあるが，多くの場合はスケールアップのフェーズで外部流出する。そうなると，その地域経済においては雇用創出にはつながらず，インキュベーション施設を行政が支援しても地域経済への活性化にはつながりにくい。またスケールアップまで許容できるリサーチパークの場合は，大学の卒業生の受け皿として専門職の雇用につながり，これまで流出していた若者のつなぎ止めの結果，街のにぎわいにつながる例もある。さらに，かつての製造拠点がそのまま残っているような街では，一定規模の労働市場の再形成を期待するケースもある。

また，機能については，上述の規模とも関係するが，パーク型がさまざまな機能をもつ複数棟からなるアセットであるのに対して，インキュベーション施設は建物の一部でも成立する。立地とも関連するが，郊外立地ではパーク型アセットの中の一棟としてインキュベーション施設を備えるケースがある。インキュベーション施設は，起業からスタートアップ（法人化），そしてスケールアップ（量産化）といったステップのうち，スケールアップの目途がたつところまで支援する施設であり，通常は1年以内など入居期間が限定される。さらに，インキュベーション施設と混同しやすいが，明らかに別機能の施設としてオープンラボやテストベッドがある。これらは，必ずしもパーク内にある必要はなく，むしろ起業とかかわりのない一般市民やその事業から影響をうけるかもしれない市場との接点である必要があり，都心部に設けられることもある。そういった多様な関係者を巻き込むことを目的とするカタリスト（媒介）が運営する施設事例も本書で触れている。

3.4. 入居者の多様性による分類

不動産の入居者を分類するうえでは個人・法人といった属性の切り分けが一般的であるものの，事業内容とメンバーの多様性について個別に記述している。大学の研究分野としても学問をまたがる学際的な研究が盛んになってきていることから，学際分野の産業は入居者の専門分野の多様性から生まれる。例えば医学と工学をまたぐ医療工学（medical engineering）がそうであり，さらにはそれを細分化したmedtechも起業分野としては注目の的である。medtechは，オンラインの医療診断に必要な診断機器や医療機器のIoT化，健康維持・増

進を促すようなモバイルデバイスやアプリケーションを対象とするため，医学の専門人材と工学の専門人材，さらには社会実装まで踏まえるとマーケティングや社会学の専門人材のコラボレーションが必要となり，後述するイリノイ大学アーバナ・シャンペーン校では，地域医療と連携した専門の学部も設置している。

それから，国籍・性別・年齢などの多様性は，昨今の大学ランキングの評価指標としても採用されているように，ダイナミズムを生む要素として大切である。なぜこれが重視されるようになったかを考えると，1つには米国における留学生のめざましい活躍がある。わかりやすい例でいうと Paypal マフィアである。後述するように新産業の担い手の多くは留学生であり，彼らが成功したのちに卒業生として大学コミュニティに富を還元している事例が非常に多く見られる。アジアや欧州の留学生が米国で目覚ましい活躍を遂げ，彼らとのネットワークが母国の経済に寄与している例も見られる。

ただし，昨今は経済安全保障の観点も重視されるため，半導体などの分野については，どの程度多様性として留学生を許容するべきかについては議論があるかもしれない。日本との外交において摩擦のある国からの留学生が日本の大学で開発した技術を母国に持ち帰り，それが意図しない目的に使用されるケースは想定の範囲内である。それをどのように食い止めるかという観点は，産学連携の政策としては無視できない論点である。

3.5. 活動実態による分類

キャンパスやリサーチパーク，あるいはインキュベーション施設での活動実態は，エコシステムに大きく影響する。例えば，サテライト型が中心のラボオフィスは，その研究者にとってはサブ的な活動場所であり，滞在日数や時期が限定される。前述の face to face のコミュニケーションの発生はサテライト型の場合は頻度や確率が限定されるが，そこに留まる場があるだけでも有意義な場合もある。ただし，サテライト型が中心で，施設全体の常駐人口があまりに少ない場合は，施設自体が形骸化するので注意が必要である。筆者が訪れた日本における地方の産業連携の不動産アセットの多くがこのケースであり，レストランやコンビニのような利便施設が成立しにくい状態が散見された。この状況は，コロナ禍が拍車をかけた可能性も否めない。オンラインミーティングが定着したことや，ヴァーチャルリアリティへの注目の高まりもあって，リアル

ではないコミュニケーションが起こる場も含めたハイブリッドな環境，メタバースも想定しておくことは重要である。特に，大学が海外に拠点を設けて，その拠点をベースに海外企業も含めた産学連携を展開しているアウトリーチの事例も参考になる。

4. 産業連携エコシステム

　スタートアップエコシステムについては，「スタートアップの力で社会課題解決と経済成長を加速する」というスタートアップ育成に向けた政府の取り組みが2024年7月に経済産業省から発表されており，定義はもとより詳細なプログラムについて参照されたい。また，産学連携によるスタートアップ創出のプロセスや都市基盤についても数多くの先行研究があり，これについては渡辺（2008）を参照されたい。

　一方で，都市の産業集積については，テクノポール（technopole）や産業クラスターについての研究が世界中で行われており，日本でもテクノポリス政策として多くの地方都市で実装されてきた。日本における法律の変遷でいえば「1997年に日本で初めて産業集積地域に焦点を当てた法律，「地域産業集積活性化法」が制定され，10年後の2007年に「企業立地促進法」へと名称を変えられ（中略）2017年7月末に「地域未来投資促進法」が施行される」（松原2018）。そして，もちろん調査研究も丹念に行われてきており，内容については，松原（2018）を参照されたい。

　本書で焦点を当てているのは，大学を中核として都市レベルの広域で営まれる世代を超えた長期で営まれる生態系である。これを「都市の産学連携エコシステム」と定義して，各都市における産学連携の不動産アセットの成立ちとそれを支える都市の生態系について実務者の視点を取り入れながら分析している。

産学連携エコシステムの分析フレーム
　「都市の産学連携エコシステム」は必ずしも有望なスタートアップをたくさん生み出すことのみを目的としないエコシステムであり，その地域における産業が持続的に発展することを目的とした仕組みである。

　これは以下の概念図で説明できる。
- その地域で生まれ育って大学に入学した志願者／起業家が成長して成功者

となり，その地域に還元するため次の世代への貢献支援を行うことで，世代を超えた好循環が生まれる。
- 好循環に取り込まれずに外部流出した先で成功する場合もあり，地域外で成功したのちに戻ってきて地域に還元する場合もあるし，全く所縁のないものが外部から流入して成功し，その地にとどまって還元するケースもある。
- その地域の産学連携エコシステムがうまく機能するためには，
    - 文化・教育基盤を整えて志願者／起業家の母数を増やす
    - 大学の成長促進と貢献支援の仕組みを整えて魅力を増強し，志願者／起業家と成功者／大企業の流入を増やす
    - 地域への愛着を埋め込み，外部に流出した成功者の再流入者を増やす。

各都市のケースでは，それぞれ具体的な人物や組織をこのフレーム上にプロットし，どのような役割をになってきたかを示すことで，各都市の特徴の理解を深めたい。ただし，産学連携エコシステムの定量的な効果については，各組織が公表している雇用者数の増減などを示すにとどまっている。

5. おわりに

産学連携の不動産アセットの多くは大学を事業主体とした取り組みであるものの，行政や民間企業，あるいは篤志家の手厚い支援のもとで成立しているも

のもある。そしてそれらの中には，投資対象となる不動産アセットとして積極的に資本市場に取り込まれているものもある。これらの産学連携の不動産アセットで共通していることは，アカデミアと産業界がともに新たな価値を創造し続ける持続性と拡張性を備えているということである。これを自然界の生態系になぞらえて産学連携エコシステムという。産学連携の不動産アセットはイノベーションを生むための場であり，それがおりなす産学連携エコシステムは，適地を求める人材の出入りも活発で多様性が担保されるがゆえに，人材争奪の都市間競争にさらされる。世界の大都市の中でも研究者やクリエイティブクラスに人気の都市があるが，そこに入らないほとんどの都市は，その地域での人材育成とタレントの留保に心血を注ぐことになる。

　では世界の人材争奪戦にさらされないために何が必要なのか，好奇心をもって新たな研究から新産業を生み出す人材の好循環がどうしたら生まれるのか，海外の地方都市の事例をもとに解き明かしていきたい。

第2章　なぜ海外の地方都市に着目するのか

1. はじめに

　海外に着目する理由は，産学連携の不動産アセットについては，米国で開発が先行しているからである。従前の企業誘致である locational strategy との対比で，ハイテク企業を内製する entrepreneurial strategy が注目され始めたのは，スタンフォード大学の Stanford Research Park（1951 年）であり，デューク大学，ノースカロライナ州立大学，ノースカロライナ大学チャペルヒル校を結ぶ三角形がその名の由来となった Triangle Research Park（1959 年）が端緒である。これらを参考として，東海岸や西海岸以外の大学周辺においても，数多くの産学連携の不動産アセットが続々と開発されている。

　一方，日本では筑波研究学園都市（1980 年）や関西文化学術研究都市（1987年）において高度経済成長のもとに研究拠点開発が指向されたものの，そこから新たな産業が育成されたとはいいがたい。また，同じく 1980 年代からのテクノポリス政策は，シリコンバレーをモデルとして「産学住の調和のとれたまちづくり」によるハイテク産業の集積をめざした結果，日本各地で地方大学や高専を人材供給元とした産業クラスターが形成されたものの，「東北と九州は先端型産業の立地が進みつつも，労働力確保を優先し，研究開発機能を伴うものではなかった」（根岸 2018）。そうした各地の産業クラスターも製造拠点の海外進出が盛んになってからは，一時の隆盛すら失いつつある。近年は，地方大学で起業を促進する取り組みも生まれてはいるが，まだ始まったばかりで海外からも参考にされるような成功事例は思い当たらない。

　また大学についても，主に中国やシンガポールの大学の台頭により，アジア圏においても相対的に日本の大学の影響力は低下傾向であり，産学連携の成功

事例も海外に比べるとインパクトに欠けていることは認めざるをえない。実際，グローバルに拠点を展開している日本企業の少なくない数が，欧米の大学周辺の産学連携の不動産アセットに入居しており，企業によってはそこで開発した技術を製品化し，日本のマーケットに展開している。海外の大学との産学連携の目的の1つに海外拠点における海外人材のリクルートがあるとして，人材獲得以外に海外の大学との連携で何を重視しているのか。日本の大学では得られない，海外の大学との連携で得られる技術的な支援と果実は何か。こうしたグローバル企業の意図を紐解くことは，日本における産学連携を進めるためのヒントになる可能性が高いため，各事例においても日本企業の海外の大学との取り組みについて触れる。

2. 海外の地方に着目する理由

　世界にインパクトを与える多くのユニコーンが米国，そして英国などの大都市にある世界トップレベルの大学から生まれてきて，新たな産業や雇用の多くを生み出してきたことは周知の事実であり，これについては次章でふれる。一方，そういった大都市だけでなく，地方都市からも大学と産業界とが連携し，新たな産業をうみだし，その都市を活性化している事実はそれほど知られていない。

　例えば，広大な国土を持つ米国。日本人にとってはなじみのあるニューヨーク，ボストンなどの東海岸，ロサンゼルス，サンフランシスコ，シアトルなどの西海岸などの大都市の動向については日本語による情報も多く，アップデートも比較的早い。その一方で，かつて製造業で栄えた中西部のラストベルトや南部のサンベルトにおける中規模都市についてはどうだろうか。それらの都市にも産学連携の不動産アセットが生まれており，都市の活性化，雇用創出に顕著な影響を及ぼしていることがわかってきた。

　一方，欧州はどうか。ケンブリッジ大学やオクスフォード大学といった世界トップレベルの大学を抱える英国。あるいは日本企業の誘致を熱心に行っているオランダ，ドイツ。フランス・パリの Station f やリトアニアの首都ヴィリニュスに建設される Tech Zity Vilnius など，首都や大都市における動向などは比較的情報が得られやすいが，第2・第3の地方都市となると，なかなか情報が入ってこない。

本書ではアジアについて触れていないものの，中国が国家主導のイノベーション創出に取り組むのに対し，台湾は民間企業による大学への働きかけも顕著であり，そのような動きは台北市のみならず，台湾の地方都市でもすでに実装されていることがわかっている。またインドについてもハイテク産業が栄えているバンガロールだけでなく，チェンナイにおいてもインド工科大学マドラス校（IIT Madras）でリサーチパークが展開されており，産学連携が功を奏している。

国によって多少の差はあるものの，地方大学と産業界の協創，そしてそのための場としての産学連携の不動産アセットが地方の活性化のきっかけとなっている。そして，これらの事例から日本の活性化につながるヒントが得られるのではないかと期待していることが，海外の地方に着目する理由である。

3. どの都市に着目するか

次章で米国・日本の代表的なリサーチパークに触れたのち，第2部「米国サンベルト」でその比較対象として，カリフォルニア州サンディエゴ，テキサス州オースティンを取り上げる。これらの都市では生活環境の良さを求めて西海岸から優秀な人材が滲み出して形成された産学連携エコシステムが機能している。

一方で2010年代頃から，Deep tech[1] や HardTech という，産業化に多大なる資金や時間を要する分野が注目されている。Deep tech は新エネルギーや新素材にも及び，製造業との関連性が高いため，工場の海外移転により衰退した都市の産業再生のタネとしても期待されているのが，米国でいえば中西部のラストベルトである。米国中西部には，フロンティア精神ともいうべき，独立自営の開拓農民の価値観が根付いているともいわれており，その中核として全米第3の都市であるシカゴに注目する。シカゴはかつて全米第2の都市でありながら，西海岸の目覚ましい成長に後塵を拝して第3位に転落した経験があり，いままさに復活に向けて Deep tech への取り組みが活発になってきている。シカゴの衛星都市として一定の距離を保ちながら一定の経済規模を維持しているイリノイ州シャンペーン／アーバナやウィスコンシン州マディソンにおける

---

1 経済産業省の定義では，Deep tech とは「特定の自然科学分野での研究を通じて得られた科学的な発見に基づく技術であり，その事業化・社会実装を実現できれば，国や世界全体で解決すべき経済社会課題の解決など社会にインパクトを与えられるような潜在力のある技術」である。

第 2 章　なぜ海外の地方都市に着目するのか　　23

Copyright OpenStreetMap，（　）内は都市圏人口，出典はアメリカ合衆国行政管理予算局（OMB）および Demographia World Urban Areas 19th Annual Edition。

産学連携の実績もたいへん興味深く参考になる。さらに，同じく米国中西部の中規模都市として，メディカルエンジニアリングとメディカルコンプレックスで注目を集めるミネソタ州ミネアポリス／セントポールやロチェスター，製造業の衰退と復活の歴史を経験した都市としてペンシルベニア州ピッツバーグ。重工業の製造拠点として発展したものの，製造拠点の海外移転によって産業転換を迫られたという歴史が，日本の多くの地方都市が抱えている問題と重なる。これらの都市を第3部「米国ラストベルト」として取り上げる。

　また，欧州については，1989年にフランス人地理学者 R. ブルーナ（Roger Brunet）が定義したブルーバナナ（Blue Banana）と呼ばれる一帯が工業地帯と捉えられている。1,500 km にも伸びている対象地域として，英国からベルギー（フランドル），オランダ（ランドスタット），ドイツ（ルール地方，フランクフルト，シュトゥットガルトなど），スイス（バーゼル，チューリッヒなど），イタリア北部（トリノ・ミラノなど）が含まれ，人口は1億人規模といわれている（Jacobs 2014）。この中で，同じく製造業の衰退からの復活の歴史を経験した都市として，Siemens の企業城下町として栄えたニュルンベルク都市圏（エアランゲンを含む），FIAT の企業城下町として隆盛をきわめたトリノを取り上げる。さらに，ブルーバナナのその先に位置するアイルランドのリムリック都市圏（シャノンを含む）は，欧州と米国をつなぐ玄関口として，空港をベースに海外企業の誘致に成功し，現在も独自のポジションを築いている。この3都市を第4部に取り上げることとした。

4. 大学について

　各都市における大学の相対的な位置付けを理解するためにランキングを記載することとする。そのため，ここで大学のランク付けについて触れておきたい。そもそも米国の大学は日本の大学と成り立ちが異なり，単純に比較することが難しいともいわれる。

　米国の大学は，州立も私立も州政府が設立を認可している。1867年に連邦政府としては内務省（U. S. Department of the Interior）の一部局として教育局（Commission of Education）ができて統計を扱うようになったものの，大学に対して監督権限のあるような省庁ではなかった。そうした経緯で米国国内のランク付けについては1873年に教育局が初めて実施している。ランク付けについ

てはその後，1910年に米国総合大学協会（Association of American Universities, AAU）が実施しているが，影響力を持ち始めたのは1983年にUS News and World Reportが雑誌の企画としてランキングを取り上げ，人気の企画となったのちである。その後，US Newsが国際的な大学ランキングを行うようになり，Times Higher Education Rankingsが追随する。評価方法はアンケート調査や卒業率，入学難易度，教育環境や寄付額，国際性や多様性，研究成果など多岐にわたる。ランキングそれぞれに集計方法が異なるばかりか，評価手法を途中で変更しているケースもあるため，推移を見るうえでも注意が必要である。ただし，「これらのランキングは州政府の州立大学への予算配分にも影響を及ぼしているだけでなく，国策にも一定の影響を与えている」ともいわれており（宮田 2012），大学の相対的な位置づけを把握するうえで参考になるところも大きい。

　次に，大学の分類についてもここで整理しておく。米国の大学については，州立か私立かという分類があるが，米国ではプロテスタント教会のつくった私立大学のほうが起源が古く，例えばハーバード大学の設立は1636年に遡る。一方，州立大学の設立を後押ししたのは1862年に成立したモリル法（Morrill Act）によるところが大きいといわれ，この法律により連邦政府が国有地を州政府に払い下げ，その売却益で農学と工学という実学志向の大学，Land Grant（土地付与）CollegeあるいはA&M College（A&Mはagricultural and mechanicalの略）の設立が促進され，のちに州立大学になったところが多い（MITも当初はこの法律によって創設された州立大学であった）。その後，1887年に全国の固有地付与大学農学部に農事試験場を設置することを定めたハッチ法（Hatch Act）により農業試験場への補助金拠出が行われ，間接的に州立大学の農学部への支援につながり，州立大学の経営が安定したといわれる。

　一方，研究志向と教育志向のどちらに注力しているかという分類もあり，大学の研究成果を社会実装しようとする産学連携の観点からは重要な分類である。これに関しては，カーネギー教育振興財団（Carnegie Foundation for the Advancement of Teaching: CFAT）による分類Carnegie Classification of Institutions of Higher Educationが有名であり，この分類における最高ランクは，博士号を授与する研究大学（Doctoral Universities）として分類される（Carnegie Foundation for the Advancement of Teachingおよび Carnegie Classification of Institutions of Higher Education website）。

次に欧州の大学についてであるが，その起源については他に譲るとして，ここでは近代の大学のモデルとなっているといわれる 19 世紀初頭に生まれたドイツの大学より以降の大学について触れたい。近代の大学は，W. フンボルト（Wilhelm von Humboldt）の理念に基づいて，講義だけでなく演習と実験を重視することで教育と研究を一体化させたところに特徴がある。この理念が 1810 年に設立されたベルリン大学として結実し，以降米国や日本も含めてこれが大学のモデルとなる。しかし 19 世紀後半には米国で graduate school が生まれ，研究に重きを置く傾向となり，これは欧州の大学も例外ではない。ただし，欧州の科学研究の特徴として，純粋理論を頂点とする学問分野のヒエラルキーを暗黙に認めようとする傾向があり，米国ほど市場原理に左右されにくいといわれる。また，欧州の大学が国家のコントロール下にあり，教育方針や研究分野について政策に左右される。

5. おわりに

海外の地方都市の産学連携の事例が日本のどの都市にどのように適用できるか，あるいはどの大学にとって有効となるか。必ずしも日本の地方都市や地方大学だけでなく，海外の地方都市での実践が東京や大阪といった大都市に活かされることは十分に考えられる。東京も大阪も，人材あるいはクリエイティブクラスの流動性でいえば，米国や欧州の地方都市とそれほど変わらない可能性が高い。米国の西海岸・東海岸の都市は，世界最高クラスの英知を世界中から集めて最先端のイノベーションを生み出す。一方，東京や大阪は日本の英知を輝かせることで日本市場におけるイノベーションを発揮するという側面が有効かもしれない。また地域人材の育成が海外の地方都市の産学連携の成功要因の 1 つかもしれない。そのように考えるならば，今回抽出した都市でのスタディは，日本全体の活性化のヒントを抽出できる可能性が高い。

補論

都市または地域のスタートアップエコシステム，つまりスタートアップのための，またはそれらに対する支援機能はスタートアップ（企業）の数や成長が主な評価基準となろう。これに関して，雑誌，Inc. の，直前 3 年間の収入成長

第 2 章　なぜ海外の地方都市に着目するのか　　27

率，上位 5,000 社――ただし，対象は未上場，営利，独立で，一定の収入
（2022 年は 200 万ドル）の条件を満たした米国の企業に限定される――のラン
キングである Inc.5000 がある。ランクインした企業（「Inc.5000 企業」）が州別，
都市圏別に集計され，またそれらのミクロデータが提供される。**表 A2-1** は主
要な都市圏の他に本書で取り上げる都市の属する都市圏の，「Inc.5000 企業」
の絶対数と人口 10 万人当たりの数を示している。シリコンバレーに厳密な定
義はないが，本補論では Institute for Regional Studies, *2024 Silicon Valley
Index* に従い，それをサンタクララ郡全域，サンマテオ郡全域，アラメダ郡の
フリーモント，ニューアーク，ユニオンシティ，サンタクルーズ郡のスコッツ
バレーからなる地域とし，州のミクロデータから同地域とサンフランシスコの
「Inc.5000 企業」数を導出している[2]。サンディエゴ（第 4 章）とシカゴ（第 6
章）は後者の数字が相対的に大きく，オースティン（第 5 章）は不動産アセッ
ト，あるいはスタートアップエコシステムが高度に整備されたシリコンバレー
（第 3 章）を凌駕している。同様のものに設立 10 年以内で，企業価値評価（val-
uation）が 10 億ドル以上の未上場企業であるユニコーン企業（unicorn compa-
ny）の数がある（**表 A2-2** を参照のこと）。

　また，大学は地域のエコシステムの中で重要な役割を果たすが，PitchBook
は米国の大学（学部・大学院・MBA 別）から誕生した起業家（創業者）数や
スタートアップの数と資金調達額を調査している（**表 A2-3** は大学院卒業生に
関するもので，順位は過去 10 年間に VC から資金調達した起業家数による）。
「Inc. 5000 企業」数が少ないピッツバーグ（第 8 章）のカーネギーメロン大学
が上位にランクインしており，地域のエコシステムの，それとは異なる姿を示
してくれる。ただし，そこではカリフォルニア大学システムを除き，複数のキ
ャンパスを擁する州立大学システムのキャンパス毎のデータは公表されていな
い。同様の調査に Princeton Review と Entrepreneur が実施する Top 50 Best
Undergraduate Programs for Entrepreneurs と Top 50 Best Graduate
Programs for Entrepreneurs があり，そこでは「過去 5 年間に卒業生により
開始された企業」数が，州立大学システムではキャンパス毎に公表されている。
後者の 2024 年版によるとテキサス大学オースティン校（オースティン：第 5 章），

　2　Inc. が画定したサンフランシスコ都市圏はシリコンバレーとサンフランシスコを含む広い地域と
なっている。なお，この作業の過程で 1 件のマイクロデータの誤りを発見・修正している。そのた
め，ニューヨーク都市圏の「Inc.5000 企業」は 1 増となっている。

28　　　　　　第1部　産学連携に関する不動産業の視点

表 A2-1　「Inc.5000 企業」数（2023 年）

都市圏	数	人口[1]	数／人口[2]	都市圏	数	人口[1]	数／人口[2]
オースティン[3]	125	2,423,170	5.16	サンディエゴ[3]	88	3,277,176	2.69
ワシントン，D. C.[3]	299	6,265,891	4.77	タンパ[3]	87	3,291,341	2.64
デンバー[3]	107	2,986,190	3.58	フェニックス[3]	117	5,020,870	2.33
アトランタ[3]	213	6,238,676	3.41	ロサンゼルス[3]	291	12,870,137	2.26
マイアミ[3]	204	6,139,812	3.32	ポートランド[3]	56	2,508,928	2.23
サンフランシスコ[3]	147	4,578,135	3.21	ミネアポリス[3]	76	3,691,666	2.06
サンフランシスコ（市）	69	807,774	8.54	ニューヨーク[3]	365	19,563,798	1.87
シリコンバレー	81	1,945,978	4.16	シアトル[3]	67	4,032,242	1.66
ナッシュビル[3]	63	2,071,019	3.04	ヒューストン[3]	94	7,370,464	1.28
ボストン[3]	143	4,903,026	2.92	マディソン	12	686,829	1.75
ダラス[3]	220	7,947,439	2.77	シャンペーン／アーバナ	3	236,100	1.27
シカゴ[3]	219	9,279,427	2.36	ピッツバーグ	20	2,432,532	0.82
フィラデルフィア[3]	142	6,242,746	2.27	20 都市圏以外	1,877	209,363,615	0.90

注記1）2022 年 7 月 1 日時点。
注記2）人口 10 万人当り。
注記3）Inc. が選択した 20 都市圏。
出所）Inc., Inc. 5000 2023（https://www.inc.com/inc5000/2023）と U. S. Census Bureau, Annual Estimates of the Resident Population for Metropolitan Statistical Areas in the United States and Puerto Rico: April 1, 2020 to July 1, 2023（CBSA-MET-EST2023-POP））より筆者が作成した。

表 A2-2　米国ユニコーン企業数（2024 年 1 月）

都市	数	都市	数
サンフランシスコ	171	サンノゼ*	9
ニューヨーク	117	ロサンゼルス	8
パロアルト*	22	サニーベール*	8
ボストン	20	ケンブリッジ	7
シカゴ	16	デンバー	7
オースティン	15	サンタクララ*	7
マウンテンビュー*	15	ダラス	6
レッドウッドシティ*	14	エルセグンド	5
サンマテオ*	10	サンディエゴ	5
シアトル	10	マディソン	1

注記）*はシリコンバレーの都市。
出所）CB Insights website, The Complete List Of Unicorn Companies,（https://www.cbinsights.com/research-unicorn-companies）より筆者が作成した。

第 2 章　なぜ海外の地方都市に着目するのか　　　29

表 A2-3　大学発スタートアップ数（2022 年）

順位	大学（大学院）	創業者数	企業数	資金調達額（$B）	所在地
1	スタンフォード大学	2,731	2,135	127.2	シリコンバレー（CA）
2	MIT[1]	1,914	1,474	75.2	ケンブリッジ（MA）
3	ハーバード大学	1,647	1,406	75.9	ケンブリッジ（MA）
4	ケンブリッジ大学	1,156	961	29.3	ケンブリッジ（英）
5	UC バークレー校[2]	1,105	906	37.2	バークレー（CA）
6	オックスフォード大学	981	827	29.9	オックスフォード（英）
7	コロンビア大学	912	821	27.2	ニューヨーク（NY）
8	カーネギーメロン大学	682	559	24.1	ピッツバーグ（PA）
9	インペリアルカレッジロンドン	678	561	11.4	ロンドン（英）
10	コーネル大学	595	507	17.9	イサカ（NY）
11	ニューヨーク大学	575	535	16.9	ニューヨーク（NY）
12	ミシガン大学	553	460	20.5	アナーバー（MI）
13	ジョンズホプキンス大学	552	481	21.1	ボルティモア（MD）
14	テキサス大学	529	470	15.0	オースティン（TX）[3]
15	ペンシルベニア大学	525	473	15.0	フィラデルフィア（PA）
16	南カリフォルニア大学	523	464	19.3	ロサンゼルス（CA）
17	テルアビブ大学	515	432	12.0	テルアビブ（以）
18	ロンドンスクールオブエコノミクス	504	481	10.3	ロンドン（英）
19	UC ロサンゼルス校（UCLA）[2]	493	422	21.4	ロサンゼルス（CA）
20	イリノイ大学	457	379	12.6	シャンペーン・アーバナ（IL）[3]
25	ノースウェスタン大学	412	362	13.4	エバンストン（IL）
30	UC サンディエゴ校（UCSD）[2]	325	260	10.9	サンディエゴ（CA）
31	ウィスコンシン大学	322	258	8.6	マディソン（WI）[3]
33	シカゴ大学	276	240	13.5	シカゴ（IL）
41	ミネソタ大学	230	192	9.1	ミネアポリス（MN）[3]
73	ピッツバーグ大学	157	134	3.1	ピッツバーグ（PA）

注記 1) MIT: Massachusetts Institute of Technology
注記 2) UC: カリフォルニア大学（University of California）
注記 3) 旗艦校の所在地。
出所) Rubio, J. and J. Thorne（2023）"PitchBook Universities: Top 100 Colleges Ranked By Startup Founders,"
　　　（https://pitchbook.com/news/articles/pitchbook-university-rankings）と所在地のデータから筆者が作成した。

ミネソタ大学ツインシティーズ校（ミネアポリス／セントポール：第10章），ウィスコンシン大学マディソン校（マディソン：第9章）のその数がそれぞれ95社，33社，17社となっている[3]。

---

3 ただし，Top 50 Best Graduate Programs for Entrepreneurs の2023年web版の当該数がランクインした全大学で286社となっていること，テキサス大学オースティン校の学部卒業生により開設された企業数が2022年版では3,700社，2023年版では258社，2024年版では635社となっていること，さらに言えばイリノイ大学アーバナ・シャンペーン校の学部の起業家プログラムの評価が2021年版では19位，2022年版では14位，2023年版ではランク外となっていること，などからデータの信憑性に疑問符が付く。

第 3 章　米国・日本の代表的なリサーチパーク*
——Stanford Research Park を中心として——

1.　はじめに

　リサーチパークはしばしば大学を中核機関として，またその中にスタートアップ・中小企業の事業を支援するインキュベータ・アクセラレータが併設される形で開設されている。その先駆けとなったのは 1951 年にスタンフォード大学が開設した，Stanford Research Park であり，ノースカロライナ州の Research Triangle Park，ハンツビル（Huntsville, AL）の Cummings Research Park などがそれに続いた。Stanford Research Park はスタートアップの育成と企業誘致によりそれを含むより広い地域での企業集積とさまざまな技術・製品開発を実現，またそれゆえに他の都市でのリサーチパークの開設を誘発した。そこで，本章ではまずは第 2 節で Stanford Research Park を開設したスタンフォード大学，そして同 park の目的と開発方法，テナント，連携と成果を概説する。第 3 節では同パーク内に設置された，スタンフォード大学と何らかの関係のあるインキュベータ・アクセラレータの活動を紹介する（日本の事例ではリサーチパークの運営企業がそれらを兼ねることが少なくない）。第 4 節では米国の，とりわけ大学が開設した主要なリサーチパークを取り上げる。次に，日本に目を転じる。日本でのリサーチパークの開設は 1983 年の，その長い名称にその目的が明示される高度技術工業集積地域開発促進法（テクノポリス法）の施行を大きな契機とし，テクノポリス（高度技術集積都市）に指定された 26 地域で（名称はさまざまであるが，）それが開設された（が，その成果に

---

*　（謝辞）筆者は広島経済同友会創業支援委員会による京都リサーチパーク（2020 年 1 月 24 日）と鶴岡サイエンスパーク（2018 年 11 月 5 日）の視察会に参加している。関係諸氏に記して感謝したい。

は否定的な見方が少なくない（伊東他 1995））。関・大野（1999）の表序 -1 には
それ以前に開設された筑波研究学園都市を含めて 103 のリサーチパークが掲載
されている。第 3 節では日本の代表的なリサーチパークとして京都リサーチパ
ーク，神戸医療産業都市と湘南ヘルスイノベーションパークを取り上げる[1]。
これらは米国の主要なリサーチパークとは異なり，大学が開設した，または中
核機関となるものではない。そこで，第 6 節ではそうした事例として慶應義塾
大学先端生命科学研究所を中核機関とする鶴岡サイエンスパークと東北大学が
次世代放射光施設を中心に整備を進めるサイエンスパークを取り上げる。

2. Stanford Research Park

2.1. スタンフォード大学

　　まずは Stanford Research Park を開設したスタンフォード大学（Leland Stan-
ford Jr. University）を紹介しておく。同大学は最初の大陸横断鉄道の一部とな
る Central Pacific Railroad を設立して社長に就任，1862-63 年には州知事，
1885-93 年には米国上院議員の職にもあった L. スタンフォード（Leland Stan-
ford Sr.）と妻のジェーン（Jane）が「それに 8,180 エーカーの牧場を含む多大
な財産を譲渡し〔て〕」（Stanford Univ. website, "A History of Stanford"）1885 年
に設立（開学は 1891 年）した私立大学であり，「〔　〕夫妻と初代学長の〔D. S.〕
ジョーダン（David S. Jordan）は〔そ〕の目的を……教養があり，有用な卒業
生を輩出すること，伝統的なリベラルアーツ（liberal arts）とすでに米国を変
えつつあった技術と工学の両方を教えることに置いた」（*id.*）。開学後，僅か 2
年でスタンフォードが逝去し，しばらく財政的に困窮したが[2]，大学の第 1 期

1　規模で言えば，筑波研究学園都市，関西文化学術研究都市やかながわサイエンスパークなども主
　要なリサーチパークとなる。筑波研究学園都市は「〔1963〕年 9 月の閣議了解により，その建設が
　決定され，〔1980〕年 5 月までには，予定されていた国の試験研究機関，大学等の施設が移転・新
　設されるとともに，基幹的な都市施設もほぼ完成し〔　〕た」（国土交通省 2008）。その約 2,700 ha
　の研究学園地区は都心地区，研究・教育施設地区と住宅地区から成る。つくば市の website（"筑
　波研究学園都市とは"；更新日：2023 年 3 月 24 日）によると，筑波研究学園都市は「民間を合わ
　せておよそ 150 の研究機関が立地しており，1 万人以上の研究者を有する，我が国最大の研究開発
　拠点」となっている。ただし，本書の関心事である内部での産学連携，オープンイノベーションや
　スタートアップに関する情報は乏しい。なお，（国研）産業技術総合研究所つくば本部・情報技術
　共同研究棟には産学官連携共同研究施設のつくば産学官 OSL（OSL はオープンスペースラボの略）
　が設置されている。

生で，理事（trustee; 1912-61.1[3]; 退任後，名誉理事（trustee-emeritus））の，そして後に第31代米国大統領に就任する「〔H.〕フーバー（Herbert Hoover）が1920年代に大学運営を専門化し，スタンフォードが健全な財政基盤を築くのに貢献した」（*id.*）。Time（1928）は設立目的に関連して，「フーバーの影響下でスタンフォードは入学者数が少ないリベラルアーツ・カレッジから成長を続ける工科大学（institute of technology）に変貌した」と述べている。なお，フーバーは1919年に後に公共政策シンクタンクの Hoover Institution（略称）となる Hoover War Collection を設立，また1925年の「Graduate School of Business〔（GSB）〕の設置を主導した」（"A History of Stanford"）。1959年には1858年に設立されたパシフィック大学（University of the Pacific），Medical Department を起原とする「〔School of Medicine〕がサンフランシスコ（San Francisco, CA）からパロアルトのメインキャンパスに移転した」（*id.*）。

　大学は現在，"Ivy of the West" とも称される西部きっての名門大学に成長，教育研究機関には7つの School と112の研究センター（Research Center）があり，2023年秋学期の学生数（enrollment）は17,529（内，学部学生数が7,841，大学院学生数が9,688），教員数（faculty）は2,323を数える（Stanford Univ. website, "Facts" & "Research Centers"）。研究に関しては，2023年度の外部資金研究プロジェクトが7,500件超あり（その内の3/4は連邦政府が資金提供者であった），それらの総予算は19.8億ドルであった（"Research and Innovation"）。また，「〔同〕年度に1,059の技術から5,900万ドルのライセンス収入を獲得した」（"Technology & Inventions"）。*U. S. News & World Report* のランキングを見ると，"2024 Best Colleges（National Universities）" では3位タイ，"2023-2024 Best Grad Schools" では工学で2位，さらに法学で1位タイ，医学（研究）で5位タイ，経営学で6位タイ，教育学で7位タイとなっている。起業家教育は主に GSB が担い，「起業家精神とイノベーションの50を超えるコースを提供しており，教授がしばしば成功した起業家や熟練した投資家と協力して指導にあたっている」（Stanford GSB website, "Center for Entrepreneurial Studies"）。GSB を卒業した起業家の中に Nike（操業: 1964）の P. ナイト（Phil Knight），Patagonia（1973）の Y. シュイナード（Yvon Chouinard），Sun Microsystems

---

2　リーランドが逝去した1893年から1903年まではジェーンが大学の運営を担い，その後，運営は理事会に委ねられた。

3　就任時と退任時は資料で確認したが，その間，理事を継続したかは不明である。

（1982）の S. マクネリ（Scott McNealy）と V. コースラ（Vinod Khosla）が, またその Executive Education Program を履修した企業家に英 Arm Holdings CEO の R. ハース（Rene Haas）がいる。その他, この大学出身（中退を含む）の著名な起業家は Hewlett Packard（1939）の W. ヒューレット（William Hewlett）と D. パッカード（David Packard）, より最近では Nvidia（1993）の黄仁勳（Jensen Huang）, Yahoo!（1994）の楊致遠（Jerry Yang）[4] と D. ファイロ（David Filo）, Netflix（1997）の R. ヘイスティングス（Reed Hastings Jr.）, Google（1998）の L. ペイジ（Larry Page）と S. ブリン（Sergey Brin）, PayPal（1998）の P. ティール（Peter Thiel）, YouTube（2005）の J. カリム（Jawed Karim）, Instagram（2010）の K. システム（Kevin Systrom）と M. クリーガー（Michel Krieger）などなど多数に上る。資金面では, "2024 Best Colleges"（Wood 2023）によると, 基金（endowment）は 363.4 億ドルで, ハーバード大学（Harvard University）の 508.8 億ドル, イェール大学（Yale University）の 413.8 億ドルに次ぐ 3 位で, 土地——2019 年にはその 18% を占めた（Zonana 2020）——を除いて投資に充当される。また, 内国歳入庁（Internal Revenue Service: IRS）に提出した Form 990（申告書）によると 2022 年度（–2022.8.31）の収入（total revenue; 95.3 億ドル）の柱はプログラムサービス収入（program service revenue; 34.3 億ドル）, 寄付・補助金（contributions and grants; 33.0 億ドル）と投資収入（investment income; 25.7 億円）となっている[5]。なお, 基金を構成する寄付に関して, William and Flora Hewlett Fdn. が 2001 年に 4 億ドル, P. ナイトが 2006 年に 1.05 億ドル（→ Knight Mgmt. Center（ビル）の建設）, 2016 年に 4 億ドル（→ Knight-Hennessy Scholars Program[6] の創設）, R. キング*（Robert King; Peninsula Capital・R. Eliot King & Associates Inc. 創業者）が 2011 年に 1.5 億ドル（→ Institute for Innovation in Developing Economies と King Center on Global Dev. の設置）, J. ドーア（John Doerr; Kleiner Perkins Caufield & Byers general partner）が 2022 年に 11 億ドル（→ Doerr

---

4 ちなみに, 楊は 2021 年 7 月 1 日から大学の理事長を務めている。また, 次に取り上げる寄付に関して, 2007 年に 7,500 万ドルを寄付し, それにより Jerry Yang and Akiko Yamazaki Environment and Energy Bldg. が設立された（山崎晶子は妻）。

5 プログラムサービス収入の主なものは患者治療（patient care）と学生納入金（student income）である。また, 寄付・補助金には政府補助金（government grants）が含まれる。

6 Hennessy とはすぐ後に登場する第 10 代学長（president; 任期: 2000.9.1–2016.8.31）のこと。なお, 彼は MIPS Technologies（1984）創業者で, 現在は Alphabet（Google 親会社）会長を務める。

School of Sustainability の設置），J. アリラガ＊（John Arrillaga; A&E Real Estate Holdings 創業者）が生涯で 3 億ドル以上，また David and Lucile Packard Fdn. が 2022 年に Lucile Packard Children's Hospital Stanford に 1 億ドルを寄付したように大学には極めて高額な（そして当然ながらより少額の）寄付が相次いている（＊は卒業生）。なお，黄仁勲の 3,000 万ドルの寄付により 2010 年に School of Engr. のいくつかの組織（department, Institute など）が入居する Jen-Hsun Huang Engr. Center が開設された際に，当時の学長の J. ヘネシー（John Hennessy）はこうした寄付を「ある世代が後に続く世代に excellence となる機会を得られるようにする」（excellence は卓越などと訳される；*qtd. in* School News 2023）ものと述べている。それゆえ，それは大学，そしてそれが中心となる地域のエコシステムの長期的な発展の重要な要因となるのである。

2.2. 目的と開発方法

Stanford Research Park（SRP; 当初は Stanford Industrial Park）は School of Engr. の Dean（後に Provost）であった F. ターマン（Frederick Terman）の「発明品」（"brainchild"; SRP website, "About"）であり，彼が「大学の卒業生に職を提供し，地域の経済発展を刺激する」（*id.*）ために推進した産学連携の一環として，また「スタンフォード大学が 1950 年に財政的に逼迫した中で所得源を提供するために」（Sandelin 2004）そのパロアルトの広大な敷地内に設立された，「研究開発に焦点を合わせたビジネスパーク」（SRP website, "About"）である。その開発方法は Sandelin（2004）が簡潔に紹介している[7]；

> 1953 年のマスタープランではスタンフォード大学の土地への light technology-focused industry〔（ハイテク産業またはエレクトロニクス産業）〕の誘致が推進された。そこではそうした企業が建蔽率（land coverage），建築デザインと，駐車場と造園のための空きスペースに関する厳格な規制（例えば，建物の高さは制限内で，建物は借地の 40％ までしか占めず，駐車場は道路側から離れた，建物の裏側に設置される。また，建物と道路の間には少なくとも 90 フィートの緑地緩衝地帯が設置される）の下で開発

---

[7] SRP の website（"About"）には「SRP はスタンフォードとパロアルト市の partnership により設立された」との記載があるが，partnership の意味または内容は明確ではない。ただし，「700 エーカーのスタンフォードの土地がパロアルト市に編入され，郡，市と〔　〕学校区にかなりの税収がもたらされる」こととなった。

されることでその家屋にかかる財産税が軽減される。大学は大学の評判を高めるハイテク産業を誘致し，また企業に価値がある関係を提供するために〔SRP〕の開発のすべての面でこの厳しい管理を維持してきた。入居希望者は申請書を完成させ，大学の承認を得なければならない。この入念な計画とテナントの選定によりスタンフォード大学のキャンパスの外観と雰囲気を持った工業地区が形成されている。

ちなみに，スタンフォード夫妻は彼らが寄付した土地を大学が売却できないよう定めている（Stanford Univ. website, "CK Stanford Farm"）。アメニティに関しては，以前の状況は不明であるが，SRP の website はシャトル（定期往復バス・列車），晴天日，ハイキング・バイキングコース（hiking & biking trail），レストランと小売店（retail business）を PR している。また，SRP に入居する PARC の職場環境に関して，SRP（2023c）は「どの階からも屋外に出やすく，どのオフィスにも窓があり，壁には地元の芸術作品が飾られ，座り心地の良いソファーがあり，創造的な遊び道具がすぐに利用でき，PARC がそれで知られる創造的で，革新的な精神を一層，育んでいる」と述べている。初めの 2 つは建物の構造と関連するものである。

2.3. テナント

最初のテナントはターマンの教え子である R. バリアン（Russell Varian）が弟のシガード（Sigurd）らと設立した Varian Associates（1953 年）で，同じく教え子であるヒューレットとパッカードが設立した Hewlett-Packard（HP）が 1957 年に施設を開設した（ターマンは HP をさまざまに支援したが，Wessner（2013）はその様子を「本物の 1 人インキュベータ」（"a veritable one-man incubator"; p. 221）と表現している）。間もなく，General Electric, Eastman Kodak, Lockheed（現 Lockheed Martin）など数十の企業が両社に続いたが（Palo Alto History. Org. undated），それらの中には国防総省（Department of Defense）に直接的な契約により物資を納入する defense contractor が含まれた。サンタクララ郡とその近接地域に 1960 年代に半導体企業が集積する，それゆえそこがシリコンバレー（Silicon Valley; シリコン（ケイ素）は半導体の材料の 1 つ）と呼称される発端となった W. ショックレー（William Shockley Jr.; 1956 年ノーベル物理学賞受賞者）の Shockley Semiconductor Lab. はターマンの勧めで 1956 年に SRP に設立された。また，1970 年に東海岸（スタンフォード; Stamford, CT）の Xerox が Xerox Palo Alto Research Center（Xerox PARC）を開設，ここで「最初のパーソナルコンピュータである Alto，グラフィカル・ユーザー・インターフェース〔(graphical user interface: GUI)〕，レーザープリンタ，ユビキタス（ubiquitous）なコンピュータネットワーク技術であるイーサネット〔(Ethernet)〕など，コンピュータ設計における多くの革新が開発された」（Encyclopædia Britannica, "PARC"）[8]。

　現在も SRP には多くの企業が入居するが（2.5 を参照のこと），SRP はその理由，つまり自らの強みが「権威あるパロアルトの住所，スタンフォード大学の新たな研究と頭脳を利用する権利（access），VC［　］への近接と素晴らしい自然環境の中にあるサステナブル（sustainable）なビルディング」にあるとしている（website, "Why Companies Choose Stanford Research Park"）。

2.4. 産学連携

　SRP での大学または教員と企業の産学連携については[9]，例えば Varian Associates——「同社はあらゆる種類または性質の物理科学分野における総合的な研究を実施すること」（Varian Associates undated, p. 1）を目的として設立された——の創業者にはスタンフォード大学の E. ギンツトン（Edward Ginzton），W. ハンセン（William Hansen），L. シフ（Leonard Schiff）が含まれた。ギンツトンは 1959 年に CEO・会長に就任したが，近隣の他大学で修士号を取得した彼を最初（1937 年）に research assistant としてスタンフォード大学に迎え入れたのはターマンであり，そのターマンは同社の取締役を務めた（ETHW[10] Org. website, "Oral-History: Edward Ginzton"）。「スタンフォードでの F. ブロッホ（Flex Bloch〔1952 年ノーベル物理学賞受賞者〕）の共同研究者の 1 人であった」（Varian Associates undated, p. 9）M. パッカード（Martin Packard）

　8　Apple を設立した S. ジョブズ（Steve Jobs）は 1979 年にここを訪問して，「試作品（demo）のマウス〔など〕を目の当たりにした」。そして，「Apple はその後，〔Xerox〕PARC の多数の従業員を採用し，〔Xerox〕PARC の〔GUI〕の技術革新を取り入れた Lisa（1983 年）とパーソナルコンピュータの McIntosh（1984 年）を発表した」（Wessner 2013, p. 225）とされる。ただし，The Xerox PARC Visit（https://web.stanford.edu/dept/SUL/sites/mac/parc.html）によると実態はより複雑である。

　9　Heinrich（2002）にはやはり教授が創業者の 1 人となった Watkins-Johnson（現 WJ Communications）とスタンフォード大学の，同社の設立当時の連携が紹介されている。

　10　正式名称は Engineering and Technology History Wiki である。

は 1951 年に Varian に入社し，1969 年には副社長に就任した。スタンフォード大学からコンサルタントとして参加した研究者もいる（ギンツトンとハンセンもコンサルタント兼取締役を務めた）。Varian の SRP への移転は「大学で進行中のさまざまな科学プログラムとの交流の恩恵を享受する」（*id.*, p. 2）ことが理由とされた。「[　] ブロック，[　] ハンセンらが核磁気共鳴（nuclear magnetic resonance: NMR）の先駆的研究を完了〔すると，〕Varian は NMR の特許権を取得したが，これが Varian の分析機器のリーダーとしての [　] 地位を築く出発点となった」（*id.*, p. 2）。同社は創業当初からほぼ一貫して成長を続け，従業員は 6 人から「1,300 人」（Varian undated, p. 8）となっている[11]。HP は SRP に入居する以前からその，それゆえ大学の近くに立地しており，第 2 次世界大戦中にハーバード大学の Radio Research Lab. に所属していたターマンが戦後にスタンフォード大学に戻ると，彼と協力して「〔School of Engr. の〕大学院生が研究の後に HP の製品を設計・製造する奨学金プログラムを創設」（Packard 2006, p. 65），「1954 年に〔それ〕を拡張して，資格のある HP の技術者がスタンフォードで上級学位の取得を目指すことを可能とする，Honors Cooperative Program として知られるようになるものを創設した」（*id.*, p. 67）。下って 1970 年には「効果的な技術移転を促進すること」をミッションとして「スタンフォード大学の知的財産アセット（intellectual property asset）を管理する」Office of Technology Licensing が設置された（website, "About OTL"）[12]。2023 年度には 5,900 万ドルのライセンス収入を実現している。Sandelin（2004）はこうした産学連携によりさらに「〔SRP に入居する〕テナント間の協力と共有の精神が育成され」，それが「この地域の成功をもたらした」，また「それは企業が外に広がるに連れてシリコンバレーの特徴（hallmark）となった」と述べている。SRP は「人々はわれわれに繰り返し，ここにいるだけでより良く結び付けられている，またより刺激されていると感じると述べる」（website, "About"）としている。

11　entire capital が 2.2 万ドルから 1958 年度には約 2,000 万ドルになったと解釈できる記述もある。なお，そこでの capital の意味は資産の一般的な意味である「事業活動の元手となる資金のこと」と解釈してよいかもしれない。

12　1980 Bayh-Dole Act により連邦政府が資金提供した研究で生み出された発明の所有権が連邦政府から大学などに移転された。そのため，現在では多くの大学が office of technology licensing（technology licensing organization（TLO），technology transfer office（TTO）を名乗る機関もある。いずれも「技術移転機関」と訳される）を開設している。

SRP またはシリコンバレーには連携を誘引する工夫や entity（存在物）もある。工夫としては Xerox PARC の従業員ラウンジに当初から置かれたビーンバッグチェア（bean bag chair）がそれに該当する。「軽くてどのような配置にも移動が容易なそうした椅子の目的は協力（collaboration）を誘引することにあり」，「多くのハイテク企業が PARC に追随した」（SRP 2023c）。entity としては地域の技術者が終業後に集まり，「アイディアを交換したり……する溜まり場〔(watering hole)〕」がそれに該当する。「溜まり場として人気のあったマウンテンビューのバー，Wagon Wheel は，「半導体産業の泉〔源〕」（"the fountainhead of the semiconductor industry"）と呼ばれていた」（Saxenian 1994, p. 68）。
　企業の協力と共有の精神の育成にはヒューレットとパッカード，または HP も重要な役割を果たしたとされる。Saxenian（1994）は HP の役員たちがある女性起業家のチームに深夜に同社のコンピュータを貸し与えた事例と 1989 年に San Jose Mercury News に掲載された記事の一節を紹介している。

> 成長するにつれて，ヒューレットもパッカードも，他の会社の設立や成長に深くかかわるようになった。起業家を励まし，自分たちが学んだことを教えてやり，エレクトロニクス企業に共通の問題について協力しあうよう力を尽くした。この地域のエレクトロニクス産業にほかではみられない協力の精神があるのは，彼らの力によるところが大きい。（p. 67）

2.5. 成果

　最後は SRP の成果（performance）である [13]。現在，700 エーカーの土地に 140 棟の建物が立ち並び，それらのオフィスと実験（研究）室の総面積は 1,000 万 ft^2 に及ぶ。現在，前出の Varian の後身の Varian Medical Systems（独 Siemens Healthineers 子会社），HP の後身の 1 つの HP Inc., Xerox PARC の後身の PARC（SRI Int'l 子会社）や，Broadcom, Ford Motor（本社：ディアボーン，MI），Google（Alphabet Inc. 子会社；マウンテンビュー，CA），JPMorgan Chase & Co.（ニューヨーク，NY），SAP（独ヴァルドルフ），Tesla（オースティン，TX），Woven by Toyota（トヨタ自動車子会社：東京）をはじめとして 150 社以上が入居する [14]。これらの内，PARC は SRP で 20 万 ft^2 に及ぶ施設を確保し，そこで 150 人以上の従業員が研究，tinkering（tinker には〔修理・改良のため

13　シリコンバレーのそれについては，例えば Joint Venture Silicon Valley が毎年，刊行する *Silicon Valley Index* を参照のこと。

に〜を〕いじくる」（アルク『英辞郎』）の意がある），開発，発明，製造に従事
している。また，「約2,500の特許を保有し，年に平均して150の特許を申請
している」（SRP 2023c）。2003年にサンカルロスで設立されたTesla（当初は
Tesla Motors）は2009年に「かつて〔HP〕とAgilent Technologiesが専用し
ていた」「23エーカーの区画の上の約35万ft^{2}の〔3棟の複合施設〕を賃借」し
てSRPに新本社とパワートレイン組立工場を（Tesla 2010），2021年にHP Inc.
から32.5万ft^{2}のオフィススペースを賃借して第2施設を（Reuters 2021），
2023年にはHPが1957年に賃借し，2019年までHewlett Packard Enterprise
（HPのもう1つの後身；スプリング，TX）の本社があった施設にグローバルエ
ンジニアリング・AI本部を開設して，当初より土地占有面積（footprint）を3
倍にしている（SRP 2023d）。Fordは2015年に「コネクティビティ，モビリテ
ィ，自動運転車，顧客体験とビッグデータの分野でのイノベーションを加速さ
せる」ために「Research and Innovation Center Palo Altoを開設」（Ford
2015），「100人以上の研究者，エンジニア，科学者」を配置している（SRP
2023b）。SRPのwebsiteはSRP（に入居する企業全体）の経済的貢献を

- SRPを拠点とする雇用主，従業員と訪問者による推定年間直接支出が
  5.18億ドル，
- SRPによりパロアルト経済にもたらされる年間価値が7.75億ドル，
- SRPにより〔パロアルトを含む〕サンタクララ郡にもたらされる年間価値
  が24億ドル，

と算定している。

3. インキュベータ・アクセラレータ[15]

3.1. StartX

　SRPにはC. テイテルマン（Cameron Teitelman）が学部生時代の2011年に
設立した，「スタンフォードの学生，教授と卒業生のためのスタートアップの
アクセラレータ，フェローシップとコミュニティ」（website）[16]であるStartX
があり，彼らの「技能開発と人・資源へのアクセスを容易にすることで〔 〕

14　Facebookも2009年にここに本社を置いたが，2011年にメンロパーク（CA）の旧Sun Mi-
　crosystems campusに移転した。新campusは11のビルから成り，総オフィススペースは約100
　万ft^{2}となる。なお，メンロパークはSRPのあるパロアルトから約4.8 kmの距離にある。

インパクトの強い会社を設立する能力を向上させることに取り組んでいる」
(about.me website, "Cameron Teitelman")。そして，それは

- 「〔StartX〕は 700 社以上の企業を支援し，それら企業は 5,000 以上の雇用
  を創出し，また 80 億ドル以上の資金を調達している」(id.)。
- 「StartX コミュニティの企業は評価額が 1 億ドルに達する可能性が 3 倍高
  くなっている」(SRP 2023a)
- 「StartX 企業の 28 社に 1 社は 7-8 年以内に〔企業価値評価額が〕10 億ド
  ル超のユニコーンになっている」(id.)

などの成果を結実，StartX は「一流のアクセラレータの 1 つ」("one of the top-
ranked accelerators"; SRP 2023a) を自認している。また，StartX には医療に特
化した StartX Med 部門があり，「135 社以上の医療関連企業が〔この〕StartX
Med に参加し，すべての医療分野（医療機器，生命工学 (biotech)，デジタル
ヘルスと診断）を通じて累計で 9.2 億ドルを超える資金を調達している」(StartX
website, "Med")。

　StartX は創業者のメンター（指南役）として 141 人を website に掲載するが，
連続起業家 (serial entrepreneur) で，Google の副社長も務めた M. キャシディ
(Mike Cassidy)，LinkedIn，Facebook の副社長を経て，現在は Benchmark
Capital のパートナーを務める M. コーラー (Matt Cohler)，Linkedin 創業者の
K. ゲーリック (Konstantin Guericke)，Sun Microsystems 創業者・Khosla Ven-
tures 創業者の V. コースラ (Vinod Khosla) など錚々たる顔ぶれである。また，
2013 年に自身が「極めて創業者に優しい」("extremely founder friendly fund";

15　シリコンバレーには序論で触れた Y Combinator があったが，2023 年に本社をサンフランシス
コに移転した。スタンフォード大学内には「Sarafan ChEM-H と〔後述する〕Stanford Medicine
のパートナーシップ」で，「有望なスタンフォードの発見を患者のための新薬に転換するのを支援
するために設立された」Stanford Innovative Medicines Accelerator がある (Sarafan ChEM-H
website, "Innovative Medicines Accelerator (IMA)")。なお，ChEM-H は Chemistry, Engr., and
Medicine for Human Health の acronym である。やはり序論で触れた Batavia Industrial Center
(BIC) にも簡単に触れておくと，1957 年に「バタビアの住民の数千人を雇用していた」ある工場
が閉鎖されるとマンクーソ家 (Mancuso family) の 5 兄弟がその工場（群）を買収し，長男の息
子のジョー (Joe) が苦労しながら，またさまざまなサービスを提供しながらそこにテナントを誘
致した (Clark 2017)。ジョーは「ビジネスインキュベータ」またはその concept の originator と
形容されている。ジョーの息子のトム (Tom) が manager を務める Mancuso Business Dev.
Group は現在，BIC の他にもニューヨーク州で 3 つのインキュベーション施設を運営している。
16　それゆえ，「StartX はほぼすべての場合でそれぞれの創業チームにスタンフォード大学とつなが
りのあるメンバーが少なくとも 1 人はいることを要求している」(SRP 2023a)。

about.me website, "Cameron Teitelman") と形容する Stanford-StartX Fund の運営を開始,同 fund は「650 件以上の投資を実行し,1 億 9,000 万ドル以上の資本を投下している」(about.me website, "Cameron Teitelman")。

最後は StartX の運営である。「StartX 自体はスタンフォード大学から独立した非営利団体である」が,「現在までに〔同〕大学と Stanford Health Care〔(病院)〕[17] が StartX コミュニティと StartX 組織が永続的に自立できるように合わせて 2 億ドルを拠出している」(StartX website, "About")。Form 990 によると,2022 年の収入は 252.8 万ドル,主な収入源は寄付・補助金(134.4 万ドル)と投資収入(93.0 万ドル)であった。また,2021 年の寄付・補助金には政府補助金(寄付)の 25.5 万ドルが含まれたが,それ以外の年にはそれはゼロであった。他方で,StartX は支援する企業にその対価として株式ではなく,「恩送りして(pay it forward),専門知識を他の企業と共有することを求めるに過ぎない」(StartX website, "Programs")。また,スタンフォード大学の 2023 年度の Form 990 によると,Stanford-StartX Fund は同大学がその 66.67% を所有する "General or managing partner" となっている。

3.2. Alexandria LaunchLabs

スタンフォード大学は 2016 年に「SRP の一部を「生命科学地区」("Life Science District") に指定」(SRP website, "Life Science District"),他所での同様の経験があり[18],「スタンフォード大学により選ばれた」(Alexandria undated)Alexandria Real Estate Equities (Alexandria) が 2021 年にそこの 9.2 万 ft^2 の施設を Alexandria Center for Life Science at SRP に改修,その中に生命科学分野のインキュベータである Alexandria LaunchLabs を開設した。Alexandria LaunchLabs は「柔軟で,すぐに入居可能な研究室とオフィススペース,共有設備,戦略的なプログラミング(programming)[19] や戦略的な資本(strategic capital)へのアクセスを提供し」,「大学の研究室からスピンアウトした革

---

17 Stanford Health Care はスタンフォード大学 School of Medicine, Lucile Packard Children's Hospital と Stanford Medicine を構成する。

18 Alexandria はグレーターボストン,サンフランシスコ・ベイエリア,ニューヨーク,サンディエゴ,シアトル,メリーランド(州)とリサーチ・トライアングルに施設を設置している。ただし,それぞれの設置年,またサンフランシスコ・ベイエリアの施設と Alexandria Center for Life Science at SRP が同一かどうかは不明である。

19 事業計画の作成の意と解される。

新的な生命科学分野のスタートアップの活動を促進する」。「また，〔それ〕は成熟した企業のためのラボ・スイートも提供する」（"Life Science District"）。戦略的な資本に関連して，Alexandria は「Alexandria Venture Investments を通じて大変革を起こしうる（disruptive な）生命科学会社に投資をしている」（Alexandria website, "About Alexandria"）。

4. 米国のその他のリサーチパーク

SRP の開設後，米国では各地でリサーチパークが開設された[20]。その数は正確には不明であるが，業界団体である Assoc. of University Research Parks（AURP）の website（"Meet Our Members!"）にある地図に所在地が記載されたメンバーの数は 2024 年 4 月 1 日時点で 118 に上る（ただし，その地図にはここで言及するリサーチパークのいくつかの記載がない）。代表的なものは「米国で最大のリサーチパーク」を自称する，ノースカロライナ州の Research Triangle Park（RTP），同じく「米国で 2 番目に大きなリサーチパーク」であるハンツビルの Cummings Research Park（CRP）[21]，「米国で最古の，かつ最大の都市型リサーチパーク」であるフィラデルフィア（PA）の uCity Square（旧 Univ. City Science Center: UCSC[22]），「米国で最大の都市型大学・企業リサーチパーク」であるニューヨークの Brooklyn Commons（旧 MetroTech Center）[23] などがある。CRP ではアラバマ大学ハンツビル校（University of Alabama in Huntsville: UAH），uCity Square ではペンシルベニア大学（University of Pennsylvania）とドレクセル大学（Drexel University），RTP ではデューク大

---

20 欧州にも欧州最古とされる，1970 年に開設された英 Cambridge Science Park，欧州最大とされる仏 Sophia Antipolis，北欧最大とされる芬 Otaniemi Science Park をはじめとして多数のリサーチパークが開設されている。Otaniemi Science Park については，太田（2016），ch. 4 に簡単な紹介がある。

21 CRP の開設で重要な役割を果たした，Brown Engr. 社長であった M. カミングス（Milton Cummings）が没した 1973 年に Huntsville Research Park からこの名称に変更された。

22 "UCSC" は通常，リサーチパークとそれを運営する企業の両方に使われる。他にも同様の事例がある。

23 MetroTech Center のそうした形容（"the largest urban university-corporate park in the United States"）は後出するニューヨーク大学のある資料（http://bulletin.engineering.nyu.edu/content.php?catoid=17&navoid=1368）に見られる。また，他に「米国で最大の都市型学産パーク」（"the largest urban university-corporate park in the United States"）との形容もある（https://www.vip-consortium.org/teams-by-institution/616）。ただし，それらの意味は明確ではない。

学（Duke University），ノースカロライナ大学チャペルヒル校（University of North Carolina at Chapel Hill: UNC）とノースカロライナ州立大学（North Carolina State University: NCSU），MetroTech Center ではニューヨーク大学（New York University: NYU），Tandon School of Engr.[24] が中核機関となっている。アラバマ大学のエクステンションセンターとして出発した UAH がアラバマ大学システム（University of Alabama System）の自立した（autonomous な）大学となったのは CRP の開設後（1969 年）であるが，CRP の近くには「兵器工場から 1950 年代後半から 1960 年代に掛けて……ロケットエンジンやその他の技術の開発の中心地へと発展した」（Peck 2009），陸軍駐屯地の Redstone Arsenal も立地する[25]。

リサーチパークの開設の経緯，運営，自治体・大学との関係などは一様でない[26]。RTP と CRP は非営利団体（non(-)profit organization: NPO）の Research Triangle Fdn. of North Carolina と UAH Fdn.，uCity Square は NPO の UCSC と民間 2 社，Brooklyn Commons は民間企業により運営される。自治体との関係では，2022（2021）年度の Form 990 を見ると，RTP と UAH の "Government grants（contributions）" はゼロ（ゼロ），UCSC のそれは 223.5 万ドル（107.4 万ドル）であった（Government は地方政府と思われるが，州，郡，市のどの政府かは不明である）。また，uCity Square の開発は地区の再開発の一部として計画されたが，市（Philadelphia Redevelopment Authority）が土地を収用し，近隣の大学などが 1959 年に設立した West Philadelphia Corp. と，市と Greater Philadelphia Chamber of Commerce が 1958 年に設立した Philadelphia Industrial Dev. Corp.（PIDC）が UCSC を設立した。PIDC は「ヘルスケ

---

24 同 school の変遷はやや複雑であるが，2014 年に Polytechnic 大学がニューヨーク大学に統合されて同大学の Polytechnic School of Engr. となり，2015 年にランジャン（Ranjan; Libra Advisors 創業者）とチャンドリカ（Chandrika; Tandon Capital Associates 創業者）のタンドン（Tandon）夫妻からの 1 億ドルの寄付を受けて現在の名称となった。

25 CRP の開設には脚注 21 で紹介したカミングスとともに，Redstone Arsenal で「1950 年から 1960 年まで陸軍の研究開発業務を指揮し，1960 年から 1970 年までその中にある George C. Marshall Space Flight Center の所長（director）を務めた」（City of Huntsville website "Dr. Wernher Von Braun"）W. フォン・ブラウン（Wernher von Braun）も重要な役割を果たした。

26 開発の経緯はここでは踏み込まない。それぞれの website の他に，RTP については Luger and Goldstein（1991），ch. 5，Wessner（2013），CRP については Peck（2009），uCity Square については Adams（undated），Carlson（1999），Puckett（undated），Brooklyn Commons については Langlet（2023），後出の University of Utah Research Park については Luger and Goldstein（1991），ch. 6 などを参照のこと。

ア・ライフサイエンス技術を商業化するアーリーステージの企業への資金提供，さらに不動産開発のための低利融資やその他の支援」（Adams undated）を実施している。Brooklyn Commons でも市が土地を収容（condemn），当初は「ほんのわずか」（"nominal"; Oser 1988）な賃料で開発業者に賃貸した。さらに大学との関係では，Research Triangle Fdn. の理事には上記 3 大学の総長（chancellor），学長（president）など複数名が就任している。また，SRP のように大学が所有・運営するものにウェストラファイエット（IN）に本部を置く州立のパデュー大学（Purdue University）の，「米国最大の大学付属インキュベーション複合施設」である Purdue Research Park（PRP; ただし，パデュー大学は 6 ヶ所に Research Park を設置している），第 6 章に登場するピッツバーグ大学の University of Pittsburgh Applied Research Center（U-Park），第 8 章に登場するイリノイ大学アーバナ・シャンペーン校（University of Illinois Urbana-Champaign: UIUC）の Research Park，第 9 章に登場するウィスコンシン大学マディソン校（University of Wisconsin（UW)-Madison）の University Research Park（URP）などがある。U-Park はメインキャンパスからやや離れたピッツバーグ郊外のハーマー・タウンシップに立地，もともとは Gulf Oil の研究機関で，同社が 1985 年に Standard Oil Co. of California（現 Chevron）と合併した際に総長からの要請で大学に寄付された。URP は「農業研究に使用されなくなった大学の土地」を買収した独立・非営利団体の University Research Park Inc. が「その土地を開発し，大学コミュニティとの密接な関係の維持に関心を持つ企業に賃貸した」（website, "Property"）ことで形成された。

　最後に，企業（産業）集積の手段には企業誘致と起業支援があり，多くは少なくとも開設当初には前者により大きな力点を置くが，SRP の他に，例えばソルトレイクシティ（UT）の University of Utah Research Park（UURP）は後者にそれを置いている。Luger and Goldstein（1991）は「〔UURP〕の計画者はそれが大学や地元企業からのスピンオフの結果として成長することを期待し，またそのことはかなりの程度実現している」（p. 120）と述べている[27]。Research Park at the UIUC は自らを「スタートアップを育成し，既存企業の能力を高めるユニークな環境」と紹介しており，多数の「多国籍および／または

27　ユタ大学（University of Utah）は日本での知名度は高くないかもしれないが，Carnegie Fdn. for the Advancement of Teaching により "R1: Doctoral Universities"（全 146 大学）に分類されている。

表 3-1　米国の主要リサーチパーク

名称	市（郡），州	開設年	広さ (エーカー)	雇用者数	大学など
SRP	パロアルト，CA	1951	700	23,000	スタンフォード大学
RTP	NC	1959	7,000	60,000	デューク大学， UNC，NCSU
PRP	ウェストラファイエット，IN	1961	725	>3,200	パデュー大学
CRP	ハンツビル，AL	1962	3,843	>26,000	UAH，Redstone Arsenal
uCity Square	フィラデルフィア，PA	1963	14	>15,000	ペンシルベニア大学， ドレクセル大学
UURP	ソルトレイクシティ，UT	1968	≒ 600	14,000	ユタ大学
URP	マディソン，WI	1984	260	>3,500	UWM
U-Park	ハーマー，PA	(1985)	85	??	ピッツバーグ大学
Brooklyn Commons	ニューヨーク，NY	1992	3.6	??	NYU，Tandon School of Engr.
Research Park at the UIUC	シャンペーン／アーバナ，IL	2001	200	>2,100 + 学生インターン：>800	UIUC

出所）各リサーチパークの website などを参照して筆者が作成した。

上場企業」と「50 社を超えるスタートアップ」（website, "About Us"）が入居している。

　SRP またはそれがその "epicenter"（「発生地」，「中心点」の意）とされるシリコンバレーの成果は後のリサーチパークの開設，または自治体のリサーチパークに対する姿勢に影響を与えている。例えば，Langlet（2023）は「初期に（関係者の間に）MetroTech がシリコンバレーのようなハイテク・ハブになることへの強い願望」があったとする。Luger and Goldstein（1991）は UURP の開設の背景としてユタ大学にスタンフォード大学の状況に詳しい，同大学と関係のある教員・管理職職員（administrator）がいたことを指摘している。さらに，1960 年代にはニュージャージー州が「……スタンフォードを中心としたシリコンバレーの革新的な文化を導く」ために「ターマンを招聘した」（職名は不明；Demirbilek 2024）。ただし，MetroTech とニュージャージー州の事例は思惑通りに進展しなかった。

5. 日本の代表的なリサーチパーク

5.1. 京都リサーチパーク

京都リサーチパーク (Kyoto Research Park: KRP) は 1987 年，大阪ガスにより京都市下京区の都市ガス工場跡地に前出の米 UCSC をモデルとした，また「全国初の民間運営によるリサーチパーク」として開設された[28]。KRP を運営する京都リサーチパーク(株)(KRP(株)) はオフィス，レンタルラボ，ホール・会議室などの施設を提供する他にイノベーション創発やまちづくりなどの活動を展開している（KRP の不動産は大阪ガス都市開発が所有・管理する）。

KRP の長所に関して，入居企業であるフューチャースピリッツの代表取締役，谷孝大は「IT 企業も多く，廊下ですれ違うだけで情報交換ができ〔る〕」，「刺激的で〔ある〕」，「KRP 内で会社の成長とともにオフィスをフレキシブルに拡張していける」，「KRP は知名度もあるので，〔 〕採用活動にも良い影響がある」("入居企業紹介") などと述べている。同じく，ナブテスコの取締役技術本部長の秋田敏明は KRP に R&D センターを入居させる理由の 1 つとして「約 420 社の多様な企業が集積する」「〔KRP〕内だけでもオープンイノベーションが期待でき〔ること〕」(id.) を挙げている。また，近場にある京都大学は間接的に KRP の魅力を高めている。豪 Telix Pharmaceuticals の日本法人，テリックスファーマジャパン CEO の西村伸太郎によると「京都とその周辺にはバイオテック領域においてポテンシャルの高いアカデミアが集積しており，連携しやすいという魅力があ〔る〕」(id.)。iPS (induced pluripotent stem) 細胞由来の血小板を作製するメガカリオン創業者の三輪玄二郎は iPS 細胞研究の第一人者で，ノーベル医学・生理学賞受賞者の山中伸弥京都大学教授がいる京都に「優れた企業や人材が集ま〔り〕」，「iPS 細胞を使った事業，臨床応用の総本山」となっていることを「京都にオフィス・ラボを構えている理由」としている (id.)。ただし，KRP には「京都大学の医療工学研究室で人工関節と再生軟骨の研究をしてい〔た〕」大久保康が 2015 年に設立した Corescope が入居するが，京都大学関係者が設立した企業が多くない（他に確認できない）。さらに，京都の歴史や文化，そしてそれらに基づく高い知名度が，①外国企業との関係

28　KRP の開設は堀場製作所創業者，堀場雅夫（1924-2015）の「府市の機関，産業界が集まる本拠地〔 〕を作るべき」（堀場談：堀場・西本・森内 2014）との考えが基となっている。

構築，②世界的な人材の獲得，の点で広く京都の企業を利している。①に関連して，前出の西村は「海外のメンバーたちにも京都は非常にイメージが良いようで，喜んで出張にやって〔くる〕」(*id.*) と述べている。また，②に関連して，KRP とは直接的な関係はないが，LINE（現 LINE ヤフー）が 2018 年に京都オフィスを開設した際の技術者の募集に約 1,000 人の応募があり，その内の 8 割が海外からであったとされる。

　成果を見てみよう。2021 年に 18 棟目のビルの 10 号館が完成，現在，敷地面積は 5.6 万 m²，入居組織は 520 社，就業者は 6,000 人，その内，研究者・技術者は 1,750 人を数える（website, "入居企業紹介"：入居組織には公的産業支援機関である京都府産業支援センター，（一社）京都発明協会，（地独）京都市産業技術研究所，（公財）京都高度技術研究所が含まれる）。純利益は 2023 年度が 3 億 6,400 万円で，黒字を堅持している。また，先に触れた KRP 内でのオープンイノベーションまたは入居企業間の協力による技術・製品開発の事例もある。「2004 年 KRP 地区内のスタジオ棟にて創業」されたシーズと亀岡電子は KRP 主催の交流イベント「つながらナイト」が 1 つの契機となり[29]，多くの自治体で活用されることとなるセルラー通信式浸水検知センサーを共同開発した (*id.*)。また，ヴァーヴビジュアルソリューションと中央技研は「KRP ［　］が運営していた VIO（ベンチャー・インキュベーション・オフィス）で隣室となったのが縁で〔2015 年？〕から〔コラボ〕を始〔めている〕」(*id.*)。2018 年 1 月 24 日時点で「「レーザーの線源にとらわれないレーザー加工機」〔，〕「化粧品メーカーの肌カウンセリングシステム用の画像処理装置」を開発・製造」(*id.*) している。

5.2. 神戸医療産業都市

　神戸市は 1995 年の阪神・淡路大震災の復興事業としてポートアイランドの「半径 2 キロメートルの狭い場所」（日替わりメガネ 2022）に神戸医療産業都市（Kobe Biomedical Innovation Cluster: KBIC）を開発している。その中核的支援機関は神戸医療産業都市推進機構（Fdn. for Biomedical Research and Innovation

---

29　KRP のイノベーション創発の取り組みには「テナント同士のビジネスマッチング」もあり，KRP は「大学の〔教員〕等に技術的なアドバイスをもらいながら，協業の可能性がありそうなテナントを引き合わせて〔おり，また〕テナントの連携の意向等は，KRP のスタッフがテナントとの日々の会話の中で拾い上げる，という地道な努力によってい〔る〕」（諸隈 2023）。

at Kobe: FBRI; 旧（財）先端医療振興財団）で，「産官学医の連携・融合を促進する総合調整機能を担うとともに，先端医療の実現に資する研究開発および臨床応用の支援，次世代の医療システムの構築」（website, "事業内容"）に当たる。また，神戸大学医学部附属病院国際がん医療・研究センターが立地し，「神戸発の医療機器・医療技術を開発し，国際展開をめざす」ことをミッションの1つに掲げ，「近隣医療機関と連携し，高度な集学的治療を提供してい〔る〕」（website, "先進的医療について"；ただし，近隣医療機関との連携の詳細は不明）。神戸大学神戸バイオテクノロジー研究・人材育成センター（BTセンター）は「創薬，医療機器，健康科学などに関わる研究・人材育成事業を実施する，国内の大学および公的研究機関に属する研究者」などを対象にスペースを賃貸している（入居者募集要領（令和4年度用））。さらに，神戸大学は医学部医療創成工学科（仮称）の2025年4月の設置を構想中である。

　企業・団体進出数は，神戸市と兵庫県の進出企業に対する優遇措置もあって，2006年の100社から2015年には300社に増加（website, "神戸医療産業都市への進出の魅力"），現在は370弱の医療関連の企業・団体，8つの高度専門医療機関——市立の医療センター中央市民病院と神戸アイセンター病院，県立のこども病院と神戸陽子線センターを含む——，60弱の研究支援機関——受託研究機関，受託試験機関，医薬品開発業務受託機関，医薬品製造受託機関など——が集積し，雇用者は2023年3月末時点で12,700人を数える（website "神戸医療産業都市とは"）「国内最大級の医療産業クラスター」（日経産業新聞，2023年3月27日）となっている[30]。また，上記の神戸大学BTセンターの他にも16の機関がオフィス・実験室を賃借しており（website, "レンタルラボ・オフィス"），2023年7月1日時点で神戸市を含む「神戸市関連」が45.3%，（独）中小企業基盤整備機構が37.3%を出資する，また市から多額の補助金が交付される神戸都市振興サービス[31]がそれらの内の4つを所有（または区分所有）・運営する（website, "会社概要"）。起業の成果に関してはFBRI website, "神戸で活躍するスタートアップ"にいくつかの企業が紹介されており，その中には「2017年2

30　ポートアイランドには理化学研究所計算科学研究センターもあり，そこに設置される「富岳」が「遺伝子やCT画像，さらにはリアルタイムで収集される生理計測データなどの医療情報のビッグデータ解析やシミュレーションとのデータ同化により，病理解析に新しい境地を開き，自動健康診断や予防情報の提供などを可能にし〔たり，〕シミュレーションやAIによる対新型コロナウィルスを含む新薬候補の探索や薬効検証により，速くて安価な創薬プロセスの実現に貢献し〔たりする〕」（website, "「富岳」でできること"）とされる。

月に設立された神戸大学大学院科学技術イノベーション研究科発の合成生物学ベンチャー企業」（website, "About us"）であるシンプロジェンが含まれる。ビジョンケアは2017年にKBICにある（国研）理化学研究所生命機能科学研究センターのプロジェクトを前身として設立され，「〔 〕神戸アイセンター病院との共同研究において，網膜外層疾患の病態を理解した治療づくりに取り組んでい〔る〕」（website, "Home"）。その子会社のVC Cell Therapyは上記の企業紹介に取り上げられており，もう1つの子会社のVC Gene Therapyはシンプロジェンと「〔2022〕年12月9日，網膜色素変性を対象とする遺伝子治療薬の開発に関する協業開始を発表し〔ている〕」（website, "News & Media" 2023-02-20）。また，川崎重工業（本社：東京・神戸）とシスメックス（神戸）により2013年に設立されたメディカロイドは手術支援ロボット，hinotori™（略称）を開発，2023年3月末時点で累積で35台を出荷している[32]。なお，市がその整備を主導する中で2024年に大和ハウス工業（大阪）がレンタルラボ施設の建設を決定したことはKBICの展開の新たな一歩となるかもしれない。

5.3. 湘南ヘルスイノベーションパーク

　湘南ヘルスイノベーションパーク（湘南アイパーク）は2018年に武田薬品工業（タケダ）が自社の湘南研究所（藤沢）を外部に開放して設立した。敷地面積が約22万m²，延床面積が30.6万m²，ラボが約1,500室，オフィスが約400室（website, "数字で見る湘南アイパーク"）の「日本最大級のライフサイエンス特化型サイエンスパーク」（website, "施設"）である。現在はタケダ他2社を主要株主とするアイパークインスティチュートが運営している。

　入居企業は116社，「物理的な拠点を置かずにイベントやマッチングサービスを利用」できるメンバー企業（website, "メンバーシップ"）は62社（2024年8月1日時点，website, "入居・メンバー企業一覧"），勤務者は約2,500人（website,

---

31　同社は損益計算書に2020年度と2022年度に特別利益の補助金収入として10億5,940万円と528万円，2020年度と2021年度に営業外収益の補助金収入として1,259万円と1,600万を記載している。また，令和3年第3回定例市会11月議会一般質問で岡田ゆうじ議員が「神戸都市振興サービスへの「クリエイティブ神戸」応札の見返りとしての10億円支給……」と発言している。先端医療振興財団時代の2014年には「経常収益の34％が補助金，寄付金が占めるのに，9,500万円の経常赤字」で，「神戸市からの補助金がなければ立ちゆかない」状況であった（上 2016）。

32　手術支援ロボットは「〔米 Intuitive Surgical〕〔 〕により1990年代に開発され」，同社の「ダビンチ〔（da Vinci robotic surgical system）〕は2023年1月までに，世界で約7500台，日本では世界第2位の保有台数となる570台以上が導入されている」（倉知 2023）。

"数字で見る湘南アイパーク")で，入居・メンバー企業はベンチャーが約 40%，大企業が約 30%，中小企業が約 20%，アカデミアが約 5%，その他が約 5% となっている[33]。アカデミアは横浜国立大学が 2023 年に新湘南共創キャンパスを開設し，総合学術高等研究院次世代ヘルステクノロジー研究センターを設置している。また，東京科学大学[34]，奈良県立医科大学，岡山大学，東京大学がメンバーとなっている。タケダが自社研究所を外部に開放した理由の 1 つはアイパーク内でのオープンイノベーションにあるが，タケダと同業の入居企業である田辺三菱製薬は「製薬企業にとって「財産」」である「化合物に関する社内評価データの一部も共有している」（日本経済新聞 2022 年 3 月 3 日，東京）。タケダが直接，関係しない（コーディア・セラピューティクス，理論創薬研究所とスペラファーマの）協業も実現している（日経産業新聞 2022 年 6 月 15 日）[35]。事業提携，共同研究・開発，委受託のコラボレーションでは「自社のアセットだけでは実現しないプロジェクトに，湘南アイパーク内で共創相手を募るためのプラットフォーム」である共創支援プログラムも用意されている[36]。なお，研究所の総工費は 1,321.89 億円（神奈川県；他の資料では約 1,470 億円ともされる）で，神奈川県は施設整備等助成制度により 66.45 億円を提供し，藤沢市は固定資産税等を減免し（鈴木 2020），さらに県が 30%，藤沢市と鎌倉市が各 27.5% の費用（2023 年 12 月 5 日時点で約 159 億円とされる）を負担して JR 東海道線に新駅が設置される。

6. 日本のその他のリサーチパーク

鶴岡サイエンスパークは 2001 年に設置された慶應義塾大学先端生命科学研究所（Institute for Advanced Biosciences: IAB）を中核機関として山形県の鶴岡に開設された[37]。総面積は 21.5 万 m^2 で，14 万 m^2 の土地に山中大介が起業し

33　ただし，総数は約 150 社となっており，上記の入居企業数とメンバー企業数の合計と一致しない。

34　2024 年 10 月より，東京医科歯科大学は東京工業大学と統合し，東京科学大学となった。

35　コーディアとスペラファーマはタケダからのスピンアウト企業である。

36　website（"数字で見る湘南アイパーク"）には新たに誕生した企業・団体が 13 社，コラボレーションが約 2,000 件（2024 年度），ベンチャー企業の Exit（IPO, M&A）が 8 件とあるが，コラボレーションの件数が湘南アイパーク内でのものに限定されているかどうかは不明である。

37　リサーチパーク内のバイオラボ棟の他に市内に慶應義塾大学鶴岡タウンキャンパス（Tsuruoka Town Campus of Keio: TTCK）もあり，「政策・メディア研究科の先端生命科学プログラムが実施されてい〔る〕」（TTCK website））。

たヤマガタデザインがホテルと子育て支援施設を開設・運営している。IAB
からは 2003 年のヒューマン・メタボローム・テクノロジーズ（2013 年に東証
（マザーズ）上場）を皮切りに，また「日本で数少ないユニコーン企業に成長し
ている Spiber」（鶴岡サイエンスパーク website, "鶴岡サイエンスパークについて"）
を含む 8 つのスタートアップが誕生，その内の 7 社が同パーク（正確にはそれ
を構成する鶴岡市先端研究産業支援センター）に入居している。それらの設
立・運営に関与している IAB 初代所長の冨田勝は「ここ鶴岡でサイエンスに
よる地方振興の日本の成功例を作る，という強い気持ちで 20 年間やってき
〔た〕」（冨田談 ; 落合・妹尾・冨田 2022, p. 4）と述べている。2017 年には（国研）
国立がん研究センターががんメタボロミクス研究室を，2024 年には IAB と包
括連携協定を締結している資生堂が資生堂ファームラボを開設した。サイエン
スパーク全体の雇用は 2023 年 6 月時点で「約 600 名を超える」（慶應義塾大学
先端生命科学研究所研究成果等第 5 期最終評価会議 2023）とされる。なお，誘致
に際して「地元自治体が 70 億円の施設整備費など」を提供，「現在も県と鶴岡
市が毎年合わせて 7 億円を支出し〔ている〕」（日本経済新聞 2021 年 3 月 9 日，東
北）。

　次は東北大学が青葉山新キャンパス内に次世代放射光施設である 3GeV 高輝
度放射光施設（愛称 : NanoTerasu（ナノテラス））を中心として整備を進めるも
のである。ナノテラスは「ナノ（ナノは 10 億分の 1）メートルの世界を可視化
する巨大顕微鏡」で，「新材料やデバイスの開発，生命機能，創薬の研究開発
など幅広い分野での活用が期待〔される〕」（東北大学産学連携機構 website,
"NanoTerasu とサイエンスパーク"）。また，国（約 200 億円），地元の産官学（約
180 億円）と企業など利用予定者が資金を拠出する「官民地域パートナーシッ
プ」により整備・運用される（日本経済新聞 2023 年 12 月 8 日，東北)[38]。他方で，
広さが約 4 万 m^2 のサイエンスパークには東北大学が「共創の場」として「民
間企業等が入居可能な研究棟」を整備し（"NanoTerasu とサイエンスパーク"），
「国内外の研究機関や産業界から最先端研究ユニットを積極的に誘致する」（東
北大学プレスリリース・研究成果「次世代放射光施設を中核としたリサーチコンプ
レックス形成強化」2021 年 3 月 30 日）としている。

　KRP では京都大学に言及したが，その京都大学には産官学連携の拠点とし

38　ナノテラスは「特定先端大型研究施設の共用の促進に関する法律」（平成 6 年法律第 78 号）によ
　り共用が促進される「特定先端大型研究施設」に指定される。

て吉田キャンパスに国際科学イノベーション棟，桂キャンパスにローム記念館と船井哲良記念講堂・船井交流センターがある[39]。この内，国際科学イノベーション棟には「長期使用可能な事務室，実験室のほか，ベンチャー支援の一環として［ ］インキュベーションセンター〔が〕設置〔され〕てい〔る〕」（京都大学 website, “京都大学国際科学イノベーション棟について”）。また，（独）中小企業基盤整備機構が京都大学桂キャンパスの隣接地に立地する桂イノベーションパークにインキュベーション施設の京大桂ベンチャープラザ（入居企業・団体：25 社（website, “入居企業紹介”））を，吉田キャンパスから程近い場所に同じくクリエイション・コア京都御車（18 社（website “入居企業紹介”））を運営している。桂イノベーションパークには京都大学大学院工学研究科イノベーションプラザがあり，「大学の研究力強化，……，産学官連携等〔を〕推進・支援」（website, “沿革”）する京都大学学術研究展開センターや「産学公連携による研究開発や事業化を推進するとともに，ベンチャー・中小企業に対するさまざまなサポートを行〔う〕」（website）（公財）京都高度技術研究所が入居している。実態として，京都大学を中核としたリサーチパークが形成されている[40]。

39 　ローム記念館はローム，船井哲良記念講堂・船井交流センターは船井電機創業者の船井哲良により京都大学に寄贈された。

40 　ちなみに，東京大学には本郷キャンパスにアントレプレナープラザ，アントレプレナーラボ，アントレプレナーラボ共用バイオ実験室，アントレプレナーラボ共用オフィス，駒場 II キャンパスに駒場連携研究棟インキュベーションルーム，柏 II キャンパスに柏 II アントレプレナーハブがある。経済産業省『令和 4 年度大学発ベンチャー実態等調査』によると 2022 年度の大学別大学発ベンチャー数は東京大学が 370 社で 1 位，京都大学が 264 社で 2 位であった。大学発ベンチャーの定義は同報告書を参照のこと。

第2部　米国サンベルト

第4章　高度人材を魅きつけるサンディエゴ

1.　はじめに

　カリフォルニア州南部に位置するサンディエゴの都市圏人口は約330万人であり（U. S. Census Bureau website），全米17位にランキングされ，ミネアポリス（16位）やデンバー（19位）とならぶ典型的な中規模都市である。ロサンゼルスから車で1時間半ほどの距離に位置し，温暖な気候に加え，東は太平洋，西はアリゾナ砂漠に向かって開かれた豊かな自然環境に囲まれ，最初に入植したスペイン人の影響もあって，食文化も豊かである。さらに，2008年にはサンディエゴ市は都市開発の総合計画およびコミュニティプランを更新し，持続可能な都市を目指してCity of Village戦略を発表してAmerican Planning Association計画賞を受賞するなど，良好な生活環境の充実に努めている。ちなみに，サンディエゴ市は日本の横浜市と姉妹都市である。温暖な気候ということでは，沖縄科学技術大学院大学（Okinawa Institute of Science and Technology, OIST）設立の際には，関係者がサンディエゴを視察し，大いに参考にしているという。

　産業については，1908年のルーズベルト大統領の訪問などが契機となって海軍の航空基地（Naval Air Station）が建設されたことをきっかけとして，航空学校，航空会社など軍需による航空・防衛産業で栄える。しかし，1980年代後半からの冷戦終結による軍備縮小によって失業者数も膨らみ，衰退の歴史をたどる。現在のサンディエゴの産業の起点となるカリフォルニア大学サンディエゴ校（University of California San Diego, UCSD）が設立されるのは1960年であり，近隣にソーク研究所（Salk Institute）やスクリプス研究所（Scripps Research Institute）なども設立されて1980年代までには研究クラスターが集

積するが，それらの研究成果が産業としてサンディエゴの経済を発展させるの
は1990年代以降になる。

　サンディエゴのライフサイエンス産業と賃貸ラボ市場が有するライフサイエ
ンス人材の規模はボストン圏に及ばず，また，VCの投資額の規模もボストン
圏やサンフランシスコ・ベイエリア圏の規模に及ばないものの，ライフサイエ
ンスクラスターとして米国第3位の規模を有する市場であり，近年VC投資額
は歴史的高水準を記録している（JLL 2021）。これは，企業側の需要が高い生
化学者，生物物理学者，生物科学者等の高度人材が集中していることに関係し
ている。こうした人材が最も集中している地域はUCSDとスクリプス研究所
に近いノースカウンティーであり，米国におけるライフサイエンス3大クラス
ターの1つとしての立ち位置は一層安定化すると予想されている。

　これらの大学と研究所が地域に果たした役割と産業界との連携を中心に，そ
こからもたらされた産学連携エコシステムについて詳述する。

2. サンディエゴの大学

　産業界に関しては，もともとの都市形成の基盤となった軍需産業や，先述の
ライフサイエンス産業や半導体産業などが新たに生まれ，それぞれに発展して
きた歴史を持つ。その中でも，サンディエゴの衰退からの復興の面で産業界が
リーダーシップを発揮してきた事例を詳述する。

　大学については，UCSDとサンディエゴ州立大学（San Diego State Universi-
ty, SDSU）があり，それぞれの成り立ち，産業界とのかかわりについて人材供
給や技術開発の面で補完し合う関係にあるだけでなく，米国に特徴的な傾向と
して，事業により成功した起業家，なかにはその大学の卒業生が多大なる寄付
を行っていることについて触れたい。

2.1. カリフォルニア大学サンディエゴ校（University California San Diego, UCSD）

2.1.1. 概要

　UCSDは，1960年にカリフォルニア大学[1]の7番目のキャンパスとして設立
される。広大なキャンパスの中心にあるガイゼル図書館（Geisel Library）がこ
のキャンパスエリアのランドマークとなっている。この地は，ソーク研究所や

第4章　高度人材を魅きつけるサンディエゴ　　　59

スクリプス研究所，それから全米オープンが開催されたことで有名なトリーパ
インズゴルフコースを有するヒルトン・ラホヤ・トリーパインズ（Hilton La
Jolla Torrey Pines）やエスタンシア・ラホーヤ・ホテル＆スパ（Estancia La
Jolla Hotel & Spa）といったリゾート施設と隣接し，世界中から研究者を招聘
するようなコンファレンスを開催するに足るアメニティを備えていることは特
筆に値する。ダウンタウンとは約20 km離れており，後述するシカゴやピッ
ツバーグにおけるダウンタウンと大学の位置関係とは異なり，車社会を基本と
した郊外型の大学キャンパスである。

　UCSDの学生総数は約5.3万人で，その内訳は学部生が約4.3万人，大学院
生の合計が約1万人となっている。大学院生の内訳では，博士課程が約3,800
人，修士課程が約4,300人となっている。教員数は約3,800人でそのうち16名
がノーベル賞受賞者となっている。その他スタッフを合わせると，約4万人ほ
どの従業員が働いており，サンディエゴ郡においてはUCSDが最大の雇用者
となっている。

　大学ランキング（U. S. News, 2024-2025 Best Global Universities Rankings）で
は世界21位，主な分野は医学（School of Medicine）と工学（Jacob School of Engi-
neering）であり，特に消化器学と肝臓（Gastroenterology & Hepatology）は世界
1位，微生物学（Microbiology）は世界5位，バイオテクノロジーと応用微生物
学（Biotechnology and Applied microbiology）は7位，細胞生物学（Cell Biology）
は7位，生物学と生化学（Biology and Biochemistry）は7位，分子生物学と遺
伝子学（Molecular Biology and Genetics）は10位，神経科学と行動学（Neurosci-
ence and behavior）は12位，薬物学と毒物学（Pharmacology and Toxicology）
は15位と，ライフサイエンスの分野で圧倒的なランクを誇る。医療教育の場
であるUC San Diego Medical Center - UC San Diego Healthも全米トップク
ラスである。ライフサイエンス以外では，気象学と大気科学（Meteorology and
Atmospheric science）24位，地球科学（Geoscience）28位，コンピューターサ
イエンス44位と上位を占め，スクリプス海洋研究所（Scripps Institution of
Oceanography）が大学の一部門にあることが寄与している。その他，エネルギ
ー研究所（Center for Energy Research），カブリ脳精神研究所（Kavli Institute

　1　カリフォルニア大学は全米最大規模の州立の大学群であり，バークレー校を旗艦校とする。それ
　　以外にデイビス校，サンディエゴ校，サンフランシスコ校，サンタ・クルーズ校，サンタ・バーバ
　　ラ校，ロサンゼルス校，アーバイン校，リバーサイド校，マーセド校といった計10校からなる。

for Brain and Mind), サンディエゴスーパーコンピューターセンター (San Diego Supercomputer Center) などでは学際研究の運営も行っている。

2.1.2. UCSD における顕著な寄付

UCSD は 2023 年実績で，17.6 億ドルの研究費を支援しており，前年実績の 16.4 億ドルを 6% も上回る (Bass 2023)。また，2022 年実績では，連邦政府を中心として，75 億ドルの補助金を獲得しており，これは全収益の 17% に相当する。

これらの補助金はそれぞれの研究者の努力によるところであり，例えば後述する Sanford Stem Cell Institute の役員 C. ジェイミソン (Catriona Jamieson) 医学部教授はカリフォルニア州政府から 800 万ドル，アルツハイマー病に関する研究をしている A. シャドヤブ (Aladdin Shadyab) 教授は，National Institutes of Health (NIH) より 750 万ドル獲得。医学部以外でも，M. セイラー (Michael Sailor) 特別教授 (Distinguished Professor) 率いる学際的な Materials Research Science and Engineering Center (MRSEC) は National Science Foundation (NSF) によって 2023 年の研究支出の 600 万ドルを賄っている。

UCSD には，名前を冠した建物 (Named Buildings) が全部で 91 あり (UC San Diego website, "Named Structures" 2024 年 1 月時点)，寄付を伴うものが 39 あり，残りの 52 は栄誉に敬意を表する形となっている。ここでは一部を紹介するにとどめる。

Geisel Library

T. S. ガイゼル (Theodor Seuss Geisel) は絵本作家で，彼の作品はこの図書館のコレクションの 1 つとなっている。図書館自体は，W. ペレーラ (William Pereira) によって設計され 1970 年に完成しているが，1995 年にガイゼルの妻オードリー (Audrey) による 2,000 万ドルの寄付によりこの冠名となる。この図書館の外観はサイエンスフィクションに描かれる宇宙船のようでもあり，デザインに凝った現代建築がたくさんある UCSD のキャンパスにおいても，ひときわ目立つ象徴的な建物となっている。そのため，大学の公式ロゴにも採用されている (Sutro 2010)。

Jacob School of Engineering

工学部は 1960 年の UCSD 設立時にできたが，1997 年に工学部の元教授であり Qualcomm の創設者である I. ジェーコブス（Irwin Jacobs）とその妻ジョアン（Joan）が 1,500 万ドル寄付を行ったことで現在の冠名となる。その後，夫妻は 2003 年に 1 億 1,000 万ドルの寄付を行い，学生や研究者への奨学金提供，教員への支援を行っている。

特徴としては，歴史が浅いゆえに比較的新たな分野に取り組みやすいことが挙げられ，1970 年代にはコンピュータ言語のパスカル（Pascal）や OS の開発を行い，PC の大衆化に寄与。そこから発展して，ワイヤレス通信やサイバーセキュリティの分野にも強みを持つに至り，後述する Qualcomm Institute などが設立されている。また，この分野では，テレコム業界との産学連携で最新の通信技術の実用化を目指す Center for Wireless Communications が 1995 年に設立されており，Qualcomm, Samsung, Nokia Bell Labs, Corning, Global-Foundries，日本からは三菱電機と村田製作所が 2014 年に買収した pSemi といったメンバーが名を連ねている。

電気通信以外では，1994 年に Y. ファン（Y.C. Fung）がバイオメディカル工学を米国で初めて立ち上げ，これがこの分野のモデルとなって，ファンはバイオメカニクスの父（father of biomechanics）といわれている。

1999 年には，世界初となる構造技術部門（Structural Engineering Department）を設立し，そこで開発された大規模構造体の地震安全工学プログラムは世界をリードしている。

Jacob School of Engineering への寄付に関しては，2001 年に William J. von Liebig Foundation の 1,000 万ドルの寄付により，起業支援育成プログラム William J. von Liebig Center for Entrepreneurism and Technology Advancement を提供しているほか，2017 年に F. アントニオ（Franklin Antonio）の 3,000 万ドルの寄付で Franklin Antonio Hall（20 万 ft^2）が建設されており，現代が直面するさまざまな課題を解決することを目的としたコラボレーションが行われている。

この school 発のベンチャーでは，Persperion という汗を通じて血糖値を測定する非侵襲型デバイスを開発したスタートアップが注目されている。L. イン（Lu Yin）がナノエンジニアリングの博士課程で起業，同じくナノエンジニアリングを専攻した A. リウ（Alan Liu）が共同創業者として加わり，400 万ドル

の資金調達に成功している（Connor 2023）。

Peter F. Cowhey Center on Global Transformation

P. カーウェイ（Peter F. Cowhey）は School of Global Policy and Strategy で 2002 年から 2021 年まで約 20 年にわたり Dean を務め，国際関係および公共政策のうち特に通信分野でのポジション確立に貢献。特に顕著な功績としては，世界貿易機関（World Trade Organization）における 1997 年の電気通信協定の策定であり，この協定により，携帯電話およびインターネットサービスが世界中で接続することが実現する。彼が退任した 2021 年に，前述のジェーコブス夫妻が 1,400 万ドルを寄付，P. カーウェイの功績に敬意を表して，この冠名となる。

Sanford Stem Cell Institute

再生医療のグローバルリーダーを担う研究機関として設立され，T. サンフォード（T. Denny Sanford）が 2013 年に 1 億ドル，2022 年に 1 億 5,000 万ドルの寄付を行っている。この機関は，6 つの研究センターからなる非常に規模の大きな機関である。最近では，アストロバイオテクノロジー（宇宙環境を活用したバイオ技術）において産官学（NASA, Space Tango, Axiom Space, Sierra Space）のハブ構想を打ち出している（Mlynaryk 2023）。

サンフォードはミネソタ大学を 1958 年に卒業したのち，ミネアポリスで Contech Inc. というシーリング材や塗装，接着剤の製造業をはじめ，その企業を売却後に VC を始める。1986 年には First PREMIER Bank の前身となる United National Corporation を買収し，PREMIER Bankcard と合わせて，サウスダコタ州で 3,000 もの雇用を生み出し，産業に貢献した。後述するミネソタ州ロチェスターの T. デニー・サンフォード・メイヨクリニック小児科センターの建設にも寄付するなど，数多くの病院を支援している（UCSD website, "T. Denny Sanford"）。

William A. Nierenberg Hall

W. ニーレンベルグ（William A. Nierenberg）はスクリプス海洋研究所のディレクターを 20 年間務め，国家安全保障局（National Security Agency），海軍分析研究所（Institute for Naval Analyses）や国防総省（Department of Defense）

へのコンサルタントを務めるなど，水中調査や戦争の権威として貢献した。このことに敬意を表して冠名となっている。後述する Illumina が 2022 年に寄付を行っている。

The Amy and William J. Koman Family Outpatient Pavilion

B. コーマン（Bill Koman）は，不動産デベロッパーの Koman Group の創業者で 2012 年から拠点を中西部のセントルイスからサンディエゴに移し，積極的な事業展開によって財を成した（Koman Group website）。2010 年に Pedal the Cause という，複数の都市を巡るサイクリング チャレンジをはじめ，これまでに約 6,000 万ドルを集め，サンディエゴとセントルイスのがん研究（UC San Diego Health's Moores Cancer Center への寄付を含む）に役立てられている。UCSD においては妻エイミー（Amy）とともに寄付を行い，2018 年に稼働したこの施設は，8 つの手術室や画像処理診断や理学療法，疼痛管理などを行うことのできる専門設備を備えている。

Keck Oceanographic and Atmospheric Research

W. ケック（William Myron Keck）は，自らが石油掘削に携わるなかで 1921に Superior Oil Company を創業するが，この会社は 1984 年に Mobil に買収される。1954 年に W. M. ケック財団（W. M. Keck Foundation）をロサンゼルスに設立し，現在は，カリフォルニア州を中心に科学技術や医療に関する研究を支援している。この施設は，この財団の寄付により 3 棟を建設，スクリプス海洋研究所の付属施設として活用されている。

Rady School of Management

地域の研究者や企業家により，地域経済を活性化させるべく 2003 年に設立されたビジネススクールで，E. ラディ（Ernest Rady）の 1 億ドルの寄付によってこの名前となる。彼は American Assets Trust の創業者であり，サンディエゴをはじめとする西海岸を中心にオフィスや店舗，住宅などの数多くの不動産に投資して財を成した。篤志家としては，総長会（UC San Diego's Chancellor's Associates）のメンバーであり，後述するソーク研究所やスクリプス医科学財団の理事を務めるなど，地域にとって多くの貢献をしている。このビジネススクールの特徴としては，初代 Dean である R. サリバン（Robert S. Sullivan,

在任期間 2003-2019 年）に敬意を表して Robert S. Sullivan Center for Entrepreneurship and Innovation という名前となったアクセラレータプログラムが挙げられる。2012 年時点では 100 人の学部生向けだったが，現在は学部生 1,000 人を対象とした 4 つのプログラムに加え，大学院生向けにも 6 つのマイナーと 3 つのジョイントディグリーのプログラムを提供するまでに拡大している。

　また，周辺の科学技術の研究所との連携としては，例えば，Scripps-Rady Ocean Plastic Pollution Challenge があり，海洋保護と海岸線の保全に焦点を当て，海洋へのプラスチックの流出を抑制する効果的な方法を特定することに重点を置いた 6 ヵ月間のアクセラレータプログラムを提供している。

Halicioglu Data Science Institute

　T. ハリシオール（Taner Halicioglu, 1996 年卒）は，Facebook の 2004 年の創業時からのメンバーであり 2009 年に退社，2013 年より講師として大学に戻り，コンピューターサイエンスの講義を行うかたわら，2015 年に 200 万ドルの寄付を行う。2017 年に 7,500 万ドルの寄付を行い，新たなデータサイエンススクール設立に向け，UCSD における史上最大規模となる 20 億ドルの寄付キャンペーン[2] の立ち上げにも貢献した。

2.1.3. UCSD における産学連携・インキュベーションプログラム

　各スクールにおけるプログラムについては前述のとおりであるが，ここではそれらに加えて横断的なプログラムについても述べる。また，大学発の知財移転を行っている機関についても，ここで取り上げることとする。

Institute for the Global Entrepreneur

　前述の Jacobs School of Engineering と Rady School of Management が共同で立ち上げた研究所であり，エンジニアを起業家に育成することで，イノベーションを市場化し社会に利益をもたらすことを目的としてさまざまなプログラムを提供している。具体的には，Technology Accelerator として，業界パートナーや潜在顧客とともに，市場に近い環境で試作品の評価テストの機会と資

2　このキャンペーンの委員長は K. クローナー（Ken Kroner, 1988 年卒）で，名誉会長には前述のジェーコブス，ラディ，サンフォードらも名を連ねる。このキャンペーンは 2019 年に目標額を達成している（Piercey 2019）。

第 4 章 高度人材を魅きつけるサンディエゴ　　　　　　　65

共にユニークな形態で個性を解き放つ Geisel Library（左）と Jacob School of Engineering（右）。
2023 年 8 月 5 日に筆者撮影。

金を提供したり，Medtech Accelerator として，医療技術に焦点を当てた MedTech Accelerator Stage One ブートキャンプを年に 2 回開催したり，メンタリング，業界エキスパートによる講義，投資家パートナーへ紹介したりと，非常に多面的な支援が行われる。

Triton Startup Incubator
　すでに法人化し UCSD のスタートアップライセンスを 2 年以内に取得した企業や，UCSD を 2 年以内に卒業した人，UCSD が提供する起業家支援プログラムなどにかかわっている地元企業などを対象に，Design and Innovation Building 内でコーワーキングスペースを格安に提供している（2024 年 2 月時点で，デスクが月額 195 ドル，個室が月額 660 ドル）。

Policy and Strategy Entrepreneurship Lab Venture Program
　Peter F. Cowhey Center on Global Transformation において准教授である E. ライオン（Elizabeth Lyons）が立ち上げた起業家支援プログラムであり，いわゆる技術発だけでなく社会課題解決型の起業も支援している。その特徴が，このプログラムの Mentorship Council の顔ぶれからも見て取れるので，参考までに取り上げたい。

A. ゲリーニ（Anne Gherini）：Paramount Pictures や Sony Interactive Entertainment での経験を活かし，エンターテインメント業界の VC に転身し，VC でも数々の投資実績を持つ。

K. グーパ（Kirtu Gupta）：通信技術に多数の特許を持ち Qualcomm のチーフエコノミストを務める。

D. ローゼンベルグ（Don Rosenberg）：同じく Qualcomm のリーガルイシューに対処してきた経験を持つ。

J. ランブライト（James Lambright）：2008 年の金融危機時に米国財務省の最高投資責任者を務めたことで知られる。

D. マーリー（David Mallery）：Exact Sciences や Caris Life Sciences に買収された複数のスタートアップの共同創業者。

P. ニーハウス（Paul Niehaus）：世界の貧困問題解決に向けて数々の NGO や団体を手掛ける。

A. センイェイ（Andrew Senyei）：Nuvasive を含む多くのヘルスケア企業の創業投資家（founding investor）であり，30 以上の民間企業および公的団体の役員を務めてきた（Watson 2021）。

Office of Innovation and Commercialization（OIC）

1980 年にバイ・ドール法が制定され，大学による技術移転活動が活発に行われるようになったことは前述（第 1 部）のとおりである。当初は，The Central University of California Office of Technology Transfer（OTT）で対応していたものが，件数の増加に伴い 1994 年にこの組織が設立され，大学発の知財に関して，その使用に関する条件をライセンス契約に定めて企業が使用できるようになる（三菱総研 2018）。2024 年時点で，2013 年以降に付与された 1,000 件を超えるライセンスに対して，500 以上のライセンス契約を締結しており，30 名を超えるスタッフをかかえる。利用可能なライセンスを検索することができるが，カテゴリー別で見ると，医学（Medical）が圧倒的に多く 464 を数え，ついで研究器具（Research Tools）の 153 件となっている（UCSD website, "Office of Innovation and Commercialization"）。

2.2. サンディエゴ州立大学（SDSU）

2.2.1. 概要

　SDSU は 1897 年創立，サンディエゴでは最も古い高等教育機関であり，メキシコとの国境近くに位置する。カリフォルニア州全土に 23 のキャンパスを持つ米国最大級の大学群であるカリフォルニア州立大学（California State University, CSU）の 1 つであり，その中で 3 番目に古い。SDSU は大学ランキングで 708 位となっている[3]。

　学生数は約 3.1 万人であり，留学生は約 2,300 人と 1 割にも満たない。ただし，学生の 54% は有色人種であり，LGBTQ の学生にとってトップレベルにランキング[4] されているなど，非常に多様性に富んだ大学である。ちなみに教員・研究員その他のスタッフを含めた雇用者の合計は約 1,100 人である。

2.2.2. SDSU における顕著な寄付

　SDSU は，2023 年の研究助成金が 1 億 9,220 万ドルに到達し，これはこの大学史上最大規模となる（SDSU News Team 2023）。UCSD と比べると大きく見劣りするかもしれないが，いくつかの建物は寄付を受けており，寄付者の名前を冠している。また，寄付に関係なく，東西の共用棟は功績に敬意を表して E. オチョア（Ellen Ochoa）と C. ベル（Charles B. Bell Jr.）の個人名を冠している。この二人はこの大学がダイバーシティを重んじていることの象徴といえる。

Snapdragon Stadium Bashor Fields

　D. ベイショア（Dianne L. Bashor）が 1,500 万ドルを寄付して，35,000 席のスタジアムを建設。これまでの寄付を合わせると 3,000 万ドル弱となり，大学史上個人の寄付額では最大となる（Stone 2019）。なお，彼女は大学の卒業生ではなく，地域への貢献としてこれまでもサンディエゴ動物園などにも寄付を行っている。ベイショアは，夫であるジェームズ（James Bashor）とともに Cal West Apartments という賃貸住宅の不動産会社を通じて，サインディエゴ一帯を開発，現在はグループで 20 社を超える企業を抱えるホールディングスカ

　3　UCSD に比べると見劣りするかもしれないが，例えば同じランキングで神戸大学が 649 位，研究大学院大学として名高い沖縄科学技術大学（OIST）が 755 位であることを踏まえるならば，地域産業への影響は決して小さくないと理解される。

　4　SDSU は Campus Pride Index が作成した「Best Colleges for LGBTQ+ Students」2021 年リストに選ばれている（SDSU News 2021）。

テラコッタタイルを用いた典型的なスペイン風のデザインで統一されたキャンパス。2023年8月6日に筆者撮影。

ンパニーの会長を務める。これまでの彼女の篤志家としての貢献に対して，カリフォルニア州立大学（California State University, CSU）とサンディエゴ州立大学の理事会から，人文学博士の名誉学位を授与されている（CSU website, "Dianne Bashor"）。

Parma Payne Goodall Alumni Center

　L. パルマ（Leon Parma），B. ペイン（Bob Payne）そしてJ. グッダール（Jack Goodall）の3人が共同で建設費1,100万ドルの一部，270万ドルを寄付。グッダールは1960年卒でハンバーガーチェーン Jack in the Box の元CEO である。パルマは1951年卒で La Jolla Bank and Trust Co. の創業者（La Jolla Bank and Trust Co. はのちに Security Pacific と合併し，Bank of America に買収されている）であり，数々の事業を展開し，長年にわたり Gerald R. Ford Presidential Foundation の理事も務めた人物である（SDSC website," Parma Payne Goodall Alumni Center"）。

Scripps Cottage and Scripps Park

　キャンパス内にあった，E. スクリップス（Ellen Browning Scripps）のYWCAへの貢献の一環として建てられた Associated Women Students の建物の一部が老朽化。これをスクリップスの孫のビル（Bill）とその妻キャシー（Kathy），それに Associated Students（A.S.）の寄付により，85年以上もの長い時を経て2016年にリノベーションされた。現在も多くの学生に親しまれており，追加

のリストアに向け，SDSU のクラウドファンディングサイトで寄付が呼びかけられている（SDSC website, "Scripps Cottage Restored"）

Ellen Ochoa Pavilion

E. オチョアは 1980 年に SDSU 卒業後，スタンフォード大学で修士・博士号取得し，1988 年に NASA に入り，1993 年ラテン系女性として初めての宇宙飛行士となる。その後，ジョンソン宇宙センター初のヒスパニック系所長であり，2 人目の女性リーダーとなった。

Charles B. Bell Jr. Pavilion

C. ベルは SDSU で 2 番目の黒人の教員であり，1958 年から 1966 年に数学を教えた。その後，世界各国や米国の他の大学で教鞭をとったのち 1981 年から 1992 年に再び SDSU の教授を務めた。

2.2.3. SDSU におけるインキュベーションプログラム

Zahn Innovation Platform（ZIP）Launchpad

Moxie Foundation, H. G. Fenton Company と San Diego Gas & Electric の支援により無料で提供される 2 年間の起業支援プログラムである。ZIP Launchpad Success Fund を通じて，アイデアの検証に必要な資金として最大 5,000 ドルが提供されるほか，24 時間年中無休の共同作業スペースが利用できる。プログラムの内容は，最初の 1 学期目 E-track で Problem Worth Solving（解決すべき課題）を見出し，Launch1 で最大 2 学期間かけて Concept Validation（コンセプト評価）に取り組み，Launch2 で最大 2 学期間かけて Build and Traction（構築と牽引力）を経て起業となる。

Lavin Entrepreneur Program

SDSU の学生向けに，LEAP Program として法的支援や Mentor Program として関連性の高い分野のメンターとマッチングを行い，月に 1 回，2 年にわたって指導を得られる。また，前述の ZIP Launchpad に受け入れられることを条件でシードファンドも得られる。これらのプログラムは，Fowler College of Business 内にある Lavin Entrepreneurship Center で提供されるが，このセンターでの取り組みは Princeton Review と Entrepreneur magazine によって

全米でベストのうちの1つと評価された。

Techstars San Diego powered by SDSU

　世界的に有名な Techstar を 2023 年 3 月に SDSU が誘致，毎年最大 12 社に対して，アクセラレータプログラムを提供する。後述する SDSU Innovation District Entrepreneurship Center が完成する 2025 年からは SDSU Mission Valley Developments が拠点となり，メインキャンパスからのアウトリーチとして中核となることが期待されている。

3. サンディエゴの産業界

　サンディエゴには，歴史的にいくつもの研究機関や軍需産業があり，街の産業や雇用環境を特徴づけている。ここではその代表例について述べる。

3.1. スクリプス研究所（Scripps Research Institute）と E. スクリプス

　E. スクリプスがインスリンの発見に触発されて，1924 年に設立したスクリプス記念病院内に，スクリプス・メタボリック・クリニックを設置したのが Scripps Research Institute の前身といわれている。1932 年にスクリプスが 30 万ドル（現在の約 400 万〜500 万ドルに相当）を遺贈している。1960 年代には，大学の管理上の制約を受けずに研究を追求できる自由や，この地域で生物医学研究クラスターが始まっていることに魅力を感じた研究者らが全米各地から集まる。1972 年には G. エデルマン（Gerald Edelman）がこの研究機関での初のノーベル賞受賞者となり，1977 年には F. ブルーム（Floyd Bloom）が米国科学アカデミーの会員に選出されるなど，数多くの著名な科学者を世に送り出している。

　2003 年にフロリダ州および地方政府を通じた経済開発基金から資金提供を受けることが決まり，2009 年に生物医学研究，技術開発，創薬に焦点を当てた大規模な科学センターをフロリダ州パームビーチ郡に開業，2022 年にフロリダ大学との統合を完了し，UF Scripps Biomedical Research となり，サンディエゴ以外での展開も進んでいる。2018 年には L. S. "Sam" and Aline W. Skaggs が設立した The ALSAM Foundation からの 1 億ドルの寄付により The Skaggs Center for Chemical Biology が稼働。ここで，この研究所を資金

的に支えたスクリプス家とスキャッグス家について述べる。スクリプスの資産価値は 1920 年代で推定 3,000 万ドル，米国で最も裕福な個人の 1 人だったが，その富の 99% 以上をラホーヤとサンディエゴの慈善活動や建物に寄付または投資したといわれる。スクリプスは教職を務めたのち，デトロイトに移り住んで 1870 年代に新聞業で財をなす。1899 年にラホーヤに移り住んだのち，この地の風土とコミュニティを好み，理想の環境を実現するべく，教育機関や病院，文化施設などを次々に建設する。これが 1940 年代のサンディエゴの発展の礎となったといわれる（桑島 2022）。

一方，L. S. スキャッグス（Lennie Sam Skaggs Jr.）は，父から受け継いだ薬局チェーンを拡大させ 1965 年に Skaggs Drug Centers を NY 株式市場に上場させることで財をなす。以後も数々の買収を経て，Lucky Stores, Acme Markets, Osco Drug, Star Markets, Jewel Food Stores, Save-on Drug といった小売ブランド全体で計 1,700 店舗，売上 185 億ドルを誇るほどの，全米小売業界をリードする American Stores Company に育て上げる。篤志家としては，ユタ大学，コロラド大学，アリゾナ大学，モンタナ大学，アイダホ州立大学，UCSD の薬学部の開発と建設を積極的に支援するとともに，ブリガムヤング大学（Brigham Young University）と協力して，Skaggs Institute of Retail Management と Sam & Aline W. Skaggs Research Ranch を設立している（TSRI News & Views website, "In Memoriam: L. S. 'Sam' Skaggs Jr."）。

3.2. Leidos

Lockheed Martin IS&GS と 2016 年に合併する前は，Science Applications International Corporation としてサンディエゴの地域産業の中核を担っていた。Westinghouse の原子力部門やマンハッタン計画で有名なロスアラモス国立研究所（Los Alamos National Laboratory）で実績のある J. ベイスター（J. Robert Beyster）が 1969 年に創業，当初は連邦政府からの原子力関連の研究プログラムを受託していたが，のちにはアメリカズカップのヨットのデザインや，空港における手荷物検査機の開発から，医療システム，環境ビジネス，情報技術，ハイテク製品，輸送分野といった範囲にまで業態を拡大した。従業員に株を持たせることで報酬を業績連動とするなど，会社の保有形態も特徴的だった。国防産業協会会長 A. プナロ（Arnold Punaro）退役少将はベイスターの死に際して声明を発表し，「ほとんどの人がまだ懐疑的だったときに，インターネット

と情報技術革命の可能性を見出していた先見の明のある人」だったと評しており，その彼のもとに集まった同僚も彼の薫陶を受けていることは想像に難くない（Federal news network website, "SAIC, Leidos founder dead at 90"）。

3.3. ソーク研究所 (Salk institute)

　ポリオワクチンを開発した J. ソーク（Jonas Salk）博士によって 1963 年に創設された研究所であり，その設立にあたっては，有力者の強い働きかけがあった。まず敷地については，当時のサンディエゴ市長であり，自らもポリオを患った C. ディル（Charles Dill）が 1960 年にソーク研究所誘致のために敷地を提供するかを問う特別住民投票を実施，圧倒的賛成多数で敷地提供が決まる。次に，建設資金については，国立科学財団からの助成金とマーチ・オブ・ダイムズ（March of Dimes）からの資金提供が決まる。このマーチ・オブ・ダイムズは，自らポリオを患っていた元大統領の F. D. ルーズベルト（Franklin D. Roosevelt）が母子の健康を改善する目的でポリオ撲滅を目指す国立小児麻痺財団（National Foundation for Infantile Paralysis）として 1938 年に設立した NPO であり，ソーク自身は 1947 年にピッツバーグ大学のウィルス研究センターの所長に任命されてポリオワクチンの研究開発に着手する時点からこの財団から資金提供を受けている（March of Dimes website, "about us"）。ソーク研究所の建築設計にあたったのは L. カーン（Louis Kahn）であり，ピカソが訪れたくなるような建築[5]を目指し，1967 年にようやく竣工する。現在の研究分野は，神経科学，がん研究，老化，免疫生物学，植物生物学，計算生物学などに及び，これまで 6 名ものノーベル賞学者を輩出するに至っている。

　地域への貢献としては，ソーク・モバイルサイエンス・ラボ（Salk's Mobile Science Lab）というボランティアによるアウトリーチがあり，サンディエゴ郡内の中学生を対象とした 3 日間の体験型プログラムで，ソーク研究所の研究者と遺伝学と DNA について学ぶ機会を提供している。その他，ハイトフ・ブロディ高校の夏季奨学生プログラムでは，8 週間の有給インターンシップを提供したり，1990 年からは Highschool Science day で高校生が生命科学の分野に進学するきかっけとなるような対面イベントを実施したりしている。

　大学との連携では，UCSD と Sanford Burnham Prebys Medical Discovery Institute の三者で，国立衛生研究所（NIH）の国立老化研究所（National Insti-

---

　5　この建築は 1991 年に歴史的建造物に指定される。

tute on Aging, NIA）からの助成金を受けて，共同で San Diego Nathan Shock Center（SD-NSC）を設立している。これは，老化研究のための新しいモデルを開発，健康寿命の延長メカニズムを解明することを目的とした組織である。また，2022 年には，Center for Multiomic Human Brain Cell Atlas の設立を目指し，UCSD とソーク研究所他で 1 億 2,600 万ドルの寄付を NIH より受けることが発表されている。このセンターでは，30 人の人間の脳のそれぞれ 50 個の領域を調べ，細胞内の遺伝子発現パターンとその遺伝子に影響する分子事象にフォーカスした研究を行うという（Sklar 2022）。さらにもっと身近なところでは，ソーク研究所が UCSD の医学部のポスドクに対してトレーニングの機会を提供している。具体的には，ビジュアル神経科学（Visual Neuroscience）や細胞の調節と分化および癌（Cell regulation, Differentiation and Cancer）といったテーマが公表されている（Salk institute website）。

3.4. Qualcomm

　前述のジェーコブスが，Code Division Multiple Access（CDMA）というデジタルワイヤレス技術を実用化し，世界で最も成長の早い，最先端の音声データワイヤレス通信技術の商業化を導いた。ジェーコブスは 1966 年から 72 年まで UCSD の応用物理学の教授を務めた人物である。

　Qualcomm はジェーコブス率いる 7 人の Linkabit（1968 年創業でデジタル通信機器を開発）の元社員によって 1985 年に設立，社名は Quality Communication からとっている。当初連邦政府の防衛プロジェクト向けの委託研究開発センターとして始まったが，同社の開発した衛星通信システム Omnitracs の需要が高くなるにつれて成長が加速し，1989 年までに Qualcomm は 3,200 万ドルの収益をあげ，これが CDMA の研究開発資金の拠出につながったといわれる。ジェーコブス夫妻は，Jacob School of Engineering や Peter F. Cowhey Center on Global Transformation に多額の寄付を行ったことは前述のとおりであるが，2016 年にオープンした Jacobs Medical Center という UCSD の教育現場を兼ねた 245 もの病床を備えた病院においても 1 億ドルの寄付を行い，患者ごとに iPad で健康履歴を把握できるシステムの導入にも貢献している（Digital Commerce 360 website "Jacobs Medical Center"）。

カーンの代表作ともいわれるソーク研究所（左）と Alexandria が開発し，Biocom California が入居する The Alexandria at Torrey Pines のラウンジ（右）。2023 年 8 月 5 日に筆者撮影。

3.5. Alexandria

1994 年に設立されたスタートアップで，ライフサイエンス業界をサポートするために必要な非常に複雑なインフラストラクチャに独自にフォーカスした初の不動産会社といわれる。1994 年に UCSD に近い，トリーパインズに最初の物件を取得し，この 30 年間で米国西海岸と東海岸に 64 もの施設を開発，貸床可能面積[6] は 7,460 ft^2 に及び，2022 年の NOI（Net Operation Income, 費用控除後の正味の営業利益）は 18 億 600 万ドルに上る。テナントの上位 20 社で 3 割の賃収をあげており，そこには Moderna や前述の illumina といった歴史が浅く Alexandria とともに成長してきたような企業の他，タケダや Sanofi, Bristol Myers Squibb などのグローバル企業も含まれている。自らが VC を持ち，賃料だけでなく，スタートアップが成功した場合のキャピタルゲインも得られる方法で急成長を遂げてきた。（なお，第 3 章で Alexandria LaunchLabs にふれたが，サンディエゴにおけるアセットについても後述している。）

3.6. サンディエゴにおけるテクノロジー企業動向

ここでは，大学での研究成果であるテクノロジー[7]をいかした事業の動向についていくつか触れることで，サンディエゴにおける産学連携のありようにつ

---

6 Rentable Square Footage, 賃貸可能面積：同じフロアまたは建物内の他のテナントと共同使用する廊下，エレベーターホール，トイレといった共有スペースの面積も一定割合含まれる。

第 4 章　高度人材を魅きつけるサンディエゴ　　　75

いて理解を深めたい。

3.6.1. Illumina

　バイオテクノロジー投資家 L. ボック（Larry Bock）とその同僚 J. ステュエルプナゲル（John Stuelpnagel）が，当時タフツ大学（Tufts Univ.）の教授だった D. ウォルト（David Walt）から Illumina を支える初期の技術に関するライセンスを供与してもらう。そして，そのメンバーに遺伝学者の M. チー（Mark Chee）と化学者の A. ツァルニク（Anthony Czarnik）が共同設立者として加わり，1998 年にサンディエゴで Illumina が設立される。2000 年に上場後，現在，遺伝子解析の最大手企業となっている。

　ウォルトはミシガン大学で化学を専攻し，ニューヨーク大学でケミカルバイオロジーの博士号を取得，ボックはボードウィン大学（Bowdoin College）で化学を専攻したのち UCLA で MBA 取得，ステルプナゲルはカリフォルニア大学デイビス校卒業後，UCLA で MBA 取得，二人は Caliper Technologies で出会っている。ツァルニクはウィスコンシン大学マディソン校で生化学を専攻して卒業後，イリノイ大学アーバナ・シャンペーン校で修士号を取得，コロンビア大学で博士号を取得，チーはニューサウスウェールズ大学（University of New South Wales）で生化学で学位取得後，ケンブリッジ大学（University of Cambridge）で博士号を取得，その後，Stanford Yeast Genome Center と Affymax Research Institute で働いていた。

　サンディエゴに存在した豊富な研究人材や，投資環境が起業の地を決めるきっかけになったかどうかはわからないが，その後，2022 年に UCSD が有するスクリプス海洋研究所に寄付を行っており，Illumina が UCSD のエコシステムにおいて関係を構築していることの証左といえる。

3.6.2. BioSplice

　O. キバー（Osman Kibar）[8] は UCSD でバイオフォトニクス（生体分子，細胞，

　7　地域をまたいだ産学連携のありようを理解することが重要であると考えるため，必ずしもサンディエゴにある大学で生まれた技術や卒業生に限定しない。

　8　キバーの同名の祖父はトルコのイズミールの市長を務め，市内の多くの道路を舗装したことから，Asphalt Osman として知られている。また，その息子であるキバーの父（Seli）はドイツで教育を受けてトルコで 2 番目に大きい食品の小売 TANSAS で役員となっている。

組織の研究に対する光学技術）を専攻，修士・博士号を取得している。博士課程においてがん診断システムを発明，Genoptix という会社を立ち上げ上場したのち，2011 年に Novartis に買収されている。Genoptix においては，彼は商品を発明したのち経営にはタッチせず，共同創業者の T. ノーバ（Tina Nova）が CEO になっている。キバーはその後，BioSplice の前身となる Samumed, LLC を 2008 年に立ち上げており，BioSplice はこれまで 11 の投資家から 7 億7,800 万ドルの資金を調達し，lorecivivint（後期変形性膝関節症治療薬）の開発に注力している。

3.6.3. Gopro

　N. ウッドマン（Nick Woodman）は 1997 年にビジュアルアートを専攻してUCSD を卒業後，家族の経済的支援によりオンラインビジネスを 2 つ立ち上げるがいずれも撤退する。その後，自らの趣味のサーフィンで撮影するのに適した防水カメラの試作品を開発し，2002 年頃から自宅付近（サンノゼの近くのペスカデロ）のサーフショップなどで販売した。テレビ番組の撮影でも使われるようになって販売が軌道に乗り，大企業が興味を持つようになるとサンマテオ（San Mateo）で 2004 年に起業した。

　母校のあるサンディエゴではなく，サンマテオで起業した理由は Half Moon Bay[9] というサーフスポットが気に入り，近くに自宅を構えていたこと，シリコンバレーの近くで技術系人材を確保しやすかったことがある。資金調達の面でも彼の父親 D. ウッドマン（Dean Woodman）が Robertson Stephens Investment の共同創業者であるだけなく，母親の再婚相手 I. フェダーマン（Irwin Federman）が U. S. Venture Partners のパートナーであることから，直接 VC にアクセスできることがスケールアップには役に立ったと思われる。

　2014 年に上場後，株式の一部を寄付することで Jill + Nicholas Woodman Foundation を立ち上げ，サンフランシスコの児童虐待防止センターなどを支援している（Wingfield 2011）。

　9　ちなみに対岸のフリーモントにはもともと GM の工場があり，トヨタ自動車との共同工場になったあと，テスラが 2010 年に取得して，最初の大量生産にこぎつけている。

4. サンディエゴにおける財団などの主な諸団体

サンディエゴには，大学と産業界とを連携するうえで，非常に重要なポジションを占める団体がある。経済界の主導で生まれた経済団体もあれば，大学発であるもののある程度独立性を保つ団体もある。また，連邦政府や州からの補助金で成立している団体もある。その中で，特に注目すべき団体をここでは取り上げるが，日本でもすでに多くを紹介されてきているものは詳細については触れない。

4.1. Connect

「スタンフォード大学での経験が長くベンチャー企業創業の経験も持つ R. アトキンソン（Richard Atkinson）が 1980 年に UCSD の学長として赴任，M. ウォルショック（Mary Walshok）教授をヘッドとするエクステンション（UCSD Extension）のもとに，起業支援ネットワークとしてこの組織を 1985 年に設立。設立当時に 35 の機関から 7 万ドルのシードマネーを集める。ウオルショックは W. オッタソン（William Otterson）をディレクターに迎えて組織の実質的な運営に当たらせる」（小門 2006）。

この組織の仕組みによって域外からの投資を呼び込み，そこで成功した起業家が地場の VC を設立して，域内で資金を還流させるという仕組みが出来上がったといわれている。まさに，好奇心をもった起業家が同じ地域の次世代の起業家にバトンを渡す好循環の礎になったといえる。

2019 年には VC とのつながりが強みである San Diego Venture Group（SDGV）が合併してシードステージからレイターステージまでさまざまなステージにあわせたメンタリングが可能となるとともに，SDGV の強みである強力な VC ネットワークを活用してスタートアップを支援している。

4.2. Biocom California

San Diego Biocommerce Association と Biotechnology Industry Council という業界団体の合併により 1995 年に設立されたバイオテクノロジー企業を支援する非営利法人であり，ネットワーキングの機会提供，企業幹部に対する情報提供，政策提言，保険などの共通するサービスの共同化などを行ってきた。

カリフォルニア州のライフサイエンス分野におけるコミュニティの代表と言われており，2016年にはLife Science Catalyst Awardsの第1回授賞式を開催しUCSDの研究者をはじめとする授賞者の功績をたたえるなど，産業の発展に貢献してきた（Mueller 2016）。1999年にJ. パネッタ（Joe Panetta）が初代社長兼CEOとなってからは，Biocomの会員数は2倍（現在は550）になり，組織の収益は，70万ドルから300万ドルに増加したという（UCSD The Library website," Biocom History"）。現在はカリフォルニア州だけでなく，ワシントンDCや海外では東京にも拠点を構え，最近では横浜市とも連携している。

4.3. サンディエゴ経済開発公社（San Diego Regional Economic Development Corporation, SDREDC）

海外進出支援を行うWorld Trade Center San Diegoとともに産業支援全般を行う機関であるが，中でも大学とのTalent Pipeline Developmentとしての取り組みが注目に値する。例えば民間企業のAmerican Lithium Energy Corporation（ALE）と教育機関のMiraCosta College Technology Career Institute（TCI）をつないで，成長著しいリチウム電池産業に必要な人材育成のための教育プログラムの導入やインターンシップの受け入れなどで提携をとりもっている。

特にインターンシップ受け入れに際してはSDREDCの補助金活用スキームAdvancing San Diego's internship programを提案している。このプログラムは，ソフトウェア人材不足に悩んでいたEducational Vision Technologiesでも採用され，インターンを終了した学生はすべてフルタイムワーカーとしてこの企業に採用されている。このプログラムによって採用にかかる無駄が省かれ，これまでに地元企業の給与，諸経費，人材調達費用を100万ドル以上節約したと試算されている（SDREDC Case study website, "American Lithium Energy Corporation"）。

4.4. LaunchBio

コーワーキングスペースのネットワーク機関「BioLabs」の支援を受けて2016年に設立した非営利団体で，コーワーキングスペースの提供，ビジネス教育，ネットワーキング支援，専門家へのマッチング，資金提供者への紹介などを行う。教育・ネットワーキングプログラム「Larger Than LifeScience」

第4章　高度人材を魅きつけるサンディエゴ　　　79

は1年間で1万人以上が参加している。

5. サンディエゴにおける主な産学連携の不動産アセット

5.1. 概要
　サンディエゴにおいては，UCSD，SDSU を中核としながらも，民間デベロッパーによる産学連携の不動産アセットの開発が非常に活発に行われている印象を受ける。後述する各都市では，行政もしくは産業界がつくった財団，あるいはその両者が手を携えた第3セクターがリーダーシップをとる例が多く見られるのに対して極めて対照的である。

5.2. The Alexandria at Torrey Pines
　前述の Alexandria の開発・運営によるイベント施設であり，前述の Biocom が入居していることから，ライフサイエンス産業における産学のネットワーキングイベントや関連プログラムが開催されるため，広義では産学連携の不動産アセットと捉えることができる。屋内には最新 AV 機器を備えた会議室や 205 人収容のシアター Illumina Theater や Helvetia Lounge があるほか，Exos（フィットネス）や Hugo Barber（ヘアサロン）もあり，イベントはもちろん日常使いもされる。
　屋外につながる1階には Farmer（オーガニックレストラン）があり，段差を備えたテラス席やパティオ，その先には芝生が敷き詰められた 300 人収容のイベントスペースや暖炉（Fire Pit）を備えたカクテルコーナーが設えられ，サンディエゴの温暖な気候を生かした屋外スペースと一体となった会場は結婚式にも活用される（Venue Report website, "The Alexandria at Torrey Pines"）。

5.3. Muse at Torrey Pines
　18.6万 ft^2 の3階建てのラボオフィスで RMR（1986 年創業でマサチューセッツ州のニュートンに本社を置く民間デベロッパー）が開発。エリアにおいて最高水準の賃料にもかかわらず，Surgalign Spine Technologies（脊椎ハードウェアインプラントを製造し，デジタル脊椎手術用の拡張現実プラットフォームを開発している企業）に加え，Organogenesis, Aegis Life, Prometheus Biosciences といった IPO によって資金調達したテナントで 85% の入居が決定し，

80 第2部 米国サンベルト

投資家に1億ドルで売却したといわれる。共用施設も豪華で，南カリフォルニアで人気の CUCINA urbana を運営する urbanKitchenGroup によるレストランが入るほか，スパスタイルのシャワーやペロトンの設備を備えた最新のジムや，自転車とサーフボードのストレージ，壁一面がフルオープンとなる共用会議室が含まれる（Grove 2021）。

5.4. UCSD Science Research Park

UCSD の東側 23 エーカーの土地に開発しているサイエンスパークで，建物の床面積は 28 万 ft^2 となる，すでに完成している 2 棟の建物には，La Jolla Institute for Immunology（2006 年設立）と Center for Novel Therapeutics（2019 年設立）が入居している。残る 14 エーカーの敷地に PPP（public-private partnership）で設立した Wexford Science and Technology[10] LLC（有限責任組合）が建物 3 棟と駐車場 2 棟を開発するが，マスタープランと建物の設計は，設計会社 ZGF Architects の設計をもとに，大学関係者と設計審査委員会による設計ワークショップを通じて進められ，関連する環境コンプライアンスとともにカリフォルニア大学理事会に提出され 2023 年 9 月に承認されている。建設フェーズは 2 段階にわかれ最終的には 2032 年の竣工を予定している（Sepuka 2023）。

5.5. Qualcomm Institute Innovation Space

2000 年に設立された非営利研究機関で，2013 年に Qualcomm の多大なる寄付によって現在の名称となる。設立時から，カリフォルニア電気通信情報技術

---

10 Wexford Science Technology は 2006 年創業で現在計画中も含めると 44 の物件を開発しており，合計の床面積で 980 万 ft^2 の産学連携のアセットを抱える。提携している大学は，アリゾナ州立大学（Arizona State of University），ブラウン大学（Brown University），ドレクセル大学（Drexel University），デューク大学（Duke University），カリフォルニア大学デイビス校（UC Davis），メリーランド大学（University of Maryland），マイアミ大学（University of Miami），ペンシルベニア州立大学（Penn States），ペンシルベニア大学（University of Pennsylvania），ピッツバーグ大学（University of Pittsburgh），ワシントン大学（Washington University in St. Louis），ウェイクフォレスト大学（Wake Forest University）となっている。ちなみに，2016 年に，ブラックストーン不動産パートナーズ（Blackstone Real Estate Partners VIII L. P.）の関連会社であるバイオメッドリアルティ（BioMed Realty, L. P.）から独立したことを公表しているが，同時に物件の売却も行っている（Business Wire website," Wexford Science & Technology to Become an Independent Company"）。また，Alexandria と同様，Wexford SciTech Venture Fund という VC を持つ。

研究所（Calit2）コンソーシアムに属している。Qualcomm Institute 内にある Atkinson Hall には試作ラボ（prototyping lab）と工作室（machine shop）の 2 つのスペースからなる Qualcomm Institute Prototyping Lab があり，それぞれ特定の種類の機器が収容されている。工作室ではフライス加工，レーザー切断，金属加工が行われ，試作ラボでは共同作業，3D プリント，デザイン作業が行われる。基本料金としては，大学内部のメンバーは月額一人 30 ドル，外部のメンバーは 44 ドルで利用可能。アカデミックな研究・教育に専従するばかりでなく，社会実装にも焦点を当て，プロトタイプや新規技術の現場での検証も積極的に行っている。

5.6. SDSU Mission Valley Developments

敷地 34 エーカーのリバーパークに前述の Snapdragon Stadium Bashor Fields が整備され，それらを含む 80 エーカーを超えるコミュニティ公園が計画されている。大学を中心としたイノベーション地区に加え，アフォーダブルな住宅[11]，Episcopal Community Services が運営する 6,220 ft^2 の託児所も設置する。2025 年 3 月に着工，2027 年 6 月に竣工予定である。

AvalonBay は 99 年定期借地で，スーパーマーケットを含む小売店向けの 3 万 ft^2 の商業施設とスタジオタイプから 3 ベッドルームのアパートメント 621 室の複合建物を開発。2025 年 6 月までに着工し，2 年間の建設期間を経て最初のテナントが稼働する見込み。

両社はこの開発に対して，非課税債券（tax-exempt bonds）や連邦政府と州からの税控除（federal and state tax credits）や各種プログラムによる資金調達を行う。後述するピッツバーグの CMU のマスタープランに匹敵するほどの規模の開発であるが，こちらは完全に新規の開発である点が大きく異なる（Brothers 2023）。

5.7. Johnson & Johnson Innovation, JLABS

コンシューマーグッズ，医薬品，医療機器，デジタルヘルスという 4 つの戦略分野にわたって革新を進める新進気鋭のバイオテクノロジー企業を支援する

11　1975 年に定期借地で Chelsea Investment Corporation が開発，7 階建ての建物にはワンベッドルームから 4 ベッドルームといったバリエーションの 186 戸の住戸をもうけ，そのうち 184 戸がエリア平均収入の平均 50% の所得に制限した住戸と建物管理者が住む管理住戸 2 戸が設定される。

Snapdragon（Qualcomm が提供する半導体ブランド）を冠した Stadium（左）と Qualcomm 本社ビル（右）。2023 年 8 月 5 日筆者撮影。

ために，2012 年に Johnson & Johnson（J&J）の研究所の一部にインキュベーション施設として設立。ここで J&J との提携や外部リソースの活用機会が得られる。60 以上のバイオテックスタートアップが入居，70 以上が卒業している。ここで起業の事例を１つ挙げる。Arcturus というスタートアップは B 型肝炎ウイルスに感染した細胞に RNA 薬を送り込んで細胞の遺伝子活性をしずめることでこの病気を治療する方法を開発した。しかし，投資を得るためのデータが十分でなかったため，このインキュベーション施設が提供するプログラムに参加，このラボにおいて動物実験で実証したのちに 1,300 万ドルの資金調達に成功する。さらに Janssen PharmaceuticVirus Inc., Ultragenyx Pharmaceutical とタケダの３社と 20 億ドルの提携におよぶ。このプログラムで Arcurus を選考した K. ボートン（Kara Bortone）の言葉がこのラボの意義を端的に語っているため引用する。

"It's kind of like a chicken and the egg situation: You need the data to get the investment, but you need the investment to get the data. We help start-ups break that cycle."「鶏が先か卵が先かというような状況です。投資を得るにはデータが必要ですが，データを得るには投資が必要です。私たちはスタートアップ企業がそのサイクルを打破するのを支援します」(Puniewska 2017)。

6. おわりに

サンディエゴにおける産学連携の不動産アセットは，UCSD とその周辺の研

第4章　高度人材を魅きつけるサンディエゴ　　　83

究所を中核として，民間デベロッパーも巻き込んで大規模になっていく傾向がある。UCSD 自身も民間デベロッパーと組んでキャンパス内に大規模な施設を開発しているが，Alexandria などの民間企業が資金調達に成功したライフサイエンス企業向けに，贅沢ともいえる空間や設備を提供している。これらのデベロッパーは自ら VC を持つことで有望な入居者に投資も行う。同時に，不動産物件としても売却するケースもあるので，不動産売却とスタートアップのエグジットの 2 つの出口戦略で収益をあげるビジネスモデルである。そのため，良質なエコシステムを形成することが，入居企業の成長支援になると同時に，不動産アセットの価値向上につながるため，建物ハードの管理品質に加えて，良質なコミュニティ形成が求められる。その中には大学との関係構築，大学の教職員や学生も含めた入居者間の関係構築が重要であり，そのノウハウについては，学ぶべきところが大きいと考える。

　大学における産学連携の不動産アセットの隆盛の余波はその周辺地域の開発にも見て取れる。例えば，UCSD のキャンパスとは離れたユニバーシティ・シティといったエリアでは，UCSD の卒業生などの人材確保や大学も含めた研究クラスターとの連携を期待して，Illumina の本社や Apple のデザインセンター，その従業員を顧客とするプライベートバンクや Westfield のライフセンター型の商業施設の進出がある。この開発の波はダウンタウンにも押し寄せており，オフィス街にもラボの建設計画が顕在化している。さらに SDSU も大規模スタジアムと公園を含む地域開発をメインキャンパスに近い郊外で主導し，ここでも民間デベロッパーを巻き込んだ住宅や複合開発が計画されている。

　産学連携のテーマとしては，ライフサイエンスやコンピューターサイエンス，その狭間をも埋めるようなナノテクノロジーやクリーンテックなど，学際的な広がりを見せている。UCSD 自体の設立が新しいためにこうした新領域を切り拓くことができたという事情もあるが，軍港として軍需産業が栄えた歴史やスクリプスが支援した自然科学に取り組む研究所の自由な風土が，ややもすれば閉ざされがちな各学問の壁を飛び越えやすくした結果なのかもしれない。

　産学における人材の連携に関しては，アトキンソン，サンフォード，ジェーコブスといった傑出した人物だけでなく，現役でこの地域の産業を支える成功者のすそ野は極めて広いことが，UCSD への寄付者の顔ぶれからもわかる。このような産学の人材交流は，Connect や Biocom California のような起業支援ネットワークが功を奏し，その流れはサンディエゴにとどまらず，すでに日本

との連携も実現して一定の影響を及ぼしている。

　最後に，新産業で触れたキバーとウッドマンについて考察する。彼らは2人とも生まれながらの富裕層でありながら，自らの手で財を成している。Forbesに Self-made ranking があるが，キバーもウッドマンもともに10段階中8である（LaFranco and Peterson-Withorn 2023）。キバーは母国のトルコをあとにして UCSD で学び，そのエコシステムの中で1度ならず2度も起業してサンディエゴで奮闘しており，ウッドマンは3度目の起業で大成功している。キバーの最初の発明は UCSD 在籍中であり，ウッドマンの GoPro も UCSD における専攻を土台としたその延長線上にある開発ととらえることができる。ただし，Genoptix も GoPro も上場は今から20年近く前であり，2000年代初期には UCSD もそれほど起業環境が整っていなかった。Rady School of Management が地域経済を活性化させるべく設立されたのも，ジェーコブス夫妻が Jacob School of Engineering にスケールアップした資金援助をするのも2003年であり，キバーやウッドマンの成功を横目に大学側も起業支援に本腰を入れる環境を整えていったと考えられる。そして，2010年代には投資環境も整い，資金調達額の上昇がそのまま不動産アセットのグレードアップにつながってきたことが民間デベロッパーの開発した最近の物件からもわかる。少なくとも現在の日本にはサンディエゴで展開されているようなハイグレードの産学連携の不動産アセットは存在しない。優秀な人材を世界中からひきつけてそこにとどめるためには研究開発の設備はもちろん，職場まわりの環境，コミュニティもさることながら，子女の教育も含めた生活環境全般のクオリティが非常に重要である。子女の教育環境という意味では，ソーク研究所が行っているソーク・モバイルサイエンス・ラボやハイトフ・ブロディ高校の夏季奨学生プログラム，Highschool Science day など，サンディエゴでしか得られない教育がある。

　E.スクリプスが気に入った快適な気候風土，そして財産の多くを投じてまで整えた魅力的な生活環境・文化基盤がサンディエゴの産学連携の不動産アセットのベースになっていることを改めて強調しておきたい。

第4章 高度人材を魅きつけるサンディエゴ

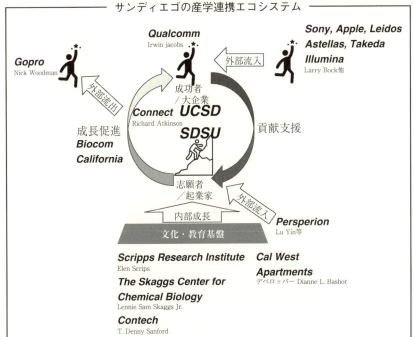

サンディエゴの産学連携エコシステム

もともとは軍港があるだけの砂漠の僻地であり、1980年代の軍備縮小で衰退していたところ、UCLAを参考にした大学発のネットワーキングConnectや業界団体のBiocom Californiaが立ち上がる。

外部から移住してきたE.スクリプス等の寄付で実現した文化基盤と研究基盤という知的な歴史的集積とうまく歯車がかみ合って、1990年代にITやバイオテクノロジーの新産業が花開く。

温暖な気候と起業しやすいエコシステムを求めて外部から高度人材と資金が流入する好循環が生まれている。

第5章 企業・コンソーシアム誘致を発展の糧とする オースティン

1. はじめに

テキサスは 1836 年にメキシコから独立して共和国 (Republic of Texas) となり，「ウォータールーとして知られていた小さなコミュニティの場所」(Austin History Center website) が 1939 年に共和国の国務長官 (Secretary of State; Stephen Austin) から名前をとってオースティンとなり，また共和国の首都となった。1845 年に共和国が米国に併合され，その領土の一部からテキサス州が創設されると，翌年にオースティンは州都となった。1881 年にはテキサス大学 (University of Texas; 現在の正式名称は The University of Texas at Austin, 略称は UT Austin) が設立された。しかし，長らく「活気のない大学街」("sleepy college town") に留まった。しかし，1967 年の IBM の工場開設，1980 年代の Microelectronics and Computer Consortium と SEMATECH consortium の誘致を契機としてとりわけ西海岸の大企業の転入 (本社の移転またはキャンパスの開設) が相次いでいる。転入は研究大学の存在と高い生活の質 (quality of life) などが要因となっており，後者に関連して 166 ものライブハウス (Music Venue; Guest Blogger 2022) を擁するオースティンは「世界のライブミュージックの首都」("Live Music Capital of the World") と呼ばれている。他方で，Dell Technologies を筆頭に，この地で誕生し大きく成長する企業も少なくない。2020 年の人口は約 96 万人，都市圏のそれは約 228 万人で，都市の人口は 1990 年から 50 万人増となっている。2018 年には Major League Soccer (MLS) に所属する Austin FC が誕生した。

都市圏の企業を見ておくと，2023 年「Fortune 500」企業は Dell Technologies (順位：34 位，収入：1,023 億ドル)，50 位の Tesla (50 位，815 億ドル)

と 101 位の Oracle（424 億ドル）の 3 社に過ぎない。順位を 1,000 位まで下っても Digital Realty Trust（673 位，47 億ドル）と Agilon Health（941 位，27 億ドル）があるのみである。他方で，同年夏の雇用数は H-E-B Grocery（食料品小売業）が 19,008 人，Dell Technologies が 13,000 人，Tesla が 12,277 人，Ascension Seton（医療産業）が 12,086 人，Amazon が 10,893 人[1]，St. David's HealthCare（医療産業）が 10,854 人，Samsung Austin Semiconductor が 10,000 人，Apple が 7,000 人，IBM が 6,000 人となっている（Austin Chamber of Commerce[2] website, "Major Employers, Summer 2023"）。

2. オースティンの主要産業

2.1. エレクトロニクス産業（半導体，コンピュータなど）

　オースティンのエレクトロニクス産業は 1967 年にこの地に IBM がタイプライターを製造する工場を開設したのを嚆矢とする[3]。同工場は後に業務をマイクロプロセッサ（microprocessor: MPU），Power の設計に転換（Power1 は 1990 年に開発された），Power の開発は現在も継続され，2021 年に開発された Power10 は Samsung Electronics の韓国の工場で製造される。また，1992 年に IBM と Apple，Motorola は Power をベースとして PowerPC を開発，こちらも IBM と，Motorola から 2004 年にスピンアウトした Freescale Semiconductor，同社を 2015 年に吸収合併した蘭 NXP Semiconductors により開発・製造が継続されている。なお，NXP はオースティンに 2 つのウェハー（wafer）製造工場を維持し，そこで 4,000 人を雇用している（*id*.）。IBM に続いて，いくつかの企業が進出してきたが，その中には 1968 年の Texas Instruments（TI; 撤退），1974 年の Motorola，1979 年の Advanced Micro Devices（AMD）が含まれる（やや遅れて Samsung は 1996 年に工場を，Intel は 1999 年にデザインセンターを開設した）。1983 年には連邦政府の旗振りにより Microsoft, Boeing, G. E., Lockheed など 21 の「米国の抜きん出たハイテク企業」（"America's foremost high-tech company"; Wright 2023）が結成した Microelectronics and

---

1　Amazon Austin Delivery Station, Amazon Austin Office, Amazon Kyle Sortation Center, Amazon Pflugerville Fulfillment Center, Amazon San Marcos Fulfillment Center の雇用数の合計。

2　以下，商工会議所と表記する。

3　それ以前から商工会議所が誘致運動を展開していたが，IBM の進出もそれと関連するかもしれない。それ以後も続く商工会議所の熱心な誘致運動については，AED（2003）を参照のこと。

Computer Consortium（後の Microelectronics and Computer Corp.; いずれも略称は MCC）の誘致に成功した（2004年に解散）。さらに，1987年に米国の半導体（・コンピュータ）企業がその製造における主導的な地位を日本から取り戻すために結成した SEMATECH consortium（SEMATECH は Semiconductor Mfg. Technology の意）の誘致に成功した（2010年にオールバニ，NY に移転）[4]。そうした動きとは別に，1984年にはテキサス大学の学生であった M. デル（Michael Dell）が寮の部屋で PC's Limited を設立，翌年に大学を中退して事業に専念，1988年には会社の株式を公開，またその名称を Dell Computer Corp.，Dell Inc. に変更し，さらに 2016年には EMC（現 Dell EMC）を買収して持株会社の Dell Technologies を設立した（デルはパソコンの製造・販売に「ダイレクト・モデル」をいち早く取り入れたが，詳しくは Dell（1999）を参照のこと）。Dell Technologies は，すでに述べたように，2023年の収入が 1,000億ドルを超える大企業となっている。1990年代に入ると，オースティンにはシリコンバレーと類似したハイテク企業の集積から「シリコンヒルズ」（"Silicon Hills"）の呼び名が与えられた。

大企業の転入・拡張 [5]

オースティンでは大企業の転入・拡張が引きも切らない。Intel は 1999年にオースティン南西部の Barton Skyway office park にデザインセンターを開設，間もなく賃借するオフィススペースを約 5,574 m^2 から約 11,613 m^2 に拡大した。2011年にすぐ近くの，4階建てでスペースが約 36,139 m^2 の旧 Guaranty Bank 本社ビル（と約 24.7万 m^2 の土地）を買収し，翌年，そこに移転した。現在，「〔同〕施設はクラウドコンピューティング〔など〕の進歩を支援する研究開発センターとなっている」（Intel website, "Intel in Austin, Texas"）。AMD は 1979年に半導体チップの製造工場，2008年にオースティンの西部に総面積[6]が約

4　若干，補足すると，「議会は 1987年 12月に国防総省が SEMATECH に参加するのを承認，1988会計年度に 1億ドル，1989会計年度に 1億ドルを充当した。参加企業は毎年，約 2億ドルの SEMATECH の運営予算の少なくとも 50% を提供するよう要求され〔た〕」（U. S. General Accounting Office 1989）。なお，当初の参加企業は IBM, Intel, Motorola, TI, National Semiconductor, AMD, Lucent Technologies, Compaq Computer, Hewlett-Packard Technology, Conexant Systems, NCR Microelectronics, Harris Semiconductor, LSI Logic, Micron Technology の 14社であった。後に，Samsung Electronics もこれに参加した。

5　ここでは Opportunity Austin website（"Relocations & Expansions"）を大いに参照している。

6　以下，「総面積」の言葉は省略することがある。

23.5 万 m^2，オフィススペースが約 8.1 万 m^2 の新キャンパスを開設した。2013年にそれを売却，現在は約 4.1 万 m^2 を賃貸している。もともとの工場は AMDからスピンオフした Spansion，そして企業の買収により Cypress Semiconductor，独 Infineon Technologies（米子会社の Infineon Technologies Americas; 本社：エルセグンド，CA）に引き継がれている。韓 Samsung（米子会社の Samsung Austin Semiconductor）は 1996 年に最初の工場を設立，2016 年に「拡張」により「半導体チップ製造」業務で 600，2021 年にはオースティンの中心部から北東に約 47 km 離れたテイラーで「新規／拡張」により同じく雇用を 2,000，増加すると発表した。Oracle は 2018 年にオースティンの南東部に約 16.2 万m^2 のキャンパスを開設，2020 年にそこにシリコンバレーから本社を移転した。2018 年に「拡張」により「半導体チップ，ハードウェア＆ソフトウェアの設計」などの業務で雇用を 1,000，2020 年に「新規〔開設〕／拡張」により「コンピュータ・テクノロジー・ソリューションズ，とりわけクラウドストレージ」関連業務で雇用を 2,000，2003 年には「拡張」により同じく雇用を 1,000だけ増加すると発表した[7]。なお，半導体企業では Nvidia と英 Arm Holdingsの施設もある（が，詳細は不明である）。

エレクトロニクス産業ではいずれも西海岸に本社を置く GAFA の動きも顕著である。Google は 2007 年にオフィスを開設，2019 年には中心部に建設される 35 階建てオフィスタワー全体の賃借契約を締結，「拡張」により「インターネット検索＆関連技術開発」などの業務で 750 人を雇用すると発表した。Apple は 1992 年にオースティンの北東部に最初のオフィスを開設，(20)00 年代初期にそれともう 1 つのオフィスを市北西部の Riata Crossing（Parmer Riataとも表記される）に統合，さらにそこと周囲を買収・開発して約 15.4 万 m^2 の，「会計，人事，財務などさまざまな機能が集約される」（Apple, *qtd. in* Dunbar 2012）Apple's Americas Operations Center とした。2018 年に「新規／拡張」により同じく 5,000 人を雇用すると発表，Riata Crossing campus から 1.6 km

---

7　Oracle の L. エリソン（Larry Ellison）会長は 2024 年，世界本社をナッシュビル（TN）に移転することを公表した。エリソンは「〔ナッシュビル〕はヘルスケア産業の中心である」としたうえで，そこに開設するキャンパスのビルに地域診療所（community clinic）を入居させる意向を示し，さらに「クリニックはわれわれがわれわれのソフトウェアの最新バージョンを配備するのに最適な場所である」と述べている（*qtd. in* Landi 2024）。なお，Forbes は 2021 年に Bill Frist の "Nashville Is the Health Services Capital-Here's Why This Explosively Growing Region Is More than Music City USA" とのタイトルの記事を掲載している。

弱，オースティンの中心部から約 19 km 離れた新（第 2）キャンパスの建設の第 1 段階は 2022 年に終了し，現在は第 2 段階として 2.4 億ドルをかけて 2 棟のビルを建設中である。Facebook（現 Meta Platforms）は 2010 年にオフィスを開設，2016 年に「新設／拡張」により「Social networking service's online operations center」などの業務で 500 人，2017 年と 2022 年には「拡張」により同じく 1,200 人と 400 人を雇用すると発表した。最後に，Amazon は複数の発送センターを構えるが，さらに 2016 年に「新設・拡張」により「Online retailer's digital product dev.」などの業務で 500 人，2019 年と 2021 年に「拡張」（2019 年は 2 回）により同じく 1,400 人と 2,000 人を雇用すると発表した。

企業の新設

　オースティンには多数のインキュベータ／アクセラレータもあり，近年では企業の新設も盛んとされる。地域でのスタートアップの躍進は第 2 章の補論で紹介した「Inc. 5000 企業」やユニコーン企業の数などにより確認される。2023 Inc. 5000 を再度，見てみると，オースティン都市圏では「Inc. 5000 企業」は 125 社，人口 10 万人当たりでは 5.16 社で，後者は Inc. が選択した 20 都市圏とシリコンバレーの中で最も高くなっている。ユニコーン企業の数は 2024 年 1 月時点で 15 社で，米国で 6 位タイとなっている。収入からは 1996 年の設立で，無線通信技術を開発する Silicon Labs（収入（2023 年）：9.5 億ドル），2004 年の設立で，mobile banking software platform を開発する Q2 Holdings（収入（2023 年）：6.2 億ドル）と 2013 年の設立で，2018 年にオースティンに転入したリーガルテック——「法務業務の効率化・高度化を意図したテクノロジー」（水戸貴之：日経産業新聞 2020 年 9 月 18 日）——を開発する CS Disco（収入（2023 年）：1.4 億ドル）は都市圏を代表する新興企業としてよいかもしれない。

産業の現状

　エレクトロニクス産業の現状を米商務省センサス局（Bureau of the Census/Census Bureau）のデータを使って確認しよう。同産業を 2017 NAICS 334（Computer and electronic product mfg.）——NAICS は North American Industry Classification System（北米産業分類システムと訳される）の略語——で補足すると[8]，2020 年の雇用数は 11,149，ある産業の雇用の特定地域への集積の程度

を示す特化係数（location quotient: LQ）

$$LQ_{ir} = \frac{E_{ir}}{\Sigma_j E_{jr}} \bigg/ \frac{\Sigma_k E_{ik}}{\Sigma_j \Sigma_k E_{jk}}$$

$i, j:$ 産業, $r, k:$ 地域

は 2.04 で，LQ は 50 大（人口上位 50 位）都市圏の中では第 8 位である。2010 年から LQ は微増（2.03 →）に留まるが，雇用数は 9.4% だけ増加している[9]。同産業を細かく見ると[10]，NAICS 334111 で画定される産業（Electronic computer mfg.）の 2020 年の雇用数と LQ は 6,884 と 8.50 で，50 大都市圏でデータのある 12 都市圏の中でいずれもサンノゼ都市圏（＝シリコンバレー）に次ぐ 2 位（ただし，サンノゼ都市圏のそれらは 54,412 と 64.88!），また NAICS 334413 で画定される産業（Semiconductor and related device mfg.）のそれらは 10,663 と 7.78 で，同じくデータのある 20 都市圏の中で前者は 5 位，後者はサンノゼ都市圏（19.35）とポートランド都市圏（OR; 18.55）に次ぐ 3 位となっている。

2.2. その他の産業

AED（2003）によるとエレクトロニクス産業が発展するまでのオースティンの主要な産業は農業で，大学卒業生の就業の機会は乏しく，これが商工会議所を熱心な企業誘致運動に駆り立てた。現在でもエレクトロニクスの他に主要な産業を特定するのが難しい。例えば，NAICS 3 桁で画定される産業で 2020 年に雇用数が 10,000，LQ が 1.5 を共に超えるものは Computer and electronic product mfg. の他には NAICS 423 の Merchant wholesalers, durable goods（雇用数：37,772, LQ: 1.65）しかない。ただし，市や Visit Austin（Austin Conven-

---

8 NAICS はしばしば変更がなされる。2017 NAICS は 2017 年版の意味で，最新版は 2022 NAICS となる。

9 雇用数のデータは当該年の SUSB Annual Data Tables by Establishment Industry/ MSA, 3-digit NAICS から，都市圏人口のデータは同 Bureau の Metropolitan and Micropolitan Statistical Areas Population Totals: 2020-2022/ Annual Resident Population Estimates for Metropolitan and Micropolitan Statistical Areas and Their Geographic Components for the United States: April 1, 2020 to July 1, 2022 などから得た。

10 4 桁以上の NAICS Code で画定される産業での雇用数のデータは U. S. Bureau of Labor Statistics の Quarterly Census of Employment and Wages から，より正確にはその website にある Employment and Wages Data Viewer から得ている。ただし，事業所（Esablishment）の Ownership は "Private"，Quarter は "Annual Averages" とした。

tion and Visitors Bureau）が website で取り上げる映画産業は，それを NAICS 512（Motion Picture and Sound Recording Industries）で補足すると，雇用数は 3,205，LQ は 1.46 で，LQ は 50 大都市圏の中では 5 位となる。また，2010 年にはそれらは 1,620，0.89 と 12 位で，いずれも大きく増加（上昇）している。NAICS 336111 の Automobile mfg. に関しては，2022 年のデータは得られないものの，E. マスク（Elon Musk）が CEO を務める電気自動車（electric vehicle: EV）製造業者の Tesla が 2020 年に「新規」により「電気自動車製造」業務で雇用を 5,000，2021 年と 2023 年（2 回）には「拡張」により同じく雇用を 5,000 と 10,000 だけ増加すると発表している。2021 年にはシリコンバレーから前年にオースティンの南東部に開設した総面積が約 10.1 km²(!) の Gigafactory Texas に本社を移転した[11]。また，NAICS 622 の Hospital の 2020 年の LQ は 0.51 で 50 大都市圏の中で最下位，NAICS 3391 の Medical equipment and supplies mfg.，同 32541 の Pharmaceutical and medicine mfg. の 2022 年のそれは 0.60 と 0.88 に過ぎないが，Allergan（本社：愛ダブリン）や Abbott Laboratories（アボットパーク，IL）の施設があり，また医療産業を育成する基盤の整備も進められている。

3. オースティンの大学[12]

3.1. テキサス大学

テキサス大学はテキサス大学システム（University of Texas System）の旗艦

---

11 ただし，マスクは 2023 年 2 月にエンジニアリング本部（engr. headquarters）をパロアルトに戻すことを発表している。ついでながら，マスクが設立した The Boring（boring は掘削の意）は 2000 年に中心部から北東に約 22.5 km 離れたフラッガービルに施設を「新規〔開設〕」，2021 年には同じく南東に約 53.1 km 離れたバストロップに施設を「新規〔開設〕／拡張」すると発表，2022 年にロサンゼルス都市圏からフラッガービルに本社を移転した。また，2022 年に買収した X は 2024 年 1 月，trust and safety office を開設して 100 人のフルタイムのコンテンツモデレータ（content moderator）を雇用すると報道された。

12 オースティンには本章で紹介する 2 つの大学の他にも小規模な大学やコミュニティカレッジがある。また，地元の（ただし，地元の出身ではない）起業家である J. ロンズデール（Joe Lonsdale）などにより 2021 年にオースティン大学（University of Austin）が設立された（学生の受け入れは 2024 年秋学期からとなる）。その翌年にはクリーブランドの名門大学であるケースウエスタンリザーブ大学（Case Western Reserve University），School of Medicine の MS in Anesthesia Program が開設された。また，マスクも初等・中等の STEM 学校と大学の設立を準備しており，そのために 1 億ドルを自身の財団に寄付している。

校であり[13]，original のパブリック・アイビーの1校でもある[14]。2023年秋学期の学生数は53,082人で，ミネソタ大学とほぼ同数である。*U. S. News & World Report*, "2024 Best Colleges（National Universities）" では32位，"2023-2024 Best Grad Schools" では工学と薬学で7位タイ，コンピュータ科学で8位タイ[15]，法学で16位タイ，教育学で16位タイ，経営学で20位タイにランクされる（医学（研究）はランク外）。主要産業であるエレクトロニクスと関連して Cockrell School of Engr., その中の Department of Electrical and Computer Engr., またその中の Semiconductor Power Electronics Center や Microelectronic Research Center, College of Natural Science の中の Department of Computer Science（CS）などが設置されている。また，医療・製薬と関連して Dell Medical School, College of Pharmacy と College of Natural Sciences 内の Department of Molecular Biosciences と Department of Neuroscience などがある。2023年には Dell Medical School の付属病院の1つである Dell Seton Medical Center の North Campus が開設され，また U.S. News の "2023-24 Best Hospitals" で「米国 No. 1 の癌病院」（"nation's No. 1 cancer hospital"）とされた UT MD Anderson Cancer Center（ヒューストン）のオースティンでの新病院とテキサス大学の新しい専門病院の開設，そしてそれらを束ねる UT Austin Medical Center の設立が公表された。

　テキサス大学は地元のエレクトロニクス産業の形成に研究大学（research university）として，①教育（人材育成），②研究，③企業などの誘引，④起業支援の4点で大きく貢献してきた。③に関して，例えばオースティンが，それとサンディエゴ，アトランタ（GA），リサーチトライアングルの最終候補地の中で MCC の誘致に成功した理由は「〔その〕の生活の質と手頃な〔住宅〕価格（affordability）」，そして何より「〔テキサス〕大学の継続的な人材の提供への献身」であり，「大学は電気工学（electrical engr.）とコンピュータ科学（CS）〔の分野〕で8つの〔教授〕職（chair）にそれぞれ100万ドルの資金を投じること

13　テキサス大学システムには現在，9つの大学が所属する。後出のテキサス州立大学はやはりオースティンに本部を置くテキサス州立大学システム（Texas State University System）に所属する。

14　「original」とは R. モール（Richard Moll）が次の書籍でそのリストに挙げた15校をいう；(1985) *The Public Ivy's: A Guide to America's Best Public Undergraduate Colleges and Universities*, Viking Adult.

15　コンピュータ科学の独立した School または College は存在しない。

を申し出た。大学は後に，こうした職の 32 に資金を投じることでその申し出に上乗せをした」(Wright 2023)。

リサーチパーク

②に関連して，大学はオースティン北部に J. J. Pickle Research Campus (PRC; 旧称：Balcones Research Center) を構える。同 campus はもともとは「第2次大戦中に連邦政府により建設されたマグネシウム工場」(Kleiner 1995) であり，この約 1.63 km の，29 のビルから成る施設を戦後に大学が賃借，後に購入し[16]，さらに 1974 年には約 17.4 m^2 の隣接地を購入した。そこに多くの研究機関などが入居し（前出の MCC, Austin Technology Incubator, 最近では Texas Innovation Center の Innovation Lab もそうした機関に含まれる），「化学者，物理学者と技術者の学際的な研究（interdisciplinary research）の実施が促された」(id.)。また，Defense Research Lab（現 Applied Research Lab）から F. マクビー (Frank McBee)[17] らが 1955 年に Associated Consultants and Engineers（後の Texas Research Associates），M. グレ（グレス？; Marcel Gres）らが 1956 年に Textran を，Balcones Nuclear Lab から L. モーガン (Lon Morgan)[18] らが 1955 年に Texas Nuclear（1965 年に Nuclear-Chicago に買収された）を，Applied Research Labs から J. トルシャード (James Truchard) らが 1976 年に National Instruments（後，NI, 現在は Emerson Electric（本社：ファーガソン，MO）のテスト計測事業グループ）を設立した。Texas Research Associates と Textran の 1962 年の合併により誕生した防衛エレクトロニクス企業の Tracor（現 BAE Systems）は 1984 年にオースティンの最初の「Fortune 500 企業」となり，また 1955 年からの「40 年間に 20 以上の会社をスピンオフした」(id.)。さらに，同社の「オースティン東部の大きなキャンパスは Motorola, TI, MCC を隣人として誘致することとなった」(UT Austin, Walker De-

---

16　ただし，支払いはなされなかったようである (see Kleiner 1995)。

17　マクビーは後述する Tracor の社長，CEO と会長を歴任した。College of Engr. とテキサス大学の優秀卒業生 (Distinguished Alumni) に選出されている (UT Austin, Walker Department of Mechanical Engr. website, "Frank Wilkins McBee, Jr.")。

18　モーガンは後にテキサス大学，Center for Nuclear Studies の director を務め，また Columbia Scientific, Scientific Measurements Systems, Integrated Digital Modeling と Advanced Molecular Imaging Systems を設立している（ただし，それらの本社所在地などは確認ができない）。ついでながら，モーガンは 1967 年に商工会議所の会頭 (president) に就任，5.2.1 で触れた IBM の工場の開設に貢献したとされる (Duggan 2006)。

partment of Mechanical Engr. website, "Frank Wilkins McBee, Jr.")。PRC には現在も大学の 23 の研究機関が入居している。なお，「大学は広範囲の企業や事業者団体（public interest）と技術移転プロジェクトに取り組んだ」（Kleiner 1995）とされるが，民間企業の入居は確認ができない。その意味では通常のリサーチパークとは異なる。また，「〔同〕キャンパスは疎らにしか開発されておらず」，約 62.7 万 m^2 がショッピングセンターなどに賃貸されている（Young 2018）。最後に，その名称に触れておくと，J. J. ピックル（J. J. Pickle）は卒業生で，30 年以上にわたり米国下院議員（任期：1963.12.21-95.1.3）を務め，「科学・エネルギー研究，とりわけテキサス大学でのそれに対する連邦政府の資金提供の有力な提唱者となった」（Cox 2005）人物である。

　また，リサーチパークとして位置付けられてはいないが，オースティンの中心地には Dell Medical School と Dell Seton Medical Center が立地するイノベーション地区（Innovation District）があり，そのすぐ近くにはテキサス大学の College of Pharmacy がある。2022 年には同地区の University Medical Center Brackenridge（病院）の跡地に 17 階建て，オフィススペースが約 3.0 万 m^2 で，「スタートアップと成熟企業を大学の研究部門と一緒に収容する」（Capital City Innovation, *Austin Innovation District*）Block 164（ビル）が建設された（ちなみに，その Brochure を作成した Capital City Innovation は「Seton Health とテキサス大学〔など〕により設立された」「イノベーション地区の台頭を促す非営利団体」（Facebook）である）。ただし，同地区での生命科学・ヘルスケア産業に属する企業の集積は確認できない。

　さらに，②の中の共同研究として，最近では「テキサス州，卓越した半導体システム・軍需電子機器会社，国の研究所（national lab）と［　］学術機関の官民パートンーシップ」であり，「最先端の半導体製造を米国の地に取り戻し，サプライチェーンを保護し，国家安全保障を確保する」（UT News 2022）ことなどを目的とする Texas Institute for Electronics（TIE）の sponsor となった。TIE の製造施設の開発には 2023 年に Texas CHIPS Act を制定した州により 4 億 4,000 万ドルが配分されることとなったが，すでにそれを上回る 5 億 5,200 万ドルの資金提供がなされている（TIE website, "Chips Act"）。

インキュベータ／アクセラレータ
　④に関連して，大学には研究（または技術）の商業化と関わる，インキュベ

ータ／アクセラレータの Discovery to Impact, Texas Innovation Center
(TIC) と Dell Medical School 内の CoLab がある。Discovery to Impact は「大
学が〔知的所有権を〕ライセンスしたスタートアップのみに投資する〔1,000 万
ドルの[19]〕アーリーステージ・ベンチャーファンド」(Discovery to Impact
website, "About") である UT Seed Fund を運用，また College of Business Ad-
ministration の dean を務めた G. コズメツキー (George Kozmetsky)[20] により
1989 年に設立された，「米国で最も長く活動しているテクノロジー・インキュ
ベータ (technology incubator)」である Austin Technology Incubator (ATI)
などの組織を持つ。ATI はその設立以降，500 以上の企業に奉仕し，それらは
20 億ドル以上の資金を調達し，それらの内の 10 社以上は IPO，50 社以上は
(被) 買収 (M&A) の形でエグジットに成功している (ATI website)。コズメ
ツキーは 100 以上の技術企業 (tech company) を支援したとされ，その中の 1
社，Dell を創業したデルはコズメツキーの指導が彼や地域の起業家，そして
彼らの企業の成長に極めて重要であったと証言している (Brooks 2023)。TIC
は「Cockrell School の 一 部 で，College of Natural Sciences, Discovery to
Impact と連携し」，「STEM 教員・大学院生」を主要な対象としてコワーキン
グスペース・ウエットラボスペースの提供（条件は不明）を含むさまざまな支
援を実施している (website, "About" など)。起業と関連して McCombs School
の中に「起業家精神に特化した研究・教育センター」(website) である Herb
Kelleher Center for Entrepreneurship とテキサス大学システム所属大学の大
学院生を対象としたピッチコンテストの Texas Venture Labs Investment
Competition を開催する Jon Brumley Texas Venture Labs もある。

19　1,000 万ドルの金額は Discovery to Impact の website ではなく，PR Newswire (2023) に見ら
　　れる。

20　コズメツキーはハーバード・ビジネススクール (Harvard Business School)，カーネギー工科大
　　学（現カーネギーメロン大学）の Graduate School of Industrial Administration で教鞭をとった後
　　の 1960 年にビバリーヒルズ (Beverly Hills, CA) にエレクトロニクス企業の Teledyne を設立した。
　　同社はコングロマリットに成長するが，コズメツキーは 1966 年に大学界に復帰し，1982 年までテ
　　キサス大学に留まった。そして，「技術的イノベーションは大学，政府と民間部門の間の活発で方
　　向性のある連携を通じて地域の経済発展を引き起こしうる」との信念のもとに，1977 年に学内に
　　研究機関の IC^2 Institute (I は Innovation, 2 つの C は Creativity と Capital を意味する)，その 1
　　部門として ATI，1992 年に Austin Software Council（現在は大学から独立した Austin Technolo-
　　gy Council）を設立し，1989 年にはエンジェルグループの Texas Capital Network（現 The
　　Capital Network）を組織した（IC^2 Institute と Discovery to Impact の関係は不明）。また，上記
　　の MCC の誘致を手助けしたとされる (Brooks 2023)。

3.2. テキサス州立大学[21]

都市圏内のサンマルコスには 1899 年に設立された Southwest Texas State Normal School を起原とするテキサス州立大学（Texas State University: TXST）のメインキャンパスがある。2023 年秋学期の学生数は 38,873 で，"2024 Best Colleges（National Universities）" では 280 位タイにランクされる。エレクトロニクスと関連して College of Science and Engr., そしてその中の Department of CS, Department of Engr. Technology と Ingram School of Engr. が，医療・製薬と関連して College of Health Professions がある。また，起業と関連して，College of Business 内に当該支援を含むさまざまなアドバイジングサービスを提供する Texas State Small Business Dev. Center がある。また，2012 年にキャンパスから約 4.8 km 離れた場所に開設された約 23.5 万 m^2 の Science, Technology, and Advanced Research（STAR）Park の中に「スタートアップやアーリーステージの企業のためのテクノロジー・インキュベータ」である STAR One があり，「そのテナントに安全（secure）なウェットラボ，クリーンスペース，会議室とオフィススペースの利用（access）を提供している」（TXST website, "Star Park"・"About Us"）。Webner（2023）によるとテナントは 9 社——その中には「革新的な熱電技術を開発」（website, "About Us"）する，テナント第 1 号の MicroPower Global が含まれる——，ウェイティングリストができており，大学はスペースが 3,345 m^2（当初は 1,858 m^2）の現在の施設の隣に 7,432 m^2 の新たなビルの建設を準備している。同 park の暫定 executive director の J. アーヴィン（Jennifer Irvin）は企業がそこに入居する利点として教員陣との連携，学生の雇用，大学が所有する知的財産権のライセンスの取得，そしてそこの賃借料が「非常に安価」（really bargain）であることを挙げている（id.）。州は STAR Park（の恐らくは建設）に 650 万ドルを提供した（Copelin 2012）[22]。

---

21 余談ながら，同大学の卒業生に第 36 代米国大統領の L. B. ジョンソン（Lyndon B. Johnson: 1908-73）がいる。テキサス大学には Lyndon B. Johnson School of Public Affairs がある。

22 Zaragoza（2012）は Texas Emerging Technology Fund から 400 万ドルが STAR Park に投入されたとする。Copelin（2012）はそれ以前に同 fund から大学の教授陣の採用に 420 万ドルが提供されたとする。

4. オースティンにおける民間のリサーチパーク・インキュベータ／アクセラレータ

4.1. オースティンにおける民間のリサーチパーク

　オースティンに進出した大企業は大規模なコーポレートキャンパスを開設するか，民間の巨大なリサーチパークの広大なスペースを賃借している。本章の **2.1** で Apple のコーポレートキャンパスに触れているが，第２キャンパスについて補足すると，第１キャンパスからそう離れていない，オースティン北西部のパーマーレーンの沿線に開設された。総面積は 53.8 万 m^2 で，当初の収容人数は 5,000 人，将来的には収容能力を 15,000 人にするものとされた。Dell は本社を郊外のラウンドロックに置くが，市内に総面積が 21.4 万 m^2，4 棟のビルから成る Parmer South Campus を構えている。リサーチパークもやはりパーマーレーンの沿線——「パーマー回廊」（Parmer Corridor）などと呼ばれる——に複数，開設されている。そこに立地する３つの代表的な民間のリサーチパークを見てみよう。Riata Corporate Park は 1998-2000 年にワシントン D.C. の不動産会社により開設され，その後，所有者が何度か変更されている。総（敷地）面積は約 22.7 万 m^2，8 棟のビルの総スペースは約 6.4 万 m^2 で，テナントには「技術，金融サービスとヘルスケア分野の企業」（Hawkins 2021）が含まれる。その中で Apple は 3 階建ての Bldg. 8（総スペースは約 8,706 m^2）を専用している。7700 Parmer（office park）は「もともとは 2000 年に Motorola のために建設され」（Dickens 2023），後に「〔同社〕から独立した Freescale Semiconductor により全体が賃借された」（Egan 2020）。総面積は 48.6 万 m^2，4 棟のビルのオフィススペースは約 8.4 万 m^2 で（website），テナントには Google，PayPal，eBay，Deloitte，Electronic Arts，Polycom などが含まれる。現在，オフィススペースの拡張，アパートメントと商業施設の開設など複合用途再開発（mixed-use redevelopment）が計画されている（*id.*）。総面積が約 120.2 万 m^2 ととりわけ巨大な Parmer Innovation Center（Parmer Austin とも表記される）は「以前は Dell が所有していた」が，「2013 年に Karlin Real Estate により融通の利く（flexible），手頃（affordable）なオフィススペースを創造することを意図して買収された。〔その後〕，同 park はビルが 3 棟から 17 棟に増加し，オフィススペースは〔1.9 万 m^2〕以上となっている」（Dickens 2023）。Parmer

表 5-1　Parmer Innovation Center の入居状況

企業	専有面積（m²）	企業	専有面積（m²）
Dell	172,335	Siemens	17,559
Flextronics	97,548	Natera	8,733
GM	57,879	Allergen	8,175
Apple	56,206	Infosys	6,132
BAE Systems	36,232	IBM	4,645
3M	31,215	Zebra	2,787
Home Depot	18,488	UT Austin	929

注記）現在，Dell website の "Dell Technologies Global Offices" に Parmer Innovation Center の住所はない。

出所）Karlinre Real Estate（2020）*Parmer Innovation Center Austin*, Feb. 4 (Brochure). BAE Systems, IBM と UT Austin については各種報道資料より筆者が追加した。

Labs 2.2 は約 9,290 m² の実験室・オフィスビルで，その 2 倍のスペースの Parmer Labs 2.1 は Brochure では "shovel ready"（すぐに着工可能）となっている。オフィス棟のテナントには Apple, BAE Systems, General Motors, Qualcomm と 3M が[23]，Lab のそれには IBM とテキサス大学 Discovery to Impact が含まれる（**表5-1**を参照のこと）。Discovery to Impact は契約時にそこ（Impact Labs）を「生命科学スタートアップに賃貸する」（UT News 2023）としている。

　Apple のコーポレートキャンパスの立地などに関して Holder（2018）は「オースティンの中心業務地区（downtown business center）の中心に立地しないとの選択の中で，Apple はもう 1 つの現状を強化している；すなわち孤立した，郊外の技術キャンパスである。同社の Cupertino UFO〔引用者注：Apple のクパチーノにある本社施設〕は公共交通機関からほとんど切り離された，それ自身のエコシステムとして機能しうる，島のように孤立した本社を建設する典型例となっている」と述べている。IBM は 2022 年にオースティンにある 2 つのオフィスの統合，翌年に The Domain 地区に建設中の 2 棟の 14 階建てのビルの 1 棟全部ともう 1 棟の 9 階以上の賃借を発表したが，「システムチーム，ソフトウェアチーム，マーケティング・チームを 1 つのチームにまとめる」ことが狙いとされ[24]，同社はすでにニューヨークとロンドンでも同様の再編を実施している（Joanne Wright 副社長談；*qtd. in* Baird 2022）。また，統合でオフィス

23　ただし，Karlin は 2020 年 2 月に 3M が賃借する 2 つのビルを売却し，また 3M は 2023 年にリモートワークの普及（と雇用削減）を理由としてその内の 1 棟を転貸した。

のスペースは縮小されるが,「〔それ〕は従業員同士の距離を縮めて協業を促進することが意図されている」(*id.*)。BAE の Parmer Innovation Center への移転にも同様の目的が表明されている。

4.2 民間のインキュベータ／アクセラレータ

　大学のものにはすでに言及しているが,オースティンには他にも多数のインキュベータ／アクセラレータ (機関) が存在している。ここではそれらの中から代表的ないくつかのものを紹介しよう。Tech Ranch Austin は連続起業家 (serial entrepreneur) の Kevin Koym (読み方は不明) が 2008 年に設立,「あらゆるステージの技術スタートアップと技術スタートアップ起業家を支援するためのさまざまな起業家育成プログラムを提供する」(website, "Entrepreneurs"; プログラムの詳細については同 "Investors" を参照のこと)。また,それはアーリーステージ・ベンチャーキャピタルとしての機能を持ち,Pitch Book によると 2022 年 12 月 1 日までに 39 社に出資し,20 社がエグジットしている (website, "Tech Ranch Austin Overview")。Capital Factory は連続起業家の J. ベア (Joshua Baer) が 2009 年に設立,「テキサスの最高の起業家に最初の投資家,従業員,メンター (mentor) と顧客を紹介する」。メンターにはベアを含む 172 人！が登録している。その他に,会員にはコワーキング・ミーティングスペースの利用,イベントへの参加などの便宜が供与される (以上, website, "Home")。また,それには「世界の大企業とテキサスの最も革新的なスタートアップを結び付ける」Innovation Council があり,Amazon,IBM など 13 社 (子会社を含む) とテキサス大学がその会員となっている (website, "Partnerships")。Techstars Austin はボールダー(CO)に設立された Techstars の拠点 (Chapter) [25] の 1 つとして 2013 年に開設された。やや古いが Reagan (2016) によると,それは「メンターシップ,ネットワーク形成の機会 (networking opportunity) と 7-10% の株式と交換での 118,000 ドルの創業資金 (seed funding) を提供する。また〔支援にあたる〕会員の専門分野はヘルスケアからハードウェアに及んでいる」[26]。さらに,2011 年に弁護士兼起業家の S. W. レスラー (Shari W. Ressler)

24　2023 年の賃借契約の発表時には IBM の役職者の D. ヘンダーソン (Dexter Henderson) はそれが「IBM,われわれの顧客とわれわれのパートナー (partner) のための強力なエコシステム〔の〕構築」(*qtd. in* Hawkins 2023) に資すると述べている。

25　現在,拠点はアトランタ,ベイエリア／サンフランシスコ,ボストン,ボルダー／デンバー,ロサンゼルス,ニューヨークに置かれる。

と連続起業家の C. クリストファー（Clayton Christopher）により設立された，「消費財アクセラレータ」（consumer products accelerator; website, "Home"）の SKU もある。クリストファーは 1998 年に 12,000 ドルと祖母のレシピをもとに設立した Sweet Leaf Tea をその 13 年後に Nestlé（米子会社の Nestlé Waters North America; 現 BlueTrion Brands）に 1.83 億ドルで売却，またその後に Deep Eddy Vodka，Waterloo Sparkling Water，Rhythm Super Foods や 消 費 財（Consumer Packaged Goods）に特化した投資会社の CAVU Venture Partners を設立している。

5. オースティンにおける寄付

ここでは大学と病院の活動を支援する寄付とテキサス大学の基金を紹介する。寄付は主に 2000 年以降になされた 1,000 万ドルを超えるものに限定する。

5.1. テキサス大学

前出の McCombs School of Business は Red McCombs Automotive 創業者の R. マコームズ（Red McCombs）から 5,000 万ドルの寄付を受け，2000 年に College of Business Administration と Graduate School of Business を統合して設置された。同 school 内の Mgmt. Department は 2024 年に Standard Meat 創業者の B. ローゼンタール（Billy Rosenthal）から 2,500 万ドルの寄付を受けて Rozanne and Billy Rosenthal Department of Mgmt. となった（Rozanne は妻）。2001 年にはブーンズビルガス田（Boonsville field, TX）の発見者であり，Katie Petroleum 創業者の J. ジャクソン（John Jackson）からの 2,500 万ドルの寄付により Jackson School of Geosciences が設置された。ジャクソンは 2000 年にも 1,500 万ドルを寄付し，また 1.5 億ドル相当の不動産を遺贈した。寄付の総額は 2.8 億ドルで，最大の寄付者とされる（Haurwitz 2012）。Cockrell School は Cockrell Oil の CEO などを務めた E. コックレル（Ernest Cockrell Jr.）が 1966 年に設立した Cockrell Fdn. の 30 年以上にわたる，総額で約 4,000 万ドルの寄付を理由に 2007 年に College of Engr. から名称が変更された[27]。

---

26 High Alpha の website（"Techstars vs Y Combinator"）では「新しい会社の僅かな株式と交換で〔Techstars の〕参加者は少なくとも 2 万ドルの創業資金（startup capital）を受け取る」と記載されている。また，それ以外の特典にも言及がなされている。

School of Journalism はガルベストン（TX）を本社とする American National Insurance と City National Bank（現 Moody National Bank）の創業者の W. ムーディ，Jr.（William Moody Jr.）が 1942 年に設立した Moody Fdn. から 5,000 万ドルの寄付を受けて 2013 年に Moody College of Communication となった。School of Social Work は Capstar Broadcasting 創業者の S. ヒックス（Steve Hicks）からの 2,500 万ドルの寄付を受けて 2017 年に名称に彼の名前が冠された。また，投資家・政治家であった P. オドネル，Jr.（Peter O'Donnell Jr.）は 2010 年に「コンピュータの使用と，数学とさまざまな科学領域を結合させた研究のための教員の採用を支援するために 1,800 万ドルを寄付した」(*id.*)[28]。古くはなるが，1984 年の O'Donnell Fdn. による 800 万ドルの寄付が上記の電気工学と CS の分野での教授職の設置をもたらしたことには触れねばならない。2021 年にはマスクが設立した Musk Fdn. が新しい Population Wellbeing Initiative に 1,000 万ドルを寄付している。起業支援関連では，Herb Kelleher Center for Entrepreneurship は Southwest Airlines 創業者の H. ケレハー（Herb Kelleher）の 400 万ドルの寄付を受けて 2001 年に設立され，Jon Brumley Texas Venture Labs は複数の石油・ガス会社を創業した J. ブルムリー（Jon Brumley）の 600 万ドルの寄付を受けて 2012 年に現在の名称となった。施設関連では，前出のオドネルが 2000 年に Applied Computational Engr. and Sciences Bldg.（現 O'Donnell Bldg. for Applied Computational Engr. & Sciences）の建設に 3,200 万ドルを寄付した。オドネルは寄付を匿名で実施したが，その総額は 1.35 億ドルに及ぶとされる（UT News 2013）。2013 年に開設された，Department of CS が使用する Bill & Melinda Gates CS Complex and Dell CS Hall（略称：Gates-Dell Complex or GDC）に Bill & Melinda Gates Fdn. が 3,000 万ドル，Dell Family Fdn. が 1,000 万ドルを寄付した。2014 年に ConocoPhillips の CEO を務めた J. マルバ（John Mulva）から 6,000 万ドルが寄付され，4,000 万ドルは McCombs School の 2 つのビルの改修に，2,000 万ドルは Cock-

---

27　Trinity Investors 業務執行社員（managing partner）を務める S. チャンドラ（Sanjay Chandra）と Surlamer Investments 創業者である F. マシア（Fariborz Maseeh）から寄付を受けて 2022 年に Cockrell School の Department of Electrical and Computer Engr. の名称に "Chandra Family" が，翌年に Department of Civil, Architectural and Environmental Engr. の名称に "Fariborz Maseeh" が冠された。ただし，いずれも寄付額は不明である。

28　2010 年の寄付は父から Moncrief Oil（現 Moncrief Oil Int'l）を引き継いだ W. モンクリフ，Jr.（William Moncrief Jr.）による同額の寄付を誘引した。

rell School of Engr. の Department of Electrical and Computer Engr. などが使用する Engr. Education and Research Center の建設に充当された。2018 年には TRT Holdings 創業者の R. ローリング（Robert Rowling）からの 2,500 万ドルの寄付により McCombs School の MBA プログラムなどが使用する Robert B. Rowling Hall が開設された。スポーツ関連では，2022 年に開設されたバスケットボール・アリーナとイベント・センターは Moody Center と命名されたが，それは前出の Moody Fdn. からさらに 1.3 億ドルの寄付を受けてのことである。また，同年に B. ビヴァリッジ（Bert Beveridge）が設立した Tito's Handmade Vodka がバスケットボール，漕艇とフットボールの練習施設の建設に 2,000 万ドルを寄付した。さらに，芸術関連では，Moody Fdn. が 2022 年に大学の Blanton Museum of Art に 2,000 万ドルを寄付した。なお，マコームズ，ムーディ，オドネル，デル，マスクとケレハーを除き，またオドネルの妻で，財団の共同設立者のイーディス（Edith）を含めて，皆，テキサス大学の卒業生であり，デルは医学部進学課程を中退し，ムーディはそこで「短期間，法律を学んだ」（Butler 1976）。

基金

　テキサス州は 1876 年にテキサス A&M 大学（Texas A&M University）とテキサス大学の運営のために Permanent University Fund（PUF）を設立した。PUF は，Burka（1984）によると州が約束を破り，州西部の「200 万エーカーの不毛の土地（desert）」を財産とすることとなったが，1923 年にそこから原油が産出され，そのために「〔PUF〕はテキサス大学を米国で最も裕福な公立大学とした」（*id.*）。「1959 年以前は PUF からの利益は主に建設に使われていた」（*id.*）が，1984 年にオドネルの寄付に呼応し，教授職の設置に 1,600 万ドルを充当した（Gibson and Oden 2019）。2023-24 年度（ -2024.8.31）のテキサス大学の予算を見ると，PUF からの分配金——これは Available University Fund と呼ばれる——は 4.9 億ドル，Dell Medical School へのそれは 2,500 万ドルで，大学全体の収入に占める割合はそれぞれ 12% と 1% であった。また，上記の寄付金（gift）は 4.24 億ドルであった（The Primer on the University Budget, FY 2023-24）。ついでながら，上記の高額寄付者の中のジャクソン，モンクリフ，コックレルとブルムリーは石油で財産を築いており，州内での石油の産出は当該産業のないオースティンの大学への寄付にも結び付いている。

PUF と合わせて二重の僥倖である。

5.2. テキサス州立大学

McCoy College of Business は McCoy Supply（現 McCoy's Bldg. Supply）創業者の E. マッコイ（Emmett McCoy）から 2,000 万ドルの寄付を受けて 2004 年に College of Business Administration から改称された。College of Science and Engr. 内の Ingram School of Engr. は Ingram Readymix 創業者の B. イングラム（Bruce Ingram）――卒業生ではないが，34 年間，大学のあるサンマルコスに在住した――から 500 万ドルの寄付を受けて 2007 に Department of Engr. and Technology から改組・改称された。2018 年に開設された Bruce and Gloria Ingram Hall の建設にはイングラムから 500 万ドル，彼の会社から 200 万ドル相当のコンクリートが寄付された。数百万ドルを超えるような高額の寄付者は他には確認されないが，2006-14 年に実施された Pride in Action capital campaign では「46,000 の個人，企業と財団」から総額で 1.51 億ドルの寄付が集められた（Haurwitz 2014）。

5.3. メディカルスクール・病院

デルが設立した Michael & Susan Dell Fdn.（Susan は妻）からの 5,000 万ドルの寄付により 2013 年にテキサス大学に Dell Medical School が設置された。同 school 内には 2020 年に Mitchel and Shannon Wong Eye Institute が設置されたが，これは共に医師で，父のミッチェルは Austin Eye Clinic の創業者であるウォン親子からの 2,000 万ドルの寄付による。Dell Fdn. はそれ以前に同 school 付属となる Dell Children's Medical Center of Central Texas（病院），現在は同 school, Depatment of Pediatrics に属する Dell Pediatric Research Institute と UT Health Science Center at Houston, School of Public Health のオースティンキャンパスでの Michael & Susan Dell Center for Healthy Living の開設などに 9,000 万ドルを寄付している（Leahy 2013）。2015 年には Seton Healthcare Family（現 Ascension Seton）に 2,500 万ドルを寄付，新しい教育病院（teaching hospital）の Dell Seton Medical Center at UT を設立した（"at UT" とは「テキサス大学のキャンパス内に」の意で，すぐ近くに Dell Medical School の複数の施設がある）。他には，2010 年の，第 47 代市長（1971-75）を務めた R. バトラー（Roy Butler）の妻のアン（Ann）による Seton Healthcare

Family への 500 万ドルの寄付（これにより Seton Medical Center Austin（現 Ascension Seton Medical Center Austin）の別病棟が Ann Shower Butler Patient Pavilion となった），2017 年の H-E-B Grocery による Dell Seton Medical Center への 100 万ドルの寄付，2022 年の Kendra Scott, LLC 創業者の K. スコットによる Dell Children's Medical Center への 100 万ドルの寄付（これにより Kendra Scott Child Life Event Center が設置された）などがある。

6. オースティンの生活・事業環境

6.1. 生活の質

　オースティンの高い生活の質と手頃な住宅価格が MCC の誘致につながったことにはすでに触れた。ここでは現在のその状況をやや詳しく紹介しよう。*U. S. News* は 2016 年に米国の 100 大都市圏を手頃な住宅価格，就職の見込み（job prospect）と生活の質を基準に順序付けた Best Places to Live の公表を開始[29]，オースティン都市圏は同年に全米で 2 位，2017-2019 年には 1 位であった。地元不動産会社の Aquila Commercial は 2018 年にそうした結果を踏まえてオースティンを以下のように紹介している；

　　〔オースティンは稀なことに〕米国の最高のナイトライフの場所と説明され，かつ子育てをするのに最適な都市の 1 つに位置付けられる。オースティンはその境界内でライフスタイルの特異な多様性を提供し，〔同〕市をさまざまな立場の人々にとっての選択肢の 1 つとしている。／健康でいることと自然に囲まれていることに心を向ける若く，活動的なミレニアル世代にとっては，オースティンはまさにその場所である。……／他方で，あなたが都市生活の喧騒を楽しみ，また新たなレストランを試してみることを無上の楽しみとするならば，オースティンはそれらの点でも多くのものを提供する。

　　（また，第 5 節で取り上げた寄付に関連して，）今日，オースティンで 700 の慈善団体とボランティア組織が活動していることからわかるように，オースティンの人たち（Austinite）は助け合いが好きである。われわれのコミュニティは 1 年を通じて数え切れないほどの〔資金集めの〕イベントを主催する。……（Aquila 2018）

29　現在は調査対象は 150 大都市圏となっている。

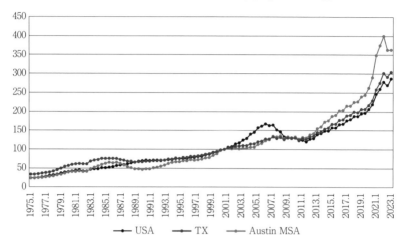

図 5-1　Fannie Mae 住宅価格指数の推移（1975-2023 年）

注記）　いずれも 2000 年 12 月の値を 100 とする。
出所）　Fannie Mae 住宅価格指数のデータ（Index_NSA）から筆者が作成した。
NSA: not seasonally adjusted

都市生活の喧騒には市内に 70（Visit Austin website, "Austin Music Venue Guide"）ある会場から漏出するライブミュージックが含まれるかもしれない。自然云々に関しては，オースティンでは晴天が多く，温暖な気候もあり「豊富な野外活動」の機会が提供される（Visit Austin website, "Outdoor Activities in Austin"）[30]。ただし，2020 年以降，オースティン都市圏は Best Places to Live の順位を下げており，2022-23 年には 13 位，2023-24 年には 40 位であった。住宅価格の高騰が大きな要因となっている（**図 5-1** を参照のこと）。

6.2. 初等・中等教育

　初等・中等教育，そして次の公共交通も生活の質の構成要素とされる。初等・中等教育に関しては，再び Aquila（2018）によると「オースティンとその周辺の学校区は州内で最も良いもののいくつかである」が，米国全体で見るとやや謙虚な表現となる。教育の成果を 4 年生と 8 年生（中学 2 年生）を対象と

---

[30] 気候に関して，夏場には高気圧が州の上空を覆う heat dome と呼ばれる現象が生じ，最高気温は華氏で 100 度（100 °F ≒ 37.8℃）を超える。2023 年 6 月には体感温度（heat index）で 118 °F（≒ 47.8℃）を記録した。

した学力調査，National Assesment of Education Progress（NAEP）の中級以上（at or adove Proficient）の割合で把握すると，2022年に4年生の数学が39%で，データのある27地域（市・郡）の中で3位，読解が37%で3位タイ，8年生の数学が27%で3位，読解が26%で11位タイであった。27地域のデータがそろう2017年にはそれぞれ44%・4位タイ，34%・8位，38%・2位，36%・1位であった。なお，テキサス州の教育成果には1990年代に"Texas Education Miracle"と呼ばれる大幅な改善が認められるが，ここではその要因などには踏み込まない（see, e.g., Greene 2000）。

6.3. 公共交通

　オースティンではCapMetroによりバスや鉄道（Red Line）のサービスが提供されている。同社は1985年に住民投票により設立され，その運営には自治体により課される1%の売上税が充当される。2020年にはやはり住民投票により新たな鉄道路線（Green Line）や複数路線のライトレールトランジット（light-rail transit: LRT）を建設するProject Connectが承認された（実施はCapMetroと市が設立したAustin Transit Partnershipによる）。初期投資額は71億ドル，local（市や郡）の負担はその半分強で，「市の財産税率の20%の引き上げにより賄われる」（Bernier 2022）。2024年にはその1つのprogramとしてAustin FCのホームスタジアムであるQ2 Stadiumの目の前，またPRCの近くにRed Lineの新駅が開設された。リサーチパークとの関係ではParmer Laneでのバス路線の拡張とそれとRed LineやGreen Lineの接続が計画されている。また，市の中心部から，距離のとり方によるが，8-16 km離れて国際空港（Austin-Bergstrom Int'l Airport）があり，就航先は国外を含めて95+ 都市，2022年の搭乗者数は1,000万人強で，後者は米国の空港の中で27位であった（U.S. Department of Transportation）。現在は空港と中心部はバスで接続されるが，将来的にはLRTのBlue Lineにより接続される。やや離れはするが，ダラス・フォートワース都市圏には搭乗者数が3,500万人強（全米2位），ヒューストンには同じく2,000万人弱（15位）の国際空港がある。

6.4. 税金

　商工会議所は1950年半ばから企業誘致を積極的に展開したが[31]，1956-82年にその会頭を務め，「企業誘致の最初のキャプテンの1人」とされるV.マテ

ィアス（Vic Mathias）はそれを実現させた要因の中に州の安い税金を加えている（AED 2013）。現在もテキサス州は個人所得税（individual income tax）のない7州の中の1州（他の6州はアラスカ，フロリダ，ネバダ，サウスダコタ，テネシーとワイオミング），同じく譲渡所得税（capital gains tax）のない8州の中の1州（他の7州は先の6州とニューハンプシャー），法人所得税（corporate income tax）のない6州の中の1州（他の5州はネバダ，オハイオ，サウスダコタ，ワシントンとワイオミング）となっている[32]。売上税（sales tax）は2024年1月時点でテキサス州のそれが6.25%，州内の地方のそれの上限が2.0%，それらの合計の平均値が8.20%で，50州の中で14位（高い順）であった（Walczak 2024）。なお，50州のその単純平均値は6.58%で，4州には売上税がなかった。他方で，テキサス州の財産税（固定資産税：property tax）は「高いことで有名」（"notoriously high"）ともされ，その言葉が用いられた，2022年に公表されたMicron Technologyの資料には経済的インセンティブ（economic incentive; ＝税制優遇）の提供がテキサス州が同社の新半導体製造工場を誘致する上で必要になる旨が記載されている（同社は新工場の建設地をその候補地とされたオースティン都市圏のロックハートではなく，ニューヨーク州のクレイに決定した）。Wright（2023）はオースティンを去る住民（1日238人）の多くがそれとすでに触れた家賃の高騰，都市の急速な変化により「追い出されている」（"squeezed out"）としている。財産税を持家に課される税額とその資産価値の割合により補足するとテキサス州は1.68%で50州中，上から6位であった（Yushkov 2023）[33]。最後に，これらを総合した州の税負担（tax burden）をその州の純生産からその州とその州内の地方に税金として入る割合として定義すると，2022年にテキサス州のそれは8.6%で50州中，下から6位であった（York and Walczak 2022）。なお，そこからいくつかの大企業が移転して来たカリフォルニア州のそれは13.5%，下から46位であった。

31　AED（2003）によるとそれ以前には自動車販売店のオーナーのC. B. スミス（C. B. Smith）が設立した，「オースティンを企業の移転場所として宣伝することを目的とした」Austin Area Economic Dev. Fdn. がいくつかの企業誘致に成功した。ただし，同fdn. は1951年に解散した。

32　ただし，後者に関連して，テキサス州（とネバダ州，オハイオ州とワシントン州）には総収入税（gross receipts tax）と呼ばれるものがある。

33　税制全体では世帯の税負担の逆進性が相対的に高くなっている。詳しくは，ITEP（2018）とITEP website, "State-by-State Data" を参照のこと。

7. おわりに

　西海岸のエレクトロニクス関連の大企業が挙ってオースティンに進出し，キャンパスと呼ばれる大規模な施設を開設したり，さらには本社を移転したりしている。また，多くの企業に先駆けて MCC と SEMATECH consortium がオースティンに立地を決めている。企業などの進出は研究大学，高い生活の質と安い税金が大きな要因とされる。テキサス大学は州が設立した基金からの分配金と成功した起業家からの高額の寄付がその教育・研究を強力に支援する。さらに，スミス，マティアス，モーガンに代表される，企業誘致に尽力した少なくない数の人物の存在もその要因に加えられよう。例えば，Greater Austin Chamber of Commerce の CEO を務めた G. ウェスト（Glenn West）は SEMATECH の誘致に際して「企業から市，大学まで私が電話をしたすべての人が彼らの時間を割いて誘致活動に尽力してくれた」（*qtd. in* Gibson and Oden 2019, p. 12）と回顧している。近年ではデルが医学・医療機関に数次の高額寄付を実施，そのことは医療産業の基盤の整備に直結している。しかし，都市の成長に伴って住宅価格や家賃は上昇し，生活環境の急速な変化も指摘されている。主に同じテキサス州，あるいはフロリダ州の都市とシリコンバレーからの企業誘致を競っているが，従来の優位性が失われつつある。企業の転出の報道もある。

　他方で，オースティンでは，①生活の質の改善と，②地域のエコシステムの強化の動きも見られる。①では鉄道路線・LRT の新設など公共交通を大幅に拡充する計画が承認され，実施に移されている。②では多数のインキュベータ／アクセラレータが存在し，テキサス大学の教育機能と合わせて都市圏で多数のスタートアップの誕生・成長を導いている。また，それらにはエレクトロニクスへの依存度が高いオースティンの産業構造を多様化する役割も期待されよう。この地に進出してきた大企業は内部組織間の連携強化を主な目的としてしばしば周囲から隔離された，大規模なコーポレートキャンパスなどを開設しており，その点ではエコシステムの一部としての機能は限定的かもしれない。が，そうした機関の活動に参加するもの，またテキサス大学との連携事業を開拓するものもある。Samsung は 2023 年に締結した連携協定により同大学からより多くの，より優れた人材の獲得を期待して「Cockrell School〔など〕で半

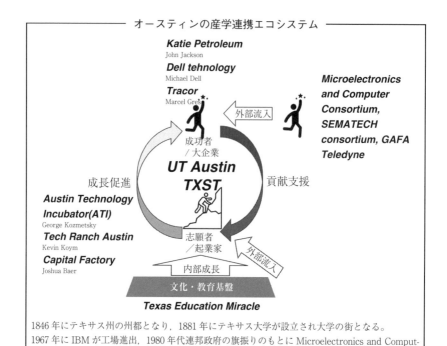

1846年にテキサス州の州都となり，1881年にテキサス大学が設立され大学の街となる。
1967年にIBMが工場進出，1980年代連邦政府の旗振りのもとにMicroelectronics and Computer ConsortiumとSEMATECH consortiumの誘致を契機にエレクトロニクス，半導体産業が集積し，Dellも生まれシリコンヒルズ"Silicon Hills"と呼ばれるまでに。
2000年代以降は西海岸からGAFAが移転するとともに，大学からの起業やスピンオフが盛んに。

導体製造を学習する学部生と大学院生の募集と支援，そして研究開発支援，実験施設の機能強化のため」に370万ドルを提供する（Samsung 2023）。こうした連携を通じた大企業のエコシステムへの取り込みが地域の大きな課題となろう。

第3部　米国ラストベルト

第6章　大学と産業構造の転換をはかったピッツバーグ

1.　はじめに

　ペンシルベニア州南西部に位置するピッツバーグの都市圏人口は約245万人であり（U.S. Census Bureau website），全米26位とランキングされ，ポートランド（25位）やオースティン（28位）とならぶ典型的な中規模都市である。日本のさいたま市の姉妹都市であり，さいたま市も同市の産学連携の不動産アセットを2023年に視察している。

　3つの川の合流地にフランス人，次いでイギリス人が入植したのち，恵まれた水運を活かして，製粉業，食品加工業や鉄鋼業が発展していった歴史を持つ。工業化が進むなかで大気汚染が深刻となり，人口減少にみまわれ，主要産業も衰退していった結果，2003年にはMunicipalities Financial Recovery，いわゆる自治体再建法により財政破綻となった。しかし，その後，ピッツバーグ大学とカーネギーメロン大学が国内外から多くの学生や研究者を誘引し，キャンパスタウンとしても発展しながら，ロボティクスや医療産業などの新産業を創出。大学から輩出される優秀な人材を求めて有名企業が進出するだけでなく，大学発のスタートアップが成長することで高度人材を地元にとどめるための雇用も創出されるようになってきた。その結果，2018年には財政も健全化し，ラストベルトの復活の象徴と知られるようになった。そこで，この地域の主要産業を概観した後でこの2つの大学が地域に果たした役割と産業界との連携を中心に，そこからもたらされた産学連携エコシステムについて詳述する（なお，ピッツバーグの産業に関しては，太田（2019），ch.3を参照のこと）。

2. ピッツバーグの大学

ピッツバーグの大学については，ピッツバーグ大学とカーネギーメロン大学が中心となっており，それぞれの成り立ち，産業界とのかかわりについて触れたい。

2.1. ピッツバーグ大学（University of Pittsburgh, PITT）

2.1.1. 概要

ピッツバーグ大学は 1787 年創立，歴史のある大学[1] であり，学びの聖堂（Learning of Cathedral）がこのキャンパスエリアのランドマークとなっている。キャンパスは後述するカーネギーメロン大学やカーロー大学（Carlow University）と隣接し，またダウンタウンとの間には，デュケイン大学（Duquesne University）があるなど，複数の大学のよりどころとなっている。その結果，ダウンタウンとは異なったキャンパスタウン独特の趣をなしているが，これは後述する 20 世紀初頭に計画されたピッツバーグ大学とカーネギーメロン大学によるマスタープランに由来する。

大学スポーツも盛んで，パンサーズ（Panthers）がチーム名となっているアメフトが人気であり，使用される Acrisure Stadium は 68,400 人を収容する。ピッツベーグキャンパス以外に，Regional Campus として，ジョンズタウン，グリーンズバーグ，タイタスビル，ブラッドフォードと 4 つのキャンパスがあり，学生総数は約 3.5 万人，そのうち 7 割弱がペンシルベニア州出身，2 割が米国のその他の州，約 1 割が海外からの留学生となっており（留学生の半数以上は中国出身者が占める），それほど国際色豊かな大学ではなく，むしろ地元出身者の受け皿となっている典型的な地方大学といえる。学生数はピッツバーグキャンパスだけでも約 3 万人に上り，その内訳は，学部生が 2 万人（うち半分以上は教養学部），修士課程が約 7,000 人，博士課程が約 2,500 人となっている。教員・研究員その他のスタッフを含めた雇用者の合計は約 1.4 万人弱，そのうち約半数が教員もしくは研究員となる（PITT website, "Factbook 2022"）。世界

---

1 州の所有ではないものの，州内の学生に授業料の免除が行われており，また州から予算も承認されている。State-related の大学である。

第 6 章　大学と産業構造の転換をはかったピッツバーグ　　115

Forbes Ave. を挟んで対峙する，ピッツバーグ大学の学びの聖堂（左・中）とカーネギーメロン大学の自然史博物館（右）。2023 年 8 月 2 日筆者撮影。

ランキングは 50 位，主な学部は医学部（School of Medicine）であり，外科学が 7 位，臨床医学が 19 位，免疫学が 22 位と上位にランキングされており，教員の半数は医学部で占める（U. S. News, "2024-2025 Best Global Universities Rankings"）。後述するピッツバーグ医療センター（University of Pittsburgh Medical Center, UPMC）は大学付属病院から独立している。

2.1.2. ピッツバーグ大学における顕著な寄付

　PITT は，2022 年の年間収入は約 32 億ドルであり，そのうちの 18％に相当するような多額の寄付を受けている。学生の募金活動として最大のイベントが Pitt Dance Marathon（PDM）で，2022 年は 130 万ドルを超える寄付を集めた。中でも歴史上顕著な寄付に対しては，以下のような学部に個人名を冠している（ProPublica website, https://projects.propublica.org/nonprofits/organizations/250965591）。

Kenneth P. Dietrich School of Arts and Sciences

　1787 年に設立されたいわゆる教養学部であり，PITT において最も学生数も多い中心的位置付けの学部である。ケネス・ディートリック 2 世（Kenneth Dietrich II）は父が始めた鉄くずのスクラップ事業を建築用軽量鉄骨メーカーに発展させて，Dietrich Industries を実質的には創業したといわれる人物であり，プリンストン大学卒業後，PITT の政治学部で修士と博士を取得している。そして 2011 年に，1 億 2,500 万ドルもの大学史上かつてない規模の寄付を行っ

たことで，現在の冠名となっている（PITT website," Kenneth P. Dietrich School of Arts and Sciences"）。

Joseph M. Katz Graduate School of Business

　米国のビジネススクールでは珍しいことではないが，MBA のみならず，会計やファイナンス，情報システムやマーケティングなどの理学修士（Master of Science degrees in Accounting, Business Analytics, Finance, Information Systems, Management, Marketing, Supply Chain Management）が取得できる 1960 年に設立されたビジネススクール。J. カッツ（Joseph M. Katz）はピッツバーグのヒル・ディストリクト（Hill District）で生まれ育ち，紙をつかった商売を営んで Papercraft Corp. の創業によって財を成す。PITT の卒業生ではないが，1987 年当時としては最大級の 1,000 万ドルの寄付を行ったことで，この冠名となる。起業にも注力しており，留学生の割合が高いなど，ダイバーシティを許容している点も触れておきたい（PITT website, "Joseph M. Katz Graduate School of Business"）。

Swanson School of Engineering

　J. スワンソン（John A. Swanson）はコーネル大学で修士取得後，ウェスティンハウス宇宙原子力研究所（Westinghouse Astronuclear Laboratory）で働くかたわら，PITT で博士号を 1966 年に取得。3 次元シミュレーションを可能にするシステムを開発し，のちの ANSYS となる事業を 1969 年に起業する。2007 年当時としては最大の 4,130 万ドルという寄付を PITT に行う（PITT website, "Swanson School of Engineering"）。

David C. Frederick Honors College

　Honor College とはエリートコミュニティであり，優秀な学生向けに各大学で最高レベルの教授による特別授業を履修することができ，優秀な教授や学生と交流する多くの機会が与えられるという，米国の一部の大学で採用されている仕組みである。PITT では 1986 年に創設される。

　D. フレデリック（David Charles Frederick）は，1983 年に PITT 初のローズ奨学生（Rhodes Scholar, オクスフォード大学の大学院生に与えられる奨学制度）としてオクスフォード大学で政治哲学を学ぶ。その後，テキサス大学のロースク

ールを経て弁護士となり，薬事裁判などの非常に難しい数多くの訴訟を最高裁で争うなどで活躍（PITT website, "Frederick Honors"）。2022 年にフレデリックとその妻 S. リン（Sophie Lynn）の寄付に伴って，この冠名となる。この寄付の仕組みは通常と異なり，非常に革新的であるためここで説明しておく。まず，オクスフォード大学の北地区に子供から高齢者までが住まう不動産を開発するために 3,500 万ドルの寄付を行い，オクスフォード大学はその収益の一部を 50 年間にわたって PITT に寄付する契約を行う。オクスフォード大学においては学生がその不動産を通じてコミュニティへの意識を高められるような教育機会の提供となるという。

フレデリックの言葉を引用すると，"One of the things I'm most excited about this program is as a model of philanthropy to help both capital projects and program projects." 「資本的プロジェクトとプログラム的プロジェクトの両方を支援するフィランソロピーであることに興奮している。」ここで言及されている資本的プロジェクトとは，長期にわたって寄付の原資となる資産を生み続ける不動産開発をさし，従前より行われてきた奨学金の提供や留学支援などのプログラム的プロジェクトと区別している。このように単に寄付したお金を大学に委ねるだけでなく，寄付の使い道に関与する事例は今後も増えてくるかもしれない（Jones 2022）。

2.1.3. ピッツバーグ大学における産学連携・インキュベーションプログラム
The Pitt Office of Industry and Economic Partnerships（OIEP）
2015 年に経済的な機会を生むべく設立された産業経済パートナーシップ。2023 年度は対前年比約 11% 増の約 5,600 万ドルもの研究投資を 400 社を超える産業界のパートナーから受けるとともに，研究パートナーシップに関する 400 件を超える新規事業開発の機会を推進し，そのための研究基金（research funding）として約 1,500 万ドルを新たに確保したという（PITT website, "OIEP"）。後述する 2020 年よりピッツバーグ国際空港に計画されている Pittsburgh Airport Innovation Campus についても，この地域の先端製造業に資する企業誘致につながるような取り組みを行っている

University of Pittsburgh Office of Innovation and Entrepreneurship（OIE）
2023 年度実績で，大学発の起業が 13，特許数 113 で全米でもトップ 20 に入

る（Top 100 Worldwide Universities Granted Utility Patents in 2023 published by the National Academy of Inventors（NAI））。主な起業は Duo Oncology（すい臓がん治療），ReLiver（肝臓細胞移植），Kalivir Immunotherapeutics（免疫療法）があげられる。OIE の中に Institute for Entrepreneurial Excellence（IEE）があり，起業もしくは代々続くファミリービジネスに対して，年間 100 回以上の教育イベントや，教育プログラム，地域とのネットワーキングの機会提供を行っている。そして PNC や UPMC といった地元企業の他，ATT や FEDEX などのグローバル企業もこのプログラムを支援している。

2.2. カーネギーメロン大学（Carnegie Mellon University, CMU）

2.2.1. 概要

カーネギーメロン大学は 1900 年創立，A. カーネギー（Andrew Carnegie）がカーネギー技術学校（Carnegie Technical Schools）を設立したことに始まる。その後，1913 年に A. W. メロン（Andrew William Mellon）と R. B. メロン（Richard Beatty Mellon）の兄弟が設立したメロン工業研究所（Mellon Institute of Industrial Research）と 1965 年に合併することで，CMU となる。ロボット工学が有名であり，2002 年にはシリコンバレーに Carnegie Mellon Silicon Valley 校を設立している。海外にもいくつか拠点を持つが，学生数の 9 割以上を占めるピッツバーグ校で約 1.5 万人程度であり，PITT の半数ほどに過ぎない。ただし，その内訳は，学部生が約 7,000 人，修士課程が約 5,500 人，博士課程が約 2,200 人となっており，博士課程では PITT と同程度の数字となっている。

また，2022 年の学部入学者約 1,700 人のうち 1/3 はアジア出身者が占めるなど，PITT と比べて非常に国際色豊かである。教員・研究員その他のスタッフを含めた雇用者の合計は約 6,300 人，教員・研究員は約 1,500 人と全雇用者の 3 割を占めるにすぎず，それ以外のスタッフの層の厚さが特徴的である（CMU website, "about"）。世界ランキングは 134 位，分野別では，コンピューターサイエンス（Computer Science）が 9 位，人工知能（Artificial Intelligence）が 29 位となっており，それと密接に関連するロボット工学で成果をあげている。また，芸術や経営，公共政策も全米でもトップランクとされている。芸術学部は A. ウォーホル（Andy Warhol）を輩出したことで有名で，ダウンタウンにはアンディ・ウォーホル美術館がある（US news.com website, "2023-2024 Rankings"）。

2005 年には神戸のハーバーランドに日本校を設置し，米国大学院修士号

（MSIT-IS：情報技術情報セキュリティ修士）を取得できるプログラムを展開する
ものの 2010 年度に終了。2011 年度からは兵庫県立大学大学院応用情報科学研
究科におけるダブルディグリーとなっている（兵庫県立大学大学院 website, "高
信頼情報科学コース"）。

2.2.2. カーネギーメロン大学における顕著な寄付

　CMU は，2022 年の年間収入が約 19 億ドルで，そのうちの 37.5％に相当す
るような多額の寄付を受けている。中でも歴史上顕著な寄付に対しては，以下
のような部門やプログラムに個人名を冠している（ProPublica website, https://
projects.propublica.org/nonprofits/organizations/250969449）。

Tepper School of Business

　経営の分析に数学的手法を用いることができる STEM（science, technology,
engineering, and mathematics）人材の養成が特長となっている。卒業生である
D. テッパー（David Tepper）がヘッジファンドで財を成し，2004 年に 5,500 万
ドルを寄付したのち，このビジネススクールの冠名となる。2013 年には未来
のビジネススクールの実現をめざす Tepper Quad の構想に向けてさらに 6,100
万ドル寄付し，2018 年に 2 億 100 万ドルかけて，ビジネスとテクノロジーの
イノベーションハブとなることをめざしたキャンパスが完成している（CMU
website, "Tepper School"）。

Heinz College

　1968 年に都市化による社会問題に長年関心を持っていた R. K. メロン（Rich-
ard King Mellon）とその妻コンスタンス（Constance）が財団を通じて 1,000 万
ドルを寄付したことにより，School of Urban and Public Affairs（SUPA）が設
立される。
　その後，1992 年の飛行機事故で亡くなったペンシルベニア選出の米国上院
議員，H. J. ハインツ（H. John Heinz III）の遺産を受けた妻からの寄付により，
H. John Heinz III School of Public Policy and Management と名称を改める。
2008 年にはハインツ基金よりさらなる寄付を受け，Heinz College of Informa-
tion Systems and Public Policy となる（CMU website, "History of Heinz College"）。

2.2.3. カーネギーメロン大学におけるインキュベーションプログラム

Tepper School of Business の前身の Graduate School of Industrial Administration で 1971 年に起業教育が開始。その後 1989 年に Donald H. Jones Center for Entrepreneurship (DJC) が起業支援の中核として設立される。1993 年に Carnegie Mellon's Center for Technology Transfer and Enterprise Creation (CTTEC) が技術の産業化を加速させる拠点として設立，1994 年には DJC が単位外の起業家教育プログラムを開始，2003 年に Gerald H. McGinnis の寄付により The McGinnis Venture Competition が資金調達のピッチとして開始される。そして 2005 年には後述する Carnegie Mellon University's Collaborative Innovation Center (CIC) が建設され，2006 年に James R. Swartz Fellows Program，2007 年に Project Olympus が立ち上げられることで，新たな産業を生み出す仕組みが本格化していく (CMU website, "History of Entrepreneurship at CMU")。

Project Olympus

2007 年 1 月から始まった起業支援プログラムであり，バリューチェーンの一番川上の段階にさかのぼった起業支援を行うべく，少額の寄付やスペース，教員から卒業生などとのつながりを提供。創業メンバーに CMU 関係者 (faculty, staff, undergrad, grad, postdoc, alumni) が一人いれば，参加資格がある。これにあわせて Jones Center Funds (カタールからの支援) や Silicon Valley trek program (西海岸との交流) も始まり，外に対しての発信力が備わる。後述する reCAPTCHA を皮切りに，Safaba (Amazon が 2015 年に買収)，RoadBotics (Michelin が 2022 年に買収) などが生まれている (CMU website, "Project Olympus")。

The Carnegie Mellon Center for Innovation and Entrepreneurship (CIE)

PITT の OIE と同様，2012 年に McCune Foundation の寄付のもと，DJC や Project Olympus など，キャンパス内に散らばっている起業のためのリソースを一元化し，シーズの商業化を加速させる目的で設立される。

The Swartz Center for Entrepreneurship

前述の J. スワーツが 2015 年に大学での起業支援のため 3,100 万ドルを寄付。

起業のための教育，協業プログラムを提供する。学部生から博士課程，卒業生も含めて，それぞれの立場に応じて，教育から資金調達まで含めた起業のための最適なパスをアドバイス，支援する。この寄付をきっかけとして，起業のための教育，協業プログラムが Tepper Quad に集約され，一層包括的になって各種プログラムを提供している。The Innovation Fellows Program は 2015 年から始まっており，大学における研究の社会実装を支援するべく，学生および研究者に対して 1 人当たり授業料含め，5 万ドルの資金を提供する。

スポンサーとしてこのエコシステムへ参画する仕組みである Swartz Center Patron Program もあり，P&G や PWC，JP Morgan が参加，将来有望なビジネスとの関係構築に努める（CMU website, "Swartz Center for Entrepreneurship"）。

3. ピッツバーグの産業界

産業界に関しては，先述の基幹産業だけでなく，実に多様な産業が生まれ，それぞれに発展してきた歴史を持つ。その中でも，ピッツバーグの衰退からの復興の面で産業政策として経済界がリーダーシップを発揮してきた事例を詳述する。大学への寄付で触れたのは，比較的現役に近い人の事業であるが，ここではもう少し古い時代にさかのぼることとする。ただし，産学連携という視点から，大学にとって重要な関係のある企業や事業に絞って取り上げることとする。

3.1. US Steel とカーネギー研究所（Carnegie Institution）

A. カーネギーは，スコットランドの移民で，12 歳でピッツバーグに移る。通信技師として身を立てたのち，さまざまな事業に取り組み，いくつかの同業者の買収を経て Carnegie Steel Company を設立，「鉄鋼王」となる。その会社が US Steel のもととなった製鋼会社であり，1901 年当時世界最大規模の M&A となる US Steel 誕生に際して莫大な財を成した。US Steel は，ピッツバーグのダウンタウンに現在も本社ビルを構える。生産量は 1953 年には約 3,500 万トンの鋼材を生産するほどだったが，大気汚染が社会問題となって海外へ生産拠点を移したことにより，近年の国内生産は約 1,900 万トンまで低下している。ピッツバーグに限ってみると，アーヴィン（Irvin Works）を中心に，約 340 万トンの生産高となっている。

カーネギーは実業家として成功したのち，篤志家として教育や文化発展に寄与することとなった。先述のカーネギー技術学校（Carnegie Technology School）を設立したころに，世界各地で公共図書館を建設している。ピッツバーグにも図書館建設のために 100 万ドルを寄付し，1895 年に竣工。同年，カーネギー研究所（Carnegie institution）を設立，カーネギー博物館（Carnegie Museum of Pittsburg）として恐竜の化石発掘調査団を派遣して，その成果を展示するなど，ピッツバーグに世界レベルのものを持ち込むことを目指す。以来，美術館（Carnegie Museum of Art）や自然史博物館（Carnegie Museum of Natural History），科学センター（Carnegie Science Center），アンディ・ウォーホル美術館を設立することで，地域の文化教養レベルを底上げすることに貢献している（Carnegie Museums of Pittsburgh website, "History"）。

3.2. メロン銀行とリチャード・キング・メロン財団 （Richard King Melon Foundation）

トーマス・メロン（Tomas Melon）は PITT を卒業後は，弁護士として働くかたわらピッツバーグ周辺の不動産に投資し，それをもとに 1870 年に Melon & Sons Bank を設立。トーマスの息子の A. W. は，事業会社に融資を重ね，特に後述する Pittsburgh Reduction はその後半世紀にわたってアルミ製造の完全独占企業となり，また J. M. Guffy Petroleum は国際石油資本となる Gulf Oil として成長するなど，メロン財閥に大きな利益をもたらす。そして，Melon National Bank は米国有数の銀行へと成長していく。その後，Westinghouse や United Technologies，PPG Industries を財閥の傘下におさめ，2006 年には Bank of New York と合併し，Bank of New York Melon として現在に至る。

1947 年には，リチャード・キング・メロン財団（Richard King Melon Foundation）[2] が設立される。ピッツバーグにおける主な貢献としては，前述の CMU の Heinz College の前身への寄付をはじめ，CMU や PITT，後述の UPMC に継続的に寄付を行うとともに，近年は地域の雇用創出や産業発展の拠点開発の支援として，後述する Hazel Wood Green の産業集積や，アンディ・ウォーホル美術館が手掛けるポップ地区の地域開発プロジェクトへの寄付が挙げられる（Richard King Melon Foundation website," history"）。

---

2 ちなみにアンドリュー・メロン財団（Andrew W. Mellon Foundation）は米国財務長官であった彼の叔父の名にちなんでニューヨークに設立された財団であり，活動は独立している。

3.3. ハインツとハインツ財団（Heinz Endowment）

H. J. ハインツ（H. J. Heinz）は幼い頃から母親の菜園で収穫した野菜を売り歩き，売れ残った野菜を無駄にしないよう，瓶に詰めて保管することを考え，当時西洋わさびの緑色の瓶詰が主流だったところ，製品にごまかしがないことを証明するため，中身がよく見える透明な瓶に西洋わさびを詰めて販売する事業を始め1869年にハインツ＆ノーブル社を創業した。大陸横断鉄道によって販路も拡大し，セロリソースやピクルス，サワークラフト，ビネガーなどの幅広い調理香辛料を製造・販売するほどに成長。金融恐慌で破産するも1876年にはF. & J. Heinz Companyを設立し，ケチャップを商品化。1919年には次男のハワードが継ぎ，イェール大学で化学を専攻したバックグラウンドを活かし，食品の製造加工プロセスに科学的な品質管理を導入，米国企業で初めて「品質管理部門」を設置した。1941年からはハワードの息子のH. J. ハインツ2世（Henry John Heinz II）が引き継ぎ，同年ハインツ財団（Heinz Endowment）も設立される。1966年までは創業家が事業を統率するが，その息子であるジョン・ハインツは上院議員となり，1991年に飛行機事故で亡くなった際に，前述のとおりPITTに対して多大なる貢献を行っている。また，それ以外にも，財団としては非営利のPittsburgh Cultural Trustを設立し，空洞化しがちなダウンタウンにおいて，歴史のあるロウズベン劇場を中心とした14ブロックをCultural District地区として文化芸術の場を整備し，経済復興の立場から文化芸術活動を支援している。なお，ハインツの工場は2004年にピッツバーグの歴史的ランドマークに選ばれ，1890年代の外装を活かして大規模なリノベーションを実施し，独身から家族向けの住宅Heinz Loftとして提供されている（Heinz Endowment website, "history"）。

3.4. Hilman Family Foundation

H. L. ヒルマン（Henry Lea Hillman）は，プリンストン大学卒業後，1946年にHillman Co. の前身であるPittsburg Coke & Chemical Co. に就職，1959年にHillman Co. を承継したのち，投資会社として発展させることで財を成す。父ハート（J. Hartwell）が1951年に設立したヒルマン財団（Hilman Foundation）を通じて2008年に1,000万ドルをPITTに寄付して，Hillman Center for Future Generation Technologiesの建設に貢献。1964年に自ら設立したHenry Hillman Foundationも加え，1,000万ドルを後述するUPMCに寄付して，

Heinz Lofts の内外装デザイン。赤レンガに当時の面影を見ることができる。
2023 年 8 月 2 日筆者撮影。

Hillman Cancer Center の設立に貢献。2004 年には，2,000 万ドルを寄付して，Hillman Fellows for Innovative Cancer Research Program を設置している。ちなみにヘンリーは，妻と，子，孫の名前を冠して 18 の財団を設立し，それを束ねるのが Hilman Family Foundation であり，11 の財団が地元ピッツバーグに貢献している。ヘンリー自身は地質学を専攻し，1980 年の Carnegie Museum of Natural History での Hillman Hall of Minerals and Gems の設置にも経済的な支援を行ったとされるが，自身の興味にかかわらず，地域に貢献するべく，後述する ACCD の活動に大きく寄与している（Hilman Family Foundation website）。最近では，前述のポップ地区の再開発に，1,000 万ドルを投じており，2022 年より「今後 10 年にわたって展開されるこの拡張計画は，6 ブロックのエリアに跨り，美術館の周辺をパブリックアートやインスタレーション，ライブパフォーマンスで盛り上げる観光名所とし，ギャラリーや地元企業の誘致を目指すものです。アンディ・ウォーホルの起業家精神にヒントを得て，地域経済活性化の手段とした若者育成プログラムや雇用促進も目指しています。」，Hilman Family Foundation と並んでプロジェクトの主要出資者であるリチャード・キング・メロン財団のディレクター，サム・レイマンもまた，「このプロジェクトの目的は，次の世代のアンディ・ウォーホルが"ピッツバーグを離れずにアンディ・ウォーホルになれるようにする"ことです」とコメントしている（This is media 編集部 2022）。

3.5. アルコア財団とアルコア（Alcoa）

C. M. ホール（Charles Martin Hall）がポール・エルー（Paul Héroult）とほぼ同時期の1886年に，アルミニウムの溶融塩電解法であるホール・エルー法を発明し特許を1889年を取得，ピッツバーグの資本家の出資とT. メロンからの融資を得て，1888年にAlcoaの前身となるPittsburg Reductionを設立。1903年には世界初の飛行を成功させたライト兄弟の機体にもアルミ部品を供給している。1910年にはアルミ箔にイノベーションを起こし，食品保管の材料としての普及に成功，「1912年にはアルミ製調理器具の75％を生産」（宮田 2023）。ホールは1914年に白血病で亡くなるも，会社は1925年に上場し，1930年にはアルゲニー川沿いに大学のような研究拠点を設ける。その後，航空機材料や建築材料となるアルミ合金を開発，宇宙開発にも貢献する一方で，Pittsburgh Brewingとともにアルミ缶のプルタブを普及させ，アルミのリサイクル率向上にも大きく寄与した（Alcoa website, "Company History"）。1952年にはAlcoa Foundationが設立され7億ドルもの寄付を行い，その貢献はピッツバーグにとどまるどころか世界10ヵ国29のコミュニティに及ぶ（Alcoa Foundation website, "Annual Report 2022"）。

3.6. ANSYS

J. スワンソン（John A. Swanson）は，1970年にSwanson Analysis Systemsを設立し，翌年からANSYSの開発およびリリースを開始。スワンソンは1993年にVCに売却，1996年にNASDAQ上場したのちは，他の会社を次々の買収し，580件を超える特許を活かしたエンジニアリング・シミュレーションソフトウェアを提供する企業として，世界中のさまざまな業界のイノベーターを支援してきた（ANSYS website）。Swanson School of Engineeringへの寄付は，スワンソン個人によるもので，企業としてこの地域への特に目立った社会貢献は見られない。これは，まさに自らが卒業した大学において，自分と同じく新たな研究や事業に取り組む人を応援したいという共感がまた次世代の成功者への貢献支援につながっていくという好奇心の好循環の典型例といえる。また，CMUにおいては，3.6万ft^2のANSYS Hallという4階建て複合用途建物を工学部の中心にもうけ，従業員がキャンパス内で働くとともに，学生や教員がアイデアをすぐに形にできるような製造ラボとなっている（CMU website, "Ansys Hall"）。

3.7. UPMC

UPMC は，世界中から医療関連の人材，企業，資金，患者が集まるピッツバーグの医療産業集積で中核事業体と目され，「1986 年に PITT から附属病院を切り離し，提携先病院も合わせて 3 病院を経営統合〔し〕て誕生。老舗の大規模医療事業体であるメイヨクリニック（ミネソタ州），クリーブランドクリニック（オハイオ州），マサチューセッツ総合病院（マサチューセッツ州）は，世界中から多くの患者が来ているため，海外進出には消極的だった当時，いち早く 1996 年に海外進出も含めた多角化戦略を策定。J. ロモフ（Jeffrey Romoff）のリーダーシップのもと，2010 年，UPMC は事業収入で 80 億ドル超となり，目標としてきたメイヨクリニックの 79 億ドルを抜いた。UPMC に大病院志向はなく，必要な機能を備えたサテライト事業拠点を，重複を回避しながら，最適配置することに主眼が置かれており，他の医療機関とも連携した NPO として地域医療にも貢献」（松山 2012）している。UPMC は 7 万人のスタッフを擁し，その医療圏人口は 400 万人を超えるといわれる。PITT から独立した後も PITT と CMU とデータ活用で連携し，UPMC に症例が集約されることで治験などが行いやすく，開発のサイクルが非常に早いことが多くの医薬品メーカーや医療機器メーカーの研究所にとってメリットとなり，薬や商品開発の集積がすすむ。UPMC 自身はスタートアップ向けの不動産アセットを開発せず，UPMC が支援する多くのスタートアップは，民間デベロッパーが開発したラボなどに入居している。

UPMC のもう 1 つの特徴は，州政府からは独立している，民間の非営利医療事業体であることが挙げられる。州から非課税優遇措置の恩恵は受けているものの，補助金は受けていないこともあって，州政府が人事や経営に介入することがない。最高意思決定機関である理事会のメンバーの 3 分の 1 は地域から選ばれ，UPMC のガバナンスは地域社会が行っているともいえる。その結果，例えば，低所得者への慈善医療や，地域健康プログラムの実施，研究・教育では貧困で高等教育を受けられない若者への資金支援など，本来であれば行政が行うような地域貢献も UPMC が行う。一方で，NPO の一部門として VC が展開されており，ピッツバーグ以外のスタートアップにも積極的に投資，育成を行っている。

3.8. Lycos

　CMU の M. モールディン（Michael Lauren Mauldin）の研究プロジェクトとして始まり，正式には 1995 年に検索エンジンを稼働。以後，Tripod.com やAngelfire.com を買収し，メールや情報配信といった消費者向けの商品やサービスを展開し，2000 年前後のネットバブル期に隆盛を究め日本市場にも進出している。その後，スペインや韓国，インドの企業に買収され，グローバルマーケットにおいては存在感を失う（Kalavalapalli 2015）。モールディンは検索エンジンにかかわる特許を複数持ち，これらが CMU に譲渡されたことで，大学の特許収入に大きく貢献した。

3.9. ピッツバーグにおけるテクノロジー企業動向

　ここでは，大学での研究成果であるテクノロジーを活かした事業の動向についていくつか触れることで，ピッツバーグにおける産学連携のありようについて理解を深めたい。

3.9.1. Carnegie Robotics

　1994 年 NASA の助成金により CMU がロボティクスセンター（National Robotics Engineering Center, NREC）を組成，CMU の教授であった J. バーンズ（John Barnes）が 1997 年にそのセンターの役員につき，2010 年には Carnegie Robotics 創立。その後，2014 年には後述の Lawrenceville Technology Center にある通称ブルービルディングに入居。2015 年には Uber Advanced Technology Group（自動運転事業）を設立し，2020 年に Aurora Innovation に売却する。

　耐候性のある自律運転のためのカメラ付きセンサーなどを主力製品として，Boston Dynamics の四足歩行ロボットの自律制御，アーム式金属探知機の自動化，カメラ付き下水検査機などのドローンや自動搬送型ロボットから，人が乗って操作するスノーモービルや戦車といった大型の各種モビリティを自律走行や遠隔操作ができるように改造するノウハウを持つメーカーとして，ピッツバーグの製造業復活の象徴的な企業となっている。スノーモービルはミネアポリスで創業し Polaris の製品であり，大学発のシーズをもとに生まれたスタートアップが大企業と連携して新たな付加価値を生み出している典型例である。

　特徴的な R&D 設備としては，カメラのキャリブレーション検査室があり，

一定の温度化での各種の QR コード読取精度を検査。既存製品の改良によるプロトタイプの製造を行うほか，倉庫内の自動走行車は 600 台のオーダーがあり，全数生産，全数検査する体制を持ち，振動試験や強度試験施設もある。少量生産に必要な機器も揃えており，例えば 4 インチの厚さの金属を切り抜く水圧式カッターや，マシンパッケージの一部を専用とするためのパッケージ製造機器を具備。従業員数は 130-140 人であり，創業者と同じ CMU 出身者が多いほか，30-40 人はローズマリーサインエンススクールの訓練生であり，インターンシッププログラムも取り入れている。

3.9.2. Duolingo

　グアテマラ出身の L. アン（Luis von Ahn）がデューク大学で数学を専攻したのち，CMU でコンピューターサイエンスを学び，応答者がコンピューターでないことを認識する人間判読システム「reCAPTCHA」を発明する。MacArthur Fellows Program Award を受賞したのち同学部の教授となり，当時彼のもとで学んでいた S. ハッカー（Severin Hacker）とともに 2009 年からオンライン言語教育プラットフォームの開発に取り組み，2012 年に Duliongo を創業。NASDAQ 上場後の現在も本社はピッツバーグにあり，2023 年時点で売上 5 億ドルを超え，従業員は 720 人に上る（Smale 2020）。

　Duolingo は，月間アクティブユーザー 8,500 万人で，40 以上の言語コースを提供するほか，数学や音楽のコースも提供。学習ゲーミフィケーションと言語習得を組み合わせた言語学習アプリは，大人と子供の両方にとって外国語を学習および練習する方法としてますます人気が高まっており，2024 年 1 月には 1,620 万人を超えるユーザーがモバイルデバイスにアプリをダウンロードするなど，世界で最も人気のある言語学習アプリとなっている（Ceci 2024）。

3.9.3. Predictive Oncology

　2002 年に設立された AI を活用したがん治療法に取り組む企業であり，ピッツバーグの 15 万以上のがん腫瘍サンプルのバイオバンクを活用し，腫瘍ごとに薬の効果の違いを AI で予測できるような仕組みの開発をめざす。その新機軸の研究開発プラットフォーム（Patient-centric Discovery by Active Learning: PEDAL）の価値は 4 億ドルを超えるといわれ，将来にわたる市場拡大規模が何十億ドルといわれるバイオ製薬産業への大きな影響が期待される（Pietras

2023）。2023 年 7 月に本社を後述するピッツバーグの Lawrenceville 地区に移転。キーマンの一人である P. ブッシュ（Pamela Bush）は CMU でバイオロジー専攻後，先述の Tepper School of Business で MBA を取得，西海岸などで 100 以上のスタートアップ企業の支援実績を積んだのちに，ピッツバーグに戻ってきた経歴を持つ（Predictive Oncology website, "Pamela Bush, Ph. D."）。

4. ピッツバーグにおける財団などの主な諸団体

　ピッツバーグには，大学と産業界とが連携するうえで，非常に重要な役割を担う団体がある。経済界の主導で生まれた経済団体もあれば，大学発であるもののある程度独立性を保つ団体もある。また，連邦政府や州からの補助金で成立している団体もある。その中で，特に注目すべき団体をここでは取り上げる。

4.1. Allegheny Conference on Community Development（ACCD）

　ACCD は，Pittsburgh Regional Planning Association の代表だった R. K. メロンと，カーネギー工科大学の代表 R. ドハティ（Robert Doherty）が，戦後の地域経済と生活水準向上のために，政府とともに市民活動を行う機構として 1944 年に設立した団体である。設立当初の一番の地域課題は大気汚染であり，1950 年代以降は大量交通輸送（mass-transit）と人種差別解消，1970 年代以降は Pittsburgh Cultural District をはじめとする再開発といったように，時代ごとの地域課題を解決するための条例策定やマスタープランの計画を行うことで実績をつんできた。「1985 年の官民パートナーシップに基づく地域再生戦略「Strategy 21」により，「旧工場跡地の再開発や新国際空港の建設など，地域の産業再生に必要なインフラに投資し，教育，保険，金融サービスや CMU 及び PITT に蓄積された技術研究分野など，新たな産業分野の発展に注力するもので，製造業のみに依存しない産業構造の転換を図ることを狙いとしていた」という（中沢 2019）。

4.2. Regional Industrial Development Corp.（RIDC）

　1955 年，ACCD により公益を促進するプロジェクトへの資金提供と不動産開発を通じて経済成長と質の高い雇用創出を促進し支援することを目的として設立された NPO（非課税法人）。役員 24 名，従業員 38 名と少数精鋭ながら，

42棟，約18.4万坪の建物を管理運営し，そこに入居する約100社のテナント
との関係を構築することに努める（RIDC website, "2022 annual report"）。年間
賃貸収入は2022年実績で約3,700万ドルという規模をほこるが，RIDCの経済
開発担当（Economic Development Specialist）に2023年8月にインタビューを
行ったところによれば，「民間デベロッパーとは異なり，収益より雇用創出や
地域への影響を重視し，単年度での収益計上を求められないことから価値を認
めてくれる企業に高く貸すことができる」という。このビジネスモデルは，単
年度収益が求められる民間企業とは大きく異なり，NPOならではの特徴であ
る。その結果，賃料の表面利回り（賃収／不動産資産）は12%程度となって
いる。売却不動産によるキャピタルゲインも計上されるがNPOなので，余剰
キャッシュが元本返済にあてられるだけで，民間デベロッパーのように市況に
左右されない。また，エコシステム構築をめざすといっても，インキュベータ
としての役割はRIDC自らが担うわけではなく，直接的なベンチャー投資は行
わない。

4.3. Pittsburg Robotics Network（PRN）

2012年以来，33億ドルのベンチャーキャピタルとプライベートエクイティ
がピッツバーグのロボット企業に投資され，600件近くの特許が出願されてい
るという。そのロボット産業のエコシステムとして重要な役割を果たしてきた
のが2011年設立のPRNである。そして，PRNの常任理事J. リード（Joel
Reed）によれば，「すべての経路は元をたどればCMUにたどりつきます。
CMUは，1988年に世界初のロボット工学の博士課程を設立し，世界最大のロ
ボット工学研究組織であるロボット工学研究所，そこに含まれる国立ロボット
工学センターを率いています。自動運転車の研究は1980年代にここで始まり
ました。これらの実績によりこの都市は今日，世界で名の通ったテクノロジー
ハブになったのです。（中略）PRNは世界のロボット工学における上位3つの
コミュニティのうちの1つ（他の2つはボストンとサンフランシスコ）であり，
会員数は100を超え，その継続的な成長を支援するためにリチャード・キン
グ・メロン財団から12.5万ドルの助成金を授受。主な会員には自動運転車開
発大手のAurora Innovationをはじめ，ロボットアーム開発のRE2 Robotics
などが含まれるほか，日本企業の関連では，TDKの子会社で機械学習プラッ
トフォームを開発しているTDK Qeexo，クボタのアグリテックの一翼を担う

Bloomfield Robotics, DENSO と提携している CapSen Robotics が参加。PRN の推定では，この地域のロボティクスクラスターで 7,000 人の雇用を生み，全体では 45,000 人以上の技術系の雇用を支えており，2011 年以降 3 倍に拡大している。自動運転車の製造にあたる ArgoAI は，ピッツバーグ本社で 500 人，世界中で 1,500 人を雇用し，大きな注目を集めている。しかしその一方では，薬局運営の自動化を開発している Omnicell などのあまり知られていない有望企業もある（CMU から生まれた最初のいくつかのスタートアップの一つで，Automated Healthcare から派生）」（Machosky 2021）。

4.4. Advanced Robotics For Manufacturing（ARM）

2017 年 1 月に CMU が設置した Manufacturing USA Institutes の 1 つで，連邦政府の製造革新プログラムのプロジェクト事務局である Advanced Manufacturing National Program Office（AMNPO）の配下に全米で 14 設置されている機関のうちの 1 つ。AMNPO 自体も国立科学技術員会（NSTC）のもとで予算配分を受けるが，ARM は AMNPO から配分された予算 8,000 万ドルで，各プロジェクトを独立運営。

Manufacturing USA Institutes はオバマ政権において米国の産業界，大学，連邦政府機関の産学官の連携のもとで新たな製造技術の開発をめざすイニシアチブに基づいて設立されている。

4.5. Innovation Works

ペンシルベニア南西部地域最大のシードステージのベンチャーキャピタルであり，ピッツバーグ地域全体で成長をめざすテクノロジー起業家にサービスを提供。Innovation Works は，1983 年に開始された Ben Franklin Technology Partners（BFTP）プログラムの提携機関とされる。BFTP プログラムはアーリーステージから既存の大手企業まで将来性のあるさまざまな事業を対象に，資金や技術・ビジネスに関連する専門リソースを提供する米国で最も歴史の長いテクノロジーベースの経済開発プログラムとされる。ペンシルベニア州においては，Ben Franklin Technology Development Authority が企業や大学の競争力を高めるプログラムや投資を推進する機関であり，州における技術戦略と投資を左右する主要プレーヤーとなっている。

Innovation Works はこれまで 1 億 2,200 万ドルの投資を行い，731 社を支援，

そのうち 77 社はすでにエグジットに至り，投資した企業全体として 35 億ドルもの追加投資を受けている。これらの中には，4Moms, Wombat Security, Bossa Nova Robotics, JazzHR, ALung Technologies, Civic Science, が含まれるほか，すでに IBM に買収された Vivisimo や WalMart に買収された Modcloth, Yelp に買収された NoWait が名を連ねる（Innovation Works website, "about"）。

5. ピッツバーグにおける主な産学連携の不動産アセット

5.1. 概要

　ピッツバーグにおいては，これまで財団もしくは大学主導で各種の産学連携施設が建設されてきたが，近年になって，民間主導の施設も増えてきている。

　その中でも，CMU の Campus Design and Facility Development（CDFD）は地域と一体となって産学連携の不動産アセットを含むキャンパスの開発を主導しており，開発自体が産学連携であることは特筆に値する（CMU website, "CDFD"）。そして，CDFD とともにマスタープラン Institutional Master Plan（IMP）を 2012 年に策定したのが Simonds Commission であり，J. シモンズ（J. Lea Hillman Simonds）が大学理事として参画し，キャンパス開発のための 10 則（Simonds Principles）を定める。シモンズは，先述の Hillman Family Foundation のうちの 1 つ The Juliet Lea Hillman Simonds Foundation を運営する。

　このマスタープランは 10 年おきに見直され，2022 年に新たなマスタープランが Pittsburgh City Council に承認された。これは，メインキャンパスに留まらず，ピッツバーグ市内にわたる長期的な構想を示しているが，以下に示す Simonds Principles がベースとなっている。

Simonds Principles
Building（建物）
1. 建築：建物と景観のデザインは革新的で現代的でありながら，大学の文化，歴史，感性を反映。学生，教職員の交流を促進し，つながりを増やし，キャンパスライフを充実させる。
2. 安全性とセキュリティ：設計基準とガイドラインは，建物利用者にとっての安全性とセキュリティを促進しながら，外部への開放性，エンゲージメント，

コラボレーション，コミュニティという大学の包括的な価値観を取り入れる。

3. 持続可能性：最高レベルの環境に資する実践は，大学の持続可能でグリーンな実践と一貫させ，すべての構造物とオープンスペースの設計，建設，管理において不可欠とする。

Community Context（コミュティ文脈）

4. 複合用途：道路正面，歩道，歩行者専用道路を含む，アクセスの高い公共エリアでは，商業・文化活動の視認性とアクセスが最も目立つようにする必要があり，そのために住宅，行政，大学，研究といった用途は「上」や「後ろ」に持っていく。

5. 近隣との互換性：近隣とキャンパスを補完するために都市設計の原則を採用する。

Space（スペース）

6. エッジとエントランス，その接続：サイネージ単独というよりは，建築とランドスケープがキャンパスの境界を定義，微妙でありながら象徴的な境界線をおりなす。

7. オープンスペース：オープンスペースは，個人の思索，カジュアルな会話，レクリエーション，大学および学生生活の活動の機会を提供し，キャンパス内および隣接するエリアとのつながりを高め，文化的生活を向上させる。

8. パブリックアート：大学や地域の文化の多様性を反映した魅力的なパブリックアートを，すべての新築プロジェクトやリノベーションに組み込む。

Movement（ムーブメント）

9. マルチモーダル交通：新築プロジェクトは，キャンパスとコミュニティの循環と関与を促進し，キャンパスの内と外を結ぶ。可能な場合は，歩行者，自転車，公共交通機関の通路を優先する。

10. ユニバーサルデザイン：すべての施設とオープンスペースは，オープンで包括的なコミュニティへの大学の取り組みを支援し，ADA 規定[3]を遵守しながらすべての潜在的なユーザーがアクセスできるようにする。

5.2. Carnegie Mellon University's Collaborative Innovation Center（CIC）

　CMU のキャンパス内に 2,790 万ドルの工事費をかけて 2003 年に着工，2005 年に竣工。延床面積 13.6 万 ft^2，4 階建てのドライラボで約 300 人が働けるよ

3　Americans with Disabilities Act of 1990（障害を持つアメリカ人法）。

Collaborative Innovation Center（左）と Tepper School of Business（右）が Forbes Ave. を挟んで対峙する。2023 年 8 月 3 日筆者撮影。

うな広さの施設である。大学から RIDC が土地を賃借し，J. J. Gumberg Co. という民間デベロッパーと共同で建築。RIDC は，ペンシルベニア州から 800 万ドルの補助金，340 万ドルの Tax Increment Financing Loan（将来の税収増を見込んだ資金調達手法），および 2,700 万ドルの抵当ローンにより全体の開発費を調達している（CMU news website, "Groundbreaking Anticipated for New Collaborative Innovation"）。建設当初は Google, Apple, Intel が入居，Disney や Microsoft も近隣に進出する。現在は Robert Mehrabian Collaborative Innovation Center となっている。

R. メラビアン（Robert Mehrabian）は MIT 卒業後，1990 年から 1997 年まで CMU で President を務め，1997 年から Allegheny Teledyne Incorporated（ATI）で上級管理職，その後 Teledyne Technologies Incorporated（TDY）が 1999 年に分離し，現在はその CEO を務める。材料科学分野において多くの特許をもつ科学者でありながら，ピッツバーグ発の企業である Bank of New York Mellon Corporation（1994-2011）や PPG Industries, Inc. の取締役を務め，米国商務省では官民連携のモデルを作るなど，産官学にわたってピッツバーグに貢献した人物である（CMU website, "Robert Mehrabian"）。

5.3. Mill 19 in Hazelwood Green

Mill 19 を含む，178 エーカーの土地を購入するべく，2002 年にリチャード・キング・メロン財団，ハインツ財団，ベネダム財団[4]（Claude Worthington Benedum Foundation）の 3 つの財団により Almono LP（有限責任組合）が組成さ

Mill 19 の全貌（左）。Duquesne Incline の乗り場からモノンガヒラ川越しにダウンタウンをのぞむ（右）。2023 年 8 月 2 日筆者撮影。

れ，20 年かけてマスタープランを完成。

　設立後 2015 年までは RIDC が無限責任組合員である Almono LLC の唯一のメンバーとして Mill 19 を開発。今後は再開発で多くの実績を誇る民間企業の Tishman Speyer が参入する予定で 30 エーカーの土地に 3,500 ユニットの住宅を建設し，11,000 の雇用をもたらす R&D を中心としたワークプレイスを計画（The Real Deal 2022）。Tishman Speyer は CMU と Robotics Innovation Center を 2024 年に，PITT とは Pitt BioForge というバイオ製造拠点を計画している（Krauss 2021, 2022）。

　Mill 19 は J&L Steel Hazelwood Works and LTV Steel の製鉄所の躯体の中に，3 つの建物を 3 期（2019 年，2020 年，2022 年）に分けて建設。建物の延床面積は 25.2 万 ft^2 となる。建築的には構造躯体と屋根を残すのみで，実際の建築はその構造躯体とは独立的に新築されている。しかし，そのインテリアには当時の図面や写真，材料などを展示することで，製鉄所の歴史に対するリスペクトを感じさせる。LEED プラチナを取得するため，既存構築物すべてを解体したうえで新築する以上に，一部残して建築するほうが工事費が余分にかかるが，「その差額は政府が補填する」という。前述の RIDC の経済開発担当によれば，「テナントの 7 割は CMU 関係で，それらのスタートアップ企業に対しては賃料を抑え，成長したら賃料をあげる。その一方で，外部から誘致している大企業は CMU との関係づくりに価値を見出して入居を希望するので，市場

4　ピッツバーグ近郊のブリッジポート出身で，石油試掘で財を成した Michael Late Benedum が息子の名にちなんで 1944 年に設立した財団（Dietrich 2009）。

価格より高いプレミアム賃料を負担してもらう」という。こうしてリノベーションされた地域の象徴的な建物が新産業のシンボルとなっていく。

2022年8月時点での主な入居者は以下のとおり。

- RIDC, CMU：前述のとおり。
- ARM：前述のとおり。
- Catalyst Connection：ペンシルベニア州南部の小規模製造業への支援を行うPPP。
- YKK AP：Technology Lab：人材不足を解決するためのヴァーチャルファクトリーの研究拠点。
- Motional：ボストンに本社を置く，現代自動車とAptiv（サプライヤー）による2020年設立のジョイントベンチャー。自動運転車を開発。

5.4. Lawrenceville Technology Center

Heppenstall Steelに敷地14エーカーのうちの一部，Chocolate Factory（7万ft^2）は1930年竣工の倉庫で，1990年にチョコレート工場にリノベーションした物件を，さらにマルチテナント向けオフィスにリノベーションしている。入居者は拡張性と入居者間の連携を期待しており，Mill 19と同様にエコシステム形成の拠点となっている。2022年8月時点での主な入居者は以下のとおり。

- Predictive Oncology：前述のとおり，Helomicsが傘下に。
- Agility Robotics：2015年CMU卒の卒業生が設立した2足歩行ロボット開発企業。本籍はオレゴン州へ。
- Seqcenter：PITT発，遺伝子情報解析を低コストで2週間以内に提供するサービス企業。
- ESTAT Actuation：CMU発，ロボット開発に必要なクラッチ部品製造。
- SETEX Technology：CMU発，ロボット開発などに必要な粘着製品開発。

また，Carnegie Roboticsの入居するブルービルディングは，5万ft^2のHeppenstall Steelの工場をリノベーションしたものである。

5.5. U-PARC

メロン財閥のGulf Oilの研究所として1933年に設立後，石油・化学・ポリマー・精錬・原子力といった分野の研究を行ってきた。その後，石油ショックにより経営不振となったGulf Oilが1985年にロックフェラー財閥傘下のChev-

第 6 章　大学と産業構造の転換をはかったピッツバーグ　　137

Chocolate Factory の外観（左）と貸付用の区画内部の様子（右）。2023 年 8 月 2 日筆者撮影。

ron Oil に買収されたことに伴って，PITT に寄贈。85 エーカーの土地に 53 棟の建物が連なり，現在も世界中から 100 を超える企業が集まる（U-PARC website, "about"）。1994 年に前述の Swanson School of Engineering 主導で設立された Manufacturing Assistance Center が入居しており，ペンシルベニア州西部の産学連携コミュニティに技術支援や教育リソースを提供しているのが特徴的。中小企業が開発した最先端製造機器のショーケースや実証の場としても活用されている。

5.6. Neighborhood 91 at Pittsburgh Airport Innovation Campus

　高付加価値のある先端製造業を商業化するミッションをもって，先述の Carnegie Robotics の創業者である J. バーンズ（John Barnes）が率いる Barnes Global Advisors が 2017 年に設立，ピッツバーグ国際空港隣接地に Neighborhood 91 が 2018 年に建設され，最初のテナントが 2021 年に入居。材料研究の Westmorland Mechanical Testing & Research や，AMP，Arencibia などが参画・入居している（Neighborhood 91 website, "about"）。ピッツバーグ市は 90 の地区から成るが，この開発が 91 番目の地区として先端製造業にとってゲームチェンジャーとなることを期待してこの名称がついている（Machosky 2020）。

6. おわりに

　ピッツバーグの産業連携の不動産アセットでは，PITT や CMU のメインキ

ャンパスを中心としながら，産業界で成功した著名人による寄付と起業プログラムへの参画により，新産業が興る場として着実に実績を積み上げている。

PITT から独立した UPMC は，他のライフサイエンス集積と差別化するべく，両大学との連携をデータ活用の面から継続している。現地に行くと UPMC から生まれたスタートアップが，街のいたるところでラボやオフィスを構えており，地域経済を活性化していることがわかる。さらに，キャンパスからもダウンタウンからも適度な距離を保った場所に立地する Mill 19 や Lawrenceville Technology Center といった産業遺産を活用したアセットでは，篤志家が大切に継承してきたピッツバーグにおけるものづくりの歴史を尊重する風土を求心力としながら，ボストンで実績を持つ民間デベロッパーを本格的に参画させて Hazelwood Green という全米最大規模の産学連携タウンが計画されている。これら一連の産学連携のアセットは，ヒルマン家のシモンズに由来する Simonds Principles が根底にあることがわかり，CMU はこのルールをもとにメインキャンパスで始まった産学連携アセットを地域と連帯させるマスタープランを策定し，多くの拠点で展開している。今回取り上げなかったが，PITT もキャンパスのマスタープランは 2019 年に策定しており，両大学のマスタープランの歴史を紐解くと，CMU は 1901 年，PITT が 1909 年と，共に H. ホルンボステル（Henry Hornbostel）の計画に行き着く。1901 年といえば US Steel 誕生の年であり，20 世紀初頭に Heinz のケチャップや Alcoa のアルミ箔が商品化されたことも踏まえると，まさにこの時期にピッツバーグの都市化が始まったといえよう。そこにすでにキャンパスのマスタープランがあったことを思えば，この都市の発展がいかに大学と切っても切れない関係かがわかる。そして，2003 年の財政破綻以降は，ますます市にとって大学産業が重要になってきている。

市や郡としては，大学産業が成長しメインキャンパスから離れた土地でもキャンパスが広域展開することを歓迎しているが，その一方で開発による人口集中と交通渋滞は避けたい。そのため，大学も市も周辺地域の住民やコミュニティの賛同を得るために幾度も公聴会（Town hall meeting）を開催し，ステークホルダー全体の意向をくみ上げる努力を行う。そのプロセスも踏まえた合意の結果が歩道や自転車専用レーンの設置を盛り込んだマスタープランであり，産官学連携による街全体のキャンパス計画となっている。ピッツバーグの産業においては，UPMC も含めたアカデミアの役割が非常に大きいがために，産学

連携の不動産アセットが，街全体のコミュニティアセットへと昇華していることに着目したい。

産学連携のテーマとしては，先端製造業やロボティクス，メディカルが中心で，2つの大学の得意分野に絞られている。絞られているといっても，例えばロボットであれば，それは単なる組立産業ではなく，ロボットに必要な新素材やロボットの自律にかかわるAIといった専門的な研究対象へと深められ，先端製造業に連なっていることが現地の取材でわかった。この場合，ロボットというのは，時事性のある入り口のテーマに過ぎない。絞られたテーマが深化することによって，実は多様な領域のエコシステムに発展していき，さらには一見関係のない別のテーマにも影響し，有機的につながっていく。例えば，空港周辺で集積が始まっている航空関連産業の誘致も先端製造業の文脈にある。このように1つのテーマからの深堀された個別研究成果と，その成果の有機的な共有こそが産業を集積させる強みとなっているといえよう。

産学連携の人材という面では，カーネギー，メロン，ハインツ，ヒルマンといった創業家がピッツバーグの産業再興の中核となったことは，これまでも多く語られてきたとおりである。彼らが経済的な負担だけではなく，地域の活性化・発展に必要な組織づくりにも目を配ってきた結果，新たな産業を大学から生み出す基盤となった。さらに，ここで強調しておきたいのは，その基盤が新たな産業を生み出す仕組みに昇華していることである。すなわち，スワンソンやバーンズ，フレデリックあるいはメラビアンのように，ピッツバーグに縁があってそこで成功のきっかけをつかんだ個人がまた次の世代の成長・成功を支援するという好循環の仕組みである。

ピッツバーグのケースから学ぶべきは，なんらかの形で産学連携の基盤ができたのちに，それを一過性に終わらせない仕組みづくりにある。単に産学連携の基盤を整備した篤志家の存在をうらやむのではなく，その土地に引き寄せられた優秀な人材を成功へと導き，成功したのちにもしかるべきポジションで次の世代へバトンが渡せるように尽力する。ピッツバーグでは，この循環がうまくまわり始めた最中であり，今後の発展を注視していきたい。

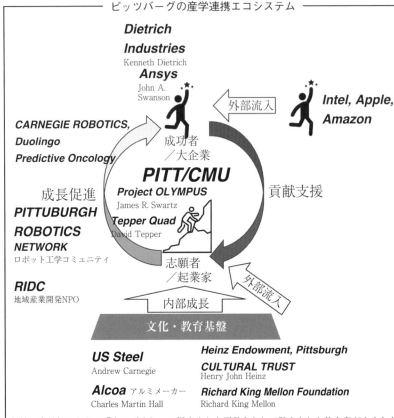

製鉄・食品加工などの「ものづくりへの好奇心」を原動力として財をなした篤志家が中心となって大学発の起業を促進する仕組みを作った。
旧産業衰退後の厳しい財政を補うべく、優秀な人材が定着するにふさわしい文化的な土壌を継承する仕組みも財団の寄付にとって整えられた。
大学の強みである、IT・AI・メディカル分野でものづくりの好奇心を継承され、優秀な人材が大企業を引き寄せ、ロボティクスやライフサイエンスの新産業を生み出している。

第7章　Deep tech に向かうシカゴ

1. はじめに

　イリノイ州北東部に位置するシカゴの都市圏人口は約945万人であり（U.S. Census Bureau），ニューヨーク，ロサンゼルスに次ぐ全米3位にランキングされる大規模都市である。1890年から全米2位の人口規模になったがロサンゼルスの台頭によって1990年に3位に転落する。シカゴ市は日本の大阪市と姉妹都市であり，経済的な交流の歴史は古い。

　五大湖からニューヨークにつながるエリー運河とミシシッピ川により南部ニューオーリンズにつながるイリノイ&ミシガン運河による水運，それから全米の鉄道ハブとしての地の利を活かして，19世紀半ばから一次産品の集散地となった。その後，食品加工業や鉄鋼業が発展してきたが，1970年代からの重工業の衰退期にも産業がすでに多様化していたために都市の衰退は免れた点はピッツバーグとは異なる。

　産業が発展するなかで，欧州諸国から大量の移民が流入し，階級の対立も先鋭化した結果，労働運動の拠点となる一方で，リベラル・プロテスタントによる社会改革も盛んとなり，シカゴ大学においてシカゴ派と呼ばれる社会学が発展したことはこの都市を見ていくうえでは重要な視点といえる（松本2021）。

　シカゴにある大学はエンジニアリング，デザイン，技術革新の分野でトップクラスの人材を輩出しており，近年は製造業のスタートアップエコシステムにも力を入れ，米国のVC投資は2021年から2022年にかけて減少したにもかかわらず，シカゴでは2022年に100億ドルを超える記録的な投資が実行された（Schulz 2023）。

　シカゴはギャングの街としても悪名高く，1920年代の禁酒法の時代にマフ

ィアが巨額の富を築いたことで，治安に関する不安は社会問題となっている。具体的には，シカゴ市の77地区のうち黒人の割合が95%を超える地区が市の南部を中心に9地区あり，失業率や人口当たりの殺人件数が高く，治安の悪い地区といわれている（太田 2019）。シカゴ大学のあるシカゴ南部（The South Side）は，歴史的に黒人も多く，シカゴ大学も20年にわたってアーティストの支援を行ってきた（U Chicago website, "civic engagement"）。

2. シカゴの主要産業

　もともと国土の中心に位置することや，鉄道・州間高速道路・水路・空路などの貨物ルートが集中していることから，現在もTD&L（輸送・流通・ロジスティックス）の国内リーダーである。物流拠点としての強みもあって，現在もシカゴの製造業生産高は745億ドルと全米3位であり，12億ft^{2}の工業地域面積を持ち，面積別では米国最大の工業市場である。さらにシカゴMSA（大都市統計地域）では，雇用と生産高ベースで全米2位の製造拠点であり，12,000社以上の製造業者，年間990億ドルの生産高を誇る。シカゴの製造業セクターは41万人以上を雇用しており，特に，食品製造セクターは全米最大であり，Fortune 500の食品飲料企業の本社が最も多く，食品セクターの雇用者数だけで6万5,000人を超える（Schulz 2023）。

3. シカゴの大学

　大学については，シカゴ大学とノースウェスタン大学という2つの名門の総合大学のほかに，イリノイ工科大学も産学連携に力を入れている。

3.1. シカゴ大学（University of Chicago, U Chicago）
3.1.1. 概要
　シカゴ大学は1890年創立，コロンビア博覧会の跡地に開設される予定だったが，博覧会開催遅延によって，1892年に現在のハイドパークに立地されることとなる。石油王のJ. ロックフェラー（John Rockefeller）がイェール大学の聖書学者W. ハーパー（William Rainey Harper）に相談して，世界水準の研究志向の大学院大学を目指し，ロックフェラー財団による潤沢な資金提供により優

秀な研究者が集められた（松本 2021）。以来たいへん歴史のある名門私立大学であり続け，現在は世界大学ランキングで 25 位となっている。特に全米トッププレベルのビジネススクールやロースクールの他にも医学部が有名であり，隣接する大学病院における教育に定評がある。分野別では，経済・ビジネスが 3 位，物理学が 6 位，宇宙科学が 11 位，芸術・人文科学が 21 位，数学が 26 位となっている（U. S. News, 2024-2025 Best Global Universities Rankings）。世界的に著名な卒業生としては，オバマ元大統領夫妻をはじめ，ノーベル賞受賞者や大学に莫大な寄付を行うような成功者を多数輩出，世界中で目覚ましい活躍を行っている。

メインキャンパスのあるハイドパーク地区はダウンタウンから 10 km ほどの郊外にあり，ワシントンパークとジャクソンパークとも隣接し，自然環境にも恵まれている。シカゴ以外では，ロンドンと香港に MBA プログラムを提供するキャンパスを持つとともに，パリ，北京，ニューデリーに大学センターを備え，交換留学の機会を提供している。また，後述する米国エネルギー省の 2 つの研究所である，アルゴンヌ国立研究所（Argonne National Laboratory）とフェルミ加速器研究所（Fermilab）を管理運営しているとともに，マサチューセッツにある世界的に有名な海洋生物研究所（Marine Biological Laboratory）とも提携するなど，基礎研究においても重要な役割を担っている（U Chicago website, "affiliated laboratories"）。学生総数は約 1.8 万人でそのうち約 4 割が学部生。黒人が多く住むエリアでありながら，学部生の約 4 割が白人，アジア人とヒスパニックの合計も約 4 割を占め，黒人は 7% に満たない。大学院生の 3 割は海外からの留学生であり，国際色豊かな大学である。教員・研究員その他のスタッフを含めた雇用者の合計は，シカゴキャンパスだけで約 2.4 万人，その内訳は，大学病院が 1 万人，大学スタッフが 1 万人，教員・研究員が 4 千人となる。教員の約 3 割は米国の市民権を持たない海外組である（U Chicago website, "Facts and figures"）。

3.1.2. シカゴ大学における顕著な寄付

シカゴ大学は，2022 年実績で年間収入 56.7 億ドルであり，その内訳は 49% が病院収入，授業料収入が 11%，政府の補助金が 9%，民間贈与や補助が 8%，基金の繰り入れが 9% となっている（U Chicago website, "Financial Results for Fiscal Year 2022"）。歴史上顕著な寄付としては，ロックフェラーが 1890 年の

東京国際フォーラムをデザインしたラファエル・ヴィニオリによる Booth School of Business（左）と，その隣に建つフランク・ロイド・ライトの名作「ロビー邸」（右）。近代建築と現代建築とが相克を成す。2024年2月1日筆者撮影。

創立時に60万ドル，生涯では約3,500万ドルもの寄付を行ったが，それ以外にも多くの寄付が寄せられ，以下のような school 等に個人名を冠している。

Booth School of Business

　1971年卒業の D. ブース（David Booth）が投資会社で財を成し，2008年に3億ドルを寄付（当時としては，シカゴ大学史上最大，ビジネススクールとしても最大）。1898年創立し，1916年にビジネススクールとして認定されるといった非常に長い歴史のあるビジネススクールであるが，この寄付をもって現在の名称となる。ブースはこのビジネススクールの終身アドバイザリーを務める。ノーベル賞受賞者を輩出するなど，2018年と2019年に全米 No.1 のビジネススクールとしてランクされ，MBA プログラムを提供しているロンドンと香港を含めて2022年時点での卒業生は56,000人に及ぶ（U Chicago website, "Booth School of Business"）。

　このビジネススクールの特徴としては，Lab Courses と呼ばれる選択科目が挙げられる。これは，起業や社会課題，ヘルスケアや製品開発，ベンチャーキャピタルなどの分野について現場で役に立つ実務経験を提供するプログラムである。このコースで教鞭をとる L. ギンゼル（Linda E. Ginzel）教授（経営心理学）の言葉を引用すると，「ブースではどの学生も好奇心が強い。そして，深く厳密で強力な分析能力によって人々の心を変えていくことができるのです。彼らの情熱，エネルギー，楽観主義で世界を変えるべく，私は彼らの好奇心が

親切心とクロスするように導くことに奮闘しています」(U Chicago website, "MBA The Classroom Experience")。まさに，好奇心の好循環を生み出しやすい土壌がこのビジネススクールには用意されているといえる。

Harris School of Public Policy

公共政策に科学的アプローチをもたらすという思想のもとに 1975 年に公共政策研究の委員を設置，1976 年にカリキュラムを策定，1978 年にフォード財団より 30 万ドルの寄付を受けて博士課程を提供するに至る。I. ハリス (Irving B. Harris) が 1986 年に 690 万ドルを寄付し，1988 年にシカゴ大学で 6 番目のプロフェショナル・スクールとなる。1989 年にはハリスが 310 万ドル追加して合計 1,000 万ドルまで寄付額を上げ，2003 年に The McCormick Tribune Foundation が 500 万ドル，2015 年に The Pearson Family Foundation が 1 億ドルと寄付が募り，今日ではシカゴ大学において 2 番目に多くの修士を輩出するほどの規模の大きなスクールとなっている (U Chicago website, "Harris School of Public Policy")。米国のビジネススクールではそれほど珍しくはないが，公共政策と数値解析の理学修士 (Master of Science in Computational Analysis and Public Policy, MSCAPP) を取得できるプログラムを提供していることに触れておきたい。前述の Booth School の MBA とのジョイントディグリーも取得できるなど，その教育プログラムは非常に柔軟性が高い。

Pritzker School of Medicine

1927 年に設立の医学部であり，1968 年に Hyatt の創業家の A. プリツカー (Abraham Nicholas Pritzker) による寄付をもって，現在の名前となる。地域活動にも力を入れており，非保険加入者に対して無償で診療を提供したり，近隣の子供たちに科学の課外授業を無償で提供したりしている (U Chicago website, "Pritzker School of Medicine")。また，The University of Chicago Medical Center は，Leapfrog という非営利団体が選定する Top Teaching Hospital に選ばれるなど，現場教育が行き届いていることを示す。

Pritzker School of Molecular Engineering (PME)

放射光 (Advanced Photon Source) のあるアルゴンヌ国立研究所との提携により 2011 年に研究所が設立されたのち，Pritzker Foundation から 1 億ドルの

寄付により 2019 年に全米初の分子工学（molecular engineering）の school が設立される。従来の学問領域を超えて，量子工学，バイオテクノロジー，免疫工学，先端材料，エネルギー貯蔵，そしてグローバルな水資源確保なども研究テーマに含む（U Chicago website, "Pritzker School of Molecular Engineering"）。教育に寄与するアウトリーチを実施しており，例えば，K-12 Educational Outreach Programs では，"Immune Detectives: Innocent Until Proven Pathogenic," "Tiny DNA, Big Impact!", "Magic Gel Worms." といった身近なテーマに落とし込んで最新技術について中学生と語り合う Junior Science Cafés や，高校生向けの After School Matters STEM Lab Internship，中学校の先生にとって新たな教材の探索にもつなる No Small Matter Molecular Engineering Fair などを開催している（U Chicago website," Educational outrerach"）。

Mansueto Institute for Urban Innovation

前述の Booth School の卒業生であり，Morningstar の起業で成功した J. マンスエート（Joseph Mansueto）とその妻リカ（Rika）による 3,500 万ドルの寄付により 2016 年に設立された。大都市におけるヘルスケアや住宅問題といった学際的アプローチが必要な諸問題を解決することを目的として，ポスドク向けの研究プログラムや学部生のインターンシップを含む教育機会の提供を支援する（U Chicago website, "Mansueto Institute for Urban Innovation"）。「シカゴが 19 世紀後半の産業革命の中で急激に成長して新たな社会問題が集積する最中，世界で初めてとなる社会学の博士学位を取得できる社会学科がシカゴ大学に開設され，のちにシカゴ派と呼ばれる社会学が発展した」（松本 2021）。そのような背景をもつシカゴ大学に似つかわしいプログラムである。なお，マンスエート夫妻は 2011 年に大学内に図書館も寄付している。H. ヤーン（Helmut Jahn）による現代的なデザインのガラスドームの内部には，地下の機械式書棚からロボットクレーンにより平均 3 分で書籍を取り出すという最新の機能が詰め込まれている（U Chicago Library website）。

3.1.3. シカゴ大学における産学連携・インキュベーションプログラム
Polsky Center for Entrepreneurship

1998 年に設立されたのち，後述する 1987 年に Booth School を卒業した M. ポルスキー（Michael Polsky）による 3,500 万ドルの寄付により，2016 年にその

役割を拡大したのち，学生向けに起業やベンチャーキャピタル，プライベートエクイティでのキャリア形成支援を実施してきた。そして，徐々に支援する対象を拡大し，現在は 60 人ものスタッフをかかえて大学の枠を超えてシカゴ市全体の起業支援を実施，地元経営者や世界中のシカゴ大学の卒業生も巻き込みながら，コミュニティを成長させている。2022 年には起業支援と投資機会を提供することで，ディープテックのビジネス化を通して，社会にソリューション提供を目指す Deep Tech Ventures を立ち上げた。その対象分野は，ハードテック，ヘルスケア，量子コンピューター，素材など多岐にわたる（U Chicago website, "Polsky Center for Entrepreneurship"）。後述する E. カプラン（Edward L Kaplan）が経営大学院に設立した起業支援プログラム New Venture Challenge（NVC）もこのセンターで一元的に運営される。

George Shultz Innovation Fund

G. シュルツ（George Pratt Shultz）はアイゼンハワー，ニクソン，レーガン政権に仕えるなど長期にわたって世界に最も影響力のある政策立案者の一人として，米国はもちろん，日本においても広く知られている。Booth School の教授，学長としての貢献（メジャーなビジネススクールにおいて初めて黒人向けの奨学金を採用するなど）に敬意を表して，2018 年より彼の名前を冠とした（Brooks 2021）。ファンドはシカゴ大学と後述する 3 つの関連研究所の研究成果をもとにしたスタートアップへの資金提供を行い，具体的には，Explorer Surgical, Corvidia, ClostraBio と Super.Tech. がこれに該当する。Explorer Surgical は 2015 年に Booth School で 2015 年に MBA を取得した J. フライド（Jennifer Fried）と シカゴ大学の教員だった A. ランガーマン（Alex Langerman）博士が前述の NVC から資金調達して設立したが，2021 年に Global Healthcare Exchange（GHX）に買収されたのちもシカゴで運営されている（U Chicago website, "Built at U Chicago, Explorer Surgical Joins Global Healthcare Exchange Portfolio to Accelerate Core Mission"）。

3.2. ノースウェスタン大学（Northwestern University, NU）

3.2.1. 概要

ノースウェスタン大学は 1851 年創立でシカゴ大学よりも長い歴史を誇る名門私立大学である。世界の大学ランキングでは 24 位で，特に化学（14 位）と

経済学（13 位）は全米トップレベルであり，シカゴ大学と同様にロースクールやメディカルスクールも非常に評価が高い（U.S. News, "2024-2025 Best Global Universities Rankings"）。世界的に著名な卒業生としては，米国初の黒人市長である H. ワシントン（Harold Washington）元シカゴ市長や，P. コトラー（Philip Kotler）などの経営学者，Accenture の前身である Arthur Andersen Consulting の創業者である A. アンダーセン（Arthur Andersen）のほか，芸能関係でも優秀なタレントやジャーナリストを多数輩出している。また，近年ではシカゴのエコシステムにおいて重要な役割をはたす起業家も NU の出身者が多く見られる。スポーツでは，アメフトと女子ラクロスが強豪で，多くのタイトルを獲得している。キャンパスはダウンタウンから 8 km ほどの北にあるエバンソンにあり，約 97 万 m² に及ぶ広大な敷地が南北方向に展開しミシガン湖畔をのぞむ。シカゴ以外では，カタールのドーハに MBA プログラムを提供するキャンパスがある。学生総数は約 2.2 万人でそのうち約 36% が学部生。学部生の約 5 割が白人，黒人は 14% である（NU website, "FALL 2023 FACT SHEET"）。

3.2.2. ノースウェスタン大学における顕著な寄付

　NU は，2022 年実績で年間 154 億ドルの寄付を受け，26 億ドルの特許などの知的所有権収入があり，毎年 10 億ドル以上の研究支援がある（NU website, "FALL 2023 FACT SHEET"）。以下，学部に個人名を冠している歴史上顕著な寄付に関して詳述する。

Feinberg School of Medicine

　1859 年に設立された非常に歴史のある医学部であり，R. ファインバーグ（Reuben Feinberg）が 1988 年にノースウェスタン記念病院に入院した際に最初の 1,700 万ドルの寄付を行い，Feinberg Cardiovascular Research Institute が設立される。1996 年には 1,000 万ドルの寄付で Frances Evelyn Feinberg Clinical Neurosciences Institute を設立。そして 2002 年には，Joseph and Bessie Feinberg Foundation（JBFF）の 75 億ドルの寄付をもって，スクールの冠名称となる（NU website, "Feinberg School of Medicine"）。JBFF は R. ファインバーグとその兄弟 4 人により 1969 年に設立され，現在はジャニス（Janice）とその弟，ジョー（Joe）に引き継がれている。ジャニスの寄付方針は明確であり，経済的に十分なサービスを受けられないシカゴの人々の生活を改善し，虐待さ

れたり放置されたりしている若者のニーズに応え，危険にさらされている家庭や経済的に恵まれない家庭の子供たちを支援することに注力している（JBFF website）。これについては，後述する。ノースウェスタン記念病院にはFeinberg Pavilion という特別病棟がある。ノースウェスタン記念病院の他に，複数の提携病院があり，教育の場としても活用されている。

McCormick School of Engineering and Applied Science

1909 年にエバンストンキャンパスに Swift Hall が建設され，土木や機械工学を主とする College of Engineering が設立される。1925 年には，シカゴ南部の Armour Institute との合併を試みるもうまくいかず，1926 年に Department of Civil Engineering が組成され学位が授与されるようになり，ハーバード大学，ジョンズ・ホプキンス大学，スタンフォード大学の同等のプログラムと規模を誇るようになる。しかし，大恐慌時代に入ると入学者も減少し，工学専門能力開発評議会（Engineering Council for Professional Development）より，理論的な学習に偏っていることを理由に大学の認定取消となる。その後 1937 年の W. マーフィー（Walter Patton Murphy）の寄付もあって新たな設備を備えた Technological Institute Building の建設が実現する。マーフィーは，父とともに鉄道の貨車の屋根の開発に取り組み，自身だけで 40 もの特許をとっている。1919 年に父が亡くなり Standard Railway Equipment Company の全権を引き継ぐと，鉄道関係のさまざまな付属品製造にも手を広げる。1926 年には Walter P. Murphy Foundation を設立すると，自分が生きているうちに技術教育に注力することを志し，さまざまな候補を検討した結果，NU への寄付を決定する（NU website, "Walter P. Murphy"）。その後，1989 年には後述する MHMC 創業家でもあり，かつ後述するメディルの孫である R. マコーミック（Robert McCormick）の意向で Robert R. McCormick Foundation より 3,000 万ドルの寄付を受け，古くなった校舎の建替えと新たな教育プログラムを開発し，現在の冠名が付される。また，2001 年には Ford Motor の 1,000 万ドルの寄付により The Ford Motor Company Engineering Design Center が設立される。その後 2007 年に Crate & Barrel の共同創業者であるシーガル夫妻（Gordon and Carole Segal）の寄付により Segal Design Institute が設立され，デザイン思考の文化がこのスクールに芽吹くことになる（NU website, "McCormick School of Engineering and Applied Science History"）。G. シーガルは 1960 年に後述する

ケロッグ校卒，キャロルも同年，後述するウェインバーグ校を卒業しており，共に NU の卒業生である。寄付に際して以下のコメントを寄せているので紹介しておきたい。「Crate & Barrel のような企業は，デザインの原則を理解した卒業生を必要としています。この急速に変化し競争が激しい世界において，デザインはおそらく，米国が持つ最大の競争優位性です」(NU website, "Segal Design Institute")。この支援は，自社のリクルートにも寄与することが想定されていることがこのコメントからもわかる。ここまで見てきたとおり，このスクールの歴史には，幾多のエンジニアや起業家の貢献支援があり，世代を超えた好奇心の好循環の仕組みができている好例である。

Medill School of Journalism

Robert R. McCormick Foundation より 2,000 万ドルの寄付を受け，シカゴトリビューンを発行する Tribune の社主であった J. メディル (Joseph Medill, 1871 年のシカゴ大火ののちに 1873 年までシカゴ市長) の名にちなんで 1921 年に設立される (Cubbage 2014)。このスクールの卒業生は 40 ものピュリッツァー賞 (Pulitzer Prize) を受賞するなど，世界のジャーナリズムに大きな影響力を持っている。特徴的な教育プログラムとしては，前述の McCormick School とともに，Knight Lab というジャーナリズムと AI や WEB 3 といった最新のコンピューターサイエンスを融合させたメディアラボを 2011 年に設立している。このラボの成果としては Timeline JS というツール開発[1]が挙げられる (NU website, "Knight Lab")。

Pritzker School of Law

1859 年に設立されたのち，2015 年に Hyatt の創業家の J. B. プリッツカー (J. B. Pritzker) が 1 億ドルの寄付を行い，現在の冠名となる。1999 年には，1,000 万ドルの寄付を受けて，1947 年同スクール卒の Jay Pritzker の名前がこのスクールの図書館と研究施設に付されている。このスクールの特徴として，2013 年より提供されている Master of Science in Law (MSL) degree for STEM professionals を紹介しておきたい。シカゴ大学の Harris School の MSCAPP と同じように，ロースクールで理学修士のコースを提供しており，知財や起業

---

1 このオープンソースで誰もが簡単にエクセルシートから視覚的にわかりやすい歴史チャートを作成することができる。

のための商法などを学ぶことができる。ロースクールの学生が発行するジャーナルも7つあり，その中に知財に関する *Northwestern Journal of Technology and Intellectual Property* がある（NU website, "Pritzker School of Law"）。

Weinberg College of Art and Science

1851年に設立され，いまでは学部生の半分が所属し，学生数は4,000人以上であり，学生6人に対して1人の教員がつく。1998年に1947年卒のJ. ウェインバーグ（Judd A. Weinberg）とその妻マジョリー（Majorie, 1950年卒業）の寄付によって現在の冠名となる。ウェインバーグはマジョリーの父の会社であるGottlieb's Baffle Ball というピンボールのゲームの会社を成長させることに成功する。このゲームを開発したのはマジョリーの父で，電気を使ったゲームは1947年開発当時，非常に革新的であった。1950年代から1960年代にかけてウェインバーグはこのゲームを世界中に売り歩き，事業をグローバル化させる。1976年には Columbia Pictures Entertainment に売却することで大きな富を得るとともに，自身も Columbia の役員となる。ウェインバーグの息子であるデイビッド（David）は法律の分野で成功をおさめ，NUにさまざまな形で支援を続けており，ウェインバーグ家として世代を超えたNUへのロイヤルティが引き継がれている（Noyes 2018）。

Kellogg School of Management

1908年に設立され，1979年に Kellogg 創業者の息子J. ケロッグ（John L. Kellogg, 彼自身も General Packaging Products を創業）が1,000万ドルを寄付して冠名となる。ハーバード大学やスタンフォード大学と並ぶトップレベルのMBAプログラムが有名で，特に前述のコトラー教授が在席しており，マーケティング分野ではトップ。前述のシーガル（Educational properties committee for Northwestern's Board of Trustees を務める）がリーダーとなって，2017年には Global Hub と呼ばれる新校舎が建設される。建築設計は KPMB Architects で環境認証としては最高レベルの LEED プラチナを取得。学生どうしの交流をはぐくむ3層吹き抜けのアトリウムは92年卒のL. ギーズ（Larry W. Gies）とその妻ベス（Beth）の名にちなんで，GIES Plaza と命名されている（NU website, "Kellogg School of Management"）。

ダウンタウンの一棟にある Feinberg School of Medicine と Pritzker School of Law が同居（左）する一方で，エバンストンにある Kellogg School of Management には照明演出も凝った本格的なイベントが行われるの GIES Plaza を構える（右）。2024年2月2日筆者撮影。

Buffet Institute for Global Affairs

　NU は国際関係研究に関しては比較的長い歴史を誇り，例えば1948年に米国初のアフリカ研究プログラムを設立し，1954年にはメルヴィル J. ハースコビッツ・アフリカ研究図書館（Melville J. Herskovits Library of African Studies）を開設，1965年には，Ford Foundation からの190万ドルの助成金により，国際研究における初の研究およびトレーニングプログラムである社会間研究協議会（Council for Intersocietal Studies）を設立している。そのような背景があって，W. バフェット（Warren Buffet）の妹，ロベルタ（Roberta Elliott）の寄付によって，グローバル課題を解決するための海外連携をサポートする組織として Buffet Institute for Global Affairs が2015年に設立される（NU website, "Milestones in International and Global Affairs at Northwestern"）。地球温暖化やジェンダーギャップなどのグローバル課題を解決する U7+ においては，2021年より3年間 NU が主幹事務局に選ばれ，その事務局がこの Buffet Institute に籍を置く。ちなみに U7+ とは G7 の7ヵ国のトップスクールのアライアンスで設立時は45大学が参加，日本からは東京大学，一橋大学，大阪大学，慶應義塾大学が参加している。

Louis A. Simpson and Kimberly K. Querrey Biomedical Research Center

K. クエリー（Kimberly K. Querrey）はコンサルティング会社 Querrey Enterprises の社長を務めたのち，その夫ルイス（Louis Simpson）とともに 2010 年に SQ Advisors を共同で創業。ルイスは 1958 年卒業で 2006 年より理事会メンバーを務める。SQ Advisors の会長になる前は GEICO Corporation の CEO を務めるなど投資の分野で成功をおさめた。夫妻が 2022 年に 1 億 2,100 万ドルの寄付を決定，これまでの寄付総額は 3 億 7,900 万ドル以上となり，この 20 年間における 2 人の貢献は非常に顕著である（Northwestern Now 2022）。建物は 12 階建てで延床面積が 62.5 万 ft^2 の規模で，内部には，160 席の Simpson-Querrey Auditorium や Judd A. and Marjorie Weinberg Gallery を備え，200 人ほどの主任研究員が働く場となる。

3.2.2. ノースウェスタン大学におけるインキュベーションプログラム

Innovative and New Venture Office（INVO）

INVO は，研究成果を商品化することに関心のある発明家や起業家を支援するプログラムであり，投資家や産業界と，大学発のテクノロジーやスタートアップを結び付けるために設立された。2023 年の実績としては特許出願数が 618，発行数が 151，知財収入として 870 万ドルを得ている（NU website," INVENTIVE ACTIVITY FY 2023"）。このプログラムの活用事例としては，D. タルマンエルチェク（Danielle Tullman-Ercek）による合成生物学における特許取得から起業した Opera Bioscience が挙げられる。2016 年にタルマンエルチェクが NU の工学部に加わると，すぐに INVO を指揮することとなり，そこで彼女のタンパク質分泌に関する研究に特許取得の価値が見出される。INVO を通じてセントルイスのワシントン大学から生まれた女性発明家向けプログラム Equalize とつながり，ピッチで勝ち抜いた賞金を元手に，特許を出願して起業に至っている。起業から 1 年半後，先述の Querrey InQbation Lab に移転，発酵に必要なバイオリアクターを最大限活用することで研究開発にはずみをつける。このスタートアップの共同創業者には，同大の Kellogg School of Management でこの研究のことを知った G. サピエンツァ（Gerry Sapienza）が名を連ねており，2 人で社会実装に向けて研究を精緻化するために INVO の主催するイベントに参加したり，助成金を獲得するための支援を受けるために SBIR（Small Business Innovation Research）からコンサルを受けたりした結果，2022

年には N.XT ファンドから資金調達することに成功，これが商業化の大きな足掛かりとなったといわれる（Reynolds 2023）。Opera Bioscience は，INVO を通じて開発に必要な設備と共同創業者と出会う機会，そして資金獲得のノウハウがもたらされることで，研究者による起業を軌道にうまくのせた事例となる。

　N.XT Fund や NUseeds Fund も含めた INVO のプログラム全体構成が NU の公式サイトにまとめられており，教員向けと学生向けでリソースを区別しているところは特徴的である。また，このプログラムは，必ずしも NU が提供しているプログラムのみで構成されているわけではなく，例えば，後述する mHub や 1871 はシカゴ市をはじめとする地域が提供するものであり，SBIR と STTR[2] は連邦政府が提供する資金調達プログラムである。

Querrey InQbation Lab

　前述の INVO プログラムにおいて，教員が起業に使用できる主たるスペースであり，大文字の Q は，NU の研究者が世界についての理解を深め，人間の健康を改善するという探求の中で探求する重要な Question を表すという。"Querrey InQbation Lab is where Questions become solutions." という一文がこの施設の役割を端的に表している。前述のクエリーが 2022 年に 2,500 万ド

2　SBIR は Small Business Innovation Research の略で，中小企業向けのイノベーション研究プログラムである。連邦政府の研究開発（Federal Research/Research and Development）との関連分野で自社の技術開発をもとに商業化した場合に連邦政府からインセンティブを得られる競争的プログラムとなっている。

　他方，STTR は Small Business Technology Transfer の略で，中小企業向けの技術移転プログラムであり，SBIR との大きな違いは，米国にある大学もしくは非営利の研究機関等との協業が前提で，それらの研究シーズを商業化するケースを想定した資金提供プログラム。そのため，知的財産権について一定の取り決めが必須となっている。

　いずれのプログラムも，3つのフェーズに分かれ，最初のフェーズでは 6 ヵ月間で 1.5 万ドルを上限とする支援がなされ，そこで次のフェーズ 2 に進むことが認定された場合に今度は 2 年間で 100 万ドルを上限とする支援がなされる。最後のフェーズは市場導入となり，ここでの資金的な支援は設定されていないものの，研究機関から技術的サポートが受けられる。これらの段階的支援は，米国中小企業庁（U. S. Small Business Administration）がプログラムの進捗をレビューして，議会に報告することで予算を確保している。2020 年 3 月に発表されているレポート（Leveraging America's Seed Fund）によると，SBIR が年間 320 億ドル，STTR が年間 4 億 5,000 万ドルの支援規模となっている。この SBIR プログラムの支援を受けた起業としては後述する Qualcomm や iRobot Corp が含まれる。ちなみに日本でも米国の SBIR をモデルとして同名のプログラムが 1999 年より実施されており，年間 400 億円もの補助金が支出されているが，実績については公開されていない。

ルの寄付を行うことでこの冠名となる。クエリーは大学の理事会に 2015 年に加わり，Innovation and Entrepreneurship subcommittee の理事長も務める。この施設の設備を活用して Opera Bioscience がスケールアップしたことは先述のとおりである。

The Garage

2015 年に設立された NU の学生向けの起業向けスペースとコミュニティであり，24 時間 365 日アイデアを創発する場として 1.1 万 ft^2 の駐車場が使われる。学生のニーズに応じて，エントリーレベルの Tinker Program，チームメンバーのマッチングを行う Startup Matching のほかに，The Garage のコアとなる Residency Program ではアイデアから起業にいくためのメンターシップや週 1 回のディナー会などきめ細かなサポートが受けられる。また，10 週間にわたるサマープログラムや Opportunity Fund では，一定の予算が与えられ，試作品制作も行われる。後述する 1871 ともパートナーシップを築いている（NU website, "The Garage"）。

3.3. イリノイ工科大学 （Illinois Institute of Technology, IIT）

3.3.1. 概要

IIT は，1890 年設立以来，実学を重視した工科大学といわれている。設立当初は Armour Institute として P. アーマー（Philip Danforth Armour Sr.）をはじめとするアーマー家に資金的支援を受け，A. ルイス（Allen C. Lewis）によって 1895 年に設立された Lewis Institute と 1940 に合併して IIT となる。その後も 1949 年に The Institute of Design，1969 年に Chicago-Kent College of Law, Stuart School of Management and Finance，1986 年に Midwest College of Engineering を吸収合併している（IIT website, "History of Illinois Tech"）。近代建築の巨匠である L. ミース（Ludwig Mies van der Rohe）が 1938 年から 1958 年にかけてここで教え，1940 年の合併以降のキャンパス計画はミースによるものであり，クラウンホール（S. R. Crown Hall，2001 年に National Historic Landmark に指定）をはじめ，20 もの建物が彼自身による設計であり，世界で最も偉大なミースの建築集積といわれている。現在は，特に工学の中でも電気工学における実績は評価が高く，大学自体の世界大学ランキング（U. S. News, "2024-2025 Best Global Universities Rankings"）では 796 位ではあるものの，電

気・電子工学では129位[3]となっている。この大学の関係者によって発明されたものとしては、ミースによる高層建築はいうまでもなく、携帯電話（M.クーパー（Martin Cooper）；1957年に修士取得、モトローラで1973年に発明、2004年に名誉博士が授与され、大学の理事を務める）、磁気テープによる記録手段（M.カムラス（Marvin Camras）；1942年に修士取得、1944年特許取得、1968年に名誉博士が授与される）、電波天体観測望遠鏡（G.レーバー（Grote Reber）；1933年卒業）などがある。

キャンパスは、ミースが計画した120エーカーのメインキャンパス（現在は、Mies Campusと呼ばれる）の他に、ロースクールとビジネススクールを擁するConviser Law Center、情報工学のDaniel F. and Ada L. Rice Campus、Institute for Food Safety and Healthのある5エーカーのMoffett Campusにわかれている。学生数は約8,500人でそのうち約2,800人が学部生であり、学部生の7割は海外からの留学生という、極めて国際色の強い大学である（IIT website, "By the Numbers"）。

3.3.2. イリノイ工科大学における顕著な寄付

IITはその成り立ちからしてアーマーやルイスといった篤志家の支援によるところが大きいが、吸収合併した多くの学校も例外ではない。ただし、IITの過去5年間の収入水準は4億ドル前後で安定しており、その内訳は2021年実績で寄付・補助金が全体の19%で、さらにその内訳をみると2/3は政府による補助金となっており、それほど寄付に依存しているわけではないことがわかる。以下は、顕著な寄付として建物や学部に名前が付されている事例である。

Stuart School of Business

H. スチュアート（Harold Leonard Stuart）は、1922年に証券会社のHalsey, Stuart & Co. の本拠地をシカゴとし、それまで資金調達のために常にニューヨークに行っていた多くのコングロマリットの資金調達を支援してシカゴ財界の重鎮となった。1950年には7億2,300万ドルもの債権を新規に発行、これはニューヨークを含め最大だったという。シカゴが金融センターの一角に押し上げ

---

3 この分野において日本でトップランクを誇る東北大学が247位（ちなみに、東京大学が263位と続く）であることと比較すると、評価の高さが実感できるかもしれない。

られた点における彼の功績は無視しえない（Harvard Business School website "Great American Business Leaders of the 20th Century"）。

スチュアートが Lewis Institute の卒業生であったことから，彼の遺言により，500万ドルの寄付とともに1969年に IIT に合併され，ビジネススクールとしての教育プログラムが1999年に始まっている。

Pritzker Institute for Biomedical Engineering

R. プリッツカー（Robert Alan Pritzker）[4] は後述する Pritzker 一族で，IIT を1946年に卒業後，1982年にこの研究機関の設立を支援している。この研究機関における博士課程の学生が研究を継続できるよう安定的に資金的支援を行う Pritzker Institute Fellowship Program も提供されている。

Ed Kaplan Family Institute for Innovation and Tech Entrepreneurship

後述する E. カプラン（1965年卒業）と妻キャロル（Carol）の1,100万ドルの寄付により2014年に建設された。Janet & Craig Duchossois Idea Shop と Interprofessional Projects（IPRO）Program もこの建物で実施されており，次世代の技術系の起業家を育成・支援する取り組みが行われている。IPRO はスポンサー企業や非営利団体がかかえる実社会の問題を解決するべく，さまざまな専攻の学生が協力してその解決にあたるアカデミックプログラムで，従来の教育プログラムに替わって1995年より学部生の必須科目として導入されている。このプログラムを通じて，リーダーシップ，創造性，チームワーク，デザイン思考，プロジェクト管理を学ぶことができる。カプラン夫妻は，その後も500万ドルを寄付，Kaplan Family Student Fabrication Center を設立して実践的な教育を支援している（IIT website, "Ed Kaplan Family Institute for Innovation and Tech Entrepreneurship"）。

4　ちなみに，R. プリッツカーは大学全体への寄付として1996年に2億5,000万ドルの寄付キャンペーン IIT Challenge Campaign（2016年に達成）の足掛かりとなる6,000万ドルの寄付を行っている。そして，同様な大規模ファンドレージングキャンペーンとしては，2022年より Power the Difference: Our Campaign for Illinois Tech という10億ドルを目標とするキャンペーンも展開された。

S. ミースの R. Crown Hall（左）とコールハースの McCormick Tribune Campus Center（右）。2024 年 2 月 2 日筆者撮影。

McCormick Tribune Campus Center（MTCC）

　Robert R. McCormick Foundation の 2,000 万ドルの寄付によって 2003 年に完成した象徴的な建物で，シカゴ交通局の高架グリーンライン通勤鉄道を 530 ft のチューブで包むことで騒音を抑える特徴的なデザインは R. コールハース（Rem Koolhaas）による。学生が運営するラジオ局 WIIT やカフェテリアが入居しており，Co-op Sauce，Justice of the Pies，Marz Community Brewing Company といったシカゴを拠点とする企業との連携により，Tech Yeah Sauce などのオリジナル商品を開発して提供している（Wyder 2021）。このワンブロック先には，Jeanne and John Rowe Village という学生寮が H. ヤーン（Helmut Jahn）により設計されており，この 2 つの建築はこの大学キャンパスにおいてミース以来の新築建物となっている。ちなみに J. ロウ（John W. Rowe）は大学の理事を 18 年間，2006 年から 2013 年には理事長を務めるとともに妻のジャンヌ（Jeanne）と 1,000 万ドル以上寄付したこともあり，その功績に敬意を表して 2020 年にこの建物の冠名となっている（IIT website, "John W. Rowe"）。

4．シカゴの産業界

　産業界に関しては，先述の製造業だけでなく，実に多様な産業が生まれ，それぞれに発展してきた歴史を持つ。各大学への寄付でも非常に多くの成功者について触れたが，改めてシカゴの産学連携エコシステムにおいて，文化・教育

第 7 章　Deep tech に向かうシカゴ　　　　159

基盤の整備や後進の成長促進と次世代への貢献支援の観点で，重要な企業の事業，個人の活動に絞って取り上げることとする。

4.1. Pritzker 一族と Hyatt

ジェイが 1957 年にロサンゼルスのモーテルを買収したのが Hyatt としてのホテル事業の始まりであり，のちに弟のドナルドも経営に参画する。Hyatt Hotels Foundation として，世界 52 ヵ国で The Hyatt Community Grant program という支援プログラムを実施しているほか，建築家のノーベル賞といわれるプリッツカー賞を設けていることは有名であるが，プリッツカー一族としての地域への貢献は，前述のシカゴ大学，NU の寄付に留まらず，シカゴ市内にある博物館や動物園，公園にもその名を刻んだ施設に表れている (Hyatt website, "Hyatt Community Grants program")。具体的には，Field Museum の Robert A. Pritzker Center for Meteoritics and Polar Studies や Lincoln Park Zoo の Pritzker Family Children's Zoo，ミレニアムパークの Jay Pritzker Pavilion がある（太田 2019）。Robert A. Pritzker Center は，Tawani Foundation による 730 万ドルの寄付により，2009 年に設立される。Tawani Foundation を 1995 年に設立した J. N. プリッツカー (James N. Pritzker)[5] は元大佐の退役軍人であるが，彼自身が過去 12 年間にわたって隕石に深い関心を持ち，南極探検隊にも参加している (Robert A. Pritzker Center website, "history")。前述のドナルドの次男の J. B. は彼のいとこであり，民主党から立候補して 2019 年よりイリノイ州知事に就任し，シカゴの産業界に 2024 年時点でも大きな貢献を続けている。

4.2. Crown 一族と Crown Family Philanthropies (CFP)

ヘンリー (Henry Crown) が兄弟とともに，Material Service Co. (MSC) という建材会社を設立，1959 年に General Dynamics と合併すると，その会社の要職を次男のレスター (Lester Crown)，さらにその次男のジェームス (James Crown) へ引き継ぐとともに，1973 年にヘンリー自ら設立した投資会社も同様に引き継いで財を成す。プリッツカー一族と同様，シカゴ市内の博物館や美術

5　その後，2013 年にトランスジェンダーであることを表明し，Jennifer Natalya Pritzker に改名しているが，センターの名前のロバートは彼の父である。

館，公園や劇場などの文化芸術施設には，クラウンの名が刻まれた施設が多数見られる。具体的には，ミレニアムパークの Crown Fountain やシカゴ美術館の Henry Crown Gallery や科学産業博物館の Henry Crown Space Center が挙げられる。シカゴ大学や NU のところでは触れなかったが，各大学でもその名を留める施設があり，シカゴ大学の Henry Crown Field House（学生や教員向けのフィットネスセンター）や NU の Rebecca Crown Center（ヘンリーの妻の名がつけられた管理事務棟）がある。またレスターもジェームスもシカゴの各種行政の委員や財団などで理事を務めるなど，直接的な地域貢献も果たしている（太田 2019）。

4.3. McCormick 一族と Elizabeth McCormick Memorial Fund

C. マコーミック（Cyrus McCormick）は 1847 年に McCormick Harvesting Machine Co. を創業，刈り取り機を製造し，現代農業の父といわれる。その息子，ジュニアは，12 歳で亡くなった娘エリザベス（Elizabeth）の死を悼み，Elizabeth McCormick Memorial Fund を 1908 年に設立する（法人化は 1913 年）。その後，1962 年にファンドのアセットのほとんどを Chicago Community Trust に移管し，さらに 1973 年には，全資産である 400 万ドルを移管することで Chicago Community Trust のファンドとなる。これは子どもの福祉のために運用されており，その額は 2,000 万ドルを超える（Chicago Community Trust website, "A Daughter's Legacy, A Lasting Impact for Chicago Children"）。

また，前述の C. マコーミックを大叔父に持ち，Joseph Medill を母方の祖父に持つ R. マコーミックが 1955 年に亡くなったのち，この財団の前身である Robert R. McCormick Charitable Trust が設立される。1970 年代後半から前述の CFP と同様にシカゴの文化芸術に資する寄付が行われる（Robert R. McCormick foundation website, "about us"）。NU の Medill School of Journalism, IIT の McCormick Tribune Campus Center（MTCC）への寄付については前述のとおりである。

4.4. Feinberg 一族と Joseph and Bessie Feinberg Foundation（JBFF）

前述のとおり，NU の医学部および病院への支援を行ってきた一族であるが，近年は，地元の貧困層の支援を行っている。特にエングルウッド地区に対して，この財団は 2013 年より関与し，Englewood Data Hub（EDH）という 140 に及

ぶ支援団体のデータベースの構築を支援している。データベース化によって，これまでは試行錯誤の積み上げ型の支援でしかなかったものが，あらかじめ計画的なプログラムによって必要な団体とその対象に効率よく支援が行き届くようになるという。そして，このデータベースは，イリノイ大学シカゴ校（University of Illinois at Chicago）の Electronic Visualization Laboratory に所属する研究グループによってデザインされている。「産学連携による地域支援のDX 化」は日本でも個別のソリューションしては行われているかもしれないが，このような大々的なデータベースによる支援の最適化はこれからである。

4.5. Edward L. Kaplan と Zebra

カプラン（Edward L. Kaplan）は IIT で機械工学の学位を取得後，1971 年にシカゴ大学で MBA を取得。1969 年に Data Specialties を設立，1982 年にオンデマンド・ラベリングと発券システムの専門分野に重点を移し 1986 年に Zebra Technologies となり，1991 年に上場する。シカゴ大学での VC の創設のほか，前述のとおり，Ed Kaplan Family Institute for Innovation and Tech Entrepreneurship を IIT に設立し，カプランの言うところの「持続可能な競争優位（Sustainable Competitive Advantage）を見極めるすべを身に着けられる教育プログラムや支援体制を構築する」ことに尽力している（IIT website, "Visionary Entrepreneur Edward "Ed" L. Kaplan to Receive Honorary Doctor of Engineering from Illinois Institute of Technology"）。

4.6. Michael Polsky と Invenregy

3.1.3 に登場したポルスキーは，ウクライナで機械工学の修士号取得，発電所のエンジニアとして働いたのちにシカゴに渡り，1985 年に Indeck Energy Services を起業する。その後，方針の対立から同社を去り，1990 年に SkyGen Energy を起業。ここで後の Invenergy 社長兼法人事業責任者となる J. マーフィー（James Murphy）と合流。マーフィーはイリノイ大学出身で，CPA（certified public accountant）の資格を取得している。

ポルスキーは 2001 年に同社を売却，6 億 5,000 万ドルの利益を得る。そして，同年にポルスキー，マーフィー，その他 6 名とともに，Invenergy を共同創業，シカゴに本社を置き，主に天然ガス火力発電所の買収・建設に注力する。その後，2004 年に天然ガスプロジェクトの運用ノウハウを生かして再生可能エネ

ルギー業界に進出し，同社初の風力発電プロジェクト，Bufffalo Mountain Energy Center（テネシー州オリバースプリングス）を完成。2022年時点で30ギガワットの再生エネルギーの発電を行うまでに成長している。これは約900万世帯の1年間の消費電力に相当する。海外にもすでに進出しており，グローバル全体での従業員数は2022年時点で2,135人となっている（Invenergy website, "our history"）。企業の著しい成長もさることながら，中西部への安定的な電力供給の取り組みとして，Grain Belt Express プロジェクトが注目に値する。これは，老朽化した従来の電力供給網の補完をめざすもので，米国中西部に新たなインフラ投資を促すことで雇用を生むとともに，送電グリッドのコミュニティに対して支援活動を行うものである。具体的には，カンザス州で発電された再生可能エネルギーをミズーリ州，イリノイ州，インディアナ州などの中西部に供給するものである。このプロジェクトでは，農場や牧場経営者を中心とした12,000もの土地所有者を巻き込んでおり，各地域個別の支援にも力を入れている。実際，従業員にも volunteer time off（VTO）program において，年間のうち1日は社外活動に参加することを推奨し，2022年は延べ1,600時間が地域の教育や環境活動などに費やされた（Grain Belt Express website）。

4.7. Eric Paul Lefkofsky とグルーポン （Groupon）

　グルーポン自体は，すでに一時の勢いを失っているものの，その創業者の一人である E. レフコフスキー（Eric Paul Lefkofsky）について触れておきたい。グルーポンの創業者としては A. メイソン（Andrew Mason）のほうを思い浮かべる人が多いかもしれないが，彼は2003年に NU 卒業後，2008年グルーポン創業，2011年に上場するものの，2013年には CEO を解任される（Blumberg 2018）。一方，メイソンの同僚だった E. レフコフスキーはグルーポンの前身である ThePoint.com に100万ドル出資した共同創業者であり，地域への貢献という意味では，メイソンよりもレフコフスキーが注目に値する。レフコフスキー夫妻は2006年に The Lefkofsky Family Foundation を設立する。レフコフスキー自身は，シカゴ大学の非常勤教授やシカゴ美術館や科学産業博物館，後述する WBC などの理事を務め，地域への貢献活動を行っている。リサ（Liz）は子どものころから母が立ち上げた全米脳腫瘍協会（American Brain Tumor Association）の手伝いを始め，アート活動によって10代を支援する After

School Matters の前身となる Gallery37 での活動に携わるなど，根っからのフィランソロピストである。この財団の活動は，教育，人権，医療，文化芸術と多岐にわたり，産学連携に直接的に寄与するというよりも地域の魅力を高めることで，裾野となる人材の底上げとして寄与している（Lefkofsky Family Foundation website）。

4.8. Jeff Silver とコヨーテロジスティクス（Coyote Logistics）

　J. シルバー（Jeff Silver）は 1984 年ミシガン大学（University of Michigan）卒業後 American Backhaulers（ABH）で物流業に入り，そこで物流業界全体の変革につながる画期的な独自のテクノロジープラットフォームを作り上げる。ABH は全米最大の 3PL である CH Robinson（CHRW）に 1999 年に買収され，シルバーはそこでもこのプラットフォームを適用させたのちに退職。退職中にミシガン大学で MBA，MIT で物流技術の修士（Masters of Engineering in Logistics）を 2003 年に取得後，2006 年に妻のマリアンヌ（Marianne）とともに Coyote Logistics を設立（Page 2015）。2015 年には 18 億ドルで United Parcel Service（UPS）が同社を買収，2024 年 6 月にはその事業の一部を 10 億ドルで RXO に売却すると発表している（Reuters 2024）。

　シルバー自身は 2019 年に Mastery という物流プラットフォームビジネスをマリアンヌとともに立ち上げている。マリアンヌは ABH に 1992 年に入ってシルバーの同僚となり，主に人事と企業カルチャーを刷新。このときの手腕は Coyote Logistics でも "Momma Coyote" という呼び名がつくほどに発揮され，人を大切にするカルチャーとして業界を超えて影響を及ぼしている（Mastery website, "Our story"）。2016 年には夫妻で，MIT の Center for Transportation and Logistics（CTL）に 250 万ドル寄付（MIT news 2016）している。

5.　シカゴにおける財団などの主な諸団体

　シカゴには，大学と産業界とを連携するうえで，州や市などの政治が大きな役割を担っているように見える。一方で，事業によって財をなした篤志家が経済的な支援だけでなく，大学や行政に近い団体の要職についたり，あるいは財団の意思決定者としてコミュニティ形成において重要な施策を実施することで影響力を及ぼしている。特に，VC 投資は全米第 3 位の都市に見合っていない

現状を挽回するべく，2010 年代以降，起業支援体制を含めたエコシステム構築にも注力している状況を詳述する。また，大都市ならではの特徴であるが，連邦政府の重要な研究機関もあり，これが優秀な人材の雇用先，あるいは大学との協働において重要な役割を果たしている。その中で，特に注目すべき団体をここでは取り上げる。

5.1. アルゴンヌ国立研究所とフェルミ加速器研究所

アルゴンヌ国立研究所ではエネルギー，環境，国家安全保障という国の最も重要な課題に 1946 年に研究所が設立されて以来取り組んでおり，2023 年時点でも日本の Spring 8 と並んで世界 3 大放射光設備の 1 つに数えられる。この研究所の敷地は当時シカゴ大学のスタッグフットボール競技場の足元にあり，その前身は冶金研究所（Metallurgical Lab）として，マンハッタン計画の一翼を担うべく，世界で初めて制御核分裂連鎖反応を成功させたことで知られる（Argonne website, "our history"）。2006 年の Department of Energy の入札により，シカゴ大学が単独で所有する独立法人 U Chicago Argonne LLC を通じて，アルゴンヌ国立研究所の経営権を 60 年間保持することになっており，インセンティブも含めると年間 530 万ドルの収入を得る（Photonics spectra 2006）。セキュリティは非常に厳しくアクセスが極めて限定的に管理されているため，敷地内である程度生活が完結するように，学生用のドミトリーやゲストハウス，フィットネスやレストランやギャラリーがある一方で，コンファレンスセンターもあって外部からのビジターも対象としたイベントなどが開催できるようになっている。

他方，6,800 エーカーもの敷地に 1967 年に建設されたフェルミ加速器研究所は世界有数の素粒子物理学および加速器研究所であり，物質，エネルギー，空間，時間に関する研究を行っており，世界中から集まった科学者や技術者をはじめとする 2,160 名の従業員で，50 ヵ国以上の協業を行っている（Fermilab website）。

5.2. World Business Chicago（WBC）

WBC はシカゴ市の支援を受けて 1999 年に設立された PPP（Public-Private Partnership）であり，ミッションは，包摂的な経済成長・雇用創出の推進，ビジネス支援，世界有数のグローバル都市としてのシカゴ都市圏の発信を通して，

既存企業の事業拡大と新規企業の誘致をサポートすることにある。シカゴ都市圏の全市民が豊かとなる真にインクルーシブな経済都市として，世界をリードし，最もビジネス・フレンドリーな都市にすることをビジョンとして掲げる。主な成果として，ユナイテッド航空の本社を Wills Tower に誘致している（WBC website）。

5.3. Chicago Quantum Exchange

2017 年に設立され，量子技術の社会実装をめざし，産官学連携の促進や研究プロジェクトの実施と共有，研究者やエンジニアへのトレーニングの実施，地域内・米国内での連携促進を行うカタリストでシカゴ大学の Pritzker School of Molecular Engineering（PME）を拠点に活動。メンバーとなっている 5 つの大学の研究所（U Chicago PME，イリノイ大学アーバナ・シャンペーン校の Illinois Quantum Information Science and Technology Center（IQUIST），ウィスコンシン大学マディソン校の Wisconsin Quantum Institute（WQI），NU の Initiative at Northwestern for Quantum Information Research and Engineering（INQUIRE），インディアナ州のパデュー大学の Purdue Quantum Science and Engineering Institute（PQSEI））と **5.1** で記載の 2 つの国立研究所が中心となって，マイクロソフトや IBM，東芝といったグローバル企業パートナーやインド工科大学ボンベイ校（Indian Institute of Technology（IIT）Bombay）やイスラエル工科大学（Israel Institute of Technology）といった他国の研究機関との連携をはかる。

量子情報科学の研究を推進するための 5 つの連邦助成金のうち 2 つをシカゴ都市圏で獲得，この変革的なテクノロジーを地域で強化していくために労働人口の集約を進めるべく，シカゴ大学，Chicago Quantum Exchange，イリノイ州立大学アーバナ・シャンペーン校，P33[6]，アルゴンヌ国立研究所が，米国初の QIS スタートアップ向けアクセラレータ「Duality」を設立。メンバーにこれらの世界最先端の研究設備の使用権や 5 万ドルの資金提供を含む 12 ヵ月のプログラムを提供している。

5.4. Troy Henikoff と MATH, Techstar

T. ヘニコフ（Troy Henikoff）はシカゴ出身で，ブラウン大学（Brown Universi-

---

6 シカゴにおいて量子研究の成果を商業化へと推進するためのカタリスト。

ty）工学部卒業後，NU のプロジェクトマネジメントの修士を取得。OneWed.com や Amacai，SurePayroll.com など多くの企業で代表を務めたのち，2013年に Techstar Chicago となる Excelarate Labs を 2010 年に共同で創業する。Techstar は世界でトップのスタートアップのアクセラレータとして知られており，シカゴはボストン，ボルダー，ニューヨーク，シアトル，サンアントニオに次ぐ 6 番目の都市となった（Center for American Entrepreneurship website, "Troy Henikoff"）。これがシカゴにおいて遅ればせながら起業を支援する体制を整えるうえでの大きなきっかけとなったと思われる。ヘニコフはまた，前述のNU Kellogg School でも教鞭をとり，多くの起業をめざす学生にアドバイスを行っている。

5.5. Built in Chicago

2011 年にシカゴのスタートアップ企業やテック企業をつなぐオンラインコミュニティとして設立され，2023 年時点ではシカゴのほかに今回除外した東海岸や西海岸の主要大都市ごとに同名のコミュニティを展開している。ここでも J. B. プリッツカーが設立時に主要な役割を演じている（BIC website）。

6. シカゴにおける主な産学連携の不動産アセット

シカゴにおいては，これまで見てきたとおり，大学のキャンパス内に多くの産学連携施設ができているが，ダウンタウンにおいて地方政府が中心となって産学連携施設を開発している。また，IIT においては，建物群としてパークが展開されている。

6.1. 1871

先述の J. B. プリッツカーが設立した Chicagoland Entrepreneurial Center というNPO が運営する，2012 年設立のシカゴ市内最大のインキュベータ施設でアクセラレータ。シカゴ大火が起こった年に因んで名付けられた。これまで 3回拡張され，2023 年時点で延床面積は 2 階建てで約 11.5 万 ft^2，約 500 のスタートアップが入居，4 つの VC（Techstars Chicago および Impact Engine を含む）が本部を置き，350 以上の投資家とのつながりを持つ。数々のアクセラレーションプログラムを提供。近年，サプライチェーンに関連するスタートア

ップに限定したプログラムを立ち上げた。2024 年 1 月から JETRO と提携し，日本のスタートアップ支援を連携して手掛けることを決定。所属するメンターによる米国への進出戦略の策定・企業プレゼンテーションのブラッシュアップなどを提供する（Blue 2019）。主な収入は，Form990 によると年間約 900 万ドルのうち，約 500 万ドルが寄付と補助金であり，約 55% に相当する。Program service が主たる収入（約 400 万ドル）でその内訳となるメンバーシップ価格は，企業ステージに応じて異なる。近年は，海外展開を含めてバーチャル会員を募るなどの取り組みを行っているものの，補助金による補填によって収入を維持している。

以下は，Chicagoland Entrepreneurship Center の CEO である B. ジーグラー（Betsy Ziegler）氏にヒアリングした内容となる。

- 施設は収入の約 1% 程度の賃料でリースしてもらっており，建物所有者は別である。（Holiday Inn ホテルなどが入っている歴史的遺産でもある Merchandise Mart は民間デベロッパー Vornado の所有。）
- Early（450 社）や Growth（200 社）が月額 350 ドル（ただし，バーチャル会員は 175 ドル，これにより海外にも展開済み）Late（50 社）や Fortune 500 ＋大企業（60 社）が部屋を確保する場合は 5,000 ドル / 月，さらにオプショナルサービスで課金，例えばリーダーイベントなどのスポンサー支援 50,000 ドル / 年など。

6.2. mHuB

前述の WBC などが主体となって 2017 年に設立した NPO で，シカゴにあるものづくり分野・ハードウェア，環境テックに特化したインキュベータ／アクセラレータ。近年，企業や大学との連携で急成長しており，大幅拡張に伴い拠点を移転。それまでは，6.3 万 ft^2 のモトローラー（Motorola Mobility（a Lenovo company））のラボを活用していた（Hustad 2016）。2023 年 12 月に開所式を実施した新たな施設は，歴史的建造物である Chicago's Kinzie Industrial Corridor 内にその時点では全米最大規模となる 8 万 ft^2 の製造施設のラボとして 5,000 万ドルが投じられた（Martorina 2023）。アイデアからプロトタイプを作り，プロトタイプから製品を製造し，製品が持続的なビジネスへと形を変える一連の流れをサポートするべく施設内に広大なものづくりエリアを設ける。具体的には，製品開発と少量生産までを行うための 11 のラボからなるプロトタイプラ

mHubでは，熟練の技術者がすべての機器の使い方が指導される。2024年2月1日筆者撮影。

ボがあり，設備だけで6億ドルの投資がなされている。11のラボは，3D Printer Lab, Cold metal Lab, Electronics Lab, Finishing Lab, Hot Metal Lab, Lab Benched, Laser Cutting Lab, Plastics Lab, Software Station, Testing Lab, Textiles Lab, Water Work Lab, Woodworking Labで，それぞれのラボでどの設備機器を設置しているか，リストも公開されている。

　一般的なハードテックのスタートアップにとっては量産化技術に大きなハードルがあるが，そのハードルを乗り越えるために製造業者との橋渡しを担っており，それをサポートする人材と設備をともに充実させている点が特徴となっている。アクセラレーションプログラムを含めたイベントを多数開催し，交流を促す仕組みもできている。これまで収益は11億4,500万ドル，調達した資金は15億ドルで，5,000人以上の雇用を生み出している。

　材料や消耗品はサプライヤーからリーズナブルに購入できる以外は，利用料や指導料は会員価格（月300ドル）に含まれる。補助金により運営されるため，実質的には800ドルの価値があるといわれる。個室の賃料は，諸々含めると市場賃料に比べて高めに設定されている。

　2022年にはオムロンのグループ会社であるOMRON Electronic Componentsが提携。具体的には，500人以上の高度なスキルを持つエンジニア，デザイナー，開発者からなる豊富な人材プールをかかえるmHUB Hardtech Development servicesと接点をもつことで，デバイスとモジュールのソリューションを作成するための社内イノベーションを推進することを期待している。これは，米国子会社によるトライアルで，米国のエコシステムに入ってうまくいったら，他のエリアでも展開すると推察される。

6.3. University Technology Park at IIT（UTP）

IIT のメインキャンパスで，2005 年 10 月に最初のテナントを迎え，正式には 2006 年 11 月に稼働しているセンターで，以下の 4 つの施設からなり，計 30 万 ft^2 のスペースでラボとオフィスを提供する。

Technology Business Center は IIT と Wexford Science + Technology の共同事業。

Incubator は 3.3 万 ft^2 で，300〜320 ft^2 の 6 つのオフィス，300〜900 ft^2 の 9 つのドライラボ，750〜2000 ft^2 の 19 のウェットラボから成る。

IIT Tower は 19 階建てのオフィス棟でラボは含まれていなく，主に大企業向けの不動産アセットといえる。

IIT Research Institute は，非営利の大学関連会社で，製薬，バイオテクノロジー，獣医，農薬，栄養補助食品業界向けの受託研究を行う機関として UTC に入居している。

この施設に入居したスタートアップは，働き手となる学生や投資家との接点がもたらされるとともに，補助金申請のためのワークショップなどのきめ細かなサポートが得られる。例えば，Chicago-Kent Patent Hub というイリノイ州の発明者向けの無償プログラムによって，ライセンスを持った弁理士のボランティア活動により，専門のサービスや助言を受けることができる。これは，米国特許商標庁（U. S. Patent and Trademark Office）が 2011 年に開始した特許プロボノプログラム（Patent Pro Bono Program）の一部であり，州などの単位で地域ごとに異なるプログラムが提供されているものである。大学限定のプログラムではないものの，IIT のロースクールの名前が付けられており，実質の運営はこのロースクールで行われている。

6.4. Illinois Quantum and Microelectronics Park（IQMP）

"Illinois as a global quantum capital" というビジョンに基づいて量子コンピューター産業のハブを構築するべく，シカゴのサウスイーストサイドのスティールワーカーズ・パーク（Steelworkers Park）にイリノイ州が 5 億ドルを投じて 128 エーカーの土地と拡張用地 312 エーカーを確保。アンカーテナントとして PsiQuantum が世界初となる量子コンピューター[7]を建設する予定で，Psi-Quantum だけで 30 万 ft^2 の面積に 150 名雇用する施設を 2027 年に完成[8]させ

7　原文では The first useful, error-corrected quantum computer。

る。ミシガン湖とカルメット川の水源や電力といったインフラに加え，前述の CQE との連携にも都合のよい立地となっており，IQMP 全体としては 200 億ドルの経済効果と数千もの雇用創出が見込まれる。PsiQuantum はオーストラリア出身の J. オブライアン（Jeremy O'Brien）らが 2015 年にフォトニクスアプローチを採用することで，大規模でフォールトトレラント（fault-tolerant）[9] なシステムを構築することに成功して創業，オーストラリア政府の支援のもとでブリズベーンにも同様の量子コンピューターを建設することをすでに発表している（PsiQuantum website," About"）。

この企業誘致にあたり，イリノイ州は Manufacturing Illinois Chips for Real Opportunity Act（MICRO），資本助成金，労働力開発支援，低利融資，その他の奨励金を含む総額 2 億ドルのインセンティブ・パッケージを提供している（illinois.gov 2024）。

7. おわりに

シカゴにおける産学連携の不動産アセットは，シカゴ大学と NU，あるいは IIT のメインキャンパスにおいて，産業界で成功した著名人による寄付と起業プログラムへの参画という形の連携が成されている。また，それらの郊外キャンパスとは別に，ダウンタウンにおいては地方行政のサポートのもとでは，1871 や mHUB といった不動産アセットがあり，各大学もそれらのアセットに入居している。さらには，やや広域で非常に専門的かつ実用化に時間がかかる量子技術の連携を担う CQE は，特定の不動産アセットを介さない，逆にいうと国立研究所を含めたメンバーすべての不動産アセットを活用することを前提としたエコシステムの取り組みとしてこれから注目していくべき動向である。メンバーシップというステータスと，そのステータスに紐づく機会の提供に価値が置かれており，スペースの提供は付随に過ぎない。シカゴを活性化するための産業政策的な目論見と，大学で生きる術を身に付け社会で成功したいと願

---

8 Lamar Johnson Collaborative が設計，Clayco が建設，Related が州と PPP を構築するスキームとなっている（Related 2024）。

9 構成要素の一部が故障，停止などしても予備の系統に切り替えるなどして機能を保ち，稼動を続行できるという意味で，すべての量子操作においてエラーが発生することを前提として，それでも依然として量子誤り訂正が成功するように量子回路をうまく設計することが，量子コンピューターでは必須となる。

第7章　Deep tech に向かうシカゴ　　　171

う志願者の意欲が同じ方向を向いてコミュニティとしてのビジョンを形成している。そこに参加することに大企業が価値を見出してメンバーシップやスポンサー支援に乗り出しているといったら言い過ぎだろうか。

　産学連携のテーマとしては，食品加工業も含めた製造業の拠点であり，量子技術に直結する国立研究所が立地する拠点があるなど，シカゴ独自の強みを活かすべく，AI やロボティクスなどの製造技術や量子技術といった時事性の高い Deep tech に向かっている。ここでいう時事性とは，地方政府や連邦政府の国策を担う国立研究所と同じ目線にたち，その時代の政策方針に沿っているかどうか，あるいは財団や篤志家の賛同を得やすいような，その時代の社会的要請に沿っているかどうか，ということである。そういう意味では，ピッツバーグに比べると，全米を代表する大都市としてのシカゴの歴史的位置付け，すなわち米国エネルギー省の国立研究所を擁して最先端の科学の課題に挑み，世界をリードする経済理論や社会学を打ち立ててきた積み重ねが，産学連携のテーマ設定にも大きく影響しているように思える。

　産学における人材の連携に関しては，ピッツバーグでもファミリーやその財団の影響力が背景にあったが，シカゴでは成功した本人がより同時代的に直接的な影響を及ぼしていることがわかる。大学においても，単なる資金提供だけでなく，卒業生である本人が後輩に対して直接的に影響を持てるよう役員になったり教職に就いたり，さらには大学への寄付金集めにしても，彼らがリーダーシップを発揮して，より大きなファンドレイジングにチャレンジすることで影響力を発揮しており，好奇心の好循環の仕組みが定着していることがわかった。すなわち，成功した人物が一線を完全に退くというよりは，セカンドキャリアとして篤志家もしくは政治家や教員となって地域や大学を盛り上げたり，直接アドバイスするメンターとなったりと，同じ時代を生きる後輩にとってのロールモデルとなるようなパターンが非常に多く見られた。そしてそのように起業して成功したのちにまた別のキャリアに進むというキャリア形成のための教育プログラムが，工学系に留まらずビジネススクール，あるいはロースクールにおいても非常に充実していることがわかった。

　日本において大学発の起業というと，大学で身に付けた技術や研究成果を活用できる工学部出身者がメインになっているように感じる。しかし，これからは，公共政策やビジネスを専攻する学生にも起業するチャンスが広がるような仕組みづくりが求められるかもしれない。これを日本で実現するためには，学

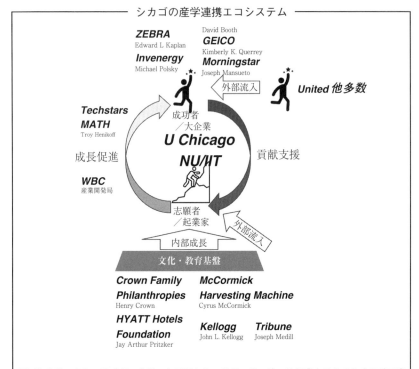

運河と鉄道により一次産品の集散・加工地として発展。その後，鉄鋼業をはじめとする重工業が興り，1980年代の衰退期にも，産業がすでに多様化していたために都市の衰退は免れた。2000年代以降デジタル分野の起業があっても西海岸や東海岸に流出していたが，2010年代になって起業支援体制が整ってきたが，それでもVC投資は全米第3位の都市に見合っていない。近年は地方政府が旗振り役となって，エコシステム構築にも注力している。

部の枠組みを超えて展開することが鍵となってくる。

　最後に，South Sideにおいてシカゴ大学 Medicai School が科学の課外授業を無償で提供するといった地域連携や，産学連携による地域支援のDX化によって貧しい地域への支援の強化がなされていたことは非常に興味深く，このようなボトムアップ型の支援の意義について確認しておきたい。シカゴ出身のヘニコフが2010年代以降に地域の行政や母校も巻き込んでシカゴにおける起業支援に取り組んだように，その土地に生まれ育った人がそこに愛着をもって地域に貢献しようとするのが自然な流れであるならば，ボトムアップによってより多くの優秀な人材を生み出すためのすそ野を広げる活動はその地域において

非常に重要である。そういう意味では，シカゴ大学の Pritzker School of Molecular Engineering におけるアウトリーチも示唆に富んでいる。最先端の分野であるからこそ子どもたちの関心も高く，STEM 教育の活きた題材となるのであれば，そこに民間企業も経済的・人的支援に入って産学で連携する余地があるかもしれない。

第8章 Micro-Urban Community として 新産業創造に取り組むシャンペーン／アーバナ

1. はじめに

　イリノイ州南部に位置するツインシティのシャンペーン／アーバナはその都市圏人口が約23万人であり（U. S. Census Bureau），シカゴからは直線距離で約220 km（車で片道約2時間）離れたところに位置する。

　1850年代に入り，イリノイ・セントラル鉄道が開通して繁栄，1867年にイリノイ大学の旗艦校であるアーバナ・シャンペーン校が開校し，大学とともに都市が発展する。1921年に開校のイリノイ大学付属高校（University Laboratory High School）も有名である。空の玄関口となるイリノイ大学ウィラード空港（University of Illinois-Willard Airport）は大学が保有[1]するなど，イリノイ大学がシャンペーン／アーバナの産業の中心となっているという意味では，典型的な学園都市[2]である。

2. シャンペーン／アーバナの大学

　州立であるイリノイ大学アーバナ・シャンペーン校の近接地にリサーチパークが開発されており，スタートアップだけでなく大企業が誘致されている。こ

---

1 Chicago O'Hare と Dallas-Fort Worth を目的地として American Airlines が運航しているほか，プライベートジェットの離発着も可能である。

2 大学関連産業以外では，マーケット・アット・ザ・スクエア（Market at the Square）をはじめとする商業があげられる。1979年に始まったこの市場では，5月から11月にかけて，毎週土曜日の午前中に150以上の出品者が集まり，地元イリノイ州産の農産物・畜産物・乳製品をはじめ手作りの地元の美術品や工芸品が販売されており，近年は公式ウェブサイトのリンクを通じてオンライン販売も行っている。

第8章　Micro-Urban Community として新産業創造に取り組むシャンペーン／アーバナ　175

のことからわかるとおり，産学連携エコシステムの推進役はあくまで大学ということである。

2.1. イリノイ大学アーバナ・シャンペーン校（University of Illinois Urbana-Champaign, UIUC）

2.1.1. 概要

　イリノイ大学システムには UIUC のほかにシカゴ校（University of Illinois at Chicago, UIC）とスプリングフィールド校（University of Illinois at Springfield, UIS）が所属するが，UIUC が旗艦校であり，パブリック・アイビーと称される名門公立大学の1つとされる。特に工学・自然科学分野における研究実績は国際的に評価が高く，これまでに送り出したノーベル賞受賞者の数は 24 人，ピュリッツァー賞は 29 人が受賞。世界大学ランキング（U. S. News, 2024-2025 Best Global Universities Rankings）では 100 位である。HTML ブラウザとしては世界初である Mosaic を発明した米国立スーパーコンピューター応用研究所（National Center for Supercomputing Applications, NCSA）をキャンパス内に擁する。また，このキャンパスは，世界最初の発光ダイオード（LED）が生まれた場所でもあり，電気工学分野の研究開発においても顕著な実績をあげている。近年は PayPal の共同創立者である M. レフチン（Max Rafael Levchin），L. ノセク（Łukasz Nosek）や，YouTube の共同創立者である S. チェン（陳士駿，Steve Shih-chun Chen），J. カリム（Jawed Karim）など起業家を送り出している。UIUC の学部生数は約 3.4 万人でそのうち約 5,000 人は海外からの留学生である。大学院生が約 2.2 万人，教員数は約 3,000 人，その他スタッフが約 1 万人，キャンパスの総勢は 6.9 万人と，かなりの大所帯となる（UI website, "fact"）。主な分野としては，大学ランキングにおいて物理学が 20 位，コンピューターサイエンスが 26 位，宇宙工学が 35 位，農業科学が 44 位である。

　一方，UIC は医学部の本拠地であるが，1973 年に設立された電子視覚化研究室（Electronics Visualization lab., EVL）は，UIC 工学部コンピューターサイエンス部門の学際的な研究室として注目に値する。手の動きのデータを入力するデータグローブは 1977 年に，CAVE（cave automatic virtual environment）と呼ばれる仮想現実の没入環境は 1992 年に，SpiderSense というセンシングウエアは 2013 年に，それぞれここで発明されている。また，視覚に関する先進的なアート作品への取り組みも有名である（UI website, "research milestone"）。

イリノイ大学アーバナ・シャンペーン校の Instruction Facility（左）には階段状のホール（右）がある。2024 年 2 月 2 日筆者撮影。

2.1.2. UIUC における顕著な寄付

　イリノイ大学財団（University of Illinois Foundation）が，上記のイリノイ大学システム加盟 3 校の寄付金の受け皿となっており，1974 年の設立時は 14 人だった従業員が 2022 年には 170 人を超えてきており，後述するリサーチパーク内には 2023 年に Philanthropy Center を建設して活動を活発化している。財団の収入（大学に対する寄付金・補助金含む）は，2023 年では約 4 億 2,370 万ドルで，そのうち約 8 割が UIUC に対する寄付である。過去 5 年間の収入の水準は 4 億 5,000 万ドルで安定している。収入の内訳は卒業生からが 4 割，財団からが 2 割弱，企業からが 16% となっている。寄付の使途としては，研究に 9,760 万ドル，施設に 4,500 万ドル，学生への支援に 4,670 万ドルがあらかじめ決まっており，全体の 6 割を占める。州立大学でありながら，イリノイ州への依存度はそれほど高くない（UI Foundation website, "Fiscal Year Private Giving"）。

The Grainger College of Engineering

　1919 年にこの学部を卒業した W. グレインジャー（William W. "Bill" Grainger）は電気モーターの卸売ならびに小売業で 1927 年にシカゴにて Grainger を創業，1967 年に上場し，2022 年時点では，200 万点以上の工業用間接資材（maintenance, repair and operating, MRO）を提供し，売上 152 億ドルを誇るほどの企業に成長している。なお，日本においては，住友商事と提携して，事業主向け通販サイト「MonotaRO.com」を提供している。

この college においては，Grainger Foundation を通じて Grainger Engineering Library Information Center や Grainger Awards Program, Grainger Lecture Series を提供している（UI website,” William W. Grainger”）。

なお，1981 年にこの college を卒業し，1990 年に Foxconn[3] に入社して執行副社長兼 NWInG の ゼネラルマネージャーとなった台湾人の S. リウ（Sidney Lu）が college の建物のリノベーションに 2,100 万ドル寄付したことで Sidney Lu Mechnical Engineering Building という冠名となっている（Schmitt 2012）。なお，リウが CEO を務める Foxconn Interconnect Technologies（FIT）は 1億ドルをかけてイリノイ大学の Discovery Partners Institute（DPI）にスマート・テクノロジーセンターを設立している。具体的には FIT が 10 年にわたり5,000 万ドルを負担して IOT に関連する教育プログラムと研究を支援。一方，大学側はセンターの施設を拡張し，研究を行う教員を雇用するために 5,000 万ドルを投資する。その資金の一部は，DPI とそれに付随するイリノイ・イノベーション・ネットワークに予定されている 5 億ドルもの州基金から賄われる。これは，大企業が州立大学と連携する 1 つの事例として参考になる（Gaines 2019）。

Gies School of Business

ノースウェスタン大学の Kellogg School of Management においても寄付のあったギース夫妻が 1 億 5,000 万ドルを寄付。L. ギースは Madison Industries を創業し，Big ASS Fan をはじめとする多くの企業を買収して財を成す。ギースは寄付をする前から数十年にわたりビジネススクールの授業で講義を行い，ケーススタディでも自身が経験した買収事例を教材として提供したり，新規ビジネスの資金調達の授業にも登場したりするなど，深くこのスクールのコミュニティに入り込んでいる。具体的には，Deloitte Foundation とともに 2016 年には University of Illinois-Deloitte Foundation Center for Business Analytics を設立，数多くのデータ提供によるビジネス分析カリキュラムを実施している（Byrne 2022）。

---

3 Foxconn はイリノイ州に隣接するウィスコンシン州に工場を建設している（計画時の 100 億ドル規模から縮小したことで批判を受けたという。Gaines（2019）。

Beckman Institute for Advanced Science and Technology

A. ベックマン（Arnold Beckman）と T. ブラウン（Ted Brown）教授が「協業的で学際的な分野の研究場所」をつくる構想を抱いて 1989 年に設立。ベックマンは，1923 年に化学技術専攻で修士卒業後，ポータブル PH 計「Helipot」と電気抵抗器「DU spectrophotometer」を発明し，財を成す。ベックマン夫妻はこの施設に 4,000 万ドルを寄付し（総額 5,000 万ドルのうち残りは，イリノイ州が負担），他大学の研究施設なども含めると，3 億 5,000 万ドルもの寄付を行っている（University of Illinois website, "Arnold Beckman"）。

この施設における顕著な実績としては，先述の 1993 年に開発した世界初のブラウザ Mosaic（入居していた National Center for Supercomputing Applications が開発），Autonomous Materials Systems Group から移籍した P. グーベル（Philippe Geubelle），S. ホワイト（Scott White），N. スコット（Nancy Sottos），J. ムーア（Jeff Moore）らのチームによる Rust-Oleum META Prime（自己再生により塗装の寿命をのばす材料）の開発につながる研究，M. ファビアニ（Monica Fabiani）教授や G. グラートン（Gabriele Gratton）による Pulse-DOT の特許（脳の動脈測定，脳機能のマッピング）などが挙げられる。

Thomas M. Siebel Center for Computing Science

UIUC におけるコンピューターサイエンス部門の歴史は，世界初のコンピューターの歴史とともに始まり，1949 年に米軍とイリノイ大学が共同で Ordnance Variable Automated Computer と ILLInois Automated Computer の開発に向けた Digital Computer Laboratory を組織することで始まる。その後，1981 年に国立科学財団が 420 万ドルの資金をあてることを決定，1984 年に Center for Supercomputing Research and Development と National Center for Supercomputing Applications を設立し，キャンパス内に 2 つのスーパーコンピューターを持つ唯一の大学となる。1985 年には NASA による資金で，Illinois Center of Excellence in Aerospace Computing も設立されている。イリノイ大学のコンピューターサイエンス部門は政府の支援で発展してきたように見えるが，このセンターの建設は T. ジーベル（Thomas M. Siebel）による 1999 年の 3,200 万ドルの寄付によるところが大きい。ジーベルは，顧客リレーション管理システムで業界をリードする Siebel Systems を開発し，2006 年には Oracle に 58 億ドルで売却している。

第 8 章　Micro-Urban Community として新産業創造に取り組むシャンペーン／アーバナ　179

　このセンターはその成り立ちからして国家政策レベルの実績が多数あるが，民間企業にとって重要な実績としては，以下が挙げられる（ジーベルの実績は前述のとおり）。

- 1992 年に The Whole Internet という世界初のインターネットに関するユーザーガイドを卒業生の E. クロール（Ed Krol）が発行。
- 2000 年に前述の M. レフチン（1997 年卒）が PayPal を創設，CAPTCHA 認証の最初の商用アプリの 1 つを開発。
- 2005 年に前述のチェン，カリムが YouTube 創設，2006 年には 16.5 億ドルで Google に売却。
- レフチンは卒業後にシカゴを離れてカリフォルニア州において 1998 年に Confinity の前身となる会社を起業する。そこに，レフチンと同級生だったチェン，カリムが加わり Paypal というサービスができる。Confinity は Nokia Ventures や Deutsche Bank が初期の出資者だが，のちにマスクが設立した X.com と 2000 年に合併して Paypal となる。Paypal は NASDAQ 上場ののち ebay に 2002 年に買収されるが，その後間もなくして多くのメンバーが Paypal を去り，それぞれが YouTube や Linkedin，Yelp などの企業を生み出し，多くのユニコーンも誕生している（UI website, "Computing Science History"）。ここで強調しておきたいことは，2000 年前後のインターネットの黎明期に最先端のコンピューターサイエンス技術をイリノイ大学で学んだ卒業生が，イリノイ州には留まらずに，西海岸に移ったのちに数多くの起業によって社会実装が果たされたことである。前述するヘニコフがインキュベーションの体制をシカゴで取り掛かるのが 2010 年であり，起業の風土や支援体制が西海岸ほどには整っていなかったために，この地域における産業勃興の機会損失となったことは否めない。

Carl R. Woese Institute for Genomic Biology (IGB)

　C. ウッセ（Carl R. Woese）は，それまで真核生物，原核生物の 2 分類と考えられていた生命の系統について，原核生物を細菌，古細菌に 1990 年に分類することを提案した。その功績にちなんでこの研究所の冠名がついている。研究分野は，健康課題解決，ゲノム技術，環境資源と保全といった広い分野にわたる。

　ここで特に紹介したいのが，Realizing Increased Photosynthetic Efficiency

（RIPE）プロジェクトである。RIPE は複雑な光合成のプロセスを解明することで作物の生産量を増やすことを目的とした取り組みであり，イリノイ大学の IGB を本拠地として，ケンブリッジ大学，ランカスター大学，カリフォルニア大学バークレー校，英エセックス大学，ルイジアナ州立大学，米国農務省 Agricultural Research Service，オーストラリア国立大学，豪 Commonwealth Scientific and Industrial Research Organisation（CSIRO），中国科学院，独 Max Planck Institute といった国際的な官学連携のプロジェクトとなっている。Bill & Melinda Gates Foundation より，2012 年から 5 年間 2,500 万ドルの助成を受けてプロジェクトがスタート，2017 年からの 5 年間には 4,500 万ドルを追加で助成，さらに 2018 年には 1,300 万ドルが追加，そして 2023 年からの 4 年間は 3,400 万ドルの助成が決まっている。これは，1 つの州立大学の 1 研究所で始まった取り組みが，海外の大学や行政を巻き込んで発展していく好例である。UIUC において 2012 年から RIPE に携わり現在そのディレクターを務めているのが S. ロング（Stephen P. Long）である。ロングはロンドン出身で，エセックス大学を経て 1999 年より UIUC の教授となり，現在は Ikenberry Endowed University Chair of Crop Sciences and Plant Biology という立場である。ロングは 2007 年に 10 年間で 5 億ドルという研究予算がついた Energy Biosciences Institute（EBI）設立にも携わったが，それを退いての RIPE プロジェクトへの参画となった。また，ロングは 2013 年にロンドン王立協会のフェロー，2019 年に米国国立科学アカデミーの会員に選ばれ，この分野においては世界的な影響力を持ち，ホワイトハウスやバチカン，そしてビル・ゲイツに食糧安全保障とバイオエネルギーに関する説明を行うなど，彼の幅広い人脈がこのプログラムを国際的な展開へと導いたことは疑う余地がない（RIPE website, "our story"）。

Carle Illinois College of Medicine

UIUC と Carle Foundation の提携により 2015 年設立された，工学と医学の融合をめざした世界初の school で，UIUC のエンジニアリング，テクノロジー，スーパーコンピューティングにおける蓄積を，Carle Foundation の総合的なヘルスケアシステムと統合させるというビジョンを持っている。特徴的な研究分野としては，Cross-Cutting Research Themes として，医療に資するロボット工学や Virtual & Mixed Reality，データサイエンス，光学・画像分析技術などが挙げられている。

第8章 Micro-Urban Communityとして新産業創造に取り組むシャンペーン／アーバナ 181

　さらに，Jump Trading LLC による 1,000 万ドルの寄付で Jump Simulation Center が設立されており，このセンターでは，最先端の仮想現実やマネキンなどを使用することで可能な限り現実に近い環境を提供し，人間の健康と安全に影響を与えることのない環境で医療技術の習得を可能にする。そして，同時にここで最先端の医療工学が試される。Jump Trading LLC は，ともに UIUC を卒業した B. ディソマ（Bill DiSomma）と P. グリナス（Paul Gurinas）によって 1999 年に設立された，シカゴに本社を置くアルゴリズムおよび高頻度取引戦略を専門とする私募トレーディング会社で，2013 年には同社の年間収益は 5 億ドルを超えたという。ディソマのファミリー財団は 2012 年末時点で 2,980 万ドルを保有し，前年の 2011 年にはイリノイ州ピオリアの病院と医科大学に 2,500 万ドルを寄付している（Traders Magazine 2014）。

2.1.3. UIUC に関連するインキュベーションプログラム

　ここでは，UIUC 単独のプログラムというよりも，他の公的機関との連携によって地域における起業やスケールアップの課題に対して取り組まれているプログラムを紹介する。

The Illinois University Incubator Network（IUIN）

　University of Illinois EDA University Center や Illinois FAST Center, EnterpriseWorks at the University of Illinois Research Park などとのパートナーシップにより，リソースのシェアや技術アドバイス，資金援助などのニーズに対応している。これらは 1953 年設立の連邦政府機関である前述の米国中小企業庁の支援を受けた公的なサポートである（IUIN website）。

ICATT Apprenticeship Program

　Industry Consortium for Advanced Technical Training（ICATT）は ドイツの二重教育システム（German Dual Education System）をモデルにして企業特有の知識を理論と実践的な現場学習の組み合わせで習得できるようにデザインしており，その Apprenticeship program によって熟練技能者不足を補うことを期待してイリノイ州製造業協会（Illinois Manufacturers' Association）が支援している団体である。オフィス自体はシカゴのダウンタウンにあり，プログラム自体は，German American Apprenticeship & Education Foundation と German American Chambers of Commerce により開発されたものである。シャンペーン／アーバナでは 現在パークランド大学（Parkland College）と提携している 2 つのメーカーで Apprenticeship program を導入しており，他の中小企業でも新たに活用されることが期待されている（ICATT Apprenticeship Program website）。

3. シャンペーン／アーバナの産業界

本章の冒頭に触れたとおり大学がシャンペーン／アーバナの産業の中心ではあるものの，ここでは大学との関係において重要や役割を果たした企業について触れる。

3.1. Carle Health

1918 年に M. モリス（Margaret Burt Carle Morris）が 4 万ドルをアーバナ市に残し病院を開業，Urbana Memorial Hospital Association につながる。1931 年にはロチェスターのメイヨクリニックから J. ロジャーズ（J. C. Thomas Rogers）と H. デイヴィソン（Hugh L. Davison）がアーバナに移ってきて Carle Memorial Hospital と Rogers-Davison Clinic ができる。以降も数々の病院を編入し規模の拡大をはかるとともに，1980 年に始めたサービスが 1989 年にはカール・クリニックが所有する営利保険会社 Health Alliance Medical Plans へと再編される。さらに 2015 年に UIUC とともに世界初の工学系医学大学である Carle Illinois College of Medicine を設立。グループとしては 1.6 万人の従業員となり，うち半数の 8 千人がシャンペーン郡での雇用で UIUC に次ぐ 2 番目に大きい雇用主となっている（Carle Healrth website, "History"）。

3.2. John Deere

鍛冶屋を営む J. ディア（John Deere）が，その土地に合った鉄製の鋤を発明しそれを大量生産する工場をイリノイ州東部のモリーンに建設するために 1868 年に会社を創業。1912 年にニューヨーク証券取引所に上場，15 の製造施設，24 の営業支店を構えるまでに成長，1918 年には Waterloo Gasoline Engine Company を 225 万ドルで買収しトラクター事業に参入する。1997 年には最高益 9 億 6,010 万ドルを達成，John Deere Pavilion を開設するなど，各種支

第8章　Micro-Urban Community として新産業創造に取り組むシャンペーン／アーバナ　183

援活動にも注力するようになり，UIRP に 52,724 ft^2 の 2 階建てオフィスを建設し，AgTech Innovation Summit の開催も支援している。こうした会社としての支援活動とは別に，ディア個人として 1948 年に Moline Community Chest への寄付を決めたことで，John Deere Foundation を設立，設立 75 周年にあたり，2021 年には 1,900 万ドルという過去最大の寄付を決め，今後 10 年間で食糧問題解決のため農家支援や飢餓対策に計 2 億ドルの投資を行うことを発表している（John Deere website, "history-heritage", "John Deere foundation celebrates 75 years"）。なお，ディア自身は 1873 年にモリーン市の 2 代目の市長となりインフラ整備に貢献，モリーン市の Rockisland 周辺には彼の名前にちなんだ中学校もある。

3.3. シャンペーン／アーバナにおけるテクノロジー企業の動向

　ここでは，大学での研究成果であるテクノロジーを活かした事業の動向についていくつか触れることで，UIUC における産学連携のありようについて理解を深めたい。

3.3.1. Inprentus

　革新的なデュアル原子顕微鏡スクライビング技術を商業化するために，UIUC 物理学専攻の P. アバモンテ（Peter Abbamonte）教授によって 2012 年に創業された。この技術は，金属表面の機械的変形によってナノスケールでのリソグラフィーを実現し，放射光ビームライン・FEL 等，低ブレーズ角／高効率・高分解能／大きなサイズが求められる研究用途向けに反射型ブレーズドグレーティングを提供する。2017 年の，NASA や中国の国立放射光研究所との提携を契機として，2018 年には 250 万ドルの投資を得て後述する EnterpriseWorks を卒業，シャンペーン市内で最新のクリーンルームを擁する拠点を新たに設けている（Zigterman 2017）。2022 年には，EUV Tech Inc.[4] が製造する半導体 EUV 露光継続装置の光学コンポーネントとしての採用が決定，Inprentus と EUV Tech は協力して光学コンポーネントの設計を最適化し，半導体計測プリケーションの効率と光学特性を最大化することに挑戦している（Inprentus PRweb 2022）。

3.3.2. EpiWorks

UIUC の博士課程で，Q. ハートマン（Quesnell Hartmann）と D. アーマリ（David Ahmari）が高性能 III-V エピタキシャル・デバイス向けの新しい材料積層技術と設計を開発し，その成果をもとにシャンペーンに 1997 年に創業した半導体のウェハー製造メーカーである。創業には指導教員だった G. スティルマン（Greg Stillman）も加わる。創業後も大学の Micro and Nanotechnology Laboratory と緊密に連携し，EpiWorks で開発された電気増幅と誘導放出を同時に生成する画期的なデバイスが，M. フェン（Milton Feng）教授と N. ホロニャック（Nick Holonyak, Jr.）教授が発明したトランジスターレーザー[5]の発明につながっているという（Schmitt 2016）。

2016 年にピッツバーグを拠点とする化合物半導体（compound semiconductor）メーカーの II-VI に 4,900 万ドルで買収され，NASDAQ に上場している Coherent の事業となっている現在もこの地に留まり，UIRP から生まれた前述の Insprentus や Starfire Industries，Cygnus Photonics，TipTek や，NVIDIA などとともに半導体産業のエコシステムの一翼を担っている。こうした産業集積とあいまって，シャンペーンにある High Tech Compound Semiconductor Material Center of Excellence がイリノイ州商務局（Illinois Department of Commerce & Economic Opportunity）のサポートのもとで 2016 年から計画され 2018 年 5 月に完成。ここで開発される半導体は，今後飛躍的な成長が期待される 3D センシング，光ネットワーキング，無線通信，パワーエレクトロニクスの中核部品となることが期待されている。このセンターは Apple's Advanced Manufacturing Fund からの支援も受けている（Shepard 2018）。創業者の一人，アーマリは次のように語っている。「私たちはずっと前にここに留まると約束し，グレッグ（スティルマン）と大学から多大な支援を得ました。その代わりに，私たちはここに残るために全力を尽くすと約束しそれを実行しました。私たちの目標は，イリノイ大学が半導体の研究だけでなく商業化と生

---

4 EUV Tech は 1997 年に R. ペレーラ（Rupert Perera）が創業した，最先端のメトロロジーソリューション（Metrology Solutions）を提供する世界的リーダーであり，極端紫外線（EUV）およびソフト X 線技術を使用したツールを開発しており，半導体装置産業で注目されている。2022 年に P. ノーロー（Patrick Naulleau）を新たな CEO に迎えているが，二人はともに米国エネルギー省の Lawrence Berkeley National Laboratory 出身である。2023 年には Intel Capital の出資が決定していることからも成長が有望視されていることがわかる（Chowdhry 2023）。

5 電気信号と光信号の両方を含む集積回路と高速信号処理の領域を切り拓いた画期的な装置。

第8章　Micro-Urban Community として新産業創造に取り組むシャンペーン／アーバナ 185

産の拠点となるよう，クリティカルマスの構築を支援することです」。この言葉こそが，まさに産学連携によってその地に産業が集積するための秘訣を物語っているといえる。産学連携は研究拠点の集積までは比較的容易ではあるが，その成果を商業化して，かつ生産拠点まで集積させるとなると，一定以上の塊，クリティカルマスが不可欠である。研究から製造までのサプライチェーンを担う多様な人材やインフラが不可欠となり，結果その都市の産学連携エコシステムへの影響も大きくなっていく。

4. シャンペーン／アーバナにおける財団などの主な諸団体

シャンペーン／アーバナにおいては，あくまで大学が産学連携の主体となってきたのはこれまで述べたとおりであるが，そうした条件下における行政などの役割についても触れておく。

4.1. Intersect Illinois
イリノイ州における適切な投資と企業成長を支援するために設立された非営利経済開発団体で，各種プログラムを無料で提供。年間収支は 2022 年で 67.3 万ドルであり，直接資金を提供するというよりは，各種情報の提供が活動の中心となっている。2022 年度の活動実績の効果としては，4 億 200 万ドルの投資と 1,884 人分の新たな雇用創出に貢献したと発表している。農業はイリノイ州の重要な産業[6]であることから，UIRP での AgTech Innovation Summit 開催を支援している（Illinois Business Journal 2022）。

4.2. Champaign County Economic Development Corporation（CCEDC）
シャンペーン郡における経済活動を支援する組織であり，中小企業を支援する Illinois Small Business Development Center もここに拠点を構える。産業用不動産の斡旋，各種特区や免税措置などのインセンティブ・プログラムなどの提供を通じて企業誘致を行うかたわら，Innovation Celebration という表彰制度を設けて起業を支援している。

2014 年に UIUC とともに今後の地域産業クラスターの可能性について検討

6　農産物の輸出では全米第 3 位，民間の食品製造研究開発では第 1 位。

を重ねてきた成果を 2021 年に公開しており，以下その内容について紹介する。「UIUC の強みであるデータサイエンスの人材供給を活用する AgTech や MedTech，Manufacturing が候補。AgTech については，トウモロコシと大豆の産地であり，それらの農家とともにテストベッドを提供できることが有利になるとし，パーク内の John Deere と Caterpillar といった大企業（との連携）や，UIUC からのスピンアウトを支援するアクセラレータとして，Illinois Ag Tech Accelerator も生まれており」，条件が整っている。一方，medtech は（前述の）「Carle Illinois College of Medicine のカリキュラムがイノベーターとなる外科医向けにデザインされており，先端医療技術の発明と商業化の推進に役立ち，そこで開発される工学と医療の専門知識の融合からクラスターが恩恵を受けることが期待される」という（CCEDC website, "2021 Champaign-Urbana Industry Cluster Assessment and Strategy"）。郡の規模がそこまで大きくないものの，行政が大学と寄り添って活動していることがこの報告書からも確認できる。

5. シャンペーン／アーバナにおける主な産学連携の不動産アセット

5.1. University of Illinois Research Park (UIRP)

1999 年にイリノイ大学信託で承認されたのち，2000 年にイリノイ大学リサーチパーク有限責任会社（The University of Illinois Research Park LLC）を設立し，リサーチパークの開発運営において大学とは独立運営できる体制を整えた。この LLC が，Peter Fox/Atkins Development, LLC[7] をデベロッパーに選定，10 年間の借地契約を行う。

リサーチパークが提供する機会は以下の 3 つ。

- 教員にとって，大学の仕事と同時に新たな技術を開発し商業化する機会
- 既存企業にとってイリノイ大学の教員や研究員と協業する機会
- 学生にとっては，高く評価されるようなインターンシップの機会（highly regarded internship opportunities）

リサーチパークの役員である L. アッペンツェラー（Laura Appenzeller）の言葉を引用すると，"We support and encourage entrepreneurship and taking

---

7 Fox Development Corporation は 1984 年設立のシャンペーンのデベロッパーで，The Atkins Group は住宅や産業用途を主とした地元のファミリー企業である。

第8章　Micro-Urban Community として新産業創造に取り組むシャンペーン／アーバナ **187**

what is being done in a research lab and translating that into a commercializable product." 「起業家精神を支援するとともにエンカレッジし，研究室で行われることを商業的に成立する製品に転換する」。これがその機会提供のめざすところといえる。

　このパーク内において，イリノイ州が800万ドルの資金を提供してアーリーステージのインキュベーション施設である EnterpriseWorks を 2003 年に竣工，2004 年には最初のテナントが入居する。2008 年にはパークのアメニティとして I-Hotel と Conference Center が稼働。これは UIRP.LLC と Fox/Atkins パートナーズによる共同事業である。2011 年には，Association of University Research Parks（AURP）[8] より表彰を受ける。このとき Fox/Atkins との契約を 10 年更新し，2021 年までの延長を決定される。その後，2013 年にはシャンペーン市より 600 万ドルの寄付を受けて道路整備の上，敷地を拡張し，2014 年に 4 万 ft^2 の Yahoo ビルが稼働し 200 人のフルタイムワーカーが働くようになる。2018 年時点のマスタープランが公開されており，それによると，全体の開発面積は，143 エーカーで 6 つのゾーニングがなされている。建物の延床面積の合計は，146.8 万 ft^2 で最大用途はラボ＆オフィスで 62.7 万 ft^2 となっており，駐車場台数は 2,727 台を見込む（2018 Master Plan Update）。2023 年時点まで全 18 棟のうち 16 棟を Fox/Atkins が開発している（Fox Companies website, "university-of-illinois-research-park"）。

　2016 年には AgTech Innovation Summit を開催，2025 年の開催もすでに決定している（UI website, "AgTech Summit"）。2020 年に Conference Center を拡張し，600 人規模のホールを備え，AgTech Innovation Summit 以外でも年間 200 ものイベントを実施，起業家と専門家が 500 時間を超えるミーティングを行っている。2021 年に Bill and Melinda Gates Foundation が Greenhouse を建設，これは前述の RIPE プロジェクトと関連した動向である。また，前述のとおり 2023 年には University of Illinois Foundation が 6 万 ft^2 の Center for Philanthropy をパーク内に建設し，開発者や篤志家が集まる拠点として活用される。入居企業 120 社のうち 70 社以上が現地発のスタートアップであるが，大企業のテナントとしては，Yahoo の他，NVIDIA, Caterpillar, Abbott,

---

8　AURP は大学を起点としたリサーチパークやイノベーションディストリクト，テクノロジーハブ，コミュニティのダイナミックの発展や成長を支援する企業を代表する非営利国際団体で，1986 年設立（AURP website, "about"）。

パーク入口（左）とYahooビル（中），I Hotelの増築棟にあるコンファレンスルームは最大6分割可能（右）。2024年2月2日筆者撮影。

Agco，Foxconn，Motorolaなどが名を連ねており，大企業の誘致に成功している（UIRP website, "Development History"）。

　リサーチパークの強みは起業したばかりのスタートアップが国際的な大企業とすぐ近くに肩を寄せ合うことであり，教育，訓練，ネットワーキングイベントを通じてコミュニティが形成され，企業間どうしのパートナーシップが研究開発の進化を加速する。新たな雇用を生み出せたことで補助金をだした地方行政への貢献も証明できて，最初の建設から20年以上たってなお拡張するためのマスタープランも承認されたことが，産学連携アセットとしての成功を証している。UIRPの成果については，M. ドゥサール（Marc Doussard）教授の研究をもとにEconomic Impact Report 2021がまとめられており，それによれば，2019年からの3年間で2,880万ドルの投資がパークに行われ，これに起因する総生産（total economic output）は13億ドルに及ぶと試算されている。

6. おわりに

　シャンペーン／アーバナにおける産学連携の不動産アセットは，UIUCの管理下にあるキャンパス内の施設とは別に，大学からは独立している別組織UIRPのもとでリサーチパークを展開。大学との連携を保ちながらも自由度の高い開発が成功し，拡大を続けている。

　産学連携のテーマとしては，宇宙開発競争に及ぶ軍事技術から派生したコンピューターサイエンスの研究分野に資する人的・知的資産活用がいまも強みとなっている。それに加え，多くの州立大学の設立意図でもある農業に関連する領域で，イリノイ州のIntersect Illinoisやシャンペーン郡のCCEDCといった

第8章　Micro-Urban Community として新産業創造に取り組むシャンペーン／アーバナ　189

行政，それに地元イリノイ州で創業 150 年以上の歴史を誇る John Deere を巻き込みながら，AgTech の産業クラスターの形成にチャレンジしている。さらには，AgTech と並んで注目されている medtech についても，地元企業の Carle Health と UI の連携によって生まれた Carle Illinois College of Medicine から今後どのような事業が生まれてくるか期待される。

　産学における人材の連携に関しては，複数のユニコーン企業の起点の 1 つともなった PayPal マフィアと呼ばれるメンバーのうちの何人かは UIUC の卒業生であるが，この地での新産業創出に結び付かなかった。例えばレフチンとチェンは海外からの留学生であり卒業後に別の地で大成功したにもかかわらず，UIUC への表立った寄付は見られない。一方で，UIUC の留学生であるリウが Foxconn グループで出世したのちに自社との提携プログラムを提供するといった連携が顕在化している。そういう意味では卒業後の人材流出が連携をいかに妨げるかは産学連携エコシステムにおける大事なポイントである。リサーチパークでの Enterprise Works はまさに人材流出を防ぐ挑戦である。実際，半導体クラスターを構成する大学発のスタートアップも数多く出てきており，Epiworks の創業者であるアーマリの言葉にあるような，大学と学生や教員の間に結ばれる返報性が卒業生をつなぎとめ，この地域の活性化につながっている。

　最後に，Bill & Melinda Gates Foundation が支援する RIPE プロジェクトによってシャンペーン／アーバナが AgTech におけるグローバルハブの 1 つとなったことの意義を確認したい。RIPE プロジェクトにより，シャンペーン／アーバナという人口 23 万人という小さな都市を世界中の AgTech の専門家が知ることとなり，そのうち一部は UIRP で開催される AgTech Innovation Summit に参加する。これで AgTech の産業クラスターを形成する可能性が一挙に広がったといえる。もちろん，食糧問題という人類共通の課題への取り組みは世界中で取り組まれていて，大都市で開催されている World Agri-Tech Innovation Summit などのネットワーキングイベントもある。しかし，少なくともこの小さな都市に新たな産業の種が 12 年前にまかれて，これを産官学連携で 10 年以上継続させていることは注目に値する。そのきっかけとなったのがこのプロジェクトであり，それを推進したのがロンドン出身の一人の教授だったという紛れもない事実をしっかり受け止めたい。

第3部 米国ラストベルト

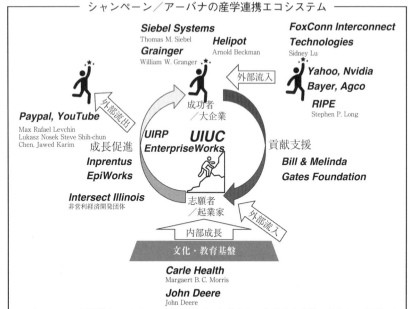

1867年にUIUCが開校し，パブリック・アイビーと称される名門公立大学の街として発展。キャンパス内にNational Center for Supercomputing Applications (NCSA) を擁し，コンピューターサイエンスが発展するも，優秀な人材がPaypalマフィアとして外部流出。

Stephen P. Long教授が複雑な光合成のプロセスを解明することで作物の生産量を増やすことを目的としたRIPEプロジェクトを2012年に立ち上げ，賛同したBill & Melinda Gates Foundationから寄付を獲得。

Intersect IllinoisやJohn Deereの支援によりAgTech Innovation Summitを誘致しAgTechの集積をめざすとともに，Carle Healthの支援で世界初の医工融合の学部を設立しmedtechの産業創造を狙う。

第9章　大学とともに成長するマディソン

1.　はじめに

　マディソンは，ウィスコンシン州南部に位置し，1848年に30番目の州として合衆国に加盟した際にウィスコンシン州の州都となる。ウィスコンシン州最大規模の都市はミルウォーキーで，ミルウォーキーの都市圏人口が約157万人に対して，マディソンの都市圏人口は約68万人となっている。マディソン市のダウンタウンはシカゴからは直線距離で約250km（車で片道約2時間半）と前述のシャンペーン／アーバナとシカゴの距離感と大きくは変わらず，それゆえイリノイ州との経済連携も顕著である。

　マディソンの中心にあるウィスコンシン州会議事堂からモノナ湖（Lake Monona）へと南東に伸びる道路の突き当たりには，この地に所縁のあるフランク・ロイド・ライト（Frank Lloyd Wright）[1]が設計したMonona Terrace Community and Convention Centerがあり，この街を象徴する風景を織りなす。

　ウィスコンシン州の産業としては，酪農が有名で農業のイメージを持たれるかもしれないが，Harley-Davidson[2]やSC Johnson & Son[3]などの有名企業に代表される製造業も盛んである。その他にはウィスコンシン大学での研究と関連してバイオテクノロジーやソフトウェア産業，金融・保険業が主要な産業となっている。交通としては，マディソンの空の玄関口となるデイン郡地域空港

　1　ライトはウィスコンシン州出身であり，後述するウィスコンシン大学マディソン校を中退しており，市内にはユニテリアン教会（First Unitarian Society）があるほか，州内にはSC Johnson本社や晩年に計画した理想郷であるタリアセン（Taliesin）が残っている。

　2　1903年創業で創業者の一人，W. ハーレー（William Sylvester Harley）は機械工学専攻で1907年ウィスコンシン大学マディソン校卒業。

　3　1882年にS. ジョンソン（Samuel Curtis Johnson）がラシーンに創業。

ウィスコンシン州会議事堂(左)とモノナ湖に面するMonona Terraceのホワイエ空間(右)。2024年2月1日筆者撮影。

(Dane County Regional Airport)もあり,1日約100便が発着し年間利用客数は約160万人に及び,日本にある多くの地方都市空港の発着数や利用客数よりも多い。

　日本との関係では,1973年にウィスコンシン州のウォルワースへキッコーマンの醤油工場が進出したことがきっかけとなって,ウィスコンシン州と千葉県が姉妹提携している。キッコーマン以外の日本企業としては,建設機械大手コマツが135年以上の歴史を持つJoy Global(1884年創業のPawling & Harnischfegerを前身とする)を2017年に買収したことをきかっけに,2022年にはハーバー地区における新キャンパスを計画,2億8,500万ドルを投じて,本社オフィス,製造工場,研究施設,顧客体験センター,ロボット工学研究室などを集約するという(星野2022)。

　この2社以外でも,後述するように多くの日本企業が現地企業と提携,買収の実績をもち,ウィスコンシン州およびマディソンは,日本とのかかわりも深い地域である。

2. マディソンの大学

　マディソンは,前述のとおり量子技術については広域的にシカゴのエコシステムに属している一方,ウィスコンシン大学マディソン校を拠点として,独自

にエコシステムを構成している。大学は，近接地にリサーチパークを開発しており，スタートアップだけでなく大企業を誘致している。

2.1. ウィスコンシン大学マディソン校（University of Wisconsin-Madison, UW–Madison）

　1848 年創立の州立大学で，世界ランキングは 74 位（U.S. News, "2024-2025 Best Global Universities Rankings"），学生数は約 5 万人でそのうち 7 割の 3.5 万人が学部生で 1 万人が大学院生，臨床医が 2,575 人となっている。学部生のうち 2.2 万人が白人で，アジアとヒスパニックを合わせて約 7,000 人，アフリカ系米国人は 892 人とかなり少数派であるが，マイノリティの割合は増加傾向にある。大学スタッフが約 2.6 万人のうち，教員が 2,318 人を占める（UW-Madison website, "Fast Facts_2023-24"）。主な分野は，微生物学（Microbiology）が 27 位，動植物科学（Animal and Plant Science）が 29 位，農業科学が 34 位となっており，以下の初期の研究成果からもそれらが UW-Madison の強みとなってきた歴史がわかる。

- 1890 年に農化学者である S. バブコック（Stephen M. Babcock）が牛乳の品質テストの標準形となる Babcock バター脂肪分テストを開発。
- 1913 年と 1916 年に E. V. マッカラム（E. V. McCollum）と M. デイビス（Marguerite Davis）が動物の飼料に不可欠な成分であるビタミン A と，脚気の予防効果があるビタミン B を発見。
- 1924 年に H. スティーンボック（Harry Steenbock）教授が紫外線によってビタミン D が体内で生成・蓄積されることを発見。

　大学の付属研究所としては，水生科学センター（Aquatic Sciences Center）や老化研究所（Institute on Aging），幹細胞・再生医療センター（Stem Cell & Regenerative Medicine Center）などがあり，卒業生からこれまで 20 人ものノーベル賞受賞者を輩出している。

2.2. UW-Madison における顕著な寄付

　UW-Madison の 2022 年度の予算は約 40 億ドルで，連邦政府プログラムが 10 億ドル（25%），授業料収入が 8.3 億ドル（21%），贈与・補助金など（Gifts, Grants）が 6.9 億ドル（17%），ウィスコンシン州からの収入が 5.5 億ドル（14%）となっている。他方，2022 年実績で約 15 億ドルの研究費を支出しているが，

その内訳は，School of Medicine and Public health が 6.4 億ドル，VCRGE[4]/
Graduate School が 3.2 億ドル，College of Letters and Science が 1.6 億ドル，
College of Agricultural & Life Science が 1.4 億ドル，College of Engineering
が 1.2 億ドルとなっている。

　1945 年に設立されたウィスコンシン大学財団（University of Wisconsin Foun-
dation）が大学の寄付金の受け皿であり，1862 年に設立された Wisconsin Alum-
ni Association と 2014 年に合併，Wisconsin and Alumni Association の一部門
となる。2022 年の寄付額は 1 億 6,550 万ドルで，内訳は 4,260 万ドルは教員へ
の支援，6,400 万ドルが研究プログラムへの支援で，全体の 3 分の 2 はこの 2
つで占められる。

Grainger Hall, home of School of Business

　前述の W. グレインジャーの Grainger Foundation が 1990 年に 800 万ドル
を寄付したことにより Grainger Hall が建設される。その後同財団が 2004 年
には 2,000 万ドルを寄付，12.5 万 ft^2 の追加建物の建設費 4,000 万ドルの約半分
をまかなう（UW Madison PR 2004）。

Wisconsin Advanced Internet Laboratory

　通信環境の制限が多かったインターネット黎明期に，大学と Cisco Systems
とが共同で 18 ヵ月間かけて設立，このラボにおけるネットワーキングコミュ
ニティの検証（ラボと外部の通信接続環境の整備など），それ自体が教育のプ
ロセスととらえられていた。Cisco Systems はこの立ち上げプロジェクトにお
いてスポンサーでもあり，後述するモーグリッジ夫妻（John P. and Tashia
Morgridge）が 1992 年に設立した TOSA Foundation を通じて 350 万ドルの資
金があてられた（UW News 2002）。

Wisconsin Alumni Research Foundation（WARF）

　前述のスティーンボックがビタミン D を牛乳等に添加する技術を発明，そ
の特許を管理することが発端となって，UW-Madison における科学調査研究
を促進，奨励，支援するという目的で，1925 年に設立される。この組織が設

4　Vice Chancellor for Research and Graduate Education の略。

Grainger Hall（左）とそのアトリウム（右）はイベントにも使用できるような仕様になっている。2024年2月1日筆者撮影。

立されたことで，UW-Madison の教員が行った発見を保護し，そのアイデアを公益のために確実に使用し，経済的利益を大学に還元することができるようになったとされる。2023年6月時点で，WARF の運用資産は30億ドルと評価されており，インフレ調整後の累計44億ドルの助成金が UW-Madison とモルグリッジ研究所に提供されている（WARF website）。

2.3. UW-Madison におけるインキュベーションプログラム

The Entrepreneurial Fellowship Program

　医学物理（medicalphysics）領域で博士課程後期やポスドクを対象に，2022年に創設されたばかりの2年間の支援プログラムである。プログラム参加者は，最初の1年目でメンターである非常勤の医学物理の教員やその卒業生に相談し，2年目には，Madison Entrepreneurial Eosystem のネットワーキングにより資金調達を行うべく，アクセラレータ・プログラムに参加することになる（UW Madison website, "Department of Medical Physics", "Entrepreneurial Fellowship Program"）。

Discovery to Product（D2P）

　2014年に創設されたプログラムでこれまで140の起業を支援している。無料のコンサルテーションやハンズオンの教育プログラムがあり，資金調達のた

めのネットワーキングとしては，WARF および Draper Technology Innovation Fund（TIF）との提携がある。支援の全体がわかるように，Innovate UW–Madison Directory というディレクトリも公開している（UW Madison website, "D2P"）。

3. マディソンの産業界

前節において UW–Madison への寄付でも成功者について触れたが，改めて産学連携という視点から，大学にとって重要な関係のある企業や事業に絞って取り上げることとする。

3.1. Epic systems と Judith Faulkner

J. フォルクナー（Judith Faulkner）はペンシルベニア州出身で，ディキンソン大学（Dickinson College）で数学を専攻，1965 年に UW–Madison の博士課程に移り，1970 年代から 1980 年代前半にかけてコンピューターサイエンスの教鞭をとる。そこで，大学病院やミルウォーキー郡のメンタルヘルス部門のために臨床記録システムのデザインを行い，共同創業者となる J. グライスト（John Greist）とともに約 7 万ドルの資金を集め，1979 年に Human Services Computing を立ち上げる。1983 年にはグライストが出資に関する意見対立から役員から外れ，同じ年に社名を Epic とする。1992 年に Windows ベースの EpicCare という電子カルテ製品，1997 年には EpicWeb という web ベースの IT ヘルスケアシステムを発売，その結果 2000 年に売上 5,000 万ドル，社員数が 550 人にまで成長する。同じ年，UW Health Science Dr Medical Center の向かい，Tokay Blvd. に本社を新築，7.2 万 ft^2 の社屋は最終的には，さらに 4 万 ft^2 を追加するまで拡張する。2000 年頃には，それでも足りなくなって，マディソンには適切な規模の土地が見つからないことを理由に，ヴェローナで 340 エーカーの新キャンパス計画を 2001 年に発表する。2008 年には拡張工事を行い，現在は 1,100 エーカーに及ぶ。

ヘルスケア IT 企業の KLAS Research によると，2019 年に Epic は米国にある 88 万もの病床で 39% 以上のシェアを獲得しており，1 億件を超える匿名化された患者記録をもとにデータマイニングすることを目的とした Cosmos と呼ばれるビッグデータ・イニシアチブを発表している。

フォルクナーはこれまで VC などからの出資を一切受け入れず（この方針で共同創業者と意見が対立）、80 歳を過ぎた時点においてもなお 47% もの株式を保有している。その価値は 79 億ドル相当となり、自力で築いた財としては、米国で 2 番目に裕福となった女性に数えられる。残りの 53% の株式も共同創業者などの従業員が保有しており、フォルクナーが株式の外部流出に強い抵抗感を持つといわれている。そして、2015 年には寄付の誓約書に署名し、夫とともに Roots & Wings という財団を立ち上げ、子どもの脳の発達と刑事司法改革に対する彼女の関心に資金を提供することに決めている（Jennings 2021）。

この財団はシアトルを拠点とし娘の S. ダルオスト（Shana Dall'Osto）が財団を差配している。彼らに所縁のあるウィスコンシン州、ワシントン州とオレゴン州に焦点を当てつつも全米に寄付を行い、2022 年実績では 240 もの団体に 4,000 万ドルの寄付を行っている（Roots & Wings website）。

3.2. John P. Morgridge と Cisco Systems

J. モーグリッジは UW-Madison 卒業で Cisco Systems の CEO・会長となる人物である。夫妻としては前述の Wisconsin Advanced Internet Laboratory への貢献の他、Wisconsin Alumni Research Foundation の役員や、School of Education Impact 2030 initiative にも参加しており、大学に深くかかわっているだけでなく、1998 年にこの地域に設立された Morgridge Institute of Research も支援している（UW Madison website, "John & Tashia Morgridge"）。Morgridge Institute of Research の入っている Discovery Building は、非常に豊かなアトリウムを備え隣接するウィスコンシン大学のキャンパスの余白としてうまく機能しているように見える。また、隣地には School of Computer, Data & Information Sciences の新校舎が 2025 年竣工をめざして建設中である。

この支援の背景には、モーグリッジ自身がスタンフォード大学の理事を務めてスタンフォード大学の Clark Center と BioX プログラムの影響を目の当たりにした経験があり、独立研究モデル（independent institute model）を中西部に導入したいと考えたことが影響している（Morgridge Institute website, "history"）。このように、西海岸における成功体験を地元に持ち帰る人材の存在が少なからぬインパクトを与える事例はピッツバーグなどでも触れたとおりである。

極寒の地にある Discovery Building のアトリウムは水盤と植栽により内部でも自然が感じられる。2024 年 2 月 1 日筆者撮影。

3.3. マディソンにおけるテクノロジー企業動向

　ここでは，大学での研究成果であるテクノロジーを活かした事業の動向について触れることで，マディソンにおける産学連携のありようについて理解を深めたい。

3.3.1. Pyran

　Pyran は石油由来の化学物資の代替となる再生可能な物質を開発した企業で，テキサス大学卒業の K. バーネット（Kevin Barnett）が，G. フーバー（George Huber）教授のもとに博士課程の籍を置いていた 2017 年に創業されている。フーバー教授はバイオマス原料を燃料や化学物質に変換する分野では有名な学者であり，技術的なサポートを継続的に支援してもらうべく，共同創業者になってもらっている。また，かつて Dow Chemical Company の CTO を務めた W. バンホルザー（William Banholzer）教授にバーネット自身が大学の D2P で教えを請うたのがきっかけで Pyran の役員として招聘している。そして 2021 年には BP Chemicals-Europe で役員経験のある M. ルトケンス（Mel Luetkens）を CEO として雇い入れている。すでに経験も実績もあって人脈も豊富な先人との出会いが起業からスケールアップへの大きな足掛かりになったことは想像するに難くない。さらに，商業化にあたっては前述の WARF による製造設備や特許取得のための資金提供が役立てられたといわれる。ちなみに 2022 年には長瀬産業の現地グループ会社である NAGASE Specialty Materials NA LLC が Pyran のバイオベース 1,5-ペンタンジオールのアクリレートおよびメタクリ

レート誘導体を生産し，米国と欧州での販売をめざすことを発表しており，同様な大企業との提携は複数進んでいるという（UW-Madison website, "Spinoffs" & "Pyran"）。2017年に長瀬産業が米国中西部での事業展開のためにFITZ Chemicalという地元企業を買収しており，2020年に米国長瀬の化学部門と合併して，NAGASE Specialty Materials NA LLCとなっている（Nagase PR 2020）。そうした経緯を踏まえると，この地域のこの業界において経験のある役員を招聘したことで，彼らの人脈が活用されてこのようなグローバルな販路につながったと考えられる。多くの企業はスケールアップに苦労するが，産業界の人材を取り込むことでそれを乗り越えられるという好例である。

4. ウィスコンシン州における財団などの主な諸団体

マディソンにおいては，あくまで大学が産学連携の主体となってきたのはこれまで述べたとおりであるが，一方，行政についてはMadison Region Partnership（MadREP）が2012年に5ヵ年計画Advance Nowを策定し，2019年からはAdvance Now 2.0を掲げ，GDPや税収，起業や雇用創出において一定の成果をあげている。マディソン市ではないものの，隣のミルウォーキー市のM7については，興味深い点もあるため詳述する。

4.1. M7 (Milwaukee 7)

ウィスコンシン州南東部全域，具体的にはキノーシャ，ミルウォーキー，オザウキー，ラシーン，ウォルワース，ワシントン，ウォーキシャ各郡（Kenosha, Milwaukee, Ozaukee, Racine, Walworth, Washington and Waukesha counties）において，ビジネス誘致，維持，拡大の取り組みを主導するためにMetropolitan Milwaukee Association of Commerce（MMAC）の一翼として2005年に設立（MMAC website）。gener8torというアクセラレータがミルウォーキーに拠点を持っており，周辺大学とともにエコシステム構築にも注力している。MMACの支援としては，MKEStartup.Newsという，ミルウォーキー地域のスタートアップ・エコシステムの成長とイノベーションを推進する創設者や資金提供者のストーリーに特化したメディアもある（Mkestartup News website）。

ミルウォーキー地域は「水技術のハブ（Water Tech Hub）」として世界的にも認知されるようになっており，このクラスター形成において中心的役割を担

ってきたのが，ミルウォーキーに 2009 年に設立された非営利団体，ウォーター・カウンシル（The Water Council, TWC）である。TWC は，水関連技術を核とする経済発展を推進し，世界トップクラスの人材を水産業に惹きつけ，水関連技術イノベーション促進を支援することをミッションとしている。そして，大量の水を必要とするさまざまな産業に向けたソリューションを提供することにより，世界の淡水資源保護に貢献するというさらに大きな目標を掲げている。世界から関係者を集める年次総会「ウォーター・リーダーズ・サミット」（Water Leaders Summit）の開催やアクセラレータ・プログラム「BREW（Business - Research - Entrepreneurship - in Water）」の実施など，さまざまな取り組みを進めている（Open Yokohama 2019）。

5. マディソンにおける主な産学連携の不動産アセット

5.1. University Research Park, UW-Madison

1984 年に当時 UW-Madison の I. シェイン（Irving Shain）学長が農業研究に使用しなくなった大学の用地を非営利団体である University Research Park Inc. に売却。産学連携に関心のある企業に用地を開発してリースをすることを前提として開発をスタートしたものの，「スタートアップと技術企業向けのスペースを構築する必要性と成功の可能性を見出し」建物の開発とコミュニティ形成にも着手した。具体的には，敷地の一部（11.3 万 ft^2）の中に MGE イノベーションセンターを開発，敷地の 5 万 ft^2 は，スタートアップ企業向けにオフィスとラボが設計された。260 エーカーの敷地には，2023 年時点ですでに 37 棟が建設済みであり，4,000 人以上が働いている。以下は URP が公開しているオフィシャル情報（URR Request for Proposal 2022）からの引用となる。

「現在はその第 2 フェーズプロジェクトである Element District を建設中です。このプロジェクトでは，都市の歩行可能性を重視した 2 つの新しい公共ストリートを備えた都市のストリートグリッドとストリートスケープを拡大し，「パークを都市に開放」します。主にライフサイエンス企業向けに設計された新しい 15 万 ft^2 のラボタワーである Element Labs は，追加の雇用基盤を提供します。さらに，このプロジェクトは住宅，市場価格のアパートメントを含む追加の用途のための 3 つのサイトを開発します。食品&飲料，クライミングジム，およびホテル。Element District が完成すると，このサイトは未利用の郊

Forward BIOLABS が入居するビル（左）とコーワーキングラボで説明するエッカリー氏（右）。2024 年 2 月 2 日筆者撮影。

外からヒューマンスケールの地区に生まれ変わります」。

　他のリサーチパークと異なり，補助金を受けずに開発された点が特徴的。2020 年には Exact Sciences のマディソン都市圏にいる約 1,200 人の従業員のうち 500 人を収容できるオフィスが完成している。なお，University Research Park Inc. の 2022 年の収入は 2,340 万ドル，費用は 1,410 万ドル，資産は 1 億 9,000 万ドル，負債は 7,950 万ドルと公開されている（Propublica Nonprofit Explorer website）。

　また，パーク内には，設備投資ができないシードステージの起業家を支援する目的で，ウィスコンシンでは唯一のコーワーキングラボ「Forward BIOLABS」が J. エッカリー（Jessica Martin Eckerly）氏により 2019 年 2 月に創設された。

6. おわりに

　マディソンにおける産学連携の不動産アセットは，UW-Madison からは独立している別組織 University Research Park のもとでリサーチパークを展開。大学との連携を保ちながらも自由度の高い開発が成功し，拡大を続けている。

　産学連携のテーマとしては，ライフサイエンスの研究分野に資する人的・知的資産活用がいまも強みとなっているし，産学連携の研究テーマとして，その傾向が受け継がれている。

　産学における人材の連携に関しては，UW-Madison の卒業生である J. モーグリッジが一度この街を離れて，自身の西海岸での成功体験を経て，母校であ

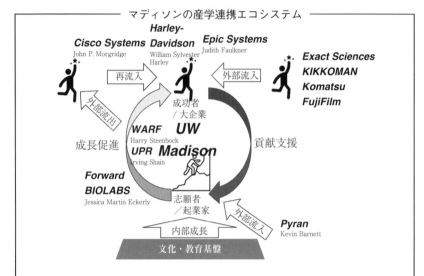

マディソンの産学連携エコシステム

1848年にウィスコンシン州の州都となり，同年にウィスコンシン大学マディソン校が設立される。
酪農をはじめとする農業が栄えたのち，ハーレーダビッドソンやSCジョンソンなどが創業し，豊かな水や大学からの人材供給にひかれて製造業も集積していく。
1925年にWARFが1984年にURPが設立され，大学の知財活用の仕組みができあがり，大企業の誘致や起業家の育成の好循環が生まれている。

るUW-Madisonに貢献するといった連携が顕在化している。そういう意味では，シャンペーン／アーバナと同様に卒業後の就職先が限定的であったことが人材の連携の妨げとなってきたことの証左ともいえなくはない。モーグリッジの取り組みやリサーチパークでの各取り組み（MGE Center，Forward BIOLABS）は，卒業生がこの街にとどまる選択肢を作ることへの挑戦である。実際，マディソンのPyranやForward BIOLABSの事例のように，大学発のスタートアップも数多く出てきており，大学との人材の連携は豊富に見られる。

　本章の最後に，Epic創業者のフォルクナーのケースが，これまでサンディエゴやシカゴで多く見てきた表立った多額の寄付による同時代的な社会還元の事例とやや異なっていることに触れたい。それは，フォルクナーがほぼ自力で企業成長を遂げたことと，また上場という資金調達をスキップしてきたことでキャッシュがまとまって個人資産として手元に入ってくる機会もなかったことが起因しているといわれる。とはいえ，Epic自体がUW-Madisonの卒業生の

雇用の受け皿になり，若者がウィスコンシン州に定着するうえでは重要な役割を担ったことによる貢献は州の税収や街の新陳代謝につながっている。大学との連携による事業拡大でその地域に貢献するこの事例も産学連携の1つの理想形かもしれない。

インタビュー1

　以下は URP の Managing Director である O. アーロン（Olver Aaron）氏に 2024年2月2日に現地で筆者がヒアリングした内容である。

- 入居者のかなりの割合が UW 関係（州立なので法人化したら大学を出なくてはならない，その受け皿）で，大企業は UW のスタートアップを買収した企業（富士フィルムなど）がそのまま居残っているケース。一方で，買収と同時に転出した企業も多数。武田薬品や東ソーも。キッコーマンはウィスコンシン州との歴史的関係があるため，MGE Center に入居している。
- 賃貸借は1年契約で1ヵ月前解約通知であるため，実質的には月極と同じ。
- 平均空室率は10%，一時的に変動はするものの入居希望者のロングリストがあるため，工事が完了次第即入居と人気が高いため2棟目を増築済。
- 空室率は20%が下限であり，一時期27%となったときは非常に厳しかった。
- 設備はすべて持ち込みで，共用部でシェアして利用できる設備は限定的で簡素。イベントなどを実施するスペースもかなり限られている。換気設備工事など本体建物と関係する工事はすべて URP で実施。

　以下は同日 Forward BIOLABS の CEO である J. エッカリー氏へのヒアリング内容である。

- Forward BIOLABS 自体は，VC ではなくあくまで会員費とスポンサーによる資金提供を主な収入として設備管理とビジネスサポートを行っており，URPが場所を提供し水光熱費負担することで，経営が成り立っている。
- メンバーの85%が UW 関係であり，研究分野の 3/4 は biohealth と medtechで，残る 1/4 が clean tech と AgTech。
- 自ら設備投資が可能なほどに資金調達ができるようになれば，今度は MGE センターの個室に移転できる。そしてさらにはパーク内の一棟を新たに開発することも可能。まさにヤドカリ（Hermit crab）のような成長プロセスが描かれる。

第10章　ミネソタの奇跡を礎とする
　　　ミネアポリス／セントポール（MSP）*

1.　はじめに

　カナダと接するミネソタ州は1858年5月に同名の準州の一部とウィスコンシン準州の一部を併せて設立された。州の最大都市はミネアポリス，州都は隣接するセントポールで，共に大河，ミシシッピ川に臨んで発展した双子都市（twin cities）である。また，両市（ツインシティーズ（Twin Cities）と呼ばれるが，本章と次章ではMSPと表記することがある）は2022年に全米16位となる369万人の人口を抱える都市圏の中核を成す。同州はその位置から「北極星の州」（"North Star State"; 他に湖が多いことから「10,000の湖の土地」（"Land of 10,000 Lakes"））の渾名があり，$-50\,^{\circ}\mathrm{F}$（$\fallingdotseq -45.6\,^{\circ}\mathrm{C}$）にも達する冬の寒さは「シベリアのような」（"Siberia-like"）とも表現される。他方で，住民はそこでの生活を，転入者はしばしば "Minnesota Nice" の言葉に凝縮される住民の気質を含めて高く評価し，そのため "It's really hard to get people to move to Minneapolis, and it's impossible to get them to leave" の諺がある。

　都市または都市圏の形成を見ると，まずはミシシッピ川最上流の港湾があったセントポールが商業の中心地となった。また，上流のセントアンソニー滝の辺りに建設されたミネアポリスに，州の豊かな森林と肥沃な農地を背景に，滝の水を動力とした製材業，製粉業が誕生，とりわけ製粉業は同市が「製粉の街」（"Mill City"），さらには「世界の製粉の首都」（"Flour Milling Capital of the World"）と形容されるほどに発展する。現在，MSP都市圏にはUnitedHealth Group（UHG）を筆頭に，製粉業から出発したGeneral Mills[1]，小売業のTargetとBest Buy，金融業のU. S. Bancorp, Ameriprise Financial, Thrivent Fi-

---

*　本章は一部で太田（2019）, ch. 4 に依拠している。

第 10 章　ミネソタの奇跡を礎とするミネアポリス／セントポール（MSP）　　205

表 10-1　MSP 都市圏の「Fortune 500」企業（2023 年）

順位	企業名	産業	総収入（100 万ドル）
5	UnitedHealth Group	医療：保険・マネジドケア	324,162
33	Target	総合小売	109,120
90	CHS	食品生産	47,792
94	Best Buy	専門小売：その他	46,298
116	3M	その他	34,229
149	U. S. Bancorp	商業銀行	27,401
160	C. H. Robinson*	運輸・ロジスティック	24,697
213	Land O'Lakes	食品消費者製品	19,226
219	General Mills	食品消費者製品	18,993
271	Xcel Energy	公益事業：ガス・電気	15,310
289	Ameriprise Financial	総合金融	14,347
293	Ecolab	化学	14,188
412	Thrivent Financial**	保険：生命・健康（相互）	9,347
424	Polaris	輸送用機器	8,987

注記）　*：C. H. Robinson Worldwide, **：Thrivent Financial for Lutherans.
出所）　*Fortune 500, 2023* より筆者が作成した。

nancial for Lutherans, 多国籍複合企業の 3M など 2023 年の「Fortune 500」企業 14 社の本社がある（**表 10-1** を参照；総収入は 2022 年のもの）。非上場企業には五大穀物メジャーの 1 つである Cargill（総収入：1,147 億ドル）がある。医療機器製造業大手の Medtronic は 2015 年に本社をアイルランドに移転したが，事業本部（Operational Headquarters）をミネアポリスに留める。Wells Fargo（本社：サンフランシスコ）は 1998 年に旧 Wells Fargo と合併した Norwest[2] の本社（ミネアポリス）があったミネソタ州で 1.6 万人を雇用する（Minnesota DEED[3] website, "Minnesota Top Companies and Employers", 2023.5.1）。

2. ミネアポリス／セントポールの主要産業

第 2 次世界大戦後はコンピュータをはじめとした IT 産業，医療機器製造業

1　General Mills は 1856 年設立の Minneapolis Mill に遡る。同社は 1877 年に Washburn-Crosby 1928 年に他社との合併により現在の名称となる。2001 年には長く競合関係にあった Pillsbury Co. を英国企業から買収した。

2　同社は 1872 年設立の Northwestern National Bank of Minneapolis を起源とする。

3　DEED は Dept. of Employment and Economic Development の略称で，「雇用・経済開発省」と訳されることがある。

（medical device mfg.）と医療保険業が製粉業に代わる MSP 都市圏の中核産業として登場した[4]。本節ではそれら 3 産業の誕生と発展を概観する。

2.1. IT（コンピュータ）産業

コンピュータ産業の誕生は第 2 次大戦中に海軍で暗号解読機の開発に従事していた W. ノリス（William Norris）らが戦後（1946 年）にセントポールに Engr. Research Associates（ERA）を設立したのを嚆矢とし，ERA を 1952 年に買収した Sperry Rand（ERA は同社の UNIVAC 部門となる），Sperry Rand から 1957 年にスピンアウトし，世界初のスーパーコンピュータを開発した Control Data Corp.（CDC），CDC から 1972 年にスピンアウトした Cray Research（現 Cray Inc.），1886 年設立の Butz Thermo-Elecric Regulator を起源とする，1955 年参入の Honeywell が主要な企業となった。都市圏から南にやや離れたロチェスターには IBM が開発・製造施設，IBM Rochester を構えていた[5]。さらに，都市圏には IBM が「最大の強敵〔の 1 つ〕とみなし〔た〕」（DeLamarter 1986, p. 218），そのコンピュータ用の周辺装置を製造する Telex も存在した[6]。ERA からは，Misa（2013）によればそれが起業の「良い練習場」となったため，約 50 の企業が誕生し，その中の 1 社で，ノリスらが設立した CDC は 1969 年に売上高 10 億ドルを達成，1975 年には州内で 11,867 人を雇用していた。なお，CDC と Cray Research で開発の中心となったのは「スーパーコンピュータの父」（"Father of Supercomputing"）とされる S. クレイ（Seymour Cray）である[7]。

しかし，1970 年代後半からパーソナルコンピュータ（PC）が普及していく中で，MSP 都市圏のコンピュータ企業，それゆえ IT 産業はその重心をソフトウェア，周辺機器や電子部品に移すこととなる。ソフトウェア企業の台頭につ

4　ミネソタ州では規模は相対的に小さいが，スノーモビル・ATV（All Terrain Vehicle）製造業とそれらの製造業者である Polaris などもある。同産業については，太田（2019）を参照のこと。

5　1960 年代の米国のコンピュータ産業の構造は IBM の支配的地位から「IBM と 7 人の小人」（"IBM and the Seven Dwarfs"）と形容されたが，UNIVAC，CDC と Honeywell は 7 人の小人の内の 3 人であった。

6　Telex 子会社の Telex Communications は Bosch Security Systems 子会社の Bosch Communications Systems となった現在も本社を MSP 都市圏に留める。

7　ただし，クレイは CDC 時代にはウィスコンシン州に，Cray Reasech 時代にはコロラド州に自らの研究所を開設していた。クレイは 1989 年，Cray Computer を，さらにその倒産後の 1996 年に SRC Computers をやはりコロラド州で設立している。

いて，Lawson Software で CTO を務めた P. パットン（Peter Patton）はコンピュータ企業から多数のプログラマを獲得したことをその要因に挙げる（Misa 2013）。Lawson Software は 2011 年に Infor（本社：NYC）に買収されたが，その本社があった「セントポールで 650 人を雇用して〔おり〕」，また「ミネソタ中で 500 以上の企業を支援している」（Infor 2019）。1987 年に St. Paul Software として設立され，2022 年に 4.51 億ドルの収入をあげた SPS Commerce，2012 年の設立で，2020 年にシリコンバレーから MSP 都市圏に本社を移転した，zoominfo がその収入を 5.41 億ドルとする Arctic Wolf Networks，2001 年の設立で，zoominfo がその収入を 1.1 億ドルとする Code42，CDC の後継企業で，2023 年の収入が 15.1 億ドルの Dayforce などもある。周辺機器などでは P. ソラン（Phil Soran）が果たした役割を看過できない。彼は 1995 年に XIOtech，2002 年に Compellent Technologies（現 Dell Compellent）——これら 2 社は「米国で最も成功したデジタル・データ・ストレージ会社の内の 2 つ」（Rebeck 2016）とされる——，さらに 2015 年に動画共有アプリの Vidku（Flipgrid を経て，現 Flip）を設立，また会社の部下の多くを起業家に育て上げた（Minnesota Technology Assoc. 2019）とされる[8]。なお，XIOtech は 1995 年に Seagate Technology（法定住所：愛・ダブリン）に，Compellent は 2011 年に Dell に，Flipgrid は 2018 年に Microsoft に売却されたが，Dell Compellent は現在も都市圏内の創業地に留まり，2022 年には 1.25 億ドルの収入と 565 人の雇用を記録している（Zippia website, "Dell Compellent Revenue"）。さらに，半導体では CDC を起原とする SkyWater Technology[9] と Polar Semiconductor が残る。2023 年の収入はそれぞれ 2.87 億ドルと 2.3 億ドルであった。Polar Semiconductor は 2024 年，その製造工場の拡張に対して連邦政府により 2022 CHIPS and Science Act に基づき 1.2 億ドルの助成金を受けることとなった。Semiconductor Industry Assoc. によると都市圏には他に 10 社が拠点を置く（website, "U. S. Semiconductor Ecosystem Map"）。

　IT 産業の現状を米センサス局のデータを使って確認しよう。同産業を 2017

8　ソランは 2023 年に後述する Entrepreneur of the Year の受賞者の 1 人となった E. ホール（Eric Hall; So Good So You 創業者）に投資もしている（see https://www.linkedin.com/in/eric-hall-484102140/）。

9　SkyWater は CDC の CMOS（complementary metal oxide semiconductor）部門を買収した Cypress Semiconductor（2020 年に Infineon Technologies（本社：独ノイビーベルク）に買収されて消滅）から 2017 年にスピンオフした。

NAICS Code 334（Computer and electronic product mfg.）で補足すると[10]，2020年の雇用数は 34,544，LQ は 3.14 で，後者は 50 大都市圏（人口上位 50 位）の中ではサンノゼ都市圏（≒シリコンバレー）の 6.46，ポートランド都市圏の3.90 に次ぐ。また，雇用数，LQ とも 2010 年の数値（28,796 と 2.33）から大きく増加している。

2.2. 医療機器製造業

　医療機器製造業はミネソタ大学教授で，「開心術の父」（"Father of Open-Heart Surgery"）となる C. W. リリハイ（C. Walt Lillehei）が小さな電池駆動のペースメーカの製作を Medtronic（設立：1949 年）の創業者，E. バッケン（Earl Bakken）に依頼したことに始まる。その後，Medtronic は開発・製造する医療機器を多様化しながら大きく成長，2024 年度（ -2024.4.30）には 323.6 億ドルの収入（worldwide）を記録した。前述したように 2014 年に本社をアイルランドに移転したが，事業本部はミネアポリスに置く。他方で，バッケンが「よく動揺した」（Moore 1992）ほどに同社の雇用者はスピンアウトして企業を設立しており，1976 年設立で，「Fortune 500」企業となった St. Jude Medical（現Abbott Laboratories; 本社：アボットパーク，IL）はそうした企業の代表である。2007 年設立の Inspire Medical Systems は Medtronic から知的財産・技術のライセンスと出資を受けるなど友好的に独立（スピンアウト）した（Snowbeck 2009）。1996 年には 3 人の元 3M のエンジニアが Minnetronix（現 Minnetronix Medical）を設立，同社は 2022 年に 1 億ドルの収入を記録した。また，Medtronic などの競合企業，Boston Scientific（マールボロ，MA）は MSP 都市圏に R&D センターを含む 5 つの施設を構える。前出の Telex は補聴器の製造から出発しており，1967 年に設立された Starkey Hearing Technologies はその米国最大の製造業者となっている。都市圏にはこれら大企業から製造を受託する企業（contract manufacturer）もある（Best Technology website, "Aerospace and Medical Devices"）。日本との関係では 2015 年にオリンパス子会社，Olympus Surgical Technologies America（ウエストボロ，MA）の医療機器研究開発・製造施設である Surgical Innovation Center が開設された。St. Jude を始め複数の関連企業を設立した M. ヴィラファナ（Manuel Villafaña）は「医療機器の高度な専門知識を持った 1 万人の技術者が 1 ヶ所にいるところは他に

10　IT 産業はそれ以外の NAICS Code にも含まれる。

第 10 章　ミネソタの奇跡を礎とするミネアポリス／セントポール（MSP）　　209

ない」（*qtd. in* Smith 2013），とこの産業での MSP 都市圏の強みを述べている。医療機器企業の集積はより広くダルースから MSP 都市圏を通ってロチェスターに至る "Medical Alley"（alley は「小道」の意）に及ぶ。

2022 年の医療機器製造業者の州内での雇用数は Boston Scientific が 8,500, Starkey が 1,295（Minnesota DEED website），Medtronic の 2022 年度のそれは「約 11,100」（Gilyard 2023）であった。また，医療機器製造業として NAICS 3391（Medical equipment and supplies mfg.）に注目すると，2020 年の雇用数は 16,996 で 50 大都市圏でデータのある 35 都市圏の中でロサンゼルス都市圏の 27,464 に次ぐ 2 位，LQ は 4.18 でソルトレイクシティ都市圏の 5.75，メンフィス都市圏の 4.99 に次ぐ 3 位，NAICS 334510（Electromedical apparatus mfg.; 医（療）用電子機器の中にペースメーカが含まれる）に注目すると同じく 26 都市圏の中で雇用数の 14,245 と LQ の 15.04 は共に 1 位である。

2.3. 医療保険業

　ミネソタ州の医療保険業の発展の要因に 1973 年にミネアポリスにシンクタンクの InterStudy を設立した医師の P. エルウッド（Paul Ellwood）の存在がある[11]。彼は医療費の削減を目的とした，「保険会社が患者の医療サービスへのアクセスや医師・病院が施す医療サービスの内容を管理・制限する……医療保険の仕組みである」（『非営利用語辞典』「マネジドケア」）マネジドケア型健康保険の 1 種，health maintenance organization（HMO）を発案し，「HMO の父」（"Father of the HMO"）となった。2023 年の「Fortune 500」の第 5 位にランクインする UHG は 1974 年に R. バーク（Richard Burke）が Charter Med Inc.（現 UnitedHealthcare 部門）として設立した世界最大の民間保険会社（子会社の

11　エルウッドは 1953 年に Stanford Medical School を卒業し，InterStudy の設立前には「ポリオ病院」（Ellwood 2010, p. 4）であったミネアポリスの Sister Kenny Institute（現 Courage Kenny Rehabilitation Institute）を運営していた。なお，カリフォルニアで生まれ育ったエルウッドがミネソタ大学のインターンとして MSP 都市圏に来て以来，ミネソタに留まる理由を「そこが改革者（innovator）を称賛し，彼らに寛容であった」こと，そして「医学界に患者にとって（by patients）正しい行いをする，不必要な処置を行うことで患者を騙さない，などの多くの圧力があった」ことを挙げ，またそれが第 11 章で取り上げるメイヨクリニックの影響によるものであると結論付けている（*id.*, pp. 7-8）。また，豪州人の看護婦で，「ポリオの治療に革命をもたらした」E. ケニー（Elizabeth Kenny）を「ニューヨークやシカゴの医師が撥ね付け〔る〕」中で，ミネソタは彼女を受け入れ（彼女はまずは「メイヨクリニックとミネソタ大学で治療を実施した」），1942 年に Elizabeth Kenny Clinic（後の Sister Kenny Institute）が設立された（Cartwright 2021）。

Optum は世界最大のデジタル医療会社（Greater MSP website, "The Region")）で，バークはそれ以前に「InterStudy に health analyst として勤務していた」(Snowbeck 2022a)。また，「ミネソタの最初の HMO のいくつかを開設・運営した人々の多くは InterStudy の出身であった」(Jan Malcolm（州保険局長）; *qtd. in* Snowbeck 2022b)。ただし，同州の最初の HMO は 1944 年にトゥーハーバーズで，また MSP 都市圏の最初の HMO である Group Health（現 HealthPartners）は 1959 年に協同組合（cooperative）として設立されていた。都市圏には現在，Blue Cross and Blue Shield of Minnesota（UBCBSM），Medica Holding, UCare や 2016 年に UHG の CEO を務めた B. シーヒー（Bob Sheehy）により設立された Bright Health Group もある。2022 年の医療保険会社の州内での雇用数は HealthPartners が 25,447，UHG が 19,000，UBCBSM が 2,961 であった（Minnesota DEED website "Minnesota Top Companies and Employers"; Medica Holding のそれは不明）[12]。

　医療保険業を NAICS 524114（Direct health and medical insurance carriers）で補足すると，同年の雇用数は 16,769 で 50 大都市圏でデータのある 31 都市圏の中でニューヨーク都市圏の 18,418 に次ぐ 2 位，LQ は 3.27 で同じくルイビル都市圏の 7.66 などに次ぐ 5 位となっている[13]。

3. ミネアポリス／セントポールにおける産業発展の要因

3.1. 大学

　MSP 都市圏では産業と地元の大学，とりわけミネソタ大学（ツインシティ校；UMN；設立：1851 年）[14]との密接な関連が指摘される[15]。同大学はパブリック・アイビー（Public Ivy）と呼ばれる名門州立大学群の 1 校であり，2023 年秋学期の学生数（enrollment）は 54,890（内，学部学生数が 30,469，大学院学生数が 15,137）であった。*U. S. News & World Report*, "2024 Best Colleges

---

12　ちなみに，都市圏には生命保険会社の Allianz Life Insurance Co. of North America もあり，やはり 2023 年 5 月 1 日時点で 1,723 人を雇用していた。「米国最大の保険グループの 1 つ」(website) を自称する Securian Financial Group の子会社の Minnesota Life Insurance もある。

13　デジタル医療（産）業が NAICS Code のどれに該当するかは不明である。

14　ミネソタ大学システム（University of Minnesota System）にはツインシティ校の他に，クルックストン校，ダルース校，モリス校とロチェスター校がある。以後，「ツインシティ校」の表記は省略する。

第 10 章　ミネソタの奇跡を礎とするミネアポリス／セントポール（MSP）　　211

3M Innovation Center から 3M Lake 越しに見える 3M Carlton Science Center（左）と米国最大のショッピングモール Mall of America に隣接する Polar Semiconductor（右）。2023 年 8 月 4 日藤塚撮影。

(National Universities)" では 53 位タイ，"2023-2024 Best Grad Schools" では法学で 16 位タイ，教育学で 25 位タイ，経営学で 31 位タイ，医学（研究）で 35 位タイ，工学で 37 位タイにランクされる。また，工学と医学の学際的な研究機関である Inst. for Engr. in Medicine，その付属機関である Medical Devices Center，医科大学院に Lillehei Heart Inst.，また経営大学院に起業家養成する Holmes Center for Entrepreneurship などが設置される。地元企業との関連では，前出のヴィラファナはミネソタ大学を医療機器の「製品開発で必要とされるすべての学問分野の才能と技能の巨大な源泉」（Villafaña 1997, pp. 67-68）と評価している。また，開心術と医療機器は手を携えて発展しており，リリハイはミネソタ大学と Medtronic の連携を「技術移転と経済発展のこれ以上ない事例」（qtd. in Moore 1992）とみなしている。彼自身は St. Jude の medical director を務めていた。より最近の，あまりにも多い事例のいくつかを挙げると，2004 年に州からの資金提供を受けてメイヨクリニックと「ミネソタを生命工学とゲノム医療（medical genomics application）での世界的なリーダーとし

15　同大学の発展に寄与した 3 人の人物を挙げておく。初代学長の W. フォルウェル（William Folwell）は就任した 1869 年に専任教員 8 人と学生 100 人弱（大半は予科生）に過ぎなかった学校を「気力，ビジョンと改革精神（crusading spirit）」により「本当の意味での大学」に育て上げた（Kaler undated）。C. A. Pillsbury and Co. 共同創業者の J. ピルズベリー（John Pillsbury）はそれを財政面などで支援した。そして，医科大学院の教授やミネソタ大学病院の外科医長（chief of surgery）を務めた O. ウェンジェンスティーン（Owen Wangensteen）は医科大学院の教育プログラムを刷新，また優秀な学生を集め，彼らの研究に資金を都合した。彼の下からリリハイをはじめ，開心術の進歩に貢献した多数の外科医が誕生した（Wangensteen Historical Library undated）。

て位置付ける」ことを目的とする Minnesota Partnership for Biotechnology and Medical Genomics を設立した[16]。「2021 年には新興のデバイスセキュリティ分野での発見，アウトリーチと人材育成の協力的なハブを求める医療機器製造業界のメンバーの要請により〔Center for Medical Device and Health Care Cybersecurity（） CMDC 〔）〕が設立された」。それには米国の医療産業の主要 5 社，つまり Boston Scientific, Smiths Medical, Optum, Medtronic と Abbott Laboratories により大部分の資金が提供された」（UMN, Technological Leadership Institute（TLI）website, "Center for Medical Device and Health Care Cybersecurity"）。さらに，2023 年には College of Science and Engr. 内の TLI と Minnesota Nano Center が州内に半導体の設計・製造・研究開発拠点を置く，地元の Polar Semiconductor を含む 4 社，Minnesota DEED と「ミネソタの技術労働力の技能を半導体製造のキャリアのために向上させることを目的とした画期的な取り組み」（UMN, Technological Leadership Institute 2023）とされる Minnesota Semiconductor Mfg. Consortium を設立した。

私立のセントトーマス大学（University of St. Thomas; 1885 年；当初は College）は教養（arts and science），経営学，工学，教育学，法学，健康学，神学などの School/College から成り，2023 年秋学期の学生数は 4 年制の学部学生が 5,840 人，2 年制の学部学生が 229 人，大学院学生が 3,077 人であった（The Newsroom 2023）。"Best Colleges" では 163 位タイにランクされる。Opus College of Business は優位性のある領域として起業家養成やヘルスケアを挙げ，関連して 2005 年に Schulze School of Entrepreneurship を設置し，2018 年に Health Care MBA プログラムを開設している。起業家養成は The Princeton Review and Entrepreneur, "Top 50 Best Undergraduate Programs for Entrepreneurs in 2023" で 18 位にランクされる。他には U. S. News, "2024 Best National Liberal Arts Colleges" で 27 位タイのマカレスター・カレッジ（Macalester College），準郊外となるが同じく 9 位タイのカールトン・カレッジ（Carleton College），51 位タイのセントオラフ・カレッジ（St. Olaf College）などがある。

次に，卒業生の進路を見ると，「歴史的にミネソタ大学〔システム〕の卒業

---

16 日付はないが，Office of Academic Clinical Affairs website（"MN Partnership for Biotechnology & Medical Genomics: Request for Research Infrastructure Proposals"）によると，「発足以来，州は 1 億 4,300 万ドルをパートナーシップに提供している」。

生の61% は学位取得後に州内に留まり，就業して〔おり〕」，州内の卒業生は「約 356,000 人」に上る（Tripp Umbach 2018, p. 34）。また，Minnesota Private College Council——セントトーマス大学など 18 大学から構成される——によると，「最近の卒業生の 68% がミネソタに留まっている」（website, "Minnesota impact"）。そして，大学を卒業した優秀な人材は既存企業に就職，または自ら起業することで地元産業を支えている。例えば，ERA に加わった技術者は「かなりの確率で 15 キロも離れていないミネソタ大学の出身」（Murray 1997, p. 42）であった。また，EY（Ernst & Young Global Ltd.）の Entrepreneur of The Year を 2014-23 年に受賞したミネソタにある企業の創業者・経営者，87 人の学歴を Linkedin profile などのウェブサイトを使って調査した結果，27 人はミネソタ大学（学部・大学院），7 人はセントトーマス大学の出身者であることが確認された（重複あり）[17]。古くはクレイやバッケンもミネソタ大学の卒業生である。また，起業に関しては，*The Princeton Review・Entrepreneur* の "Top 50 Best Undergraduate & Graduate Programs for Entrepreneurs in 2024" によると過去 5 年間に学部卒業生により設立された企業はセントトーマス大学が 101 社，ミネソタ大学が 44 社，同じく大学院卒業生により設立された企業数はミネソタ大学が 33 社である。ランクインした大学（Best Undergraduate Programs では 48 校，Best Graduate Programs では 49 校）の中での順位は順に 28 位，34 位，28 位となる[18]。また，ミネソタ大学 Venture Center によると，2006 年以降に設立され，成功を納めている同大学〔システム〕発のスタートアップが 230 社以上あり，それらの「72% がミネソタを本拠地としている」（website）。

3.2. リサーチパーク

ミネソタ大学は「人の健康と病気に関連したさまざまな分野で働く研究者に

17　太田（2016）は 1999 年に Twin Cities Business により設置された Minnesota Business Fall of Fame の 2018 年までの全受賞者の学歴を調査している。

18　学部卒業生により設立された企業はそれが 1 番多いヒューストン大学（University of Houston）が 785 社，大学院卒業生により設立された企業数はそれが 1 番多いミシガン大学（University of Michigan）が 503 社であるように，上位との差は少なくない。MSP 都市圏から少し離れたセントクラウド都市圏にある College of St. Benedict and St. John's University にも後出の H. マクニーリーの実兄で，企業家のドナルド（Donald）の家族の寄付により彼の名前を冠した Center for Entrepreneurship が設立されている。ドナルドは**表 10-3** に登場する Manitou Fund の設立者でもある。

フレキシブルで，最先端のスペースを提供する」ための「複数の施設から構成される」（UMN, College of Biological Sciences, "Research Facilities"）Biomedical Discovery District を開設した[19]。また，そのために 2008 年に州が 2.19 億ドル，同大学が 7,300万ドルを拠出して Minnesota Biomedical Research Facilities Funding Program が設置された。同大学は連邦機関の National Institutes of Health から 2018 年に 4,200 万ドルの生物医学研究助成金，2011 年にも「同様」（Howatt 2018）の 5,100 万ドルの助成金を獲得している。また，同大学には企業や起業家をそれに接続する Corporate Engagement Center があり，その website には提携のあり方の 1 つとして場所をベースとしたもの（place-based partnership）[20]，具体的には，①キャンパスへのコロケーション，②特殊な施設・機器の共用，③不動産開発，④スペースの賃借，⑤計画中の The Minnesota Innovation Exchange（The MIX）での提携，が提示されている。なお，MIX は上記の Biomedical Discovery District に隣接して「ツインシティーズの発見と経済発展の新たな重心となる」（website）ことが期待されており，住宅などとともに「約 140 万 ft^2 の実験室，［ ］インキュベータとアクセラレータのスペースとオフィス〔スペース〕」（website, "Features"）が開発される。また，2004 年に College of Biological Sciences の Dean であった R. エルデ（Robert Elde）が主導役となって後述する Towerside 地区の中に設立された生命科学分野の，また独立・非営利のインキュベータである University Enterprise Laboratories（UEL）がある。現在は 65 の企業が入居，また「UEL を卒業した企業の半数以上が〔MSP〕都市圏で事業を継続している」（Medical Alley 2024）。また，「〔入居企業〕の約 1/3 はミネソタ大学の教員（faculty）により設立されている」（Melo 2022b）。なお，「UEL はミネソタ大学，Xcel Energy，3M，Boston Scientific，ミネソタ州や他の機関から財政支援を受けている」（Medical Alley 2024）[21]。そして，2013 年に設立された「非営利・政府機関，高等教育機関，住民，企業と開発業者の共同事業体」の Towerside Innovation District（TID）が，場所をその「主な財産」（"chief asset"; website, "A Place Like

---

19 それぞれのビルの完成年は不明である。ただし，それを開設する予算（2 億 9,200 万ドル）が州議会と当時の T. ポーレンティ（Tim Pawlenty）知事に承認されたのは 2008 年である。

20 それ以外に，人材開発，技術・イノベーションと役員・従業員の提携が挙げられている。

21 website からその記載が削除されたが，UEL の "founding sponsor" にセントポール市とミネソタ州が名を連ねていた。また，Form 990 によると UEL には 2022 年に "Government grants (contributions)" が 193,169 ドルあった（ただし，それがどの政府かは不明である）。

No Other"）として，ミネソタ大学のすぐ隣の，LRT の複数の駅もある 370 エーカーの Towerside 地区を開発中である。他方で，リサーチパークには営利の企業が開発するものもある。United Properties は 2023 年にオークデールの，Imation（現 GlassBridge Enterprises）の本社跡地にウェットラボ（wet lab.）・ドライラボ（dry lab.），クリーンルーム（clean room）を備えるインキュベーション施設の Incuborogy と 4 棟のオフィスビルから構成される 4Front Industrial Park を完成させた。Ryan Cos. はメープルグローブに Minnesota Science + Technology Center（MSTC）の建設を計画するが，MSTC は他のビジネスパークと共通した交通の利便性と商業地区（retail district）への近接性の他に，その中に建設される Boston Scientific の最新鋭のオフィス・研究施設をその長所の 1 つとする。MSP 都市圏でのリサーチパーク・インキュベーション施設は開発の途に就いたばかりであり，これまでの産業の発展の要因とはならない。が，リサーチパーク（UEL）にはそこへの入居に順番待ちリストができるほどの需要があることから（Duggan 2023），その点で大いに期待されるものといえよう。なお，都市圏には 1966 年に Hitchcock Industries の副社長であった M. ジョンソン（Maynard Johnson）がレイクビルに設立し，現在，約 150 の企業が入居する Airlake Industrial Park などいくつかのビジネスパークがあることを付記しておく。

3.3. 技術やノウハウが伝達される仕組み

リサーチパークの他に地域内で技術やノウハウが伝達される仕組みがある。太田（2019）は，①スピンアウトと，②役員兼任を取り上げ，①に関して主要産業であるコンピュータ産業や医療機器製造業では「〔それが MSP 都市圏〕での技術・製品開発を促進し，またしばしば産業内の製品カテゴリを多様化した」（p. 81）と結論付け，②に関して Imation の初代 CEO を務めた W. モナハン（William Monahan）の「経験を積んだ事業家による独立した，客観的な企業診断は問題や機会をより早く，より効果的に見出す」との言葉を引用，また「MSP 都市圏では産業の多様化が役職兼任を容易とし，またそれぞれの産業が異なる競争環境を経験していることがそれをより有効なものとしていよう」（p. 82）と論評している。

さらに，より広く企業家や研究者・技術者の，③都市圏内での転職，企業家の，④大学・研究病院（reserch hospital）の運営への関与，もそうした仕組み

となるかもしれない。③に関して現役の CEO の経歴を見ると、U.S. Bancorp の Andrew Cecere（読み方不明）は CDC の financial analyst、Thrivent の T. ラスムッセン（Teresa Rasmussen）は Ameriprise Financial の子会社、Ameriprise Financial Services の副社長、SPS Commerce の C. コリンズ（Chad Collins）は HighJump Software（本社：ミネアポリス）の CEO とそれを買収した Körber Supply Chain（本社：独バート・ナウハイム）の Global CEO、Arctic Wolf Networks の N. シュナイダー（Nick Schneider）は Dell Compellent のディストリクトマネジャーと Code42 の販売担当副社長、BCBSM の D. エリクソン（Dana Erickson）は Optum Health の戦略的アカウント担当副社長、Bright Health Group の G. ミカン（G. Mike Mikan）は Best Buy の暫定 CEO と UHG の最高財務責任者（Chief Financial Officer: CFO）、UEL（Executive director）の B. ラーミー（Brad Larmie）は Children's Hospitals and Clinics in MN（Children's MN）の Strategy & Innovation Leader を経験している[22]。④に関して、対象を大学のみに限定すると、ミネソタ大学システムの 12 人の理事（regent）の中に Allina Health 元 CEO の P. ウィーラー（Penny Wheeler）が、またセントトーマス大学の理事（trustee）の中に前出のソラン（副会長）と Cecere、SPS Commerce 元 CEO の A. ブラック（Archie Black）、The Meritex CEO の P. マクニーリー（Harry "Paddy" McNeely, III）が含まれる。ソラン、そして 3M CEO の M. ローマン（Mike Roman）は University of Minnesota Fdn. の理事を務める。

4. ミネアポリス／セントポールにおける産業発展の広義の要因

4.1. 企業家・市民の団体を通じた社会活動

　地域の産業の発展にはそれを担う優秀な人材が不可欠となる。ミネソタでは、その確保がそれらの一義的な目的かはともかく、生活環境、教育制度などのあり方に企業家や市民が積極的に参与している。ここではそうした活動の場として民間団体の Citizens League、Minneapolis Downtown Council と Minnesota

---

22　第1節に挙げた諺は都市圏内での転職に関連する。Time（1973）は 3M CEO であった H. ヘルツァ（Harry Heltzer）の「〔ミネソタの〕大企業における1つの人事問題は〔そこ〕に異動した役員が（そこから）離れたがらず、それゆえ（他所への）異動を受け入れずに、しばしば退職してそこで別の仕事を見つけることである」とのコメントを引用している。

Business Partnership を取り上げ，活動の成果を紹介する。

4.1.1. Citizens League

Citizens League は 1940 年代に遡る「MSP の企業家の公共問題に関する非公式な会合（discussion）」（Brandl and Brooks 1982, p. 193）を起源に 1952 年に Minneapolis Citizens League として設立された市民のシンクタンク（think tank）である。後に研究の対象地域が region（local より大きい area）に拡大され，Brandl and Brooks（1982）によると約 3,000 人の個人会員と約 600 の協賛企業・団体数を持ち，「重要な問題を特定し，それらを調査し，いくつかの可能な対策を評価し，望ましいアプローチを提言している」。「その政策決定〔（提言）〕は……議論の質とそれらが多数の，有能で，非常に多様な人々の集団の承認を受けていることの両方の理由により影響力のあるものなって〔おり〕」（*id.*），1967 年の Metropolitan（Met）Council の設立[23]，1971 年の「ミネソタの奇跡」（"Minnesota Miracle"）と呼ばれる財政改革，教育改革とメトロポリタン州立大学（Metropolitan State University; 以下，メトロ州立大学（Metro State University））の設立に結実している。なお，Dornfeld（2011）によるとその後に会員数の減少，予算の削減などを経験，予算はそれ以前の「ピークの 60 万ドル」から 2003 年度（-2003.8.31）には 35 万ドル（収入；内，受入寄付額は 25 万ドル）となったが，2022 年には 100 万ドル（内，受入寄付額は 89 万ドル）に増大（2003 年度・2022 年のデータ：Form 990），また「会員はより若く，またより多様となっている」。

①財政改革

財政改革には 2 つの事項がある。1 つは教育改革のための州予算の大幅な拡大であり，1971 年に個人所得税，法人所得税，売上税，ビール税（beer tax），

---

23 Met Council は「region の政策決定機関（policy-making body），政策立案機関（planning agency），そして 7 郡から成る MSP 都市圏での不可欠（essential）なサービスの供給者」である。また，それが供給するサービスには「境界を超えた regional な問題」となる住宅，公園，交通，水道，排水処理がある（以上，website, "Who We Are"）。なお，交通についてはその 1 部門である Metro Transit が都市圏内で 2 路線の LRT を運行しており，2004 年開業の Blue Line はミネアポリス中心部，国際空港と大型商業施設の Mall of America を，2014 年開業の Green Line はミネアポリスとセントポールの中心部をつなぐ。ただし，Green Line の延伸計画（Southwest LRT project）のいずれも大幅な進捗の遅れと費用の高騰もあり，そのガバナンスのあり方（委員の選出方法）が批判を招いている。

liquor tax（liquor: 蒸留酒），たばこ税（cigarette tax）の税率の引き上げにより5.81億ドルの増税が図られた（Dornfeld 2007）。もう1つは自治体間での財政力の均衡化を第一義的な目的とするタックス・ベース・シェアリング（tax-base sharing）である。Minnesota Fiscal Disparities Act of 1971［2023 Minnesota Stat. §473F.］が制定され，MSP都市圏の7つの郡に属する市・町は同年を基準年として商工業財産の課税ベース（commercial-industrial property tax base）の増加分の40%をプール（areawide tax base）に拠出，またそこからある規則に則り分配を受ける[24]。2024年の拠出総額は5.63億ドルで，「商業・工業・公共事業財産の全課税ベースの32%を超える」。純拠出（拠出－分配）は最大がブルーミントンの1,517万ドル，最小がセントポールの−4,092万ドル，ミネアポリスは1,092万ドルで，1世帯当たりではそれぞれ166ドル，−132ドル，25ドルとなっている（以上，Met Council website, "Fiscal Disparities", Met Council, "Fiscal Disparities Summary Data 2024"）[25]。しかし，タックス・ベース・シェアリングはそのような負担者と受益者を生み出すのみでなく，「フィスカル・ゾーニング（fiscal zoning）とタックスベース競争の誘因と関連した負の効果を削減する」（Orfield and Wallace 2007, p. 592）ことで都市圏全体に資する。なお，フィスカル・ゾーニングとは自治体がその財政への影響を考慮して「低価格住宅供給など特定の開発を排除する」（Gilje 2020, p. 24）ことをいう。

②教育改革

　州の財政改革により初等・中等学校の運営費（operating cost）の州負担率の大幅な引き上げ（43%→65%），そして「学校区間での生徒・児童1人当たり支出における格差の削減」（Paul Gilje談；Dornfeld 2007, p. 316）が図られた[26]。1988年にはEnrollment Options Program［2023 Minnesota Statutes, Ch.124 D.03］により学生と親に公立学校の選択（school choice）が認められ，1997年には教育費の税額控除（scholarship tax credits）の拡大により私立学校の選択がより

24　市・町の税収がどのように決定されるかは Hinze and Baker（2005）の説明がわかりやすい。

25　ついでながら，Truth in Accounting, "Financial State of the Cities 2023" によると2021年度末時点での，財政健全性の指標となる「（資産－資本資産－拘束資産（restricted asset）－請求総額）÷納税者数」の数値はミネアポリス市が−200ドル，セントポール市が−3,100ドル，単純平均が−4,810ドルとなる75大都市の中でそれぞれ31位と40位であった。

26　2021年度には州負担率は61.9%で，地元負担率が28.7%，連邦負担率が9.4%であった。州負担率は全米で8位となる（U.S. Census Bureau, 2021 Public Elementary-Secondary Education Finance Data, Summary Table）。

表 10-2　ミネソタ州の初頭・中等教育の成果（NAEP 学力調査の結果）

年	州 + D.C.	数学		読解	
		4 年生	8 年生	4 年生	8 年生
2022	順位	6^T	5^T	21^T	22^T
	割合	41%（35%）	32%（26%）	32%（32%）	30%（29%）
2019	順位	1	2^T	8^T	18^T
	割合	53%（40%）	44%（33%）	38%（34%）	34%（32%）
2017	順位	1^T	2	15^T	11^T
	割合	53%（40%）	46%（33%）	39%（35%）	39%（35%）
2003	順位	2^T	1	5^T	6^T
	割合	42%（32%）	44%（29%）	37%（31%）	37%（32%）

注記）　（ ）内は全米の平均で，この平均には Dept. of Defense Education Activity（DoDEA）の
ものが含まれる。
出所）　National Center for Education Statistics, website（http://nces.ed.gov）より筆者が作成した。

現実的なものとされた（Elazar *et al.*, 1999）。1991 年にはチャータースクール法
（charter school law）［2023 Minnesota Stat., Ch. 124E］が制定され，翌年に「親や
教員，地域団体などが，州や学区の認可を受けて設ける初等中等学校」（文部
科学省資料）であるチャータースクールが設置された。公立学校の選択とチャ
ータースクールは米国初の試みであった。
　こうした教育改革の成果は第 5 章で紹介した学力調査，NAEP の結果に反
映されようが——Citizens League は 1970 年代の報告書において「消費者の選
択」を「質の高い教育の基本指標」とみなしていた（Junge undated）——，
MSP 都市圏の結果が不明なために州全体のそれを見てみると，州（と D.C.）
のデータが揃う 2003 年以降，ミネソタ州は読解と数学で中級以上の割合が高
く，数学では 2017 年に 4 年生が全米で 1 位タイ，8 年生が 2 位，2019 年には
それぞれ 2 位と 2 位タイとなっている（**表 10-2** を参照）[27]。

③メトロ州立大学の設立

　メトロ州立大学は 1971 年に「社会人に学士号を授与する，専門課程のみ
（upper-division）の大学」（website: "Univ. history"）として「セントポール［ ］
の薬局の上階の 1 室だけの教室に誕生した」（Melo 2022a）。「〔1976〕年に学生
数が 1,000 を超え」，「1983 年に最初の大学院学生が入学した」（website, "Univ.

27　2022 年の結果には新型コロナウイルス感染症蔓延の影響が指摘されている。

history")。現在，7つの College を擁する同大学の学生数は 9,201，学部学生は
その 87%，またパートタイム（part-time）の割合は 59%，親が学士号を取得し
ていない，所謂「第1世代」（"first-generation"）の割合は 56% となっている
（以上，website, "Key Facts at a Glance"; Updated 2023.2.）（ちなみに，ミネソタ
大学の 2023 年の学部学生の内，第1世代の割合は 24.7%（UMN website, "First
Generation at the U of M"）であった）。さらに，その教育の成果として St. Paul
Area Chamber of Commerce CEO の B. カイル（Brenda Kyle）は「〔（メトロ州
立の学生）の過半数は貧困水準で入学し[28]，卒業5年後に［ ］大多数は中流
階級またはそれ以上に属している」こと，50,000 人に及ぶ「〔卒業生の〕過半
数──85%──はミネソタに留まっている」ことを指摘している（*qtd. in* Melo
2022a）。なお，同大学はその College の1つ，College of Sciences が Computer
Science and Cybersecurity Programs を提供するが，2023 年に「400 の高等教
育機関に打ち勝ち，National Secu;ity Agency〔──U. S. Department of Defense
傘下の情報機関で，「米国家安全保障局」と訳される──〕の，small business
cybersecurity clinic を設立・運営するための〔145 万ドルの〕助成金を獲得し
た」（Metro State Univ. 2023）。

4.1.2. Minneapolis Downtown Council

1955 年に「米国で最も古い central business assoc.〔（中心街に立地する企業
の団体の意）〕の1つ」（Downtown Minneapolis Neighborhood Assoc. website, "Ex-
plore Downtown Living May 16 And 17"）で，「……素晴らしい中心街（down-
town）の創造に重点的に取り組む」（website）Minneapolis Downtown Council
（MDC）が設立された。そして，それと市の官民連携（public-private partner-
ship）により 1964 年に高層ビルや商業施設が立ち並ぶ，ただし「小売販売が
減少していた」（Brandl and Brooks 1982, p. 179）Nicollet Avenue の一部が，ト
ランジットモール（transit mall）の Nicollet Mall に変更された。総費用は
3,800 万ドル，連邦政府の補助金などを引いた残りの約 70% の資金はそこから
1区画内にある財産の所有者に課される特別課徴金により調達された（Nathan-

---

28 メトロ州立大学の年間の授業料と諸経費（tuition and fees）は 9,684 ドル（州内出身者），ミネ
ソタ大学とセントトーマス大学のそれはそれぞれ 16,488 ドル，52,284 ドル（*U. S. News*, "2024
Best Colleges（National Universities）", "2024 Best National Liberal Arts Colleges"）と，相対的に
安価となっている。

son 2010）。1991 年には 2,200 万ドルの改修が終了（*id.*; 費用負担は不明），その後，LRT の両路線の駅（Nicollet Mall Station）が設置された。なお，Nicollet Mall の開設では百貨店，Dayton Co.（Dayton's; Dayton-Hudson Co. を経て，現 Target）の創業者，G. デイトン（George Dayton）の孫の 5 兄弟，中でも長男のドナルド（Donald Dayton）が重要な役割を果たした[29]。

4.1.3. Minnesota Business Partnership

Minnesota Business Partnership は 1977 年に設立され，メンバーとなる「ミネソタの大雇用主の 100 人以上の CEO と上級役員（senior executive）〔──ミネソタ大学とセントトーマス大学の学長（President）も理事に就任している──〕の知識と経験を活用」（website, "About Us"）し，「①雇用と経済，②教育と人材育成（workforce development），③保健政策，④多様性，公平性とインクルージョンの 4 つの主要課題」（website, "On the Issues"; 丸数字は引用者による）を「長期的かつグローバルな視点で分析し，ミネソタの経済と生活の質を強化するための提言」（website, "Mission"），さらには少なくとも②のための資金集め（DePass 2023），を実施している。なお，2022 年には 523.6 万ドルの収入の 90.9% を会費が占めていた（Form 990）。

4.2. 企業家・市民の慈善活動

ミネソタ州の企業家や市民は寄付活動によっても生活環境の整備，教育制度の拡充などを推進している[30]。ここでは，最近の企業家と彼らが設立した財団の地元の大学への寄付の主な事例を紹介する。また，企業財団，コミュニティ財団を含む地域の主要な財団の寄付額をそれらが Internal Revenue Service（IRS; 内国歳入庁と邦訳される）に提出する年次申告書，IRS Form 990 を使って確認することとする。

29　Dayton Co. はそこに旗艦店を構えていた。5 兄弟は 1962 年に開始された，ミネアポリスの中心部でビルの 2 階を連結する天蓋閉鎖式のスカイウェイの開設でも重要な役割を果たしている。

30　市民の寄付活動に関して，Forbes Advisor（Brady 2023）の The Most（and Least）Generous States によると，2021 年のミネソタ州の charitable giving rate（「〔同〕年に 25 ドル以上を慈善活動に寄付した住民の百分率」）は 61.8% で 50 州と D.C. の中で第 1 位であった。また，連邦政府機関の Corporation for National and Community Service（CNCS or AmeriCorps）が 2018 年に発表した Volunteering in America でミネソタ州はボランティア活動行動者率（rate of volunteering）が 45.1% で 50 州と D.C. の中でユタ州に次ぐ第 2 位，MSP 都市圏は 46.3% で 50 大都市圏の中で第 1 位であった。

4.2.1. 企業家の寄付活動

①ミネソタ大学への寄付

Carlson Cos. 創業者のC. カールソン（Curtis Carlson）が1986年に経営大学院に2,500万ドルを寄付，同大学院はCurtis L. Carlson School of Mgmt. となり，1993年には同schoolの新たな施設を建設するために1,000万ドルを寄付した。2018年に彼が設立したCarlson Family Fdn. が1,500万ドルを寄付，その内の1,000万ドルは「Carlson School ［ ］のグローバル・リーチ（global reach）の拡大」（Lerner 2018）に充当された。同schoolにはHanson Investment Mgmt. 創業者のH. ハンソン（Herbert Hanson, Jr.）が2004年にHanson Hallと命名される新たな施設の建設費用の一部として1,000万ドルを寄付した。前出のHolmes Centerは不動産管理会社，CSM創業者のG. ホームズ（Gary Holmes）から2007年に600万ドルの寄付を受けてCenter for Entrepreneurial Studiesから名称が変更された。2003年にMidcontinent Media創業者のL. ベントソン（Larry Bentson）からの1,000万ドルの寄付，2020年に彼が設立したBentson Fdn. からの1,500万ドルを寄付によりミネソタ大学システムに奨学金（前者はBentson Family Scholarship program）が設立された。さらに，投資会社，Capital Group（本社：ロサンゼルス）のresearch directorなどを務めたK. ラーソン（Karin Larson）がCollege of Continuing and Professional Studies（CCAPS）に3,250万ドルを遺贈，2022年にKarin L. Larson Legacy Scholarshipが設立された。CCAPSには彼女の名前を冠したFund for Interdisciplinary Education ScholarshipsとFund for Interdisciplinary Education Advisingもある（以上，寄付者はすべて大学の卒業生である）。

②セントトーマス大学への寄付

1991年にP. マクニーリーの父のハリーJr.（Harry McNeely Jr.）とG. ローエンホースト（Gerald Rauenhorst）の寄付（金額は不明）によりCollege of Business内にCenter for Family Enterprise（現Family Business Center）が設立された。2006年には「〔ハリーJr.〕が約10年前に行った気前の良い寄付」（Hennes 2006）によりその教室を同collegeが使用するMcNeely Hallが建設されたが，この名称は大学の卒業生で（ハリーJr. は卒業生ではない），St. Paul Terminal Warehouse（現Space Center・The Meritex）創業者の父，ハリーSr. に因んでいる。Best Buy創業者で，一時期，在籍したR. シュルツ（Richard Schulze）

が 2000 年に 5,000 万ドルを寄付，2003 年の新たな School of Law と 2005 年の College of Business 内での Schulze School of Entrepreneurship の設立，そして同 school が入居する Schulze Hall の建設に充当された。2017 年には Schulze Innovation Fund が設立された。2006 年にはローエンホーストと彼が設立した The Opus Group による「建物の建設，寄付講座（endowed chair）の開設，学生への資金援助の提供」（Dennis Dease 学長談；*qtd. in* St. Thomas Newsroom 2006）を理由に College of Business の名称に Opus が冠された。彼が設立した GHR Fdn. は 2017 年に 5,000 万ドルを寄付，ビジネス専攻生のための奨学金が設立された。父親から引き継いだ会社を APi Group に成長させた L. アンダーソン（Lee Anderson）は卒業生ではないが，2007 年に 6,000 万ドル，2023 年にはミネソタ州の大学に対するものとしては過去最大の 7,500 万ドルを寄付，前者は Anderson の名前を冠した Student Center, Athletic and Recreation Complex と Parking Facility，後者は Lee & Penny Anderson Arena（Penny は妻）の建設に充当された。Business Incentives（現 BI Worldwide）創業者の G. シューネッカー（Guy Schoenecker）は 1977 年に Schoenecker Family Endowed Scholarship を設立，"Schoenecker" を冠した Law Library（2003）と Arena（2010）もあり，さらに現在，「STEM 教育の拠点（central home）」（website）となる Schoenecker Center が建設中である。2017 年には Dougherty Financial Group 創業者である M. ドハ（ウア）ティ（Mike Dougherty）などからの 1,800 万ドルの寄付により 2 年制の Dougherty Family College が，2019 年には Central Bankshares 創業者の J. モリソン（John Morrison）の 2,500 万ドルの寄付により Morrison Family College of Health が設立され，後者の school の 1 つである School of Nursing には妻のスーザン（Susan）の名前が冠された。Schulze School 内には，設立または命名の経緯は不明であるが，彼の名前を冠した Center for Entrepreneurship がある。なお，2008 年の Opus College への 5,000 万ドル，2022 年の Dougherty Family College への 1,000 万ドルの寄付など匿名者による高額の寄付もなされている。

③医療機関への寄付

病院に対する高額寄付もいくつか確認される。Minnesota Masonry（masonry とはフリーメーソン（組織）のこと）の慈善団体である Minnesota Masonic Charities が 2008 年にミネソタ大学に癌の治療法の開発のために 6,500 万ドル，

2012 年に同大学の小児病院に 2,500 万ドルを寄付，同病院はミネソタ大学 Masonic Children's Hospital となり[31]，さらに 2020 年には 3,500 万ドルの寄付により同大学 Office of Academic Clinical Affairs 内に Masonic Institute for the Developing Brain が設立された。小児病院の当時の名称は Amplatz Children's Hospital であったが，その名称は放射線医学教授・AGA Medical 創業者であった K. アンプラッツ（Kurt Amplatz）の娘のキャロライン（Caroline）による新しいビルの開設（2011 年）のための 5,000 万ドルの寄付を理由とした。また，The Toro で CEO などを務めた K. メルローズ（Ken Melrose）の Park Nicollet Fdn. への「かなりの寄付」（"significant gift"; Ostuni 2019）により 2009 年に都市圏に摂食障害治療施設である Melrose Center（現在は HealthPartners の一部）が設立され，2019 年に 1,870 万ドルの寄付が追加された。さらに，前出のシュルツにより 2004 年に設立された Schulze Family Fdn. が 2023 年に非営利医療機関の Allina Health に 2,500 万ドルを寄付，現在，その Abbott Northwestern Hospital campus に Schulze Family Fdn's Center for Excellence in Neurological Care が建設中である。小児医療システムの Children's MN にはマクニーリー家の寄付により設立された McNeely Pediatric Diabetes Center があるが，寄付の詳細は不明である。

4.2.2. 財団・企業の寄付活動

前出のデイトン 5 兄弟は 1946 年に同社の税引き前利益の 5% を寄付する方針を定め，1976 年には 4 男のケネス（Kenneth Dayton）を "creator"（Nocera 2007）として「Minneapolis Chamber of Commerce が Dayton's の寄付政策を制度化するために "Five Percent Club" を設立」（Bures 2016），同 club は 1983 年に「税引き前利益の 2% 以上」の寄付を参加条件とする Minnesota Keystone Program となり，参加企業は 2024 年 8 月 10 日時点で 212 社に上る（Minneapolis Regional Chamber website, "Minnesota Keystone Program"）[32]。また，都市圏の大企業の多くは企業財団（corporate fdn.）を設立し，それを通じて寄

---

31 現在，ミネソタ大学 Masonic Children's Hospital の名称にミネソタ大学，UMN Physicians（医療機関）と Fairview Health Services の共同事業体である M Health Fairview の名称が冠される。

32 1997 年に G. セルバッジオ（Joe Selvaggio）が「個人所得の 1% または純資産の 5% の寄付を誓約する富裕な人々」を会員とする（Bures 2016）One Percent Club を設立すると，ケネスが最初の会員となった。ケネスと妻，ジュディ（Judy）の 50 年以上にわたる寄付の総額は 1 億ドルを超えるとされる。

第 10 章　ミネソタの奇跡を礎とするミネアポリス／セントポール（MSP）　　225

表 10-3　MSP 都市圏の財団の寄付額と資産額（2021 年）[1]

名称（略称）	寄付額 (100万ドル)	資産額 (100万ドル)	種類[2]	期末[3]	名称（略称）	寄付額 (100万ドル)	資産額 (100万ドル)	種類[2]	期末[3]
Wells Fargo	206.8	20	Corp.	1	Manitou Fund	32.0	1,002	P	1
Margaret A. Cargill	139.2	3,641	P	1	GHR	31.4	1,197	P	1
Minneapolis	110.7	975	Comm.	1	Target	23.5	85	Corp.	2
St. Paul & Minnesota	108.2	1,669	Comm.	1	Medtronic Comm.	22.9	46	Corp.	3
McKnight	97.6	3,037	P	1	WEM	18.4	121	P	1
Otto Bremer Trust	66.9	1,528	P	1	Schoeneckers	12.5	145	P	4
Bush	54.7	1,683	P	1	Cargill	12.0	278	Corp.	1
R. M. Schulze Family	48.6	218	P	1	Carlson Family	10.6	301	P	1
F. C. & K. B. Andersen	44.1	1,211	P	1	Frechette Family	10.0	167	P	1
United Health	43.5	210	Corp.	1					

注記 1)　財団に名前を残す企業家を簡単に紹介すると，M. カーギル（Margatet Cargill: 1920-2006）は Cargill
創業者である W. カーギル（William Cargill）の孫，W. マックナイト（William McKnight: 1887-1978）と
A. ブッシュ（Archibald Bush: 1887-1966）は共に 3M 元重役，O. ブレマー（Otto Bremer: 1867-1951）は
Bremer Financial 創業者，F. アンダーセン（Fred Andersen: 1886-1979）は Andersen Corp. 元社長・会長
（創業者であるハンス（Hans: 1854-1914）の二男），WEM は Whitney and Elizabeth MacMillan のことで，
Whitney（1929-2020）は Cargill 元 CEO，P. フレイシェット（Peter Frechette: 1937-2017）は Patterson
Dental Co. 元 CEO である。
注記 2)　P: Private, Comm.: Community, Corp.: Corporate
注記 3)　1: 2021.12.31, 2: 2022.1.29, 3: 2022.4.29, 4: 2022.9.30
出所）Cause IQ website, "Minnesota private foundations"（https://www.causeiq.com/directory/private-founda
tions-list/minnesota-state/), Fdn. Form 990-PF から筆者が作成した。

付活動を展開しており [33]，さらに都市圏にはすでに触れた企業家が設立した民
間財団（private fdn.: 一般には企業財団も民間財団の範疇に含まれる）や「通常は
主に寄付を促し，それを集めてコミュニティの要求に対処したり，地域（local）
の非営利団体を支援したりすることで地域の支援に重点的に取り組む」
（Fidelity Charitable website, "What is a community foundation?"）コミュニティ財
団もある。およそ 2021 年の 1 年間に 1,000 万ドル以上・5,000 万ドル未満の寄
付した財団数は 12，5,000 億ドル以上・1 億ドル未満の寄付をした財団数は 3
で，1 億ドル以上を寄付した財団は Wells Fargo Fdn., Margaret A. Cargill
Fdn., The Minneapolis Fdn. と St. Paul and Minnesota Fdn. の 4 つとなる（表
10-3 を参照）。なお，財団の寄付先はその本部所在地に限定されないが，例え
ば McKnight Fdn. は 2023 年に 1 億 800 万ドルの寄付の 36% を MSP 都市圏，

―――――――――――――

33　例えば，前出の TLI は「Honeywell Fdn. からの寄贈財産（endowment）を通じて 1987 年に設
立された」（TLI website, "Our Story"）。

60% をミネソタ州（website, "Grants"），「われわれの地域〔（＝ミネソタとそれに近接した3州）〕の人々，場所と機会への投資」を標榜する Otto Bremer Trust は 9,539 万ドルの寄付の 39.3% を MSP 都市圏，56.9% をミネソタ州に配分している（website, "Grant & PRI Search", Otto Bremer Trust 2024）。

5. おわりに

　MSP 都市圏の主要産業の発展は，その礎を築いた複数の「父」の存在もその大きな要因となろうが，スピンアウト，役員兼任，転職など地域内で技術やノウハウが伝達される特異な仕組み，さらに生活・教育環境を含む広い意味での事業環境と関連した企業家，彼の企業と財団，または市民の都市・地域への強い関与（civic engagement）も注目に値する。その関与の手段として大学などへの寄付の他に，特異な組織の設立があり，その代表である Citizens League の研究は「ミネソタの奇跡」と呼ばれる州の財政改革，教育改革などに，MDC と市の官民連携は Nicollet Mall の開設に結実した。Nicollet Mall，スカイウェイの開設を主な内容とする再開発は Nathanson（2010）により「ミネアポリスに米国の他のほとんどの中規模都市に羨まれる元気で，経済的に健全な中心部を与えた」（p. 184）と評されている。そしてそれらが生み出す強い産業，上位の大学と高い生活環境が優秀な人材を地域に留め，それがさらに産業を強化し，医療機器製造業では "Medical Alley" と形容される企業集積をもたらしている。また，そうした好循環は中位世帯所得（median household income）や「25-34 歳での4大卒」・「20-39 歳」の割合が高い事実からうかがえる。2022 年の中位世帯所得は全米が 74,755 ドル，MSP 都市圏が 74,473 ドル，ミネアポリスが 91,341 ドル，「25-34 歳での4大卒」の割合はそれぞれ 39.8%，50.3%，63.9%，「20-39 歳」の割合は 27.0%，27.4%，39.5% となっている。多くの「特異」の存在に関しては，Time（1973）は「多くの点で，長く州最大の〔民族〕グループであったスカンディナヴィア人がミネソタの特徴を形成した」と述べている。

　リサーチパークに関しては MSP 都市圏でもその開発が近年になって本格化し始めたが，それらは既存のものの焼き直しではない。Towerside 地区は場所を「その主な財産」とするが，それはそこがミネソタ大学（・同医科大学院）に近接していることなどの他に，「経済的・文化的に動的な都市圏の中心

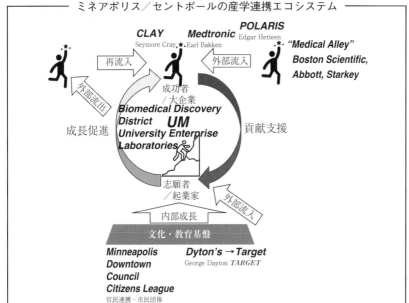

ミネアポリス／セントポールでは，主要産業だった製粉業に替わり，ミネソタ大学のC.W.リリハイ教授のニーズから生まれたメドトロニックを端緒とする医療機器産業や，スーパーコンピュータに始まるIT産業などが誕生。そこからスピンオフした企業や外部流入により，産業クラスターが形成。

Minnesota Nice! といわれる，長く州最大の民族グループであったスカンジナビア人の気質や風土から，財界や市民が政策立案にかかわる組織が育って，厳しい気候にもかかわらず，教育水準も高い住み良い環境を整えることができた。

地」(website, "A Place Like No Other") であることを理由とする。そして，そこをさらに「新しい，公平で，restorative で，健康で，芸術に触発されたコミュニティ」とすることで「起業家，居住者，研究者，開発者と企業を寄せ集める」ことが意図されるのである（website, "Connecting People, Minds, and Passions"）。また，芸術は「想像力とひらめきを刺激し，それによりコミュニティ生活，市民の対話と発見を活発にし，地区の雰囲気の形成に大いに貢献する」ものと位置付けられる（"Core Values"）。TID はこうした構想（vision）を「繁栄した，都市のコミュニティを開発する国家モデル（national model）」と自負している。また，多数の企業，財団や行政機関が UEL には出資者（supporter），TID にはパートナーとして関与した，または関与していることも civic engagement なのかもしれない。

第 11 章　メイヨクリニックとロチェスター (MN)*

1. はじめに

　ロチェスターはミネソタ州の東南部に位置し，ミネアポリスからは南東に約124 km 離れている。この地は初期の入植者の 1 人である G. ヘッド（George Head; 入植は 1855 年）により彼のニューヨーク州の故郷に因んで命名され，ミネソタが準州から州となった 1858 年に市，そしてオルムステッド（Olmsted）郡の郡庁所在地となった。同市の現在の主要産業は医療産業であり，同市の産業全体の核となるのは 1864 年に W. W. メイヨ（William W. (W. W.) Mayo）が設立した診療所を起原とするメイヨクリニック（Mayo Clinic）である。2013 年にメイヨクリニックの提案によりそれと州，郡，市が連携してそれが立地する市の中心市街地の一部（DMC 開発地区（Destination Medical Center Development District）[1]）を global destination for health and wellness，つまり世界中から医師や患者が集まる場所として開発する DMC initiative が開始された。また，それは同時にその地を「医療界のシリコンバレー」(the "Silicon Valley of medicine")，つまり世界中から医療の研究者や医療機器の開発者が集まるリサーチパークとしての機能を強化する取り組みでもある。

　本章はその一方の，あるいは全体の中心となるメイヨクリニックの沿革とこの大掛かりな官民連携の背景（都市の規模や地域の雇用状況など）に触れた後

＊　（謝辞）筆者らは 2023 年 8 月 5 日（現地日付）にロチェスターの Destination Medical Center Economic Development Agency（DMC EDA）と Rochester Technology Campus（RTC）に訪問し，DMC EDA では Flynn Michael 氏と Rochester Area Economic Development. Inc. の Kirk Bustom 氏，RTC では Hamilton Real Estate の Jamey Shandley 氏と Viriad の Scott Beck 氏にインタビューを実施した。4 氏の調査への協力に対して記して感謝したい。

1　DMC 開発地区は Discovery Square など 6 つの sub-district から構成される。

に，その構成を詳細に紹介する。

2. メイヨ家とメイヨクリニックの沿革

W. W. メイヨは英国に生まれ，1845 年に渡米し，インディアナメディカルカレッジ（Indiana Medical College）を卒業した後にロチェスターに診療所（後のメイヨクリニック）を開設した。W. W. は一般医（general practitioner），外科医（surgeon）（そしてさらに政治家[2]）として大いに活躍，1872 年には州医師会（Minnesota State Medical Society）の会長（president）に選出された。また，「1883 年までに〔彼〕の診療所はミネソタ南部の 3 大診療所の 1 つ，恐らくは最大の診療所となっていた」（Clapesattle 1969, p. 79）。W. W. の 2 人の息子，ウィリアム・J.（William J.）とチャールズ（Charles）はそれぞれミシガン大学（University of Michigan）とノースウェスタン大学（Northwestern University）のメディカルスクール（medical school）を卒業後，この診療所に参加した。兄弟は「医者が〔それ〕をためらう」（Godar 2014）時代に「多くの分野の専門医が彼らの知識を出し合うチーム医療（team〔(-based)〕medicine or〔medical〕"group practice"）を生み出した」（Cohn 1987）[3]。また，共に時代を代表する外科医として後に米国医師会（American Medical Association）の会長に就任している。1883 年にロチェスターをミネソタの歴史上，最悪の〔もの〕の 1 つ」（Blistein and Burns 2018, p. 22）とされる竜巻（1883 Rochester Tornado）が襲うと，その 6 年後の 1889 年にメイヨ親子は共にその負傷者の救済にあたった地元の聖フランシス女子修道院（Sisters of Saint Francis in Rochester, MN）が設立した Saint Marys Hospital の運営を引き受けた。メイヨクリニックは 1986 年に同病院と Rochester Methodist Hospital[4] を統合，前者は Mayo Saint Marys Campus の Clinic Hospital，後者は Methodist Campus の Mayo Clinic Hospital となった。後にアリゾナ州（スコッツデール・フェニックス）とフロリダ州（ジャクソンビル）にも campus を，また 1992 年には「ミネソタ州南部，

2　1882 年に市長，1885 年に市会議員，1890 年に州上院議員に就任している（Clapesattle 1969）。

3　チャールズがウィリアムと違うメディカルスクールに進学したのは家族が彼らに「異なる見方」（different viewpoint; Clapesattle 1969, p. 113）を修得することを期待したからとされる。すでにここにチーム医療の考え方が看取できる。

4　同病院とメイヨ兄弟またはメイヨクリニックのそれまでの関係については，Clapesattle（1969），Kahler Hospitality Group website, "History" と Nelson（1994）を参照のこと。

ウィスコンシン州西部とアイオワ州北部の……外来診療所（clinic），病院と他の医療施設」（website, "About Us"）から成る Mayo Clinic Health System を設立した。

　他方で，兄弟は1915年に「最も良くお金を人々に返還」（Clapesattle 1969）する手段としてミネソタ大学の Graduation School の1部門となる Mayo Fdn. for Medical Education and Research（後の Mayo School of Graduate Medical Education: MSGME）を，1919年には「メイヨクリニックの将来を保障する最善の方法」として「〔そ〕の資産と彼らの貯蓄の大半を寄付し」（Mayo Clinic website, "Mayo Family Inkwell"），「それを運営する非営利団体の Mayo Properties Assoc.〔（後の Mayo Fdn.）〕を設立した」（Mayo Clinic Library website, "Mayo Family Medical Diplomas"）。こうした寄付行為の背景には W. W. の「並外れた身体的能力，並外れた知的能力や機会を持つ者には人々に何らかのものを与える義務がある。彼は彼の持つそうする能力に応じて他人のために行動しなければならない」（*qtd. in* Clapesattle 1969, p. 100）との思想があったとされる[5]。また，地域との関連では，1904年の兄弟の市への5,000ドル，銀行家の J. クック（John Cook）の1,000ドルの寄付により Mayo Park が，1906年の兄弟の同じく土地と1,000ドル，クックの1,000ドルの寄付により Saint Marys Hospital の隣接地に St. Marys Park が設置された[6]。また，チャールズが約45万ドルの建設費用の内の25万ドル，Mayo Properties Assoc. が残りを市に寄付して，1939年に「市民が切望していた娯楽を提供する」（website, "About"）Mayo Civic Auditorium（現 Mayo Civic Center）が建設された[7]。この施設はその後，数次の改修を経て，現在では市の歴史的建造物の1つとなっている。なお，Weber and Williams（2021）は1904年の兄弟の寄付を「非常に多くの他のamenity と同様に」と形容している。

　最後に，メイヨクリニックの現状をまとめておく。メイヨクリニック（ロチェスター）は2023年に *U. S. News & World Report* により米国内の約5,000の病院の中から22の Best Hospitals の1つに選出され（2023-2024 Best Hospitals

---

　5　また，W. W. と同様に「彼らはそれを支払える者からは通常の料金を，そうでない者には支払い能力に応じて徴収しようとした〔が，患者の〕経済状況を考慮して彼らが施す治療の程度や種類を変えようとは決してしなかった」（Clapesattle 1969, p. 225）。

　6　クックとメイヨ家には「1883年の竜巻の後の約20年間，W.W. の診療所が〔クック〕の商業ビルに入居していた」（Answer Man 2023）との関係があった。

　7　チャールズの寄付額を15万ドルとする，またチャールズは土地も寄付したとする文献もある。

Honor Roll)，*Newsweek* により "World's Best Hospitals 2024" の第 1 位にランクされている。また，年間 100 万人を超える患者を米国中，世界中から呼び込み，市に「年間 15 億ドルの税収」(Ngerleider 2015)，ロチェスター地域（MSA）に 42,000 人の雇用（パートタイムを含む；RAEDI[8] website, "Major Employers in the Rochester Area (2023)"）を生み出している（2023 年 1 月現在で Saint Marys Campus と Methodist Campus の病院の病床数は 1,265 と 794（米国の病院の中で第 6 位と第 59 位）である（Falvey 2023））。教育関連では 1972 年に Mayo Medical School として設立され，現在は上記の MSGME, Mayo Clinic School of Health Sciences（MCSHS）などと Mayo Clinic College of Medicine and Science（MCCMS）を構成する Mayo Clinic Alix School of Medicine は *U. S. News* により "2023 2024 Best Medical Schools (Research)" の 13 位タイにランクされている。研究との関連ではメイヨクリニック全体で 2022 年までに 3,773 の特許を取得し，その技術を使った 351 のスタートアップを誕生させ，4,509 の技術をライセンスしている（Mayo Clinic Department of Business Dev. website, "Mayo Clinic Ventures"）。また，他の機関との連携も積極的に推進している。MSP の主要な医療機器製造業者である Boston Scientific とは 2013 年頃に「知的財産を共有し，医療機器を迅速に開発」するために連携を開始している（Boston Scientific 2016）。The Tech Tribune の 2022 Best Tech Startups in Rochester（Minnesota）で 1 位となった Ambient Clinical Analytics は「ライセンスを取得したメイヨクリニックの技術を使用して救命救急医療提供者に極めて重要（vital）なケアプロセスの情報と分析へのリアルタイムでのアクセスを提供している」(The Tech Tribune website)。教育関連では MCSHS がロチェスターの高等教育機関（**4.3.1** を参照のこと）と，メイヨクリニックが州内 18 の私立リベラルアーツ・カレッジ（liberal arts colleges and universities）から構成される Minnesota Private College Council と提携して教育プログラムを提供している。さらに，2023 年 12 月にはロチェスターの公立学校に「将来の成功」につながる教育を提供するために 1,000 万ドル，官民パートナーシップの Coalition for Rochester Area Housing に「コミュニティの住宅問題に取り組むために」400 万ドルを寄付すると報道されている（Jacobson 2023）。

8　正式な名称は Rochester Area Economic Dev., Inc. である。

3. DMC initiative の背景

ロチェスター地域（MSA）の，メイヨクリニック以外の民間機関の雇用数は IBM の 2,791（2018 年），McNeilus Truck & Manuf. の 791，Benchmark Electronics（本社：Tempe, AZ）の 625，Spectrum（Charter Communications; 本社：Stamford, CT）の 577，McNeilus Steel の 490 である（RAEDI）。IBM は 1956 年にロチェスターに巨大な施設を設立，1990 年代前半には 8,000 人以上を雇用していたが，数次の削減を経て上記の数字となっている（2018 年には同施設を不動産開発・投資会社の Industrial Realty Group に売却し[9]，その一部を賃借している）。メイヨクリニックの雇用数は突出しており，同地域の経済が如何にメイヨクリニックに依存しているかがわかる。

他方で，ロチェスターの人口は 2000 年の 85,806 人から 2020 年には 121,395 人へと大きく増加しているが（Census），それを含む都市圏の規模（226,329 人）はメイヨクリニックの競争相手となる Massachusetts General Hospital（ボストン），クリーブランドクリニック（Cleveland Clinic; クリーブランド），Cedars Sinai Medical Center（ロサンゼルス），Johns Hopkins Hospital（ボルティモア），UT MD Anderson Cancer Center（ヒューストン），Memorial Sloan Kettering Cancer Center（ニューヨーク）がある都市圏と比較してあまりにも小さい[10]。恐らくはそれを原因としてその世界的な名声にもかかわらず，「メイヨクリニックは他の研究機関（academic institution）に人材を奪われていた」（Mortenson website, "One Discovery Square/Rochester, MN"）。このように市（・州）とメイヨクリニックの発展が強く相互依存的であることが官民連携の要因となる。

4. DMC initiative の構成

本節は「ミネソタで最大の官民連携経済開発事業」（"the largest public-private economic dev. initiative in Minnesota"）であり，「ロチェスターの成長の起爆剤」

---

9 施設の名称は Rochester Technology Campus（RTC）となっている。
10 これら 6 医療機関とメイヨクリニックは Medical Air Service が「米国で最も人気のある医療観光目的地（medical tourism destination）」として挙げるものである（website, "Medical treatment in the USA"）。

図 11-1 DMC initiative の構成

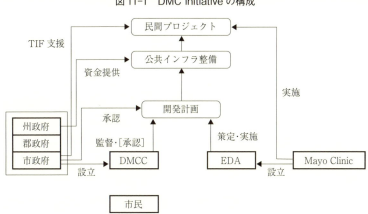

出所）筆者が作成した。

("a catalyst for growth in Rochester") となることが期待される DMC initiative を組織・開発体制，予算と主要プロジェクトの観点から紹介する（組織・開発体制と予算に関しては，図 11-1 を参照のこと）。

4.1. 組織・開発体制

2013 年に所謂「DMC 法案」（DMC Bill）が州議会で可決され，また当時の M. デイトン（Mark Dayton）知事により署名された。DMC 法（DMC Legislation）の規定に従い，市は非営利法人（nonprofit corp.）の DMC Corp.（DMCC）を設立した（2022 Minnesota Statutes, 469.41, Subd. 1）。DMCC の理事会（governing board）は，①市長または市長の指名する者，②市議会議長または市議会議長の指名する者，③郡委員会の委員長または委員，④医療事業体（Mayo Clinic）の代表，⑤州知事の指名する 4 人，から構成される（同，Subd. 2）。また，同様にして「医療事業体〔(Mayo Clinic)〕」が DMC の開発とマーケティングのために……非営利の〔DMC〕Economic Dev. Agency〔（以下，EDA）〕を設立」（469.43, Subd. 6），その理事会には医療業界，市と郡のメンバーが就任することとなる（同）。DMCC は EDA の支援を受けて開発計画（dev. plan）を準備する（同，Subd. 1）。また，(original な) 開発計画の策定とその修正の過程で公聴会（public hearing）を開催する（469.43, Subd. 1, 4; 2020 年 8 月 27 日開催の公聴会については，https://dmc.mn/event/dmc-public-hearing/ を参照のこと）。

DMCC の理事会と市に承認されるとそれは——EDA とロチェスター市により（DMC website, "Who is Involved and How?"）——実施に移される（同, Subd. 1, 2）。DMC initiative は 20 年を期間とするが，ある条件のもとで「〔DMCC〕は開発計画をいつでも修正することができる。〔また，DMCC〕は開発計画を少なくとも 5 年毎に更新しなければならない」（469.43, Subd. 4）とされ，2015 年に策定された事業計画には 4 つの phase が設定されている。なお，DMCC の Form 990（2021 年）によると，収入（205.4 万ドル）は全額，政府（Government）からの補助金（grant）であり，この政府はロチェスター市と考えてよい。

4.2. 予算

DMC initiative では 20 年間で州が約 4.11 億ドル（General State Infrastructure Aid（GSIA）として 3.27 億ドル，State Transit Aid として 0.696 億ドル），市が 1.28 億ドル，郡が（County Transit Aid として）約 0.46 億ドルを提供，公共インフラ（public infrastructure）の整備などに充当される（州の出資は民間投資が 200 万ドルを超えることが条件とされたが，これは 2016 年に達成された）。民間プロジェクトにそれら資金が提供されることもある。市と郡は 2016 年に消費税を 0.25% 引き上げて当該資金の財源とした。市内の消費税は 8.125%，内，州の消費税が 6.875%，郡と市のそれが 0.50% と 0.75% となった[11]。また，市は 2014 年には宿泊税（lodging tax）を 4% から 7% に引き上げ，これにより宿泊に消費税と宿泊税の合計の 15.125% が課されることとなった。また，市はしばしば TIF（tax incremental financing）——（将来の）固定資産税などの増収を財源とした地域開発の資金調達方法[12]——により調達した資金を提供するが，その総額は市が提供すべき資金に含まれる。TIF による支援には blight test（"blight" は荒廃の意），but-for findings などの要件があり（City of Rochester 2022a），また「最近の TIF に関する同意ではプロジェクトの総費用の 10% 未満となっている」（Petersen 2020）が，下記の Two Discovery Square（2DS）の建設プロジェクトでは支援はこの基準を大幅に超過した。他方で，開発により当該期間に州が 19-22 億ドル，市が 2.7 億ドル，郡が 2.18 億ドルの税収増を見込んでいる（DMC website, "What is DMC?"）。

---

11 ただし，衣服，食料品と医薬品には適用されない。

12 TIF には債券発行方式と Pay-as-you-go 方式がある。下記の One Discovery Square の建設では後者が採用されたが，他のプロジェクトについては不明である。

第 11 章　メイヨクリニックとロチェスター (MN)　　　235

図 11-2　民間投資額

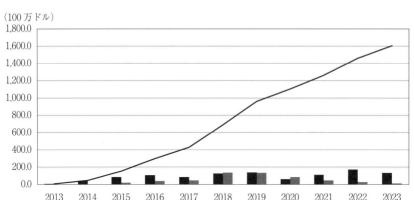

出所）DMC (2023) のデータ（2013-2022 年）と Mewes (2023) のデータ（2023 年）をもとに筆者が作成した。

　ただし，EDA Executive Director の P. シーブ（Patrick Seeb）が「1 ドルの公的インフラ投資に対して 10 ドルの民間投資を実現するのが目標である」(*qtd. in* Busche 2021) と述べているように投資（開発）の主はあくまで民間であり，メイヨクリニックは 35 億ドル，その他の事業者は 21 億ドルの投資を計画している。メイヨクリニックは 2022 年に 1 億 7,300 万ドル，2023 年に 1 億 3,300 万ドル，DMC initiative の開始からでは 10 億 6,700 万ドルの投資を実施 (DMC 2023, Mewes 2023)，さらに 2023 年には "Bold. Forward. Unbound. in Rochester" initiative（project）と呼ばれる新たな「複数年の戦略的計画」を公表した。ただし，メイヨクリニックを除く民間事業者の投資は恐らくはコロナウイルス感染症の感染拡大の影響があって 2018 年の 1 億 3,500 万ドル，2019 年の 1 億 3,300 万ドルら 2022 年には 2,600 万ドル，2023 年には 1,250 万ドルに大きく落ち込んでいる（図 11-2 を参照のこと）。

4.3. 主要プロジェクト
4.3.1. 民間プロジェクト
　DMC の開発計画の「要」（"keystone"; DMC website, "Current Priorities"）とされるのがメイヨクリニックと M. A. Mortenson（本社：ミネアポリス）の連携により 2019 年に開設された One Discovery Square（1DS; 建物（building））と

それに隣接する，2023年に竣工した2DS（同）である。One and Two Discovery Square website によると，いずれも「高速ブロードバンド，ウェット・ドライラボ[13] のためのインフラ，GMP〔(Good Manufacturing Practices)〕施設を備えた」，「メイヨクリニックを核とした，高等教育機関，スタートアップ（企業）とメイヨクリニックの提携企業［　］の協業スペース」("One Discovery Square") であり，さらに「ロチェスターで最初の WiredScore-Certified building (Silver) である 2DS ではデジタル診断・解析，画像化，人工知能（AI）と将来に向けての研究・開発が可能となる」("Two Discovery Square")。Mortenson によると，1DS は「2021年4月までに fully leased となった」(website, "One Discovery Square/Rochester, MN") が[14]，テナントには Exact Science（マディソン，WI），Thermo Fisher Scientific（ウォルサム，MA），Epic（ヴェローナ，WI），Motion Medical（メイヨクリニックと Boston Scientific の合弁会社），Philips（オランダ）など本社を他の地域や国に置くものもある。また，そこにはミネソタ大学ロチェスター校（University of Minnesota Rochester: UMR）も入居するが，UMR は市の中心市街地にキャンパスを構え，学部課程では Bachelor of Science (BS) in Health Sciences と BS in Health Professions の学位プログラムを，後者は MCSHS との提携により提供している（他に修士と博士の学位プログラムもある）[15]。事業費が 3,500万ドルの 1DS の開発には 490万ドル，同じく 4,500万ドルの 2DS の開発には 730万ドルが TIF により，また 2DS には別途，州，郡と市により資金が提供された（詳しくは，Spaeth（2020）を参照のこと）。その他，DMC の website には Featured Dev. Projects ("featured" は「呼び物の」の意）として Hyatt House（ホテル；事業費：4,400万ドル），The Maven on Broadway（アパートメント；"Urban on First" project, 約3,800万ドル），The HUE Apartments（詳細不明），Hotel Indigo（改装；4,200万ドル），Berkman Apartments ("Alatus Project", 1億1,500万円？）と Hilton Rochester Mayo Clinic Area ("Broadway at Center" project, 1億2,500万ドル）が挙げられている（プロジェクトは Hyatt House が 2021年，それ以外は 2020年に完了した）[16]。なお，Bryk on Broadway Apartments（2023年, 3,930万ドル）

13　lab [[oratory] には実験と実験室の意味がある。

14　Mortensen は 2022年に Three Discovery Square の建設に対する資金提供を EDA に申請してる。

15　MCSHS は Rochester Community and Technical College（RCTC）とも提携している。

16　事業費は，Hilton については Heilman（2020），それ以外については City of Rochester, *2022 Medical Center Report* による。

は 224 万ドルの TIF が適用される代わりに「その施設の全ユニットが相場より安く賃貸される」(Petersen 2021) こととなった。メイヨクリニックの，2023 年に完成した 11 階建ての統合型研究施設，Anna-Maria and Stephen Kellen Bldg. は総費用が約 1.2 億ドルと推定されたが，それは政府資金ではなく，「Anna-Maria and Stephen Kellen Fdn. からの 4,930 万ドルをはじめとした，主に民間の寄付により賄われ〔た〕」(Kiger 2021)[17]。

4.3.2. 公共プロジェクト

　公共プロジェクトは DMC (2020) が可動性 (mobility)，公共スペース (public space or public realm)，道路 (street)・下水道 (sewers) に大別する公共インフラの整備を推進する[18]。市の，1927 年に開設され，1980 年に米国家歴史登録財 (National Register of Historic Places) に登録された Chateau Theatre の購入 (2015 年，600 億ドル；内，50 万ドルはメイヨクリニックからの寄付) は "Broadway at Center" project とともに最初に承認された DMC project であり，2019 年には DMC 資金，110 億円を使って改修された (DMC 2019b)。上記の Hilton に隣接して 6 階建ての駐車場を新設する，1st Avenue Parking Ramp project (2019 年，3,140 万ドル；DMC 2019a) は DMC の website にある Featured Development Projects の 1 つである。Peace Plaza project (2022 年，1,800 億ドル；Jossi 2023) は公共スペースである Peace Plaza を「住民と訪問者，とりわけ家族がメイヨ〔クリニック〕で治療を受ける訪問者を引き付けるより双方向のスペース」(Patrick Seeb; qtd. in id.) となるように改装した。公共スペースなどの重要性は「治療のためにロチェスターに来る患者」の「時間の 70% 以上は医院 (doctor's office) の外で費やされる」(Baier 2013a) 事実からも明白となる。同年には歩道と歩行者 (車椅子) 用スロープを改善する Downtown Sidewalk Experience Enhancement Project が開始された。また，市内を流れる South Fork Zumbro 川を跨ぐ橋を新設して「歩行者と自転車の移動性を高める」6th Street SE Bridge project が計画中であり，2,990 万ドルの事

17　Anna-Maria and Stephen Kellen Fdn. はスティーブンが 1983 年にニューヨークに設立した財団である。スティーブンは投資会社，Arnhold and S. Bleichroeder の President・CEO を長く務めた。

18　Petersen (2018) が「正式な DMC プロジェクトではない」が，「DMC〔開発〕地区内で最初〔(2017 年)〕に完了したプロジェクトと考えられうる」としたのが第 2 節で触れた Mayo Civic Center の拡張である。総費用は 8,400 万ドルで，州が 3,500 万ドル，市が local の宿泊税を財源の 1 つとして 4,900 万ドルを提供した。

メイヨクリニックに隣接する Peace Foutain（左）。奥には UMR と開発誘導によって建設された Hilton Rochester Mayo Clinic Area が見える。手前の 1DS と奥の 2DS には空地が設けられる（右）。2023 年 8 月 5 日藤塚撮影。

業費には米国運輸省（U.S. Department of Transportation）と州の資金（前者は 1,990 万ドル）が充当される（City of Rochester 2022b）。同じく，計画中のものに「ロチェスター中心市街地，Mayo Civic Center，メイヨクリニックの〔(開発地区内にある 2 つの)〕キャンパスと Rochester-Olmsted Government Center を〔バスで〕つなぐ」Link Bus Rapid Transit project がある。事業費は 1 億 4,337 万ドルで，連邦政府が 8,512 億円，州が 4,141 万ドル（内，State Transit Aid から 3,564 万ドル），郡が（County Transit Aid から）1,571 万ドル，市が 113 万ドルを提供する。開業は 2026 年とされる（以上，Federal Transit Administration 2022）。

5. おわりに

　DMC initiative はロチェスターで州，郡，市とメイヨクリニックが密接に連携して実施する都市・産業政策である。州，郡と市は公共インフラを整備したり，広く医療と関連した施設——医療従事者が入居するアパートメント，入院患者の家族が滞在するホテルを含む——への民間投資を支援したりする。メイヨクリニックは開発計画の策定・実施に重要な役割を果たす EDA を設立し（理事会には市と郡のメンバーも参加する），また initiative の 20 年の期間に 35 億ドルもの投資を計画する（図 11-1 を参照のこと）。こうした initiative が設

置された背景としては，①市，さらには州の雇用・経済がメイヨクリニックに大きく依存すること，②メイヨクリニックが米国を代表する医療・研究機関（兼教育機関）であること，③メイヨクリニックが Johns Hopkins Hospital など大都市にある他の病院との競争の中で優秀な医師，患者や医療機器の開発者の global destination をめざすこと，などが挙げられる。公共インフラの整備は他の産業の育成にも有用であろうが，入院患者の家族を収容する複数の高級ホテルの建設は必ずしもそうとはならない。また，訪問者と住民ではスペースなどに求めるものが異なるとの調査結果（see Setterholm 2016）があるなかで Peace Plaza は主に家族がメイヨクリニックで治療を受ける訪問者を意識して改装された。initiative はメイヨクリニックの発展と市の発展をおおよそ同一視したものといってよい。

　DMC 法の制定時に州には Healthgrades, America's 250 Best Hospitals（上位 5% に相当）にランキングされた病院に Mayo Clinic Saint Marys Hospital の他にも North Memory Health Hospital*, Regions Hospital*, Abbott Northwestern Hospital*, Unity Hospital（現 Mercy Hospital-Unity Campus*）, St. Luke's Hospital（Duluth）が，またそれらを含む病院，診療所や医療センターから成る複数の総合医療システム（integrated health (care) system）があった（*：MSP 都市圏内）。州がメイヨクリニックのみを支援することに異論がなかったわけではない（see Kurschner 2013）。また，州に 5 億ドルの資金提供を求めるメイヨクリニックの提案は州議会議員に「かなりの値札ショック」（"significant sticker shock"; Diaz 2013）をもたらした。しかし，initiative を提案したメイヨクリニックは州議会の承認が得られなければ投資を他の州に回すことを示唆したため，州にはそれを受け入れる他に選択肢がなかったかもしれない（ただし，州は出資に条件を付した。また，当初案では約 6,000 万ドルであった市の資金提供を倍増させた（Baier 2013b））。他方で，メイヨクリニックは 1986 年にジャクソンビルにメイヨクリニック（フロリダ）（Mayo Clinic in Florida）を，2008 年にそこに Mayo Clinic Hospital（Jacksonville）を開設しているが[19]，「2016 年以降，〔そこでの〕主要な建設プロジェクトに 10 億ドルを投資しており」（Punsky 2022），2022 年には同 Hospital の 5 階の増築（病床数は 428 となる）などの 4.32 億ドルの拡張を，さらに 2023 年にはその 392 エー

---

[19] 1987 年に St. Luke's Hospital を買収したが，St. Vincent's HealthCare に売却し，Ascension St. Vincent's Southside Hospital となっている。

カーの Campus（Main Campus, West Campus）に隣接する 210 エーカーの North Campus の開設を公表した[20]。また，1987 年に Scottsdale Campus, 1998 年に Phoenix Campus を開設，これがメイヨクリニック（アリゾナ）(Mayo Clinic in Arizona) を構成する。2018 年には「5 年間で Phoenix Campus の規模を約 2 倍にする 6.48 億ドルの拡張〔(Arizona. Bold. Forward. project)〕を公表」(McVeigh 2018)，また 2021 年に同 campus に隣接する 228 エーカーの土地を購入したが，その内の 120 エーカーの土地に「生命工学の協業の回廊」(biotechnology corridor of collaboration) として "Discovery Oasis" biotechnology corridor が開設される[21]。また，MCCMS はフロリダとアリゾナでもさまざまなプログラムを提供しており，例えば 4 年制の M. D.（Doctor of Medicine）プログラムの年間の受入人数の上限はアリゾナでは 50 人で，ロチェスターと同数となっている。*Mayo Clinic 2022 Fact Sheet* によると，ロチェスターのスタッフが 42,000 人，フロリダとアリゾナのそれは 9,000 人と 10,000 人であった。メイヨクリニックはロチェスターでの 35 億ドルの commitment を公表しているが，決してロチェスター「一本足」というわけではない。ミネソタ州やロチェスターは global destination for health and wellness，またそれに関連してメイヨクリニックの投資場所としての競争上のリスクを負っていることとなる。

補論　クリーブランド

　メイヨクリニックの競争相手の 1 つであるクリーブランドクリニックや University Hospitals（UH）のあるクリーブランドでの医療産業を振興する取り組みを概観しておこう。

　クリーブランドには 1982 年に「M. マンデル（Mort Mandel），T. ロルストン（Tom Roulston）と地域の財界の指導者により設立された」[22]，非営利「経済・コミュニティ開発機関」の MidTown Corridor（現，MidTown Cleveland: MTC）

20　メイヨクリニック（フロリダ）の土地は Winn-Dixie Stores 創業家であるデービス（Davis）家から寄付された。「同家の家長（patriarch）であった J. E. デービス〔James Elsworth Davis〕はミネソタのメイヨクリニックで受けた治療をたいへん喜んで，メイヨ〔クリニック〕のジャクソンビルへの誘致運動の先頭に立った」(Mathis 2023)。

21　"Discovery Oasis" の開設は「メイヨクリニック，フェニックス市，アリゾナ州とアリゾナ州立大学（Arizona State University）の長年の目標」とされ，メイヨクリニックは土地を州から公売で購入した（McVeigh 2021）。また，フェニックスキャンパスはアリゾナ州立大学 Health Futures Center と隣接している。

がある。MidTown とは「中心街と University Circle の間に位置する」(website, "The Neighborhood") neighborhood または town であり，翌年に「〔そ〕の利害関係者が資金を提供して主な土地のランドバンキングを開始した」(website, "History of MidTown")。MidTown のすぐ東にはクリーブランドクリニックの Main Campus，また University Circle にはケースウェスタンリザーブ大学 (CWRU) の School of Medicine Health Sciences Campus，UH の Main Campus などがあるが，2010 年に市，BioEnterprise Corp.——2002 年に CWRU，クリーブランドクリニック，UH などが設立した「バイオテック・ヘルスケア産業における企業のインキュベータ」(McDonnell 2023)——，コミュニティ財団の Cleveland Fdn.[23] と「市〔内〕の主要機関からスピンアウトしたヘルステック・ハイテク企業を収容するスペース」(HTC website, "History of the Health-Tech Corridor") を創出する Cleveland Health-Tech Corridor (HTC) を設立した[24,25]。HTC はその場所も意味するが，そこでは恐らく「金銭的優遇措置」，「人材＆労働力」，「ラボ＆メイカースペース」，「メンターシップ＆訓練」が提供されることもあって (HTC website, "Resources")，現在，生物医学会社が 700+，生命工学会社の職が 5,000，研究・教育機関が 30+ あり，2012 年以降の新資本支出は 2 億 7,300 万ドルとなっている (HTC website, "About")。なお，MidTown には 2021 年度 (2021.1-12) に総収入の 11.2% にあたる 228,864 ドル，BioEnterprise には 2022 年度 (2021.7-22.6) にその 28.8% にあたる 553,814 ドルの Government grants (contributions) があったが (Form 990; ただし，Government がどの政府かは不明)，BioEnterprise は 2023 年に閉鎖され（理由は不明），事業と資産はそれを設立した 3 者に受け継がれている。

---

22 マンデルは Premier Industrial（現 Premier Farnell）創業者，ロルストンは投資運用会社，Roulston & Co. 創業者である。

23 Cleveland Fdn. は 1914 年に F. ゴフ（Frederick Goff; Cleveland Trust 社長）により設立された「世界初のコミュニティ財団」("world's first community foundation") で，「助成金交付のみでなく，「コミュニティの重要課題に対してリーダーシップを発揮する」ことを Mission に含む。2022 年末時点で 28 億ドルの総資産を保有する（以上，website, "About Us"）。

24 MTC の 2017 年度 (2017.1-12) までの Form 990 には Statement of Functional Expenses, other expenses として HTC への支出（同年度には 43,797 ドル）が記載されている。

25 Cleveland Foundation は 2023 年に本部をここに移転している。

第4部　欧州ブルーバナナ

第12章　地域分散型ネットワークのニュルンベルグ都市圏

1.　はじめに

　バイエルン州中央部に位置するニュルンベルグ（Nurnberg）の都市圏人口は約72万人でありドイツでも第9位となっている。同じ州の南部にあるミュンヘンがドイツ第5位の人口約211万人となっており，ニュルンベルグはバイエルン州において第2の都市である（Demographia World Urban Areas 19th Annual Edition[1]）。ポルトガルからハンガリーを結ぶ東西軸とスカンジナビアとイタリアを結ぶ南北軸の交差点という地理的環境から，イノベーションと交易のホットスポットとしての性質を何世紀にも及んで培ってきた都市であり，"Nürnberger Tand geht in alle Land"（「ニュルンベルグのガラクタは世間で通用する」）という成句が生まれるほど，製造業の品質の高さがヨーロッパでは古くから知れ渡ってきたようである。その歴史的背景と相まって，遅くとも1990年代には経済政策の柱の一つとしてイノベーションを推進してきており，その効果が雇用者数にも表れてきている。2008年の全雇用者数26.9万人が2017年には30.5万人になっており，特に知識集約型サービス業については2010年の67,500人が2017年に82,500人と，22％も増加している（Fritzsche 2020）。

　エアランゲンは，ニュルンベルグから約20km離れた大学を拠点とする学研都市であり，また，スポーツメーカーのAdidasやPuma，自動車部品メーカーのSchaefflerが現在も本拠地を構えるヘルツォーゲンアウラッハとも隣接している。経済圏としては，エアランゲンはヘルツォーゲンアウラッハ，フュ

1　同データによると，シカゴが895万人，サンディエゴが308万人であり，U.S. Census Bureau websiteより1割少ない。

ール，アンシュバッハなどとともにニュルンベルグの経済圏の一部であり，その都市圏人口は 350 万人に上る。エアランゲンは，他の中世都市と同様，城郭に囲まれた独立的な街の中心を持ち，後述するエアランゲン大学が創立されたときから大学の街として発展していく。産業としては，19 世紀半ばに E. ライニガー（Erwin Moritz Reiniger）がのちに Siemens の医療部門となる事業を開始したことが契機となり，これが中核産業となって街が発展する。その後，シーメンスの大規模移転によって経済的な打撃を受けるものの，そこから再度活性化する転機となったのが，1996 年に市長となる S. バライス（Siegfried Balleis）の提唱した「医療・健康都市」政策といわれる（高松 2019）。なお，ニュルンベルグ，エアランゲンはいずれも日本の都市と姉妹都市がなく，ドイツの他の都市と比べて日本との関係がそれほど強いとはいえない。

2. ニュルンベルグ都市圏の大学

大学については，エアランゲン大学が最もこの地域で歴史があるが，近年は産業に近い分野の大学が誕生してきている。本節ではそれぞれの成り立ち，産業界とのかかわりについて触れる。

2.1. エアランゲン大学（Friedrich-Alexander-Universität Erlangen, FAU）

2.1.1 概要

エアランゲン大学は 1742 年に創立されたドイツ政府が運営する大学である。ドイツのパブリックスクールは学費がかからないことで知られている。世界大学ランキング（U. S. News, 2024-2025 Best Global Universities Rankings）では 281 位で，分野別では放射線学・核医学・医用画像処理（Radiology, Nuclear Madicine and Medical Imaging）が 102 位，エネルギー・燃料（Energy and Fuels）が 130 位，材料工学（Materials Science）が 131 位，内分泌代謝（Endocrinology and Metabolism）が 145 位，物性物理学（Condensed Matter Physics）が 146 位となっており，化学や医学でノーベル賞受賞者を 3 名輩出している。ちなみにエアランゲン医科大学（Uniklinikum Erlangen）はエアランゲン大学に含まれる。

学生総数は約 3.9 万人，そのうち約 2 万人は女性である。海外からの留学生は 8,500 人となっており，全体の 2 割を超え，それなりに国際色豊かな地方大学といえる。修士号取得者が 2,995 人，博士号取得者が 790 人となっている。

教員・研究員その他のスタッフを含めた雇用者の合計（エアランゲン医科大学を除く）は 6,645 人であり，学生数に対するスタッフの人数が米国の多くの大学と比べて少ない（FAU website, "Important key figures at a glance"）。エアランゲンにあるメインキャンパスの他に，ニュルンベルグに経済学部や社会学部（Wirtschafts- und Sozialwissenschaften, WiSo），教育学部のキャンパスがあり，後述する START Nuremberg や AISEC などの学生団体や卒業生組織 Alumni & Freunde WiSo Nürnberg の事務所が入居している。

　また海外では，2011 年にドイツの大学では初めて韓国に展開し，プサンの Busan Techno Park にキャンパスを設けている（Han-na 2014）。

2.1.2. エアランゲン大学の収入と支出

　エアランゲン大学は，年間予算 2 億 7,175 万ユーロ（2023 年実績）であり，収入の内訳としては，ドイツ研究振興協会（Deutsche Forschungsgemeinschaft）からの 1 億ユーロが最大で，ついで産業界，財団，個人からの寄付が 7,585 万ユーロ，ドイツ政府からの補助金が 5,733 万ユーロと，この上位 3 者で 86% を占めており，EU への依存度は 1 割に満たない。一方，予算の使途は，Faculty of Engineering が 9,061 万ユーロ，Medical School が 8,358 万ユーロ，Faculty of Science が 4,409 万ユーロと，この上位 3 部門で 8 割を占める。総合大学でありながら理系分野への傾斜配分が非常に大きい（FAU website, "Important key figures at a glance"）。

2.1.3. エアランゲン大学における産学連携・インキュベーションプログラム
Digital Tech Academy

　Digital Tech Fellows Program（DTFP）と Starting Business Ideas @FAU Program（SBI），Entrepreneurial Innovation Hub（EIH）の 3 つの活動があり，DTFP は 12 週間にわたって，自らの起業アイデアもしくは企業が求めるイノベーションのあるアイデアに基づくプロジェクトに取り組む。一方，SBI はアイデアにたどりつくことを支援するイベントやワークショップの機会提供プログラムである。具体的には，2024 年度はオンラインで 1 回あたり 2 時間で以下の 8 つのワークショップに参加できる。Part 0: Ideation Workshop, Part 1: Introduction to Business Design & Value Proposition Creation, Part 2: Business Model Workshop, Part 3: Prototyping, Part 4: Pitching Best

Practices, Part 5: SBI Pitch, Part 6: Revenue Models & Financial Modelling Workshop, Part 7: 1-1 Coaching Meet-up. EIH は「ハイテク・トランスファー・バイエルン」イニシアチブの一環としてバイエルン州政府が総額1億ユーロ以上を投資して整備した5つの Start-up Hub のうちの1つである。中部フランクリンエリアの大学をまたがる混成チーム（cross-university team）で，2学期間にかけて起業に取り組む。

Digital Tech Academy の企業スポンサーは，Adidas, Schindler, Siemens Healthineers である。また，Institutional Partners として，後述する，JOSEPHS, ZOLLHOF といったインキュベーション施設のほか，Grunderberatung Referat S-OUTREACH, Lehstuhl fur Fetigungstechnologie（Lehstuhl は教授の意）といった，各種起業支援プログラムとも連携している（FAU website, "Digital Tech Academy"）。

Existency

エアランゲン大学と後述するニュルンベルグ工科大学，アンシュバッハ大学の3つの大学が連携し，起業に興味がある学生にさまざまなプログラムを提供する。エアランゲン大学では，ビジネススクールの学生向けに，Reality Bites Building Box への参加を促しているのが特徴的である。Reality Bites Building Box の参加者は3か月かけて，15 を超えるワークショップの中から自分にふさわしいものを選び，業界の専門家からの意見も参考にしながら，顧客グループを定義し，プロトタイプを開発し，自分たちのアイデアが本当に市場に受け入れられるかどうかを学ぶことができる。技術系の学生でなくとも取り組みやすいプログラムが特徴である（FAU website, "Existency"）。

2.2. ニュルンベルグ工科大学 (Technische Hochschule Nürnberg Georg Simon Ohm, Ohm)

1971 年創立の公立大学で，学生数は約 1.2 万人，教員含めたスタッフ数は約 2,000 人弱となっており，工科大学としてはバイエルン州で2番目の規模である。地域経済へのインパクトを重視し，実践的な教育プログラムに定評がある。オームの法則で知られる G. オーム（Georg Simon Ohm）の名前が付けられているが，オーム自身がエアランゲン出身であり，エアランゲン大学で 1811 年に博士号を取得している（Ohm website）。

第12章　地域分散型ネットワークのニュルンベルグ都市圏　　249

ニュルンベルグの旧市街にあるFAU WiSoの外観（左）と，学生でにぎわうニュルンベルグ工科大学のカフェテリア外部（中）と隣接する図書館の内部（右）。2024年4月30日筆者撮影。

2.3. アンシュバッハ大学（Ansbach University of Applied Sciences）

　1996年創立の公立大学で学生数は約4,000人弱で，Business, Engineering, Mediaの3分野に特化した単科大学で，企業との連携を意識し，応用研究と開発に注力している（Ansbach University website）。アンシュバッハ大学は，ニュルンベルグ工科大学とともに，エアランゲン大学の各種起業支援プログラムにも参加している。

3. ニュルンベルグ都市圏の産業界

　必ずしも大学との関りが強い企業だけでなく，ニュルンベルグ都市圏における産業集積を理解するうえで主要な企業を取り上げる。そして，中には産学連携に積極的な大企業もあり，具体的な取り組みを紹介する。

3.1. Reiniger, Gebbert & Schall（RGS）とSiemens

　E. ライニガー（Erwin Moritz Reiniger）の工場が，M. ゲバート（Max Gebbert）とK. シャール（Karl Friedrich Schall）の工場と合併してReiniger, Gebbert & Schallが1886年に生まれる。検流計やヘッドランプなどの医療機器を製造していたが，事業がそこまで拡大せず，その後ゲバートが1895年に世界で初めて発見されたレントゲンに目をつけ，発見からわずか3ヵ月のちに，X線管の特許を出願し，1897年に最初のX線システムを発売している。その後，1925年に経営危機に陥るとSiemens & Halskeに買収されて，Siemens-Reiniger-Veifa GmbHとなる。Siemens & Halskeは1847年にE. W. シーメンス（Ernst Werner von Siemens）が電気電信を改良するアイデアを思いつき，絶縁した電信線

を継ぎ目なくプレスする装置（1847 年）と，電池なしで動作する誘導ポインター電信機（1856 年）を製作することで始まった会社であり，本拠地はベルリンだった。1945 年の戦後まもなくにエアランゲンに拠点を移すべく計画が行われ，1948 年から主要な社屋が次々と建設される。1966 年には Siemens AG として従業員数が 1 万人を超え 1986 年に 3 万人を超えるほどの隆盛を究めるが Siemens はヘルスケア部門以外の部門をエアランゲンから移転する。残った部門は Siemens Healthineers（ヘルシニアーズ）として 2017 年に分離上場を果たし，1893 年に建設された Reiniger, Gebbert & Schall AG 本社ビルはエアランゲン市に寄贈され，Siemens Healthineers MedMuseum となっている（Siemens Healthineers website, "history"）。

　一方，Siemens AG はエアランゲン西部の約 20 万 m^2 の敷地に，5 億ユーロを投じて工作機械産業向けのパワーエレクトロニクス部品と工作機械制御装置の製造拠点，研究開発拠点となるキャンパス計画を 2023 年 7 月に発表している。エアランゲン市との提携によるグリーンエネルギー供給とエネルギー貯蔵，シーメンスのデジタルツインによる建築技術ソリューションの広範な利用を前提に，Siemens 不動産部門である Siemens Real Estate によって建設するが，稼働時期は公表していない。稼働後は，パートナー企業や大学にも開放するといい，民間企業主導の産学連携アセットとして注目される（Siemens AG 2023）。

　創業家の財団については，戦後の混乱から Siemens を率いた E. W. シーメンスの孫である E. A. シーメンス（Ernst Albrecht von Siemens）が父の名にちなんで Carl Friedrich von Siemens Stiftung（Stiftung は財団の意）を 1958 年に創設している。さらに，1972 年に Ernst von Siemens Music Prize, 1983 年に Ernst von Siemens Art Foundation がそれぞれ創設され，文化芸術の支援にも力を入れている。ただし，これらはニュルンベルグ都市圏を支援しているわけではない（Carl Friedrich von Siemens Stiftung website）。

3.2. DATEV

　DATEV は 1966 年に H. セビガー（Heinz Sebiger）と J. マシュー（Joachim Mattheus）によって設立される。設立当初は 1968 年の VAT（Value added Tax）導入が差し迫っており，会計ソフトの導入ニーズにこたえることが主な事業だった。セビガーは 1997 年に後述の D. ケンフに代表を譲るまで会社を率いており，並行してニュルンベルグ税理士協会（Steuerberaterkammer Nürnberg）の

第 12 章　地域分散型ネットワークのニュルンベルグ都市圏　　251

代表を務める。このような功績に対して，1986 年にはエアランゲン大学から
名誉博士号を授与される。現在の DATEV は約 8,700 人の従業員が，税務コ
ンサルタント，監査人，弁護士の専門家グループからなる 4 万人のメンバーと
協力して，310 万の企業，地方自治体，団体の経理会計分野を中心としたビジ
ネスプロセス改善のソリューションを提供する。自社で高性能データセンター
を備え，200 以上のソフトウェア製品，革新的なクラウドソリューション，銀
行，当局，機関などのドイツ経済を支えるパートナーに対して，安全性に優れ
たクラウド環境を提供している。2022 年度には 13 億 1,200 万ユーロの売上と
なりドイツ最大の IT サービスプロバイダーの 1 つとなっている（Software
Campus website, "DATEV eG"）。

3.3. Fraunhofer IIS（Institute for Integrated Circuits 集積回路研究所）

　1985 年にエアランゲンで設立された Fraunhofer IIS は，ニュルンベルグ，
フュルト，およびドレスデンなどに事業所を持ち，Fraunhofer の研究施設の
中でもスタッフ数と収益の面で最大の研究所[2]である。

　Fraunhofer IIS は，商用生産を開始する準備のできたプロトタイプとして無
線通信システム（特にデジタル放送システム）を開発，その技術的な基盤は，
国際標準として採用されているオーディオとビデオのコーディング（MP3 や
AAC）となっている。

　現在は，認知センサー技術とオーディオ・メディア技術を戦略的指針テーマと
して掲げ，五感のキャンパス／エイダラブレスセンター／5G テクノロジー／
MIOTY ／デジタルサプライチェーン／ CIT ／ MPEG-H オーディオといった 7
つの重点プロジェクトに注力している（Fraunhofer IIS website）。また，Fraunho-
fer Match というマッチングプラットフォームでは，Fraunhofer の 76 の研究
所や施設すべてから適切な研究パートナーを迅速かつ簡単に見つけることがで
きるサービスを提供しており，企業規模にかかわらず，技術的問題の解決やプ
ロトタイプの開発，実現可能性の調査などで応じている（Fraunhofer Match
website）。

2　2023 年実績で，2.47 億ユーロのファンドレージング，1,200 名の雇用者となっている。

3.4. Adidas と PUMA の創業家, Dassler 家

　1920 年にダスラー（Dassler）兄弟が靴製造会社を創業し，弟のアドルフ（Adolf）が製造を手掛け，兄のルドルフ（Rudolf）が販売を担当していたものの，意見の対立によりこの会社は解消する。その後，アドルフが 1949 年にヘルツォーゲンアウラッハに Adidas を創業し，現在もこの地に本拠地を構える。1965 年にスタンスミスとなるテニスシューズを開発，1970 年にはバスケットシューズのスーパースターを開発するなど，数々のヒット商品が生まれたことで世界的な有名企業となる。アドルフの死後はその妻に経営が委ねられ，1985 年にはアドルフの息子のホルスト（Holst）が実権を握るが，そのあと経営権はファミリーの手からは離れる（adidas-group website,” history”）。一方，ルドルフは，1948 年に PUMA の前身となる企業を創業し，1952 年のヘルシンキ夏季オリンピックで金メダルを獲得した J. バーテル（Josy Barthel）が着用するなど，スポーツシューズとしての人気を確立。1998 年には，ジル・サンダーとのコラボモデルを発表したことを皮切りに，多くのブランドとタッグを組み，スポーツとファッションの架け橋となり，スポーツ選手だけでなくファッショニスタにも愛される存在となっている（Puma website, “history”）。

　Adidas とエアランゲン大学とは Speed factory in Ansbach のプロジェクトで連携しており，大学が 275 周年を迎えた 2018 年には盛大なイベントを開催。275 名の学生を本社に招き，275 足のエアランゲン大学限定デザインスニーカーをプレゼントしている。地域への貢献については，2015 年に地元 FC ニュルンベルグのスポンサーから外れたのち 2020 年に返り咲いたことが大きな話題となった。サッカー以外では，2022 年に開催された MTB スロープスタイルの祭典 Red Bull District Ride でもスポンサーとなり，地元への貢献が顕著になっている（Lang 2020）。そして極めつけは，2021 年に建設された，ワールドカップ仕様の芝を敷いた World of Sports Arena の建設である。アイコニックな建物として，Adidas の本拠地を際立たせることで，5,600 人もの従業員にとっての誇りとなっている（Matzig 2022）。

3.5. Schaeffler

ヘルツォーゲンアウラッハにおいて 1946 年にヴィルヘルム（Wilhelm）とジョージ（E. h. Georg）のシェフラー（Schaeffler）兄弟が Industrie を創業する。当時は，織物とカーペットが主力製品だったが，1950 年に特許を出願したゲージガイド付きの針状ころ軸受がバイクや自動車，各種機械に採用されることで，会社が大きく飛躍する。会社設立当初から従業員教育にも力を入れており，その一部門が Schaeffler Academy となって，国境を越えた教育活動を網羅的に行うべく，仮想空間上でグローバルなネットワークを備えるに至っている。

エアランゲン大学とは 2016 年に Schaeffler Hub for Advanced Research at FAU（SHARE at FAU）を立ち上げ，双方の専門家と施設について融通を利かせて活用できるようにしている。Schaeffler は同様なコラボレーションを国内の Karlsruhe Insutitute of Technology と 2012 年から開始（SHARE at KIT），モビリティの将来に向けた研究にフォーカスしている。一方，SHARE at FAU では，先行する共同研究 SHARE at KIT を補完するべく，製造・製品サービス・ビジネスモデルのデジタライゼーションをテーマとしている（Schaeffler website, "history"）。

3.6. Der Beck

テンネンローエ村のパン屋として 1895 年に現在のシニアパートナーである S. ベック（Siegfried Beck）の祖母バーバラ（Barbara）が創業。家族経営のベーカリーが 1979 年に引き継がれ，ジークフリードの手で 150 のブランチにまで店舗展開。顧客サービス／従業員満足／品質を変わらぬモットーとして地産地消を徹底しており，地域への貢献度が高い（Der Beck website, "Beckground"）。食がその地域住民を魅了してつなぎとめる場合があるが，「ドイツのバイエルン州の場合は，どの地域も地元のビールがあり，エアランゲンだけでも 19 世紀半ばには 18 社の地元ビールメーカーがあり，ビール産業が発展した歴史も持つ」（高松 2019）という。ここでは特に個別名を挙げないが，この Der Beck のように，地域に根差した食品製造販売という産業も，地元へ愛着を持たせる大事な要素である。ただし，この産業分野で産学連携としての取り組みは見当たらず，これは大学における専門家養成教育と職人育成の職能教育が分離していることが起因している可能性がある。

Siemens Healthineers MedMuseum になっている RGS(左),エアランゲン大学に隣接する Fraunhofer IIS 外観(中),Adidas 本社の外観(右)。2024 年 4 月 30 日筆者撮影。

3.7. ニュルンベルグ都市圏おけるテクノロジー企業動向

ここでは,大学での研究成果であるテクノロジーをいかした事業の動向についていくつか触れることで,ニュルンベルグ都市圏における産学連携のありようについて理解を深めたい。

3.7.1. CHIMAERA

M. プラマー(Marcus Prümmer),D. ハーン(Dieter Hahn),V. ダウム(Volker Daum)の 3 人がエアランゲン大学の J. ホルネガー(Joachim Hornegger)教授のもとでの博士課程において機械学習やパターン認識の研究を行うなかで,人工知能プロジェクトにふさわしいソフトウェアツールとサービスの開発事業を 2007 年に創業する。2011 年には ISO13485 と 9001 を取得し[3],エアランゲンに拠点を移す。その後,2013 年に CE マーク[4]を取得して,EU 地域での医療ソリューションサービスの提供が可能となる。具体的には,医者が画像診断をする際にサポートとなるような 3D 画像を生成するサービスを提供。その後,2018 年に画像処理のフレームワークとアプリ Chimaera SDK,2020 年に画像注釈ツール Chimaera Annotation Client,2021 年にカスタマイズされた AI ツール Chimaera AI Building Blocks を開発,2022 年には中小企業向けの AI サービスを提供する。ホルネガー教授はその後エアランゲン大学の President となり,そのラボとも連携を継続している(CHIMAERA website, "about us")。

---

[3] ISO13485 は医療機器の品質マネジメントの国際規格であり,ISO9001 が幅広い業種に求められる品質マネジメントの国際規格である。

[4] 欧州ではこのような医療機器を提供する際には CE マークの取得が必要となり,これが事業の障害となることがあるという(FAU 2013)。

3.7.2. Portabilities HealthCare Technologies

産業界，エアランゲン大学，エアランゲン大学病院の産学連携によって R. シュタイデル（Ralph Steidl），B. エスコフィア（Bjorn Eskofier）教授らが 2016 年に設立。「Mobile GaitLab」という歩行分析システムを開発し，パーキンソン病患者に対して迅速かつ的を絞った投薬調整を可能にしている。仕組みとしては，MDR（Medical Device Regulation）[5] 認定のモーションセンサーのついた医療機器を患者が日常的に靴に取り付けて，専用アプリ ParkinsonGo と連動させることで，患者の歩行状況が継続的に記録・分析され，治療を担当する神経科医が，治療の必要性，症状のパターン，治療の効果をリアルタイムで確認できるという。

パーキンソン病以外でも，Mobile GaitLab は，新しい治療法の有効性を証明するための臨床研究でも使用されている。EIT Health DiGinnovation Programme によって 35 万ユーロを勝ち取ったのち，2021 年にはシリーズ A として Startup Shield Bayern などの投資家から 300 万ユーロを調達している。後述の Medical Valley Center のメンバーにもなっており，今後のスケールアップが期待される（Portabilities HCT website, "Series-A Finanzierungsrunde"）。

3.7.3. Acalta

連邦経済・気候保護省のプログラムであり，欧州社会基金との共同出資による EXIST スタートアップ補助金を 2020 年に F. カール（Frederik Kaul），N. プロナー（Nico Ploner），S. ウィンクラー（Simon Winkler）の 3 人で獲得，前述の Reality Bites Building Box の起業家支援プログラムに参加し，2021 年に起業する。その後，後述する ZOLLHOF の支援プログラムに参画し，ネットワーキングやメンタリング，ナレッジシェアリングを得て，アンケートの収集やリマインダー機能を持った患者ケアアプリ Patienta をリリースし，エアランゲン大学病院で採用となったのを皮切りにドイツ国内の 10 の大学病院でデータを取得するようになって，Federal Ministry of Education and Research によるプロジェクトでも資金を受けている（Acalta website, "Unsere Vision"）。

5　人間が使用する医療機器の臨床調査および販売に関する EU の規則。

4. ニュルンベルグ都市圏における財団などの主な諸団体

4.1. Bayern Kapital

ランツフート（Landshut）に本拠を置く LfA の子会社として過去 30 年にわたり，ドイツ語圏において革新的なテクノロジーに対する最も積極的で資金豊富なベンチャーキャピタル投資家の 1 つといわれる。最大 2,500 万ユーロまでの範囲で，アーリーステージからレイターステージまでの創業者を支援するべく，7 億ユーロの運用資産で 100 社に出資。LfA Förderbank Bayern はミュンヘンに本部を置く公共金融機関で，第 2 次世界大戦後にバイエルン州の経済再建に資金を提供するために 1951 年に設立された（Bayern Kapital website）。

4.2. START Nuremberg

START Global は欧州の学生が運営する非営利の起業支援団体で，START Summit は毎年開催される欧州最大の学生が運営する起業イベントであり，2024 年はイベント参加者が 7,000 人以上，210 人もの専門家が登壇，850 のスタートアップ，1,000 以上の投資家がかかわっている。ドイツでは，ミュンヘン，ハンブルグ，ニュルンベルグで展開しており，ニュルンベルグだけでも 4 つの大学から 60 名程度のメンバーが参加，これまで 10 のスタートアップを支援している。それほど顕著な役割を担っているようには見えないが，これは大学や行政がリーダーシップをとっているプログラムが充実していることに起因しているのかもしれない（Startglobal website, "start-sphere"）。

4.3. Gruenderland Bayern

バイエルン州経済・地域開発・エネルギー省（Bayerisches Staatsministerium für Wirtschaft, Landesentwicklung und Energie）のイニシアチブで，資金調達とサポート，アドバイスとコーチング，ネットワークとインフラ，または適切なビジネスの立ち上げ方法などを提供して，起業家をサポートする。具体的には，事業計画の作成から適切な資金調達の模索，成長段階に至るまで，あらゆる業界のあらゆる段階にあるスタートアップ企業を対象に支援。BayStartUP が Gruenderland Bayern をサポートし，州内の行政区ごとにネットワーキングやコーチングといったサービスを提供する（Gruenderland Bayern website,

BayStartUP website)。

4.4. Erlanger Stadtwerke（ESTW）と Raiffeisen Volksbank

2011年に市営による風力発電会社ESTWを設立以来、太陽光発電も含めた再生エネルギーの供給網を市全体に整備、出資金は市民の小口投資に依存しているという（ESTW website, "windpark"）。

また、Raiffeisen Volksbank は F. ライファイゼン（Friedrich Wilhelm Raiffeisen）が立役者の1人となって1878年に設立された信用組合で、補完性原理、連帯、自己管理・自治、自助、自己責任、地域性がコンセプトとなっている（高松 2019）。この銀行は2022年時点で460人の従業員が約133,000人の顧客のニーズに対応しており、そのうち約60,000人が組合員となっており、設立以来顧客との距離の近さに重きを置いて、地域のための社会・文化・スポーツ分野にも取り組み、バイエルン州ニーダーマイン地域に根差してきた。2024年に Frankfurter Volksbank Rhein/Main と合併することが公表されている（Fuchs 2023）。

5. ニュルンベルグ都市圏における主な産学連携の不動産アセット

5.1. Medical Valley Center

2003年にバイエルン州、エアランゲン市、民間の三者が共同で設立。手術中の三次元映像を非接触でかつリアルタイムに記録するソフトウェアを開発し

Medical Valley Center 外観（左）とエントランスホール（中）、隣接する Siemens Healthineer の外観（右）。2024年4月30日筆者撮影。

た Metrilus は 2010 年にエアランゲン大学 からスピンオフ（Pitchbook website, "Metrilus Overview"），超音波診断機器の開発をてがける ZONARE Medical Systems（2013 年に Mindray Medical International Limited が買収）など，これまで 60 以上の起業を支援してきた（Healthcare insight website, "Glen Mclaughlin: A Tech-Savvy Leader on a Quest to Make Healthcare More Accessible through Medical Technologies"）。5,000 m^2 の建物に 15 m^2 からのオフィススペース，ラボ，シェアオフィス，会議室があるが，現在は FAU ZMPT（Zentrum für Medizinische Physik und Technik, 英：Center for Medical Physics and Technology）が入居している。

5.2. JOSEPHS

2014 年 5 月に開業したオープンイノベーションラボで，もともとはエアランゲン大学の情報システム研究所の協力のもと，バイエルン州経済・地域開発・エネルギー省から 2013 年から 2019 年の 5 年間のわたる助成金を得て，Fraunhofer IIS の「Service Innovation laboratory」プロジェクトとして立ち上げられ，その後スピンオフ。400 m^2 の現場で，訪問者は開発中のプロジェクトを体験することで創造のプロセスに参加し，それが研究開発にフィードバックされる仕組みとなっていることが特徴である。オープン当初は，施設のフロントになじみのローカルカフェ Mr.Bleck を設けて入りやすくしたという（Srinivasan R 2016）。3 ヵ月ごとに，企業や研究機関と協力して，いわば「研究アイランド」というような体験型の「テーマワールド」をローンチする形でス

JOSEPHS が入居する Deutsche Museum Nurunberg（ニュルンベルグ博物館）の外観（左），JOSEPHS の展示体験スペース（右）。2024 年 5 月 1 日筆者撮影。

タートしたが，現在はもっと柔軟な展示となっている（Fritzsche 2020）。

5.3. ZOLLHOF

2017 年に設立されて以来，2023 年までに 87 の起業があり，そのうちの約半数は女性によるもの。総額 1 億ユーロを投資した結果 7 割が企業として繁栄し，800 もの雇用を生み出したという。ZOLLHOF の創立 5 周年の式典で表彰されたのが，メルセデスの元 CEO が投資した中古車セールのプラットフォーム「CarOnSale」，メンタル患者向けのアプリ「mentlis」，育児プラットフォーム「heynannyly」の 3 社である（Nurnberger Nachcichten 2023）。

ZOLLHOF の株主はエアランゲン大学，Schaeffler，NÜRNBERGER Beteiligungs-Aktienge Sellschaft，Huk Coburg などの大企業に加え，唯一個人の D. ケンフ（Dieter Kempf）である。ケンフは前述の DATEV というソフトウェア会社に 1991 年より 2016 年まで 25 年間務めるが，2005 年にはエアランゲン大学の名誉教授，2015 年にはアンシュバッハ大学の総長を務めるほか，2011 年から 2017 年にかけては連邦産業省（BDI）のメンバーになるなど，産官学にまたがった経歴をもつ。彼自身で 200 万ユーロ以上を出資していることは特筆に値する。またパートナー企業としては，Novartis，N-Ergie，Adidas，Federal Office for Migration and Refugees，Sparkasse Nürnberg，NürnbergMesse，Adorsys が名を連ねる。

"Zollhof" とは税関所を意味し，文字通り 2020 年よりかつて税関のあった建物に入居し，2,800 m² のオフィスとラボを提供している。

3 ヵ月のデジタルイノベーションプログラム（週 20 時間）では，スタートアップ企業がどのようにイノベーションを起こし，デザイン思考フレームワークを適用して大企業の現実世界の課題に取り組むかを探索および体験できる。e モビリティ，デジタルヘルス，IoT などの分野が現在注力している分野である（ZOLLHOF website）。

5.4. Air Campus

Air Campus には Alcatel Lucent の米国外では最大となる研究センター，「オプティカル・センター・オブ・エクセレンス」があり，Fraunhofer IIS の一部研究所も隣接する。Alcatel Lucent は 2016 年に Nokia に買収され，現在は Nokia が入居するほか，Volkswagen グループにおけるソフトウェア専門開

税関建物をリノベーションした ZOLLHOF 外観（左）と入居しているスタートアップのオフィス（中），Air Campus（右）。2024 年 4 月 29 日筆者撮影。

発子会社 CARIAD[6] や IT-Schulungen.com[7] が入居している。

このように IT エンジニアの集積拠点に転換している事例がフランクフルトを拠点とする NAS Real Investments という民間デベロッパーの手で行われている点が興味深い（Air Campus Nurnberg website）。

5.5. Energie Campus Nurnberg

バイエルン州の資金とニュルンベルグ市のサポートにより，エアランゲン大学や Fraunhofer IIS に加え，ニュルンベルグ工科大学，アンシュバッハ大学の 4 者のパートナーシップを組んで，エネルギーに関する研究プロジェクトを実施。プロジェクトベースで組織を作って，所属の異なるそれぞれの科学者が，所属機関とは中立的な立場で協力できることが特徴である。このようなプロジェクトベースのネットワーキングと共同研究拠点を通じて，相乗効果を総合的に発揮して成果をあげている。もともと Siemens の社屋を利用しており，同じ建物内に Siemens Energie，Siemens Logistics，エアランゲン大学が入居している（Energie Campus Nurnberg website）。

5.6. KI Park

KI Park は AI で先行する米国，中国に対抗するために，ドイツ，EU において横断的なプロジェクトを促進するべく，リアルとバーチャルの両方で，産

6　CARIAD は 2019 年に Car.Software という組織として設立され，2021 年に現在の名称の法人となる。2025 年までに 5,000 人を超す専門家を配置して開発を加速し，グループ内の全新型車種におけるソフトウェアプラットフォームの共有化や，ソフトウェア開発の内製率を 10％未満から 60％以上に引き上げる目標を掲げている（自動運転ラボ編集部 2022）。

7　一方，IT-Schulungen.com は IT 教育やコンサルティングサービスを手掛ける企業で，20 年以上の歴史を誇り，750 人以上の経験豊富な講師を擁する（IT-Schulungen website, "wir uber uns"）。

第 12 章　地域分散型ネットワークのニュルンベルグ都市圏　　261

官学の 100 以上の関係者をつなぐエコシステムである。1900 年にガス工場として稼働し 1996 年に閉鎖された Marienpark に BMDF Gewerbepark Berlin-Mariendorf が 2013 年に敷地 50 万 m² のうち，38.5 万 m² を取得し，製造業や物流といった産業用地に付加価値を与えるような商業用途の導入を目論む。その 1 つとして，KI Park が 2022 年に建設される。ベルリンだけでなく，サテライトも各地に展開され，前述のとおりエアランゲン大学でもサテライトが置かれている（KI Park website, Marien Park website, "Brlin"）。

6.　おわりに

　歴史のある城郭都市であったニュルンベルグ都市圏の一帯における産学連携の不動産アセットは，この地域から生まれたグローバル企業と大学との連携が中心となって，ヘルツォーゲンアウラッハやアンシュバッハも含めた 50 km 圏内を対象に顕在化している。大学については，エアランゲンにあるエアランゲン大学が研究開発・専門人材育成の中心を担うものの，ニュルンベルグにあるエアランゲン大学の経済学部・社会学部や，隣接するニュルンベルグ工科大学，さらにはアンシュバッハにあるアンシュバッハ大学といった歴史の浅い大学が，応用研究や社会実装に近い分野をカバーすることで，地域としての全体最適を図っている。また大企業としては，Siemens はもとより，ヘルツォーゲンアウラッハの Adidas，Schaeffler の存在や，ニュルンベルグの DATEV，GFK といった幅広い業種が雇用の受け皿となっているだけでなく，大学との共同研究プロジェクトや街の魅力アップにも貢献している。さらに投資家については，LfA といったバイエルン州の公的金融機関のベンチャーキャピタルや Raiffeisen Volksbank といったバイエルン州の地域に根差した信用組合のような金融機関の存在が特徴的である。不動産アセットの形態としては過去の Siemens などの製造拠点が Energie Campus Nurnberg になったり，税関が ZOLLHOF になったりと，かつてのランドマークが産学連携の不動産アセットとして再生されている点は，ピッツバーグやシカゴ，トリノを彷彿とさせる。これらに加えて，Alcatel Lucent の R&D 施設を拠点として Air Campus を再開発した民間デベロッパーの事例がある点も興味深い。

　産学における人材の連携に関しては，ケンフやキルペンシュタイジン，モシュレインのように，産官学の領域をまたがって活躍するロールモデルがあり，

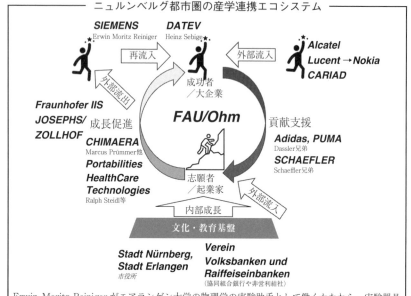

ニュルンベルグ都市圏の産学連携エコシステム

Erwin Moritz Reiniger がエアランゲン大学の物理学の実験助手として働くかたわら，実験器具修理業を起業，のちに Siemens に買収され，これがエアランゲンにおける医療工学産業の興り。Siemens の創業家としては，Ernst Albrecht von Siemens が篤志家としてスポーツ，音楽，美術の財団を設立するが，本拠地がエアランゲンから転出したこともあり支援が限定的だが，近年は Siemens のキャンパス計画も浮上。

Adidas, Schaefler, DATEV などの地元大企業の支援が手厚いほか，Siemens 出身で 2015 年からはエアランゲン大学学長の Joachim Hornegger など，郷土愛の強い住民の主体性が基盤整備に遺憾なく発揮される。

Fraunhofer IIS とエアランゲン大学の連携によるオープンラボ Josephs やインキュベーション施設 ZOLHOFF における成果も出てきている。

　実際の実務に携わる人も産官学をまたがった経験を持っており，大企業とスタートアップの相互理解をスムーズに行ううえで役に立っている。
　このようにそれぞれ独立した市を超えた連携においては，州の果たす役割も大きいがバイエルン州としては，ミュンヘンという別の大きな経済圏もあるため，州としてどのようにバランスのとれた産業政策を行っているかは興味深い。実際，JOSEPHS のモシュレインによると，エコシステムとしてはニュルンベルグの競合としてミュンヘンを最も意識しているという。
　産学連携のテーマとしては，AI や IT を活用したメディカルエンジニアリングなどが目立ち，Siemens のヘルス部門や Schaeffler，Fraunhofer IIS の集

積回路部門の歴史に根差している。Gruenderland Bayern や BayStartUP のサービス拠点が分散していることからもわかるとおり，分散的でネットワーク型の産学連携の仕組みが整っている。これはグローバル企業の本拠地がドイツの一部に集中しているのではなく，複数の州や市に分散し，それぞれが地域の中核となってエコシステムや産業クラスターを形成していることと整合する。これが東京に一極集中している日本とは決定的に異なる点である。

　分散型ネットワークはデジタル社会に非常に適合しており，5G，デジタルツイン，AI といった分野とも相性が良い。ニュルンベルグ都市圏に象徴されるような地域分散型の産学連携は，これらの分野の技術発展によって今後もますます加速していくと考えられる。

インタビュー1

　筆者は 2024 年 5 月 1 日「Innovating the open lab」の編筆者の一人であり，JOSEPHS プロジェクトの立ち上げから運営の中心人物である K. モシュレイン（Kathrin M. Möslein）教授に以下のとおり話をうかがうことができた。

- エアランゲン大学が仲介役となって，大学や企業の技術の社会実装のために市民からフィードバックを得るためのオープンイノベーション施設であり，この施設で展開するものはすべてオープンで機密事項はない。賃貸用のスペースがあるわけではなく，施設利用者に一切の費用はかからず，年間 200 ものイベントを開催。

- 会社組織になっているが運営主体はエアランゲン大学で，エアランゲン大学の副学長である自分がジェネラルマネージャーを兼務。ただしエアランゲン大学単独というよりは，ニュルンベルグ都市圏全体のエコシステムに寄与することを目的に活動している。JOSEPHS はインキュベータではなく，例えば（後述する）ZOLLHOH で生まれたスタートアップのアイデア，プロトタイプが社会に受け入れられるかどうかについて市民の声を聞く場所である。そのため博物館と同じ建物内に入居している。

- 新たな技術を発表しても，市民がそれに嫌悪感を示すと広がっていかない。だから，嫌悪感を抱く前に，慣れてもらう場が必要である。ここにオープンラボの存在価値であり，研究開発のフィードバックに資するような対話が生まれやすい環境が重要である。そのためには，本屋やおもちゃ屋のような設えではだめで，カフェがベストである。本屋では対話が生まれにくいし，おもちゃ屋では遊びに傾く。

- この街には人が愛着を持って住み続けようという気持ち（Civic Pride）があり，大企業の重役もこの街で一般市民として生活している。Adidas や Schaeffler の

ように大企業どうしが隣接していたとしても，インタラクションは日常的には起きない。またお互いの企業が相手先を訪問する場合は，どちらかがゲストになり，対等な会話が生まれない。ところが，JOSEPHS のようなサードプレイスで出会えば，重役どうしも打ち解けやすい。だから街にとってもインパクトのある重大な投資などの意思決定ができる大企業の重役が住んでいることは重要。ニュルンベルグはドイツの平均的な都市と言われており，ベルリンのようにすごくヒップで若者に魅力であるわけではない。しかし，一度ニュルンベルグを離れても戻ってくる人も多く，実際自分もその一人である。

- スタートアップエコシステムとしてはミュンヘンがライバル。ただし，住居費はニュルンベルグより高いことがネックとなる。ライプチヒも住みやすく DHL や BMW の拠点があるが，重役のいる本社ではないので，エコシステムはできない。ベルリンも大都市で人を惹きつけるが，産業がない。ニュルンベルグは昔からイノベーションの街といわれており，その City Profile がエコシステムの形成に役立っている。それは Siemens のメディカル技術とか MP3 を生み出した Fraunhofer IIS の電子技術などの積み重ねからできたもので，言葉にするのは難しい。それに対して，KI Park やミュンヘン空港周辺の REP キャンパスは，民間企業がゼロからエコシステムを作り上げたものである。だから，もともとエコシステムがあるニュルンベルグにある KI Park のサブ拠点のほうがうまく回っているかもしれない。ゼロから作るのは非常にチャレンジしがいがある。

インタビュー 2

筆者は 2024 年 4 月 29 日 ZOLLHOF COO の D. キルペンシュタイジン（Dennis Kirpensteijin）氏へのインタビューを実施した。以下は，その内容である。

- 入居基準をクリアした 2-3 人程度のスタートアップ 9 社に無料でシェアオフィスを提供。一定規模になると，レンタルスペースを貸しており，21 社が入居。合計 30 社で 120 人の従業員がこの施設を利用。

- 賃料は市場より補助金分安く提供。この賃料で，年間 30 万ユーロの不動産のランニングコストを賄っている。不動産はニュルンベルグ市から土地建物を譲渡してもらい，リノベーションの初期投資のみ負担。最大 3 年間の定期借家契約で，3-6 か月前の解約告知。社員数が 50 人を超えると，別の不動産物件を仲介業者を通じて案内するが，特定の仲介業者と結び付いているわけではない。これもビジネスモデルに含めることは考えうる。

- オフィススペース以外では，例えば，Traplinked という鼠取り機器のスタートアップは，プロトタイプの製造も ZOLLHOF で行い，大量生産にこぎつけた段

階で，他社工場に委託製造している。イベントも実施できるよう，最大199人（消防法の制限）の収容が可能なホール，100人程度のパーティができるダイニングキッチン付きのラウンジ，各種会議室を持つ。

- 大企業は入居していないが，スポンサーとしていくつかのプログラムにスポンサードがある。例えば，SiemensやSchaefflerは株主であると同時に，パートナー企業として5年契約で起業支援プログラムを提供。その価値としては，新たなタレント発掘，プログラムに社員を派遣して雇用を維持，新たな事業機会の探索といった3つが挙げられる。このプログラムに満足している証拠にさらに5年更新が決まっている。一方，Adidasは経営陣の変更に伴い，パートナーから外れたので，復活交渉を行っている。このようなパートナー企業との関係構築が重要で，一人のパートナーマネージャーが平均して大企業5社と中小企業4社を担当。約20名のパートナーマネージャーのキャリアはさまざまで，大企業やコンサル出身など，大企業とスタートアップの間に立って翻訳を行うことができることが重要。例えば，大企業では意思決定に時間がかかる理由をスタートアップに理解してもらうとか，大企業の事業課題をスタートアップにわかりやすく伝えるとか，パートナーマネージャーが持つそのような仲介能力と経験値がZOLLHOFの強みである。自身はこれまで2つのスタートアップをエグジットさせている起業家。次のステップとして，この組織のCEOになった。
- 大学がZOLLHOFの経営にコミットすることはないが，大学との連携ということでは，これからZOHO factoryというハードテックのエコシステムを3つの大学とともに実施する。この投資枠は政府の補助金と民間の投資が1,000万ユーロずつ。使途としては，起業家向けの奨学金や，メタバースを活用するTech Spaceなどのアイデアがある。ZOLLHOFとしては大学に講義を提供，自身もMBAプログラムで講師として授業を持つ。また，キャンパスに起業家が入居するスペースがないため大学の起業家プログラムを終了した学生を受け入れるといった受け皿機能を担う。
- 現在も週2日は在宅勤務，月曜は多くの社員が出社しない傾向が強い。
- これまで3億ユーロ投資したが，3倍の企業価値になっており今後はVCも計画する。
- ドイツは地域ごとにある大企業がエコシステムの分野を結果的に特徴付けしており，それに沿うように産業政策が定められている。具体的には，Deutsche Bank本社のあるフランクフルトは金融の中心なのでFinTechが，Allianz本社のあるミュンヘンでは保険のイノベーションが，自動車関連のContinentalの本社があるほか，鉄道，運河や空港による交通ハブによる物流事業者の集積があるハノーバーではモビリティ産業が進化するといったように，都市別のエコシステムの役

割分担ができている。

- 海外連携は EU が中心であるが米国のアトランタや台湾にも代表団を派遣したことがある。基本的には地域に閉じているが,外部からの人材流入のケースでは,ニュルンベルグに本社を持つマーケットリサーチコンサルティング会社であるGFK に入社し,そこで人脈ができて起業したオクスフォード大学卒の人もいる。このように世界規模の企業自体が外部からタレントを招くことができるのも,このエリアの強みである。
- ケンフ氏は,Fraunhoter IIS におけるエコシステムを組成したキーマンである。現在も毎週ボードミーティングに出席して継続的な関係を構築している。

インタビュー3

以下は,筆者が2024年4月30日にエアランゲン大学に往訪してK. ウェーバー(Kyle G. Webber) 教授にヒアリングした内容である。産学連携については,日本の大学とやり方が近く,親和性が高い印象を受けた。同様な取り組みが,エアランゲン大学の各研究室単位で実施されている。

- エアランゲン大学には,Faculty of Humanities, Social Sciences, and Theology, Faculty of Business, Economics, and Law, Faculty of Medicine, Faculty of Sciences, Faculty of Engineering と5つの学部があり,Faculty of Engineering には Department of Materials Science and Engineering をはじめとする6つの学科がある。この学科には9つの研究グループ(Institute) があり,Institute of Glass and Ceramics のトップがウェーバー教授である。
- エアランゲン大学は1つの研究室の中に,教授,准教授,講師といった序列が残っており,日本の国立大学でも一般的だった旧来型の組織体制となっている。
- ウェーバー教授の研究室には20ヵ国からの研究者が在籍,女性比率も42%と多様性に富んでいる。
- 2009年から名古屋工業大学と連携協定を締結しており,ジョイントディグリーもあって,交換留学も盛んである。名古屋工業大学との連携をフックに,2国間にまたがる産学連携を展開しており,ガラスやセラミック材料の活用についてエネルギーやモビリティ,半導体などのさまざまなテーマで共同研究プロジェクトを立ち上げており,そこには三菱電機やパナソニックといった日本企業,トヨタヨーロッパや Bosch, SEMI といったドイツ企業も参画している。これらの複数の研究プロジェクト立ち上げに際しては,研究統括(Investigator Professor) が研究コンセプトを提示し,参加したいメンバーを募り,研究予算も獲得するという。

第13章　再開発により悪循環を断ち切ったトリノ

1. はじめに

　イタリア北西部に位置するトリノはイタリア第4の都市であり，その都市圏人口は約149万人となっている（Demographia World Urban Areas 19th Annual Edition）。都市圏人口が約547万人のイタリア第2の都市ミラノからは，約140 km であり，ミラノ・ポルタ・ガリバルディ駅（Milano Porta Garibaldi）からトリノ・ポルタ・スーザ駅（Torino Porta Susa）は高速鉄道で1時間程度である。その結果，トリノはミラノの通勤圏になりうるが，経済圏としては独立している。もともとトリノは1861年イタリア統一後の最初の首都となるなど，ミラノとは独立した歩みをすすめてきた経緯があり，1899年 FIAT 創業後，自動車産業を中心としたイタリア最大の工業都市として隆盛を究めたことが，この都市の産業を語るうえで大きな特徴となっている。ちなみにトリノ市は名古屋市の姉妹都市であり，共に自動車産業が栄えてきたエリアである点が共通している。

　工業都市としてイタリア中から労働者が集まった結果，人口は1975年には120万人に達するものの，石油ショックの影響を受けて FIAT がピーク時には約5万人に及んだ雇用を1980年代にその半数を解雇，そこから企業城下町としてのトリノの衰退が始まる。「FIAT のイタリア国内の市場占有率は1990年には52% だったが，10年後には34% に減少し，トリノ市の自動車産業の就業者は，1981年の14万人から2001年にはわずか6万人に激減」（Emmott 2012）したという事実からもその衰退の激しさは想像に難くない。

　トリノだけではなく，北イタリアのミラノ，トリノ，ジェノバを結ぶ「鉄の三角地帯」は，欧州でも有数の工業地帯として発展してきた。前述の FIAT

の影響力の低下に加えて，EU 統合の深化とイタリア国内の分権化が後押しして，近年は自動車産業への過度の依存からの脱却，産業の多角化をめざしている。EU 統合の深化としては，1999 年に ESPON（欧州空間計画観察ネットワーク）設置によって整備された比較可能なデータベースの分析に基づき，多心型の中小ネットワークの多様性を強みとして各都市それぞれが発展する方針が描かれた。また，イタリア国内の分権化ということでは，1990 年の新自治法と 2007 年の「複数事業による国土システム統合開発」(S.I.S.Te.M.A) が契機となっている。後者において，トリノ・シティリージョンとして，クオネ（Cuneo）とサヴォナ（Savona）をトリノと一体の地域としてみなした政策ビジョンが提示されたものの，農産物の集積地であるクオネはフランスのニースとの結び付きを，港町のサヴォナは同じリグーリア州の州都であるジェノバとの結び付きを，それぞれ強めようとしており，多心型の発展方針ゆえにトリノ・シティリージョン全体としては一貫性がないという指摘もある（脱工業化都市研究会 2017）。また，自動車産業からの脱却といいつつも，2021 年に FIAT がフランスの Groupe PSA と合併してできた Stellantis とイタリア政府が協議し，80 万台まで低下した国内生産台数を 100 万台まで引き上げる目標を掲げるほか，国内の自動車生産台数を 130 万台まで増やす取り組みの一環として中国の奇瑞汽車と協議を行うなど，イタリアの国策としては自動車産業への依存を強めているような動きも見られる（Piovaccari and Fonte 2024）。

　このように，EU，国，州，市と階層が多いために産業政策のちぐはぐ感は否めないものの，トリノの再開発では脱自動車産業を具現化しつつある。もともと都市空間としては，鉄道の軸線と高速道路のインターチェンジといった交通の要所となって FIAT の製造拠点が分散開発された典型的なフォーディズム／ワンカンパニータウンであったが，FIAT の衰退とともに各拠点の再活用の必要性も生まれ，観光産業やフードビジネスにも注力するなかで，魅力的なジェントリフィケーションが展開されている（矢作 2014）。リノベーションによって産学連携施設やキャンパス機能へと用途転換される事例はすでに複数の都市でも見てきたとおりであるが，都市の構造を変えるほどの転換という意味では，トリノが最もドラスティックな事例かもしれない。この再開発は，トリノ工科大学の V. カステラーニ（Valentino Castellani）教授が 1993 年に市長となり，2006 年の冬季オリンピック誘致を契機として再開発計画を策定したことに端を発する。具体的には，トリノの中心にある鉄道軸線上の 4 つのブラウ

第 13 章　再開発により悪循環を断ち切ったトリノ　　　269

ンフィールド（放置されたままの土地）をつなぐスピナ・セントラル・プロジェクトが再開発の象徴である。複数ある再開発の中でもスピナ3は，自動車関連産業の廃墟を再生する形で産学連携施設を含む複合施設となり，新産業創生に活用されている点で注目に値する。このように街の中心から自動車が締め出されたことで心地良い空間が実現したことは優秀な人材を集めるうえでも大きなプラスとなったと考えられる。

2.　トリノの大学

　トリノにおいてはトリノ工科大学（Politecnico di Torino）とトリノ大学（Università di Torino）がアカデミアの主体である。

2.1.　トリノ工科大学（Politecnico di Torino, PoliTo；英 Polytechnic University of Turin）

2.1.1.　概要

　1859 年にトリノ工科大学の前身となる Regio Politecnico di Torino が設立される。世界大学ランキング（U. S. News, "2024-2025 Best Global Universities Rankings"）では 509 位で，分野別では土木工学（Civil Engineering）が 81 位，機械工学（Mechanical Engineering）が 106 位，エンジニアリング（Engineering）が 122 位，高分子化学（Polymer Science）が 127 位。FIAT をはじめとする自動車産業が盛んな街であることから Engineering のプログラムには定評があり，就職率も高い。それ以外の分野では，ヴァレンチーノ城（Castello de Valentino）という 16 世紀に作られた古城で講義を受けられる建築学科も特徴的である。Engineering を中核とするメインキャンパスはアブルッツィ通り Castello del Valentino にあるが，そのほかには，FIAT の工場跡を活用したミラフォリとリンゴットにキャンパスを展開する。著名な卒業生としては，前述のカステラーニや後述する A. オリベッティ（Adriano Olivetti）のほか，トリノ工科大学の総長ののちに教育大臣（Minister of Education）となる F. プロフーモ（Francesco Profumo）がいる。

　学生数は約 4 万人で女性の割合は 27%，海外からの留学生は 2 割で，海外の学生を受け入れるために英語で講義を行うことにしたのはイタリアの大学として最初の部類に入る。留学生の約 6 割がアジア出身者で中国が留学生全体の

2 割を占める。大学院生としては修士号取得者が約 4,000 人，博士号取得候補が約 1,500 人弱，教員数は約 1,200 人強，運営スタッフが約 1,000 人となっている（Polito website, "at a glance"）。

イタリア国内においては，研究活動や技術移転，専門教育，地域へのサービスに特化した技術センターとして，アレクサンドリア，ビエッラ，モンドヴィ，それにヴェレスといったイタリア北部の都市にもネットワークを持つ。また，海外においては，ブリュッセルに Hub a Bruxelles，ウズベキスタンのタシケントに Campus Uzbekistan，アゼルバイジャンのバクーに Azerbaijan-Italy University，中国の上海で China Center を展開しているほか，日本においても，東京科学大学[1] や京都工芸繊維大学をはじめとする日本の大学ともすでに多くの連携実績があり，2023 年には Japan Hub という事務所を京都に開設し，イタリアの大学としては初めて日本に拠点を設けている。この拠点開設が契機となり，近隣の神戸芸術工科大学，龍谷大学，関西医科大学との連携が開始されている（Polito website, "Japan Hub"）。

2.1.2. トリノ工科大学の予算と主な寄付

2023 年の全体予算は 3 億 6,000 万ユーロでその内訳は，収入（Proventi）が 20% で，その内訳は授業料収入（Proventi per la didattica）が 9%，受託研究および技術移転による収入（Proventi da Ricerche commissionate e trasferimento tecnologico）が 8%，その他・雑収入（Altri proventi e ricavi diversi）が 3%。収入以外は補助金を含む寄付（contributi）で 79%。寄付のうち最も大きいのが，大学研究省（Ministero dell'Università e della Ricerca, MIUR）による 57%，ついで，EU および国際機関からの寄付（Contributi di ricerca Unione Europea e Organismi internazionali）が 9% である。米国の大学で見られたような基金の運用収益（Reddito da investimenti del fondo）などもなく，個人による寄付は限られていることがわかる。地域および地方自治体からの研究寄付（Contibuti di ricerca Regione ed Enti Locali）が 1% と，地方分権が進んでいるといっても，大学の予算はあくまで，中央政府の権限が大きいことがわかる（Polito website, "at a glance"）。ただし，「2005 年時点では，年間予算 3 億ユーロのうち 7 割が政府以外の資金源で賄われて」おり（Emmott 2012），大企業との共同研究や委

1　2024 年 10 月より，東京工業大学は東京医科歯科大学と統合し，東京科学大学となった。

託研究等による予算が潤沢にあったようで，経済状況にも大きく左右される傾向がうかがわれる。

Department of Automotive Engineering

Fiat Chrysler Automobiles（FCA）は1999年より自動車分野での技術プロジェクトや応用研究のための教育支援を2022年まで行う。これまで2010年と2014年に更新し，2018年が3回目の延長となる。4年間で総額740万ユーロ（年間185万ユーロに相当）の寄付であり，教育活動費の30%相当はFCAによる（Polito website, "Fiat Chrysler Automobiles e Politecnico di Torino rinnovano accordo di cooperazione"）。

なお，2022年から2026年の4年間については，FCAの後継としてStellantisがzero-emissions mobility, environmental impact reductionをテーマに，EVやハイブリッドカーの開発に必要なバッテリーに関するイノベーション，水素貯蔵，次世代半導体，原材料から廃棄物処理までのサプライチェーンへの影響を軽減するためのCO_2排出の回収・貯蔵・再利用についてなど，7つの研究プロジェクトにおける提携を2023年に発表している。博士課程と修士課程の奨学金プログラムもこれに含まれるとされているが，寄付額については公表されていない（Polito website, "Al via sette progetti di mobilità sostenibile tra Stellantis e Politecnico"）。

2.1.3. トリノ工科大学におけるインキュベーションプログラム

Challenge@PoliTo

最大30名の修士課程の学生を対象に，異なった専門を持つメンバー5-6人のチームを構成，以下の2つの目的で14週間かけて課題に取り組む。

- 起業トレーニングやアイデア発想，事業開発により大学で定められた専門コースの枠をはみ出す
- 学生チームとの交流を通じて規模に関係なく，産業界との関係を構築，強化する

産業界の抱える課題に取り組むChallenge_By Firmsと大学で選択する課題に取り組むChallenge_By Studentsがあり，いずれのコースでも成果を出せば単位が得られるほか，Open Badgeという国際的に認証されている証書を得ることができる[2]。大学では，このプログラムの活動場所として，各種設備が使

用できる Connection Lab and Innovation Kitchen（CLIK）を提供している（Polito website, "Challenge@PoliTO"）。

Challenge_By Firms としては，2024 年 3 月時点で，Azzurra（卸売・物流）による産業廃棄物の処理施設の地域との共存，循環経済の両立や，Zeca（ホース製造）によるホースやケーブル，リールにおけるイノベーション，Tosa（包装マシン製造）による飲料品や食料品のパッケージングイノベーション，Latitudo40（ソフトウェア）による自律走行可能な地上探査車とデータ収集の仕組みの開発，IREN（電力会社）による電動モビリティと再生可能エネルギーコミュニティ構築といった 5 つが与えられている。いずれもイタリアの企業との連携であり，課題が非常に具体的でかつ現場ニーズに沿っているため，インターンシップに近い印象を受ける。

I3P（Incubatore Imprese Innovative del Politecnico di Torino）

トリノ工科大学をはじめ，県や市などの行政，トリノ商工会議所やフィンピエモンテ（地域金融機関）といった産業界，トリノワイヤレス基金（VC）といった複数のステークホルダーが各 200 万ユーロずつ拠出して 1999 年に組成されたコンソーシアムで，金融支援からビジネスパートナーのマッチング，そのための人材発掘まで行う。トリノ工科大学のキャンパス内に施設を設置し（I3P website, "about"），毎年 300 のアイデアから 100 のビジネスプランを作って 15 社を起業させるという目標を掲げており，これまでの実績に対しては，UBI^3 Global Ranking でも評価されている。

I3P は認定インキュベータとして，PR ESF＋2021-2027 プログラムに則ったInterventi di sostegno alla nascita delle starting（2023-2024）（起業支援介入プログラムの意）の実施を任されている。ESF（European Social Fund の略，欧州社会基金）は労働者の流動性と雇用機会の改善を目的として，ローマ条約に基づいて設立された基金である。

2　Open Badge は欧米を中心に大学や資格認定団体，グローバル IT 企業で発行，国際標準規格としての Open Badge は，取得した資格や学習内容を目に見える形にし，受検者や受講者を増やすすデジタルマーケティングツールとして活用されている。

3　世界中の innovation hubs の中からベストプラクティスを学んで共有することを目的に，2013 年にストックホルムで設立された組織。

第 13 章　再開発により悪循環を断ち切ったトリノ　　　273

I3P の内部（左）と I3P が入居するキャンパス内建物の外観（右）。2024 年 5 月 2 日筆者撮影。

2.2. トリノ大学 (Università di Torino；英 University of Turin, Unito)
2.2.1. 概要

　トリノ大学は 1404 年創立の研究公共大学であり，トリノ工科大学と同様，イタリア政府と EU による補助金を主たる収入として運営されている。世界ランキングは 221 位（U. S. News, "2024-2025 Best Global Universities Rankings"）の総合大学であるが，分野別では，消化器科および肝臓科（Gastroenterology and Hepatology）が 56 位，動植物学（Plant and Animal Science）73 位，食品科学技術（Food Science and Technology）が 74 位，腫瘍学（Oncology）が 75 位，宇宙科学（Space Science）85 位，農業科学（Agricultural Scinece）が 87 位と続き，医学や農学で秀でている。7 つのキャンパスのうち 5 つはトリノの中心にある。

　学生数は約 8.1 万人で，そのうち 62% が女性。留学生は全体の 6.6% に過ぎず，トリノ工科大学と比較しても非常に少ない。大学院生のうち修士課程が約 1,230 人，博士課程が約 1,500 人在籍。大学職員は約 4,300 人で，教職員（Academic Staff）のうち教授が 602 人，准教授が 1,067 人，講師が 708 人，その他職員（Administrative Staff）が 2,038 人となっている（Unito websie, "in figure"）。

　著名な卒業生としては，首相や大統領といった政治家はもちろんのこと，S. ルリア（Salvador Edward Luria），R. ドゥルベッコ（Renato Dulbecco）や R. モンタルチーニ（Rita Levi-Montalcini）といったノーベル賞受賞者，FIAT や Olivetti の経営に尽力したのちにローマクラブを設立して初代会長となる A.

ペッチェイ（Aurelio Peccei），FIAT の創業家として会長となる G. アニェッリ（Giovanni Carlo Francesco Agnelli）などの実業家も多数。現役世代としては，後述する S. ブオーノのほか，フィギュアスケートで活躍した C. コストナー（Carolina Kostner）がいる。

トリノ大学は，2023 年 11 月から 7 ヵ国の 12 の欧州の大学が参加する UNITA-Universitas Montium[4] に加盟している。

2.2.2 トリノ大学におけるインキュベーションプログラム

2i3T Business Incubator

トリノ大学における研究成果からアイデアを見出し，技術移転して事業化するまでのプロセスを支援する地域エコシステムであり，学生向け，主にピエモンテ州を拠点とする事業者向け，投資家向けに，それぞれの立場で役立つさまざまな支援を行う。例えば，学生向けには，セミナーやワークショップ，プロフェッショナルの経験やケースを学ぶことのできるプレゼンといった起業アイデアの具現化に役立つプログラムが提供される一方，事業者に対しては，技術的な問題の解決や新しいビジネスの開発に役立つ可能性のあるテーマの研究や学術スキルの検索を支援する。また，ラボとして超高分解能透過電子顕微鏡や，誘導結合プラズマ質量分析，フィールドサイクルリラックスメータ，環境チャンバーを備えた走査型電子顕微鏡を備えており，それらを活用したサービスも提供する（Unito websie, "2i3T"）。

Industrial Liason Office（ILO）

大学内の産学連携を促進する組織であり，企業と研究チームの個別会議をアレンジしたり，企業の求める新機軸に合った研究リソースを探索したり，企業向けの教育・トレーニングプログラムを提案したり，協業の可能性を適宜アップデートするメールサービスを提供したりしている（Unito websie, "Industrial Liason Office"）。

---

4 UNITA-Universities Montium は Erasmus+ European Universities イニシアチブの枠組み内で欧州委員会によって資金提供されている 64 の European Universities Alliances のうちの 1 つである。目的は，大学間の国際的および異文化間教育の手段として，学生，教職員，事務職員の流動性を促進し，国境を越えた「キャンパス」を構築することにあり，2020 年から 10 年間かけて取り組まれている（Unito websie, "UNITA - Universitas Montium"）。

3. トリノの産業界

　産学連携という視点もさることながら，地方都市であるにもかかわらず，大学卒業生にも人気があると思われる国際的に知名度の高い企業も多くあるため，主だったものを取り上げながら，大学との連携がある場合には，特に詳述することとする。トリノの産業の特徴としては，前述のとおり自動車産業があまりに有名であるものの，周辺地域も含めると食品製造業でもグローバル企業が多く，これらの企業が人材をつなぎとめていることが十分に考えられる。

3.1. FIAT と Exor

　FIAT は 1899 年にトリノで創業，G. アニェッリ（Giovanni Agnelli）は当初取締役会のメンバーの一人だったが，すぐに会社の革新者として頭角を現し，1902 年に常務取締役に就任する。1908 年にはラグジュアリーカーとして米国に進出する。1916 年から 6 年かけてリンゴットの工場が当時欧州最大の自動車工場として完成し，量産化を図る。これがイタリア自動車産業の象徴となる。2 度の世界大戦を経て，軍需に関わる船舶や航空機などの多角化を図る一方で，海外拠点を喪失したり国内工場が破壊されたりとダメージを受ける。しかし，1945 年から V. ヴァレッタ（Vittorio Valletta）が経営にあたると戦後の立ち直りも早く，復興を遂げるなかで大ヒットしたのが 500 と 1400 という 2 つのモデルである。トリノには FIAT に部品を供給する中小企業が立ち上がり，1960 年初頭ではトリノの住民の半数以上が直接・間接的に FIAT に関連する仕事に従事していたといわれる。そして，これらの住民の多くはトリノの周辺の農村や遠く離れた南部から流れ込んだ人々であり，人口が「1951 年に比較して 42.6% という急激な増加を示したのも驚くことではない」（Colarizi 2010）。その結果，非製造分野や商業も急成長し，自動車産業がトリノと一体不可分な産業となっていった。その後，FIAT 自体は Lancia，Ferrari，Alfa Romeo，Maserati といった有名ブランドを買収しさらに成長を遂げるものの，1990 年代の競争激化の末，2009 年に存続の危機を迎えるほど衰退していく。危機をしのぐべく Chrysler の株式の 20% を取得したのち，2014 年には合併し FCA となり，現在は Stellantis となっている（Life in Italy 2018）。2003 年にアニェッリが亡くなってからも，アニェッリ家としては Exor という持株会社を通じ

て多数の企業とあわせて FIAT の経営権を握る。Stellantis や Ferrari といった自動車だけでなく，Juventus FC といったサッカーチーム，The Economist Group といったメディア，CNH Industrial といった産業機械などがポートフォリオに名を連ねているが，かつては，PartnerRe といった保険や Cushman & Wakefield といった不動産業の大株主となったこともある。Exor 自体は，2016 年にオランダに移転しているものの，2022 年にシリコンバレーで実績を持つ D. ピアチェンティーニ（Diego Piacentini）を迎え，イタリア発のスタートアップを支援するべく，VENTO という VC も組成している。後述する Newcleo もこの VC から資金を調達している（O'Brien 2023）。

　FIAT の時代からトリノ工科大学と連携してきたことは前述のとおりであるが，それはどちらかというと人材供給元としての関係だったといえる。そして，アニェッリ家の Exor にしても，VC としてとりわけ地元の大学との関係が深いわけではなく，イタリア全土を対象としており，これまで見てきた地域への還元となっていないことは頭に留めておきたい。

3.2. Olivetti

　C. オリベッティ（Camillo Olivetti）はタイプライターと計算機のメーカーである Olivetti の創業者であり，息子であるアドリアーノ（Adriano）にトリノ工科大学卒業後，米国や英国で製造業を学ばせる。アドリアーノは 1932 年から Olivetti を率いて国際的な成功を収める。1946 年から 1958 年までの 12 年間で従業員は 6,200 名から 15,000 人に増え，工場は 3 から 6 にと倍増したという。ユートピア思想を持ち，アーティストやデザイナーを会社に在籍させることで Olivetti のデザイン性に優れた商品（レッテラ 22 というタイプライターはニューヨーク近代博物館 MOMA に展示）を開発するかたわら，会社組織にもその思想を具現化させて，トリノの郊外にあるイヴレア市に先進的なデザインの工場[5]を建設する。イヴレア市では 1956 年には市長に選出され，都市計画にも着手するものの，1960 年に死が訪れて道半ばとなる。その 2 年後彼の家族や近親者により Fondazione Adariano Olivetti（Fondazione は財団の意）が設立される（Fondazione Adariano Olivetti website, "Adariano Olivetti"）。この財団は Hague Club や European Foundation Center に加盟し，イタリアのみな

5　2018 年には，Olivetti の産業遺構が世界遺産に認定される。

第 13 章　再開発により悪循環を断ち切ったトリノ　　277

らず国際的な慈恵活動を支援している。

3.3. Intesa Sanpaolo

　Intesa Sanpaolo はトリノを本拠地とし，3,300 の支店と 1,360 万人の顧客を持つイタリア最大の金融グループで，2007 年に Banca Intesa と Sanpaolo IMI の統合で生まれた。その本社ビルは再開発の象徴となるべく世界的にも有名なイタリア人建築家の R. ピアノ（Renzo Piano）による設計であり，トリノにおいては非常に珍しい高層ビルであるためひときわ目立つ（Intesa Sanpaolo Group website, "about us"）。2014 年には Innovation Center を設立，2020 年に NEVA SGR という VC が組成された。この VC は Intesa Sanpaolo グループの子会社となっている（Intesa Sanpaolo Innovation Center website, "about us"）。ただし，この Innovation Center はセキュリティも厳しい高層階にあり，限られたメンバーしか出入りできなくなっている。したがって，これまで紹介してきたような自然な交流を通じて創発が期待できるようなインキュベーション施設ではない。大学との連携を促すというよりも，銀行グループのシンクタンクのような位置付けとして，イタリア経済活性化に資する取り組みの一環として有望なスタートアップの発掘と投資機会の提供，銀行の持つ国際的な大企業や行政機関とのネットワークの活用などを顧客に提案することが活動の中心に据えられている。

3.4. Ferrero

　ピエモンテ州アルバでピエトロ（Pietr）とジョバンニ（Giovanni）のフェレロ（Ferrero）兄弟が 1946 年から菓子店を営んでいた。マイケル（Michele）は父ピエトロのあくなき探求心を引き継ぐと，ジョバンニが開拓した販売ルートを活用して，ヘーゼルナッツを加えたチョコレートペーストを 1964 年にヌテラ（Nutella）ブランドとして販売し，大成功を収める（Emmott 2012）。現在は卵型のチョコレートの Kinder，Ferrero Rocher，ミントタブレットの Tic Tac といった世界でも有名なブランドを含む 35 のブランドを 170 ヵ国以上で販売，4.7 万人もの従業員を抱えるまでに事業を拡大している。

　1983 年には Ferrero Foundation を創設，"Work, Create, Donate" をモットーに，自分のためだけでなく，コミュニティ全体の幸福を増進することをめざして，尊厳，才能，責任を持って新しい状況を構築するために働くという価値観に基づいて，文化活動や奨学金などの教育支援といった活動を展開している

(Ferrero website)。

3.5. Martini and Rossi

1840 年，イタリアのトリノ地方の 4 人のワイン生産者，C. ミカエル（Clemente Michael），C. レ（Carlo Re），C. アニェッリ（Carlo Agnelli），E. バウディーノ（Eligio Baudino）が共同で，ワインやリキュール，ベルモット等を販売する Distilleria Nazionale di Spirito di Vino 社を設立し，その会社から A. マルティーニ（Alessandro Martini），L. ロッシ（Luigi Rossi），T. ソーラ（Teofilo Sola）が Martini and Rossi の前身となる Martini, Sola & Cia を設立する。同社は戦後，多くのブランドを買収して企業規模を拡大するが，1992 年，同様に一大洋酒グループとなっていた Bacardi に買収され，Bacardi-Martini Limited となっている（Martini and Rossi website, "About us"）。

3.6. LaVazza

L. ラバッツァ（Luigi Lavazza）が 1895 年にトリノで最初の店を開いたのち，さまざまな産地からのコーヒー豆のブレンドを試み，1927 年に Luigi Lavazza SPA を創業する。そして，コーヒー豆の風味を保持するための 2 層の紙で構成されるパッケージ，Pergamin を導入する。戦後になって 1955 年に登場した Lavazza Blend が人気となり，1957 年にはイタリア最大のコーヒー会社となる。1965 年にはピエモンテ州のセッティモ・トリネーゼに欧州最大の焙煎製造工場を開設。1982 年には仏ヴィンセンヌ，1987 年に独フランクフルト，1988 年にウィーン，1989 年にニューヨーク，1990 年にロンドンと海外展開を加速する。並行して European Federation of Roasted Coffee Associations（EUCA）を組織して，欧州全体を国内マーケットとみなすようになった。2004 年には，Giuseppe e Pericle Lavazza Foundation という NPO を立ち上げ，8 ヵ国のコーヒー生産国における 3,000 の農家の生活改善に取り組むとともに，iTierra! という持続性へのコミットメントを約束するブレンドも発売。これら取り組みは 2012 年には Lavazza iTierra! Project へとつながる。2016 年にはフランスの Carte Noire を買収，以降もカナダの Kicking Horse Coffee, Espresso Service Proximité, Nims Blue Pod Coffee と買収により業態を拡大し，2018 年には新本社屋も建設する。2021 年時点で，6 ヵ国に 9 ヶ所の製造拠点を持ち 140 ヵ国 4,000 社と取引を行うグローバル企業になった（La Vazza website）。

Eaterly 外観（左）と店舗奥に設けられたレストラン（右）。2024 年 5 月 2 日筆者撮影。

3.7. Eaterly

O. ファリネッティ（Oscar Farinetti）は，父が創業したスーパーマーケット事業 UniEuro を継いで事業を拡大するも，2003 年に 5 億 9,000 万ドルで売却する。そのきっかけとなったのは，2002 年に一つ屋根の下に高品質の食品を持続可能かつ手頃な価格ですべての人に集め，イタリアの生物多様性を讃え，食事，買い物，学習ができるような自然でシンプルな場所を作るというコンセプトを思いついたことによる。以後，5 年の歳月をかけて研究，準備を行って，2007 年にトリノのリンゴットにあったベルモットの工場（Carpano Vermouth factory）を改装して最初の店舗を開業する。このコンセプトはイタリアの食文化とともに世界中に受け入れられ，イタリアのみならず，欧州や北米，日本も含めたアジアと，グローバル展開に成功している（Tieni 2019）。この成功の下敷きには，C. ペトリーニ（Carlo Petrini）が 1986 年にピエモンテ州で始めたスローフード運動がある（il Post 2012）。

3.8. トリノにおけるテクノロジー企業動向

ここでは，大学での研究成果であるテクノロジーに限らず，自動車産業以外のテクノロジー分野で官民で注力している分野について述べる。

3.8.1. Aerospace Logistics Technology Engineering Company（ALTEC）

ALTEC は Thales Alenia Space Italy が 63.75%，イタリア宇宙局（Italian Space Agency）が 36.25% 出資して 2001 年に創業した半官半民の企業で，国際宇宙ステーションの運用と利用や惑星探査ミッションの開発と実施をサポート

するエンジニアリングおよび物流サービスを提供している。NASA や European Space Agencies（ESA）にも事務所を持って国際的なプロジェクトにも参画しており，後述する Aerospace City の中核企業としてトリノ工科大学との連携が期待される。ALTEC の大株主である Thales Alenia Space は，2007 年に Finmeccanica が出資して誕生した欧州最大の人工衛星開発企業であり，そこでマーケティング部門の副社長を務めた V. ジョルジオ（Vincenzo Giorgio）が，ALTEC の CEO となっている。彼は，ナポリのフェデリコ 2 世ナポリ大学（Università degli Studi di Napoli Federico II）で電気工学を専攻して卒業したのち，トリノを拠点とする Aeritalia で衛星の通信システムの責任者を務めた経歴を持つ。Aeritalia は FIAT の航空機部門などを起源とする航空宇宙の国有会社として 1969 年に創業，1990 年に Finmeccanica に吸収される。Finmeccanica もイタリア政府が 3 割の株を保有する防衛産業の中心であることから，ALTEC の源流には国策があり，ジョルジオがこの地域における航空宇宙産業の中心人物であることがうかがわれる（ALTEC website, "who we are"）。

3.8.2. Advanced Accelerator Applications と Newcleo

　S. ブオーノ（Stefano Buono）は 1991 年にトリノ大学で物理学修士取得後，ジェノバの European Organization for Nuclear Research（CERN）で働いたのち，ノーベル賞受賞者の C. ルビア（Carlo Rubbia）のもとで，核医学（molecular nuclear medicine）（放射性同位元素（radioisotope, RI）で標識された薬剤を用いて種々の疾患の診断および治療に応用する医学分野）の特許を開発し，2002 年に Advanced Accelerator Applications を創業する。その後 2018 年に Novartis に 39 億ドルで売却。その資産をもとに，前述の VC である LIFTT とスマートシティの会社 Planet Smart City を組成する。

　その後，2021 年にブオーノは L. チノッティ（Luciano Cinotti）の会社といくつかの特許を買収し，200MWe の小型原子炉を開発する新興企業 Newcleo を設立。英国で法人化され現在 360 人の従業員を抱えるが，トリノ研究センターでも 130 人の科学者を雇用している。創業時 1 億ユーロの資本金は 2022 年に 3 億ユーロを追加で調達し，2023 年 3 月には新たに 10 億ユーロを増資し，世界最大の原子力発電の会社となる。650 人もの投資家のうち 9 割はイタリア人という。チノッティは LFR（Lead Fast Reactors）運営委員会の委員長を務めるなど，多くの LFR 関連の特許を持つ高速炉技術の第一人者である（Novarini

第 13 章　再開発により悪循環を断ち切ったトリノ　　281

2023)。

3.8.3. Alba Robot

　運動機能が低下した人を施設内で輸送する必要がある空港，病院，博物館などの施設向けに設計された，自律／支援型モビリティサービスのソリューションを提供するスタートアップ。もともとは 1 人の 90 歳の女性が膝関節症のために自分で立てなくなり，車椅子を使えないという困難を解決することに挑戦することから始まった。2019 年に Moschini Spa と Teoresi Spa からスピンオフして A. ベルタイア（Andrea Bertaia）らが起業。2020 年に I3P でインキュベーションの支援を受ける（Piemonte Economy 2023）。2022 年にドバイで開催された Gulf Information Technology Exhibition では，空港で活用するための効率性を重視した SEDIA（SEat Designed for Intelligent Autonomy）wheelchair を発表，2023 年には 260 万ユーロの資金を調達している（Castiglioni 2022）。

3.8.4. XORI Group

　R. ルカ（Rollino Luca）が 1979 年創業の建築設計事務所 Studio Rollino をトリノ市に移転し，2015 年にトリノ工科大学の研究グループとともにエネルギーと技術コンサルティングを提供するスタートアップ C2R Energy Consulting を設立する。これを皮切りに，次々に Arsing, LESS, CoreSales といった複数のスタートアップを設立し，2023 年にグループとして統合，ミラノ，ローマなどに営業拠点も開設する。1995 年に創業した空調エンジニアリング会社 MCM Ingegneria とも 2023 年に統合し，脱炭素社会のニーズに対応するべく，インフラや建物への各種ソリューション・コンサルティングサービスを提供する（XORI website, MCM Ingegneria website）。イタリアは小企業が比較的多いとされてきたが，このような大学との連携によって提供するサービスを高度化し，グループ化によって規模を拡大する流れは注目に値する。

4.　トリノにおける財団などの主な諸団体

　トリノの産学連携にとって重要な役割を果たしているのが，トリノ市というよりはピエモンテ州であり，またトリノに本拠地を持つ金融機関の母体である財団（Fondazione della Banca）である。その中で重要な役割を担っている機関

を取り上げる。

4.1 CEI Piemonte（Centro Estero Intenazionalizzazone Piemonte；ピエモンテ州投資・輸出・観光庁）

ピエモンテ州投資・輸出・観光庁は，ピエモンテ州およびピエモンテ州の商工会議所連合（Unioncamere Piemonte）によって 2006 年に設立されたピエモンテ州の国際化を担当する機関である。ちなみにピエモンテ州の人口と GDP はイタリアの 8% 程度を占める。主な活動と目標としては，ピエモンテ州へ進出する企業の支援，現地生産のオファーとグローバルマーケットニーズとのマッチング，州の特産品であるワイン，食品を国際的にプロモートし州の観光資源を売り込み，それらに寄与する人材の育成などが挙げられている。したがって，海外の大企業がピエモンテ州のスタートアップを探索する場合には，この機関が窓口になるとともに，ピエモンテ州のスタートアップ企業が海外に進出する場合もこの機関がサポートする（CEI Piemonte website）。

4.2. Digital Innovation Hub Piemonte（DIHP）

2017 年に Confindustria Piemonte が立ち上げた地域の企業に対するデジタイゼーションを支援する組織で，Confindustria[6] の一部であり，会員の会費によって運営されている非営利団体である。イタリア全体では Confindustria が 2016 年に industry4.0 の旗印のもとに national Digital Innovation Hub（nDIH）を展開しており，当然ながらこれとも連携している。同様の取り組みとして EU が広域で行う European Digital Hubs（EDIH）Network もあり，EU，イタリア政府，ピエモンテ州という各レイヤーで，同じような取り組みを行っていることがよくわかる。EDIH も nDIH も各エリアごとに協力企業を斡旋するほか，年に 1 度開催される EDIH Network Annual Summit をはじめとする各種イベントの開催や，実践例などの情報提供，教育プログラム提供によるトレーニングを行っているという点では，大きな違いはない。

---

6 Confindustria（Confederazione Generale dell'Industria Italiana, イタリア産業総連盟）はイタリア最大で最も影響力のある企業者団体であり，1910 年に設立されたイタリア産業界の代表組織である。中小企業から大企業まで約 14.6 万を超える会員を誇り，傘下に 550 万人の労働者を抱える（DIHPwebsite, nDIH website, EDIHwebsite）。

4.3. Fondazione Piemonte Innova

　ピエモンテ州において，ICTやマルチメディアの革新的なリージョナルクラスターであるPOLO ICTとスマートコミュニティの国家技術クラスターであるSmart Communities Tech Clusterを構成する民間企業や公共団体を交流させるべく，MIURの奨励によって，地域の強い結び付きの結果2002年に設立されたPPPである。POLO ICTは2009年よりこの地域のICTハブとして共同研究プロジェクトやその資金提供支援を行っている。SmartCommunities-Tech Clusteは150以上のメンバーが参加し，96の開発プロジェクトに1億9,300万ユーロの資金が投入された実績を持つ（FPI website, Polo Innovazione ICT website）。

4.4. Fondazione Compagnia di San Paolo（FCSP）

　1563年に貧困に苦しむ人々の支援とプロテスタントの台頭を食い止めるという目的を持って，7人の市民が設立したのが起源といわれており，長い歴史の中でフィランソロピーの思想に基づき教育や子女などの弱者救済を担ったりしてきた。戦後，Istituto Bancario San Paolo di Torinoとして住宅ローンを提供するなど，トリノの再建に決定的な役割を果たすとともに，慈善活動，文化芸術活動など，イタリア国内のみならず欧州にわたってその影響力を発揮。1991年末，「アマト・カルリ」法によって導入された規制の枠組みの中で，商業銀行業務が有限会社に分離されることとなる。その結果，FCSPがIntesa San Paoloの最大株主ととなり，現在は欧州最大の民間慈善団体となっている（Compagnia di San Paolo website, "History"）。

4.5. LIFTT

　Links Foundationを通じたトリノ工科大学とFondazione Compagnia di San Paoloの取り組みからLIFTTが誕生。投資家205人から資金を集め，前述するブオーノが会長を務め，彼自身が起業したPlanet Smart CityとNewcleoを含む49のプロジェクトに1億370万ユーロを投資。フェーズに応じた投資金額の基準があり，PoC（proof of concept）に対しては，5-10万ユーロ，シードステージは30万ユーロまで，スタートアップステージは50万ユーロまで，アーリーステージは100万ユーロまで，レイターステージで200万から1,000万ユーロまでとしている。前述のI3PのCEOであるスケラートは，LIFTTのボ

ードメンバーも兼務している。スタートアップを育成する立場としてその事業の可能性を技術的な面からもよく理解し，その知見に基づいて出資先を審査することができる人材がVCで重要なポジションを務めることはとても理にかなっている（LIFTT website）。

5. トリノにおける主な産学連携の不動産アセット

大学キャンパスの中の産学連携アセットについては，すでに大学のところで触れたので，ここでは大学主体ではないものを取り上げる。

5.1. Environment Park/Technology Park

ピエモンテ州が設立したFinpiemonteという地域経済の発展を担う金融会社とトリノ市を2大株主とする株式会社で，敷地面積約3万m^2の土地を1990年代の終わりに再開発し，以来1,000以上の研究開発プロジェクトが実施される。緑化された屋根と壁，雨水収集，輻射熱を活用した天井・床システムなどを採用した建物や，水力発電所，電気自動車の充電ステーションがあり，年間エネルギー需要の約55%を再生可能資源から敷地内でまかなっている点が特徴である（2019年実績）。また300人を収容できるコンベンションセンターもあり，イベントも行われる（Environment Park website）。

5.2. Aerospace City

トリノ工科大学やトリノ大学との連携を前提に，防衛・航空宇宙分野でイタリアを代表する企業であるLeonardoが，前述のALTECやThales Alenia Space近隣の1万m^2の敷地に研究開発拠点を計画している。研究分野としては，航空分野におけるハイブリッドシステム，有人・無人の航空機が混在する環境下における自律型航空機システム，パイロットの監視支援システム，機体保守にかかわるビッグデータ分析システムといったLeonardoが戦略的に重視する分野となる。前述のとおり，州としてこの分野を強力に推進しており，また後述のトリノ工科大学の学長のインタビューで言及していることから非常に注目度の高い案件である（Leonardo website, "Aerospace City takes off in Turin"）。

5.3. Torino City Lab

トリノ市が 2016 年に Campidoglio 地区で初のリビングラボを計画，環境や交通，観光といった分野の 29 の実証実験を実施した。その後，2018 年に AXTO Programme の一環として 8 つの企業が補助金を受けて循環型社会への取り組みを実施し，Torino City Lab が正式に誕生する。2021 年には経済開発省（Ministero dello Sviluppo Economico, MISE）から補助金を受けてスマートシティ関連技術の開発拠点として CTE NEXT が Torino City Lab から 4 年間のプロジェクトとして立ち上がる。2022 年には，EU が「Climate-Neutral and Smart Cities by 2030」というミッションを立ち上げ，トリノ市が選定されたことに伴って，Torino City Lab もこの観点から再定義される。2023 年には ToMove Living Lab として，トリノ市全体で持続可能な交通シナリオを策定するべく新たな挑戦が始まっている。

これまでの紆余曲折を経て，非常に多くの産官学の団体がこの取り組みに参画しており，エコシステムを形成している。その中にはトリノ工科大学やトリノ大学といった大学やそのインキュベーション施設はもちろん，Intel や Cisco，STMicroelectronics などのグローバル企業，VC も多数含まれる（Torino city lab website）。

5.4. Istituto Superioew Mario Boella（ISMB）

2000 年に前述の Compagnia di San Paolo と Intesa Sanpaola とトリノ工科大学によって設立されたトリノ工科大学キャンパス内のインキュベーション施設で約 150 人の研究者が従事し，ICT 関連の基礎分野から社会実装にむけた PoC までのバリューチェーンで研究開発をすすめている。2010 年以降は知識集約型・高付加価値な社会セクターに重点を置き，スマートシティやエネルギー効率化のためのスマートグリッド，e-health の分野を強化。施設規模としては，4,000 m^2 に 5 つの研究室が入っている（EU website, "Istituto Superiore Mario Boella"）。

5.5. OGR TECH

OGR-Officine Grandi Riparazioni（大規模修理工場）は，1895 年に 19 万 m^2 の列車修理工場として稼働，2,000 人もの雇用をもたらした。戦時中も部分的に損傷したが改修，1992 年に閉鎖されるまで活用される。1995 年前後に都市の

OGR の Tech garden（左）と Culture zone のカフェ（右）。2024 年 5 月 2 日筆者撮影。

再開発計画とともに取り壊しの議論があったがそれもなんとか回避され，2013年に Société OGR-CRT が Fondazione CRT を組成し，財団として 2 万 m^2 の敷地を RFI Sistemi Urbani から取得した。Fondazione CRT が 1 億ユーロを投資し大規模改築し，2017 年に文化エリアを一般公開し，研究と起業支援を行うテクノエリアが 2019 年に完成。かつての列車修理工場から，現代文化・イノベーション・ビジネスの加速のための新しい工場に生まれ変わらせた（OGR website, "OGR tech"）。

Fondazione CRT は 1991 年から Cassa di Risparmio di Torino（トリノ貯蓄銀行）を Banca CRT（CRT 銀行）として分離することで設立された慈善団体で，これまでイタリア北部を中心にイノベーションの分野における国内外の 42,000 以上のプロジェクトに対して，総額 20 億ユーロ以上を助成。資産規模としてはイタリアで 3 番目に大きい財団である（Fondazione CRT website）。

5.6. Stellantis grEEn-campus

フランスのポワシー，ドイツのラッセルスハイム（Russelsheim）とともに，FIAT の工場のあったミラフォリ地区に，カーボンニュートラルな職場を計画。Stellantis がめざす，職務に応じて柔軟でハイブリッドな働き方を具現化する場となる。もともと工場があった歴史のある敷地の転換により，2038 年のカーボンオフセット達成をめざす。名称に含まれる大文字の 2 つの E は，環境保護のための Energy Positive（使用を上回るエネルギー生産）と優れた職業体験を提供するための継続的な教育について Environment と Empleyee に深くコミットすることを表明している。FIAT や Abarth 500 full-electric, Maserati

第 13 章　再開発により悪循環を断ち切ったトリノ　　　287

持続可能なモビリティデザイン高等教育機関の外観（左）と隣接する旧 FIAT ミラフィオリ工場（21,280 m^2）（中），とその開発計画パネル（右）。2024 年 5 月 2 日筆者撮影。

Levante，Quattroporte，Ghibli といったモデルの EV を提供するべく，最新の電動化技術センターを設けるとともに，トリノ工科大学との連携を強化する（Stellantis website, "Stellantis to Invest in a New 'grEEn-campus' in Mirafiori, Italy"）。実際，敷地付近にはすでに，後述の「持続可能なモビリティデザイン高等教育機関」がある。

5.7. 012 Factory

　2014 年にイタリア中部，ナポリ郊外のカゼルタ[7]で初めて生まれたビジネスインキュベータであり，MISE 認定。2021 年にはトリノを含む 6 つのローカルハブもでき，これまでに 70 の起業を支援。012 Academy という 6 ヵ月の起業プログラムを提供し，最後にピッチが行われ，優勝チームには 1 万ユーロ分の 012 Factory が提供するサービス利用権が付与される（Caserta News 2016）。
　2023 年には，012 Factory で Alessandro Franzese が起業した AI アルゴリズムを使ったスマートクロージングの PAAC が I3P に 2023 Award で表彰されている。PAAC は A. フランセーズ（Alessandro Franzese）が CEO，A. ナポリターノ（Antonio Carmine Napolitano）が creative director，R. ソラーロ（Raffaele Solaro）が CMO の 3 人で 2020 年に設立したスタートアップで，1 週間，2 週間，1 ヵ月といった期限で好きな洋服を宅配してもらって，期限に買い取

---

[7] Caserta のような小さい地方のインキュベータが，ローマやミラノ，トリノといったイタリアの代表的な都市に進出して，イタリア全体の起業環境に影響を与えているという事実はたいへん興味深い。

るか返却するかを選択できるサービス。このサービスにより，アクティブユーザー1人当たり，年25万ℓの水と250 kgのCO_2が発生を抑制できる計算になる。2023年に43万ユーロの資金調達（Maddalena 2023）。

6. おわりに

　トリノにおける産学連携の不動産アセットは，大学の新たなキャンパスのニーズによって，かつての産業拠点へ進出する形で進められてきた。トリノ工科大学にはメインキャンパスの老朽化や設備不足，学生数の増加といったキャンパスの拡張・更新ニーズが見られ，これは今後も継続することが後述する学長インタビューからも確認できている。その一方で，銀行やその母体である財団とピエモンテ州やイタリア政府が資金を出す形で，旧産業拠点をリノベーションすることで産学連携のアセットも整備されてきた。これはピッツバーグやシカゴ，ニュルンベルグで見られた事例と同様である。

　産学連携のテーマとの関連でアセット開発の変遷を見ると，2000年前後にトリノ工科大学でFIATの自動車関連技術の連携プログラムが始まるとほぼ同時にI3PやISMBが組成され，環境技術の実証実験の場としてのEnvironment Parkができており，トリノにおける産学連携のファーストステージといえる。そして2015年前後は，Intesa SanpaolaグループのVCが組成され，スマートシティを標榜するTorino City Labの構想が具現化したセカンドステージであり，そこで産官学の試みが市民の目にも触れるようになった。その後，2020年代に入って，Newcleo設立が2021年，アニェッリ家のExorのVCが2022年に組成され，LeonardoのAerospace City構想やStellantisのgrEEn Campusが発表されたのが2023年，コロナ禍があけた現在が第3ステージで，FIATの航空部門が人工衛星を含む宇宙産業やドローンも含めた新・航空産業へ，原子力が小型原子炉事業へと昇華している。並行してLavazzaやEaterlyに象徴されるように，飲食業も高付加価値な産業へ転換してきたが，そこには大学の関与が見られない。ラバッツァ，ファリネッティ，いずれも進取の気取りがあって時代を先取りし，たぐいまれなセンスによって事業を成功させたといえる。ただし，その背景には，スローフードの創設者のペトリーニやチョコレート事業で大成功したフェレロ家がこの地で積み上げてきた豊かな食文化の基盤があったことが重要である。

第13章　再開発により悪循環を断ち切ったトリノ　　　289

　デザイン性の高さについては，Olivetti においてトリノ工科大学やトリノ大学の卒業生が寄与している部分はあるかもしれないが，Crate & Barrel がシカゴ大学に寄付してデザイン教育を強化したような組織としての関係性が見出せなかった。しかし，もともとイタリアが得意である食やデザインの分野も組織的に産学連携が進む可能性は十分あると考えられる。実際，ピエモンテ州とエミリアロマーニャ州の地方自治体の協力のもと，スローフード協会によって2004 年に食科学大学（Università degli Studi di Scienze Gastronomiche）が設立されており，修士課程も備えた政府公認の私立大学として 4,000 人弱の学生が学んでいることから，人材供給の面では体制が整っている。

　産学における人材の連携に関しては，トリノでも莫大な富を築いたファミリーが複数見られるが，アニェッリ家の Exor が 2020 年代に入ってようやく起業支援に乗り出すのみで，宗教を起源とする慈善団体の FCSP と同じ起源を持つ Intesa Sanpaolo といった金融グループが VC やエコシステムを立ち上げて資金的支援をしているものの，これは米国で見られた篤志家による寄付ではなく，あくまでリターンを求める投資である。FIAT をはじめとする大企業への融資が先細り，大企業を通じた M&A のための融資やスタートアップへの投資機会にチャンスを見出していることがうかがわれる。米国の大学で見られたような産業界から大学への寄付や人材の派遣による大学経営への参画といった事例もないが，地元企業による教育プログラムの提供やインターンシップの機会提供による連携は見られたし，I3P を大学が運営しながら大企業の投資を促す取り組みがあることがわかった。

　トリノは自動車産業の隆盛に伴って経済的に発展し，そして停滞を経験した。製造拠点が海外に移転したことによってその工場で働く人の雇用がなくなり，それらの製造拠点のサプライチェーンの一部を担っていた中小企業の仕事もなくなり，縮小の末に廃業するか，追随のための海外進出を余儀なくされる。その結果，相対的に賃金の高い働き先がその地方都市にはなくなり，観光業や飲食業などのサービス業が雇用の中心となって，地方経済が徐々に地盤沈下していく。大学があっても卒業後の雇用先がなく，若者が大都市に流出していく悪循環となる。この悪循環を断ち切るべく，行政と大学が手を携えて FIAT の工場跡地の再開発が行われたのがトリノである。大きな契機となったのは冬季オリンピックであるし，その背景にあったのが EU 統合の深化とイタリア国内の分権化である。大学を卒業しても就職できない若者に高学歴化を促して起業

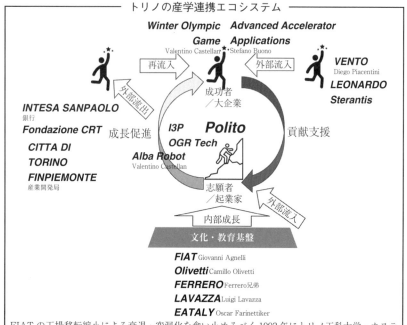

FIAT の工場移転縮小による衰退・空洞化を食い止めるべく 1993 年にトリノ工科大学・カステラーニ（Valentino Castellani）教授（電気工学）が市長となり，オリンピック誘致を契機として都市再生。留学生を呼び込み，起業家の外部流出食い止めるため Polito の産学連携を推進。豊かな食文化も人材を引き付ける。

FIAT 創業家のアニェッリ家や，イタリア最大の金融機関 Intesa San Paolo 発の欧州最大の民間慈善団体であるサンパオロ財団（Fondazione Compagnia di San Paolo）やトリノ貯蓄銀行発のCRT 財団の財力を背景とした，イノベーション施設やカタリストの存在により，大学の強みを活かした起業を増やす。

の機会を与える。製造業を中心とする広大な空きスペースが大学のキャンパスや産学連携の不動産アセットとなってその機会を満たし，融資の機会を失った金融機関の母体である財団が新たな投資機会へとつなげていく。かつての地方経済を担った大企業に対する融資や雇用機会が，スタートアップの起業あるいは投資機会へと転換していく。

　イタリアも日本と同様にユニコーンが少なく，起業にとっては不毛の土地とみなされてきた。それは，イタリア人によって設立された 10 億ドル規模のハイテク企業が英国に 3 社，米国に 8 社あるのに対し，イタリア国内のユニコーン企業はわずか 2 社しかないことに象徴される。起業する能力のある人材を生

み出せても，起業のあとサポートする環境が整えてこなかったことが，ユニコーンが少ない原因だとするならば，産学連携の不動産アセットの必要性がイタリアにも日本にも共通しているといえよう。2024 年時点ではまだ目に見える成果がないかもしれないが，日本の都市にとっては比較対象とするに最もふさわしい都市の 1 つかもしれない。

　最後にイタリアにおける汚職について触れておきたい。トリノ大学の著名な社会学者 R. シャローネ（Rocco Sciarrone）氏が実施した研究によると，1990 年代の大規模な政治スキャンダルと 2011 年の S. ベルルスコーニ（Silvo Berlusconi）の政権辞任以来，イタリアの汚職は沈静化していないという。むしろ，地方レベルや民間企業の間で特にビジネスネットワーク内やホワイトカラー企業の間で増えており，イタリア北部では，成長を続ける起業家コミュニティの間で汚職事件が増えているという。汚職の指標として最も広く使われているトランスペアレンシー・インターナショナルの汚職認識指数によると，イタリアの汚職スコアは欧州全土で最悪の国の 1 つで，イタリア人の 34% が過去 1 年間に汚職が悪化したと答えている。ここで取り上げた LIFTT のように出資する側と出資を受ける側の両方の重要ポジションに同一人物がいることは利益相反の問題が生じかねない状況であるという点は特筆に値する。

補論

　イタリアにおいては，国が個人と法人の所得税，付加価値税（Imposta sul Valore Aggiunto, IVA）（日本の消費税に相当。22% だが，食料品など物品に応じて 4% や 10% の軽減税率が適用される），社会保険料を徴収し，それらが GDP の 4 割に達する（Our World in Data website, "Tax revenues as a share of GDP"）。

　具体的には，1980 年時点では GDP 比で 28.6% だった税収が 2022 年には 43.3% と 5 割以上増えている。これはフランスやドイツなどの EU 諸国と同水準の高さである。ちなみに税収の対 GDP 比は，日本では 32.9%（1980 年比で 35% 増），米国では 26.8%（1980 年比で 5% 増）で，欧州に比べると低い割合となっている。このようにイタリアの税収が増えた背景は，1992 年の金融危機であり，単一通貨ユーロへの加入条件として厳格な財政規律を求められたことによる。税収を増やすのと並行して，民営化や年金制度，銀行システムの改

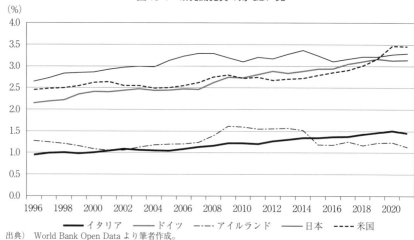

図 13-1　研究開発費の対 GDP 比

出典）World Bank Open Data より筆者作成。

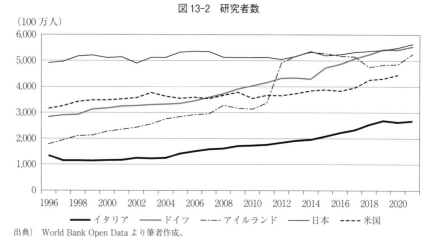

図 13-2　研究者数

出典）World Bank Open Data より筆者作成。

革も行われた（Emmott 2012）。

　公立大学の研究費については税収が振り向けられているものの，そもそもイタリアの対 GDP 比の研究開発割合が米国や日本，ドイツに比べて低い（図 13-1）。そして，この差はそのまま研究員数にも表れている（図 13-2）。ただし，研究者数については増加傾向が顕著であり，大学院が非正規雇用の若者の受け

皿となったことは想像に難くない。イタリアでは，1997年と2003年の労働法の改定によって非正規雇用が認められて，企業の労働コストを下げる一方で，労働者が2極化し，大卒者の正規雇用を難しくした結果，博士号取得者が増えて研究者も増えたと考えるのはそれほど不自然ではないはずだ。このようなマクロ環境が，キャンパスの拡大や学生数の増加，ひいては留学生割合の増加に影響していることは注目に値する。

インタビュー1

　筆者は，2024年5月2日にトリノ工科大学の学長（Rettore）であるC. パオロ（Corgnati Stefano Paolo）氏に今後のキャンパス計画について以下のとおり説明を受けた。

- キャンパス拡大計画が複数進行しており，前の学長が残した宿題がAero space cityとミラフォリ。
- Aero space cityはLeonardから土地を借り，建設プロジェクトはPPP（Project Partnership Program）で計画済み。大学が20年間建物を借りて賃料100万-150万ユーロを支払い，契約期間満了後は大学が買い戻す，セールスアンドリースバックの仕組みである。開発にかかる補助金はイタリア政府とピエモンテ州から受けるが全体としては7,000万ユーロの事業規模になる。
- ミラフォリも同様のスキームで計画しており，すでに一部の建物には，先述する「持続可能なモビリティデザイン高等教育機関（Cittadella Politecnica del Design e della Mobilità Sostenibile）」が進出済み。先述するStellantisのgrEEn campus計画も同エリア内に計画済み。ただし，元のFIATの工場敷地が広大であり，かつ周辺にも未開発のグリーンフィールドも隣接しているから，投資家が集めきれていない。
- 自分が学長として新たに取り組みたいのは，メインキャンパス内の再開発であり，ミラノ工科大学にあるような妹島和世が設計したシンボリックな建物を参考にしたい。現在の建物は19世紀のもので設備が古く最新の研究を行うための設備を備える必要がある。これはまだ白紙なので，ビジネススキームも検討できる。特に，イタリアの特有の問題として開発許認可に長い期間を要し，その間に肝心の研究テーマが陳腐化するリスクがあるため，行政とうまく専用プロトコルを決めて，ファーストトラックのような開発許認可のスピードアップの仕組みを作る必要がある。
- イタリアには大学と連携して開発を手がけるような専門デベロッパーは存在し

ない。CBRE のようなグローバルプレイヤーもいるが，トリノでは住宅やオフィスなどの開発に留まっている。

インタビュー2

以下は筆者が，2024 年 5 月 2 日に I3P の CEO の G. スケラート（Giuseppe Scellato）氏にヒアリングした内容である。

- I3P は自ら投資はしない，どれだけ外部から投資を引き込めたかで評価される株式会社ではある。トリノ工科大学以外のスタートアップも受け入れる。ラボは施設内に持たず，外部の研究施設を紹介するのみ。
- 大企業からのスカウティングに仲介したり，スタートアップへのファンドレイジングがミッション。具体的には，起業後 1 ～ 2 年に必要なシードマネーの調達を重視し，そのために大企業へのコンサルタントとして 25 人が在籍。スタートアップへのメンタリングは外部委託する。
- Italgas というイタリアのガス導管事業者によるスカウティングのケースでは，50 社リストアップして，10 社提案，最終的に 5 社を紹介して投資してもらった。このような依頼は，必ず投資してもらうことをあらかじめ約定している。
- このような大企業によるスタートアップへの投資を仲介することが I3P のミッションであり，請負型のスカウティングの最低投資額は 10 万ユーロをコミットしてもらうことが条件。民間企業のみならず，サイバーセキュリティ庁など官庁からの依頼もある。
- アクセラレータ・プログラムは一般的には半年だが，I3P では最大 3 年まで対応しているのが大きな特徴。
- テーマはトリノ大学で製薬を扱うだけで，それ以外はトリノ工科大学の I3P で扱うよう棲み分けができている。
- これまでの投資額の推移は 2021 年が 3,770 万ユーロ，2022 年が 3,190 万ユーロ，2023 年が 5,220 万ユーロとなっている。そしてこれらの評価額（Post Money Value）として，企業間取引実績をベースに試算すると，2021 年 7,090 万ユーロ，2022 年 1 億 8,250 万ユーロ，2023 年が 1 億 6,440 万ユーロといずれの年も 3 倍程度に価値が向上している。

ちなみに，スケラート氏は，日本の宇宙航空研究開発機構（JAXA）にあたる EU の欧州宇宙機関（ESA）のプログラムコーディネーターも兼務しており，こちらの宇宙関連テーマで I3P と同様なスタートアップ支援を行っており，5 万ユーロから出資を受けているという。

インタビュー 3

筆者は 2024 年 5 月 2 日に CEI Piemonte の S. ニグロ（Stefano Nigro）GM より以下の説明を受けた。

- 海外拠点としては，北アフリカ，バルカン半島に多く進出しており，アジアはシンガポールのみ。
- 宇宙産業（軍需産業含む）領域におけるピエモンテ州への投資を促進しており，インセンティブを強化している。今後は AI センターを設立し，その分野にも注力していく。
- Financial Times の「European Cities and Regions of the Future 2024」の Region 部門では欧州全体の 141 の地域の中から，今後の投資先として期待できる地域として第 6 位にピエモンテ州がランキングされている。これは経済潜在力（economic potential），ビジネス志向（business friendliness），接続性（connectivity），人的資本とライフスタイル（human capital and lifestyle），コスト効果（cost effectiveness）の 5 つの指標で審査員が定性的に評価するランキングであり，この機関の活動成果のプレゼンテーションが功を奏した結果である（FDI intelligence 2024）。

インタビュー 4

以下は，筆者が 2024 年 5 月 2 日に Environment Park の CEO の M. ベキュティ（Matteo Beccuti）氏にうかがった内容である。

- パーク管理は 32 人で，うち 20 人がファシリティマネージャーで，残りは建築や環境，化学の専門家で研究設備のアップデートや管理を行う。あくまでカタリストとして，それ以上の専門性や最新知識が必要な場合，大学などの外部に頼る。
- 2003 年からは特に水素技術に力を入れている。研究クラスターとして，トリノ工科大学の他，INRIM（National Metrology Institute of Italy），instituto Italiano di Technologia が入居しており，入居企業は 60 に上る。
- また，2000 年から海外との共同研究プロジェクトも始めており，2007 年から2009 年はボスニア・ヘルツェゴビナとのスタートアップ育成支援プロジェクト，直近 2023 年からはチュニジア，モロッコ，セネガルと水とエネルギーに関する欧州とアフリカの innovative industry network の構築プロジェクトに取り組む。
- 自ら研究成果を活かすことはしない。収益の柱は賃料とコンサルティング。補

助金も獲得するが，あくまで競争研究資金で安定的な収入ではない。スポンサーシップとしては，大企業が自ら施設を設ける替わりに，専用施設を建てるための資金を提供してもらうプログラムがある。メンバーシップは年間500ユーロと非常に少額である。ピエモンテ州を中心に約150社が加盟している。収益の源泉ではなく，ゆるくつながりを維持し，イベント情報などを配信している。それをきっかけにスポットのB to Bプログラムに引き込み，さらには複数年のサービス提供契約にしていく。

- 新たなビジネスモデルとして，パーク内で蓄積されるデータを提供するデータプロバイダーも視野に入れるが，まだ試験中。データを整えることができれば，新たなビジネスモデルにしたい。
- 現在，パーク内は満室で隣接地にも広大なブラウンフィールドがあり，そこの開発をいろいろな企業に促すが，手が上がらない。開発によって移転すると，このプログラムが受けられなくなり，それだけ提供プログラムに魅力を感じてもらっているととらえている。
- 施設内の再生エネルギーの大半は，地下を流れる小川の水力発電で，5mの人工の滝を設置している。

インタビュー5

以下は，筆者が2024年5月2日にOGR関係者にインタビューした内容である。

- 利益重視ではなく，地域の成長が目的の株式会社であり，NPOではない。ただし株主がFondazione CRTであり，利益目標を求められない。ただし，賃料は周辺より30%高い。例えば，Intesa Sanpaoloは本社が歩いてすぐのところにあるが，それでもこの施設に入居している。入居することでさまざまなプログラムに参加できる。賃貸期間は2年，満室でウェイティングリストがあるので，空いてもすぐ埋まる。コロナで出社率は低いまま，企業によっては席が埋まってない日も多いが，それでも解約しようとしない。
- Tech gardenは3人で対応，契約も含めた施設管理は外部委託。Culture zoneは50人でイベントを回す。アートやパーティーなどのイベントが施設の魅力に。隣接地の工場跡地もリノベーション済みで，今はOGR自ら使用しているが，近々入居募集する。
- インキュベーション施設ではなく，カタリスト。プログラムを通じて2億4,000万ユーロ規模のカタライズ，協業が生まれている。競合のある同業種の会社どうしが入居しているが，プログラムごとに参加企業を調整する。したがって，同じ企業でもプログラムごとにかかわり方が異なる。OGRやFondazio-

ne CRT も各プログラムの参加企業に名を多く連ねるが，単なるスポンサーの
場合もあれば，メンバーとしてイベントにコミットする場合もある。

第14章　米国とつながるリムリック都市圏

1. はじめに

　アイルランド南西部に位置するリムリックはアイルランド第3の都市であり，シャノン川の河口にあるシャノン空港が玄関口となっている。アイルランド第3の都市といっても，首都ダブリンの都市圏人口約138万人に対し，ダブリンからは約200km車で2時間の距離にあるリムリックの都市圏人口は20万人に過ぎない（Demographia World Urban Areas 19th Annual Edition）。また，平均年齢は37.7歳で比較的若い（Limerick City and County Council website, "2016 Census"）。リムリック中心部からシャノン空港のあるシャノンまでは車で30分程度であり，その反対側にあるエニスもシャノン空港のビジネスパークの通勤圏であり人気の住宅エリアである。さらに，後述するシャノン工科大学はリムリックに加えて，アスローンやサーリス，クロンメルといったエリアも含め広域に展開しており，人材供給の面からは一体的にとらえることができる。

　リムリックには，ハムなどの食品加工業やレースなどの繊維加工業の歴史があるが，現在は卸売・小売と建設，専門科学技術が3大産業であり，企業活動全体の41%を占める（Limerick City and County Council website, "Corporation Plan 2019-2024"）。アイルランドの経済発展の中でリムリックが舞台に出てくるのは1960年前後であり，ここでアイルランド全体の経済発展について北野（2022）を引用しながら概略を触れることにする。「1958年には産業開発庁（IDA）に，輸出企業に対する優遇措置を与える権限が付与され」，1959年にS. レマス（Seán Francis Lemass）が首相に就くと，「保護主義の観点で作られた製造業管理法は外国からの投資を促進する産業発展法に置き換えられ，」経済拡大計画が実行に移される。この計画の中核となったのが，1959年シャノン

空港一帯に世界で初めて Free Trade Zone を設ける試みだった。そして，そこに免税措置を目当てに Element Six（かつての DeBeers Industrial Diamonds），GECAS, GE Sensing, Intel, Lufthansa Technik, Zimmer や UCB といった多国籍企業が進出した。また，1957 年の日本との外交関係樹立のもと，ブラザー工業とソニーが製造拠点を相次いで設立している。その後，1973 年に英国とともに EC に加盟，海外企業のアイルランド進出の後押しとなる。以降，安定的な経済成長軌道になるが，特に 1990 年代の成長は著しく，アジアで目覚ましい成長を遂げていたアジアの「4 匹の虎」（韓国，シンガポール，台湾，香港）になぞらえて，ケルティック・タイガーと呼ばれるようになった。「1994 年から 2000 年の間の，GDP の平均成長率は 10.2% となった。2001 年には一人当たり GDP が英国を上回り，（中略）1987 年には 117% に達していた債務の対 GDP 比率は，2000 年には 38% まで下がった」（以上，北野 2022）。その間，IT 製造業が主力セクターとなったが，IT バブル後は，ソフトウェア，金融サービス，医薬品・医療機器へと産業転換[1]がはかられた。

その後，2008 年のサブプライム・ローンに端を発した金融危機でアイルランドの主要銀行も破綻の危機となるものの，政府の公的資金が注入され，のちにそのことがソブリン危機につながり EU から 2013 年まで経済支援を受けることになる。しかし，その後再び成長軌道になり，2016 年のブレグジットの確定や国際的な法人税制度の改革の流れもあって，IT 大手企業の進出が進み，2015 年には GDP が前年比 25% と急増する。アイルランド自体の法人税率も 12.5% から 15% に引き上げられたが，海外企業の流出にはつながらなかった。税率と英語が公用語であること以外にも，「法体系を共有している。銀行・金融市場の構造が似ている。労働市場の規制が似ている。ビジネス慣行が同じである」など，米国はもちろんカナダ，オーストラリア，ニュージーランドといったアングロ圏経済に共通する特徴が米国企業誘致に有利となっている（Hamish 2022）。

1　政府の産業誘致政策で，ダブリンは Finance，ゴールウェーは Pharmaceutical や Meditech と，地域ごとに注力する主たる業種が定められているという。

シャノン空港から1時間の観光スポット「Cliffs of Moher」(左) とシャノン川に架かる Sarsfield Swivel Bridge (右)。2024年5月29日筆者撮影。

2. リムリック都市圏の大学

　リムリックにおいてはリムリック大学がアカデミアの主体であるが，近年の合併によって創立したシャノン工科大学も技術系人材の輩出という重要な役割を担っている。

2.1. リムリック大学（University of Limerick; UL）
2.1.1. 概要

　1972年に設立された国立大学であり，世界大学ランキング（U.S. News website, "2024-2025 Best Global Universities Rankings"）では942位で，分野別では教育（Education and Educational Research）が55位で突出しているが，心理学が394位，公共，環境および労働衛生学（Public, Environmental and Occupational Health）が426位，化学が438位と続く。後述するようにIT人材など技術人材を多数輩出しており，海外企業誘致においては重要な役割を担っている。また大学スポーツや文化芸術にも力を入れており，1,100席の本格的な音楽ホールもキャンパス内に設置されている。

　学生数は約1.8万人，教員を含めた従業員数は1,965人となっており，これらの大学関係者で都市圏人口の1割を占めている（UL website, "Facts and figures"）。

　キャンパスは，リムリック市の中心から5 km，シャノン空港から20 kmで，

Johnson & Johnson などの研究開発拠点のある UL Enterprise Corridor の真ん中に位置する。Nexus Innovation Centre や国内初のサイエンスパークである National Technology Park（263 ha，80 の組織が入居し，約 3,000 人を雇用）にも隣接する。

2.1.2. リムリック大学における顕著な寄付

2022 年の収入は 3 億 5,270 万ユーロでその内訳は授業料収入が 1 億 2,436 万ユーロ，政府からの助成金（State Grants）が 7,200 万ユーロ，基金からの収入が 4,500 万ユーロ，研究への助成金や契約による収入が 3,600 万ユーロの順で，その他収入が 7,173 万ユーロ。一方，支出は，人件費が 1 億 9,070 万ユーロ，その他営業費用が 8,359 万ユーロとなっている（UL website, "Annual report 2022"）。収入において個人による寄付がゼロとなっているのは UL Foundation が寄付を集めていることに起因する。よって，ここでは UL Foundation について触れ，そこからの資金援助で建設された施設・機関を取り上げる。また，UL Foundation からの寄付にはよらないものの，個人名を冠している Kemmy Business School にも触れたい。

University of Limerick Foundation（UL Foundation）

1989 年に大学とは独立した組織として設立され，寄付者に対して会計説明責任を負う。とはいえ，大学総長（President）と連携し，2 億ユーロの基金を活用。Atlantic Philanthropies では，1 億 5,000 万ユーロを投入して以下の Bernal Institute と Irish World Academy of Music and Dance といった施設を建設している（UL Foundation website, "Landmark investments in arts and culture"）。

Bernal Institute（Analog Devices Building）

UL Foundation や後述する Analog Devices などの寄付により 2 万 m^2 の研究棟が 2016 年に竣工。アイルランドの産業にとって重要な Dairy Processing Technology Center や Pharmaceutical Manufacturing Technology Center，SFI Research Center for Pharmaceuticals といった国立研究所が入居し，これに伴って増員した 10 人の教授の内 7 名は，世界をリードする教授を大学側がリクルートしている。センターの名称のもととなっている J. バーナル（John Desmond Bernal）は生化学における顕著な功績があり，自身がノーベル賞を受

第 4 部　欧州ブルーバナナ

リムリック大学キャンパスにある Bernal Institute（左）とその中の Chemical Sciences 研究室におけるクリーン BOX を活用する様子（右）。2024 年 5 月 29 日筆者撮影。

賞しているほか，ノーベル賞を受賞した後進も育成しているほどの伝説的な人物である（Limerick news 2016）。

Irish World Academy of Music and Dance（IWAMD）

M. スィラバン（Mícheál Ó Súilleabháin）教授によって 1994 年に創設され，230 席と 90 席の 2 つの劇場，レコーディングスタジオ，個人練習室，ダンススタジオを含むセンター（約 5,000 m²）が建設された。地域に住むアーティストにとっての活動拠点ともなっており，フォークミュージック部門のグラミー賞受賞の Rhiannon Giddens や，Irish Chamber Orchestra, Fidget Feet Aerial Dance Company といったプロと切磋琢磨しながら，大学院の学位を取得できるようになっている。また，地域の病院と連携して，音楽療法の実践として 19 名の学生が過去 3 年間で 969 日のパフォーマンスを行っている（IWAMD website）。

Kemmy Business School

アイルランド最大のビジネススクールで，学生数 3,500 名，教員は 120 名を誇る。AACSB, EQUIS, AMBA[2] といった 3 つの認証を受けた学位が授与されるのは世界のビジネススクールのうち 1% 程度であることを打ち出す。J. ケ

ミー（Jim Kemmy）はリムリック社会主義ともいわれる地域に根差した政治思想をもたらした政治家として知られる（Roche 2022）。ちなみに教育内容については，起業向けの修士コースはあるものの，米国の大学で見られたような対象者を広げたきめ細かい起業家支援のプログラムは見られない。

2.1.3. リムリック大学おけるインキュベーションプログラム

NEXUS innovation Center

　リムリック大学ならではのユニークなプログラムがあるわけではなく，起業を希望するメンバーにスタッフが寄り添った形で各種サービスを提供。コミュニティ形成の仕掛けもメンバーの交流を促すためのスポーツイベントなど，直接起業とは関係のないメンバーの自発的な活動に委ねられている。このような柔軟性は，社会人向けの教育プログラムの多様性とも関係していると考えられる。リムリック大学では，Springboard+ と Human Capital Initiative（HCI）funded programmes という授業料を政府が負担する教育プログラムを提供している。このプログラムは失業者や職場復帰を目指す人のリスキリングを重視しており，修了後の起業も視野に入れている。したがって，イノベーションプログラムも画一性を排除していると考えられる。

　ここで，Spring Board+ で提供されるプログラムの一例を取り上げる。

　Posture, Seating and Wheelchair Mobility Across the Life Course-Postgraduate Certificate というプログラムは，保健医療従事者や臨床工学技士を対象としており，1学期もしくは2学期の期間を選択し，パートタイムで大学院修了の学位を取得できる。内容は，車椅子および座席サービスの提供に関する専門知識と実践機会の提供で，修了後はこれに関する高度な臨床サービスやアドバイスが提供できるようになるという。この例のように，教育プログラムがここまでの専門性に特化されていると，これを活かすことのできる修了後の職業も限定的であり，起業イメージも具体化しやすいと考えられる。Spring Board + と HCI funded programmes は企業側から見たときの従業員のリスキリングいう点でも非常に興味深い産学連携の教育プログラムといえる

　2　AACSB は 1916 年より活動をしているグローバルな NPO 組織で 1,000 校以上が加盟（AACSB website, "about us"），EQUIS は 1972 年創設された会員組織で 983 校が加盟（EMFD global website, "EQUIS FRAMEWORK"），AMBA（Association of MBA）は 1967 年設立でロンドンを拠点に 472 校が加盟している（Association of MBAS webaite, "Our history and heritage"）。

（UL website, "NEXUS innovation Center"）。

2.2. シャノン工科大学（Technological University of the Shannon,TUS）

2.2.1. 概要

シャノン工科大学は 2021 年に Athlone Institute of Technology（AIT）と Limerick Institute of Technology（LIT）の合併により誕生したアイルランドで 3 番目の公立の工科大学である。LIT は 1852 年開校の School of Ornamental Art を起源とし，AIT は Athlone Regional Technical College として 1970 年に開校している。まだ合併して間もないためにランキングには登場しないものの，2030 年に向けて「教育と研究を通じて，持続可能な変化の触媒となる」というヴィジョンを示し，年間収入は大学連結として 1 億 7,546 万ユーロで内訳は政府からの助成金（State Grants）が 6,481 万ユーロ，授業料収入（Tuition Fees and Student Contribution）が，4,805 万ユーロとなっている。一方，費用は 1 億 7,298 万ユーロで，人件費が 1 億ユーロと全体の 6 割近くを占める。

学生数の約 1.5 万人に対して大学職員は約 1,725 人で，リムリック大学に比べると一回り小さいものの工科大学としてはこれまで見てきたものとの比較でいうと，イリノイ工科大学の約 2 倍，トリノ工科大学の約半分といった位置付けとなる。合併を繰り返してきた結果，キャンパスは 7 ヶ所に分散しているが，アスローン校 6,000 名，モイリッシュ校 7,000 名が 2 つのメインキャンパスで，クレアストリート校とクロンメル校はアートとデザイン，クーナ校は大学の今後の拡張を担うエンジニアリング棟，エニス校はソーシャルケア，サーレス校は SportLab を伴った各種応用研究といった役割を担う（TUS website, "Annual Report 2022"）。

2.2.2. シャノン工科大学におけるインキュベーションプログラム

シャノン工科大学独自のインキュベーションプログラムはなく，各キャンパスのあるエリアそれぞれの地域行政と連携して以下のようなイノベーション施設があり，それぞれの地域の大学などとの協力のもとで，New Frontiers entrepreneur development programme という起業家支援の国家プログラムを実施している。（ただし，Hartnett Enterprise Acceleration Centre は LIT のときに設立されている。）ここでは，その内容について触れたい。

まず New Frontiers entrepreneur development programme であるが，Test,

Development, Implement の 3 つのフェーズから成り，アイルランドをベース
に活動する 18 歳以上の起業家を対象としている。Phase1 の "Test" は働く人
でも参加できるように水曜か木曜の夜 6-9 時に実施される 5-week program
あるいは金曜午後から土曜にかけて実施する 1.5 day Boot camp を提供。
Phase2 の "Development" では，3 万ユーロ相当のインセンティブ（非課税奨
学金と Amazon web ホストサービス利用料で按分）とともに，6 ヵ月間フル
タイムでメンターによる相談や大学の技術支援，ワークスペースが受けられる。
そして，Phase3 の "Implement" では，Phase2 でビジネスを開発できたもの
を対象に，1 万ユーロの非課税奨学金ととに 3 ヵ月間のフルタイムのワークス
ペース，政府や投資家への紹介などの支援が受けられる（TUS website, "Incu-
bation Centres"）。

Midlands Innovation & Research Centre in Athlone

センターは 2015 年に竣工稼働。Enterprise Ireland の支援により $14\,m^2$ か
ら $42\,m^2$ のスペースをアスローン地域の中小企業に提供するとともに，メイヌ
ース大学（Maynooth University）の Maynooth Works が各種サービスを実施す
る。Maynooth Works は Industrial Support Team と Business Incubation
Team から成り，前者は学外に対して知財の保全や産業界の専門家との連携を，
後者は技術の社会実装に向けたスキルやネットワークを提供することを任務と
している。

Hartnett Enterprise Acceleration Centre in Limerick

アイルランド中西部のインキュベーション施設で，1 人から 4 人を定員とす
る $25\,m^2$ のオフィスを 18 部屋，起業家向けのシェアスペースと，オンライン
コミュニティやオンライントレーニングを提供するバーチャルメンバーシップ
などを提供する。シャノン工科大学のキャンパス内に，後述する Irish Tech-
nology Leaders Group（ITLG）の創業者である J. ハーネット（John Hartnett）
が創設したことに由来して，この名称となっている。

Thurles Chamber Enterprise Centre in Thurles

サーレスとティペラリーといった地区におけるセンターで実施している。内
容は前述の 2 施設と同様である。

QUESTUM Centre in Clonmel

　クロンメル地区におけるセンター。

3. リムリック都市圏の産業界

　リムリックとシャノンにおいては誘致もしくは地元企業を買収したグローバル企業が地元経済を担っており，産学連携という視点もさることながら，国際的に知名度の高い企業を取り上げながら，大学との連携について特に詳述することとする。

3.1. Shannon Airport

　シャノン空港は世界で初めて Duty Free Shop を導入し，その考え方を応用して 1959 年に世界初の Free Trade Zone を開発。Shannon Free Zone としては，600 エーカーの土地に 200 棟のビルが並び，100 社で 7,000 人の雇用を抱える。年間 30 億ユーロの貿易を生みそのうち 9 割は輸出が占める（Shannon Chamber website, "Shannon Free Zone"）。さらに，Shannon Airport は Free Zone を含むビジネスパーク（敷地面積 3,300 エーカー，350 万 ft^2 の建物）を開発し，そこに約 300 社が入居している。ロンドンのヒースロー空港とニューヨークの JFK 空港を中継する地点にあり，MRO（Maintenance, Repair, Overhaul; 航空機の整備および修理に関わる事業）については 16 社に対応，また燃料補給のためのタンクも充実，機体の塗装や内装を手掛ける企業までも含めた Aviation Cluster が成立している。

　2014 年までは政府系の Shannon Development が経営してきたが，2020 年より Shannon Group 傘下で，半官半民の Shannon Commercial Properties に引き継がれている。これにあわせて Free Zone による免税措置も 2016 年に休止している。（ただし EU 加盟後，法人税率の低減措置は漸次撤廃するよう定められていた。）EU 加盟後すべての免税措置がなくなったわけではなく，入居企業に一定のメリットが残るような仕組みに変更しているため，退去する企業は少ない。90% の入居率で利益がでる不動産事業は自ら行い，EU が進める民営化に従い，利益率が高いフード＆レストラン，燃料，レンタカーは，半官半民事業としている。

シャノン空港の管制塔（左）と写真右中央に広がる Shannon Business Park。右手前の空地がドローンのテストベッド（右）。2024 年 5 月 29 日および 6 月 1 日筆者撮影。

3.2. Analog Devices

　Analog Devices は 1965 年創業の米国企業で，1976 年に Shannon Free Airport Development（SFAD）における工場部門を 13 人で開始。後述する IDA Ireland のビジネスパーク Raheen Business Park に進出して約 50 年あまり，そこで働く従業員は 1,300 名を超える。リムリックの他には，コークの設計センターで 100 名が働くほか，2021 年の Maxim Integration の買収でダブリンに 100 人のエンジニアが加わった。2019 年時点の記事によれば，この地で新製品を毎年 80 ほど送り出し，取得した特許は 800 に及ぶ（Fanning 2019）。リムリック大学やシャノン工科大学とも連携を深め，特にリムリック大学には，前述の Analog Devices 棟という研究棟を設立している。また 2021 年にはインターネット向け金融インフラの Stripe とともに，Immersive Software Engineering（ISE）というソフトウェアエンジニアを養成するための世界最先端の教育プログラムを提供している。また，2023 年の 5 月にはさらに 6 億 3,000 万ユーロの投資で，4.5 万 ft^2 の最先端の R&D 施設をリムリックに建設することを発表しており，その結果さらに 600 人ほどの新規雇用が見込まれる。人材以外の面では，米国との空港貨物のハブとしてこの地を重視しているという（Made in Ireland 2023）。

3.3. Irish Technology Leaders Group（ITLG）と J. ハーネット

　ITLG は世界有数の企業の上級幹部で構成される非営利団体であり，各幹部はアイルランドとシリコンバレーの間のテクノロジーのつながりを促進することを目的としている（ITLG website）。これにより，アイルランドのスタートアップにとって，シリコンバレーの投資家や顧客へのアクセスが可能となった。J. ハーネット（John Hartnett）はリムリック出身でリムリック大学で修士を取得後に米国にわたり，Palm の上級副社長だった 2007 年に ITLG を設立，米国最大のテクノロジー企業でトップの地位にあるアイルランド出身の同胞，Intel の上級副社長の R. マキナニー（Rory McInerney），Cisco Systems の上級副社長 B. オサリバン（Barry O'Sullivan）を巻き込みながら，シリコンバレーの重鎮としてオーストラリア出身の Intel の会長だった C. バーネット（Craig R. Barrett）を ITLG に迎える（Kelly 2011）。

　ハーネットは，ITLG のほか，シリコンバレーの投資顧問会社である SVG Ventures と，アグテックに焦点を当てた世界的なスタートアップアクセラレータである THRIVE も創業している。一方，オコーナーはリアルタイムのコミュニケーションに AI を活用するソフトウェアの開発会社である Altocloud を創業し，2018 年に Genesys に買収され，オコーナー自身も Genesys の役員となる。その後，2021 年にはアイルランドのゴールウェイ，ボーナムキーに Genesys としては欧州最大となる 3.5 万 m^2 の R&D センターを創設することを発表し 2022 年 10 月に稼働させている（Malone 2022）。これは ITLG がもたらした経済効果として注目に値する。

3.4. リムリック都市圏におけるテクノロジー企業動向

　ここでは，海外から誘致した企業も含め，テクノロジーをいかした事業の動向についていくつか触れることで，リムリック都市圏における産学連携のありようについて理解を深めたい。

3.4.1. Provizio

　道路でこれから何が起こるかを予測し，交通事故死を防ぐことをめざす企業で，B. ルン（Barry Lunn）が 2019 年 8 月に創業した。レーダーによる位置認識技術と AI の組み合わせによって開発した自動車向け 5D レーダーセンサーを主力商品とし，大手自動車メーカーの 10 社の Tier1 取引先となっている。

ルンは，Provizio の前に Arralis を創業し，2017 年に 5,000 万ドルで売却して
いるなど，起業経験が豊富である[3]。Provizio はリムリック，ベルファースト，
ピッツバーグのそれぞれの拠点で開発しており，「かつてルンが一緒に働いた
ことのあるメンバーを中心としつつ，ピッツバーグではカーネギーメロン大学
の自律運転の技術チームも参画している」(Lyons 2020)。

　位置認識技術として普及している Lidar センサー（光ベースのパルスを使用
して車の周囲の環境をモデル化するセンサー）は時速 100 km/h で 600 m 先ま
で点描画が可能で，点描のモードも切り替え可能である。ただし，価格が高く
サイズも大きいので，これに替わる安価で軽量小型の代替品開発をめざしてい
る。

3.4.2. Stokes Bio

　Stokes Institute の M. デビーズ（Mark Davies）教授と T. ドルトン（Tara
Dalton）博士がリムリック大学で創業したスタートアップで，彼らは遺伝子分
析用のマイクロ流体システムのパイオニアであり，より低コストではるかに高
いゲノム・データ・スループットを提供する機器を製造する技術を開発する。
Ireland Bank の Kernel VC から 100 万ユーロの投資を集めて創業し，Life
Technologies に 2010 年に 4,400 万ユーロで買収され，アイルランドにおいて
大学発の起業では最大の買収額となった（UL website, "Largest university spin
out acquisition in the history of the Irish State"）。

4. リムリック都市圏における財団などの主な諸団体

　リムリックの産学連携にとって重要な役割を果たしているのが，行政であり，
一貫性のある国策がこの地域においても実施されている。

4.1. Knowledge Transfer Ireland（KTI）

　KTI は Enterprise Ireland（EI）の中にあり，アイルランド大学協会（Irish
Universities Association, IUA）との協調融資により EI から資金提供により設
立・運営されている。アイルランドは 2008 年から 2021 年の 14 年間で 8,650

3　アカデミアのバックグラウンドとしては，1996 年にリムリック大学の工学部を退学し，リムリ
　ック芸術デザイン学校にも入学となっている。

万ユーロを技術移転のために投資しており，KTI が国家的見地から知識移転の最適化をはかることを目的に，産学連携と研究成果の商業化のハブとなっている（KTI website, "about"）。

4.2. Enterprise Ireland（EI）

アイルランド企業が海外展開し，スケールアップするのを資金・助言によって支援する政府機関であり，海外 39 ヵ国のネットワークを展開。例えば，EI のおかげでスケールアップに成功した企業に，ドローンによるフードデリバリーサービスを展開する Manna がある。Manna は 2017 年の創業で，創業者である B. ヒリー（Bobby Healy）によれば，EI の High Potential Start-Up（HPSU）という組織が大手企業との人材獲得競争において，スタートアップや中小企業の不利を払拭するような承認を与えることに一躍かっているという。加えて，物流サポートやトレーニング，投資機会や海外市場へのアクセスにも EI が活用された（EI website, "How Manna Drone Delivery is changing the global delivery industry"）。

4.3. Industrial Development Agency（IDA Ireland）

IDA Ireland は，1986 年から 2019 年までの産業開発法（Industrial Development Acts）に基づいて設立された自治法定機関であり，企業・貿易・雇用大臣（Minister for Enterprise, Trade and Employment）の監督下で運営されている。具体的な支援としては，30% 以上エネルギー使用が増えている企業に対して 5 割支援するエネルギーサポートスキームや，年間 1 億ユーロの補助金，研究開発費への 25% 税控除などのインセンティブが挙げられる。

主な海外企業誘致の実績としては，前述した Analog Devices のほか，同じ半導体業界では AMD（Advanced Micro Devices）が Xilinx を 2022 年に買収したことで，欧州最大規模の拠点をダブリンとコークに持つに至る。米国企業の Xilinx はプログラマブル・ロジックデバイス（programmable logic device）という製造後にユーザが内部論理回路を定義・変更できる集積回路の半導体メーカーで，1994 年に米国外拠点として初となる専用サイトをアイルランドに進出，買収されるまでアイルランドで業務を拡大し続けてきた。AMD による買収後は 2023 年 6 月に 1 億 3,500 万ドルの設備投資を発表しており，290 人もの高度人材の雇用が新たに生まれる。半導体産業以外では，ダブリンやコークで

TikTok の ByteDance が 2020 年にサンフランシスコとシンガポールに次いで3 番目の Trust and Safety Hub をダブリンに設けたり，AWS（Amazon Web Services）が 2000 年代からデータセンターを進出・拡大したり，と国土全体における産業政策に沿った形での企業誘致が功を奏していることがうかがわれる（IDA Ireland website）。

4.4. Innovate Limerick

市と郡（Limerick City and County Council）が組成した組織で，Limerick 2030 plan というイノベーションを促進するための官民連携であり，インキュベーション施設である ENGINE を運営している。

ENGINE は，2018 年に稼働し，1 階に最新の視聴覚設備を備えた Training Room と起業向けコーワーキングオフィス，キッチンとガーデンテラスを備える。ここで行われるトレーニングは，例えば後述する Troy Film Studios Limerick で必要とされるデジタルスキルに合わせたプログラムとなっており，雇用機会への足掛かりとなることが期待される。2 階は開放的なオフィススペースで，運営者である Innovative Limerick のスタッフも常駐している。

Innovative Limerick の主な活動としては，ENGINE の運営以外に以下が挙げられており，いずれも雇用創出につながっている。

• National Advanced Manufacturing Centre

製造業における多国籍企業や国内の中小企業などのコラボレーションを促進するべく，IDA と Enterprise Ireland が設立した拠点。

• Troy Film Studios Limerick

34 万 ft^2 に及ぶ Dell の工場をリノベーションして，映画製作の拠点 Culture Factory として再生。この施設により毎年 8,000 万ユーロの支出と 750 人の雇用が生まれる。

• Kantoher Enterprise Centre

Innovative Limerick が 2014 年に 3 万 ft^2 の用地を購入し，Strand Foods Ltd. がここに移転し，新たな雇用を創出している（Innovative Limerick website）。

5. リムリック都市圏における主な産学連携の不動産アセット

大学キャンパスの中の産学連携アセットについては，すでに大学のところで

触れたので，ここでは大学主体ではないものを取り上げる。

5.1. Future Mobility Campus Ireland

R. ヴィッカーズ（Russel Vickers）が 2020 年に政府出資によって設立した NPO で，自動車の自動運転やドローンの自律飛行，eVtol（Electric Vertical Take-Off and Landing aircraft）のポート設置までを視野に入れたテストベッドの運営を担う。初期投資以外のオペレーションコストは賃料と提供サービスによる収入によりまかなうというビジネスモデルで，空港に隣接するビジネスパークの古い建物を改装し，内部はガレージとオフィスを対にして 4 社に転貸できるようにしている。テストベッドとしては，街区構内道路に LTE や 5G の通信網の他，移動体向け通信規格 V2X（5.9GHz，車両とさまざまなものとの間の通信や連携を行う技術）の電波が張り巡らされている。Road Mobility 専用のテストベッドには，縁石形状やアスファルトのカラーリングのバリエーションや，歩行者と自転車の交錯ポイントなどがきめ細かに設置されている。

Tesla が入居者として，他の入居者の研究開発のためにモデル 3・Y を提供している他，フランスに本拠地を置く自動車部品サプライヤーの Valeo も入居しており，CO_2 削減に向けた各種計測をこの構内で実施。前述の Provizio はレーダー技術による位置認識技術を開発中。

これらの入居者は On premise のデータセンターを活用でき，そこで実測したデータを Future Mobility Campus Ireland のスタッフがクレンジングするサービスも提供，データ取得のための車内への機器セッティングもサポートする。

他の共用設備としては，eVtol のフライトシミュレーターを EU Digital Demonstrator Project で 100 万ユーロを得て開発，レーダー技術で空港から半径 20 km 内の飛行体をすべてリアルタイムで追跡できるようになっている。欧州から米国にわたる旅客機はアイルランドの領空を通過するため，Air Traffic Control Fee（Air Navigation Service Charges）を支払う。この収益モデルを Air TAXI や Drone にも適用するべく空域の高度利用をめざすという。

Shannon Airport Group とともに 空港付近に Air Taxi Port の開発を計画中であり，計画承認後に着工し，早ければ 2026 年 3 月の完成をめざす。

第14章　米国とつながるリムリック都市圏　　　　　　　　　313

Future Mobility Campus Ireland の入居する建物外観（左）と，Analog Devices Catalyst 内部（右）。
2024 年 5 月 30 日筆者撮影。

5.2. Analog Devices Catalyst

　顧客とともに新たな商品やソリューションを開発しながら，そこに必要な半導体の付加価値について探求する施設で，開発プロジェクトは多岐にわたり，自律走行ロボットや，製造ロボットのユニット化，バッテリーの無配線化，AR 技術開発などが行われている。

　シニアダイレクターの M. モリセイ（Mike Morrissey）によれば，半導体製造については，内製の割合が 35% にまで落ち着いており，かつての工場の余剰スペースを顧客との連携によるアクセラレーション施設 Analog Devices Catalyst として開放，2022 年 3 月より稼働している。産学連携については，ここで実施している研究プロジェクトでは，参画企業で不足する部分をリムリック大学に補ってもらうようにしている。具体的には，ロボットの動作制限を判断するための顔認証ソフトウェアはリムリック大学から提供してもらっている（ADI website, "A Catalyst for Collaboration and Innovation"）。

6. おわりに

　リムリックにおける産学連携の不動産アセットは，リムリック大学の Bernal Institute が産官学共同研究の拠点となっているが，インキュベーション施設としては，行政が産業政策の一環として取り組む ENGINE や，シャノン工科大学と連携している施設が分散配置しているのが特徴的である。また，空港付近のビジネスパークに外資系企業を誘致してきたことで主要産業が発展して

きたことから，そこにイノベーションを生むための施設が官民で設立され，大学も関与している様も見られた。

　産学連携のテーマとしては，バッテリー開発について深堀りしたが，Bernal Institute に入居している国立研究所の顔ぶれから，乳製品加工や製薬の分野も重視されていることがうかがわれる。また空港付近の Future Mobility Campus や Analog Devices Catalyst ではセンシング，半導体，ソフトウェアといったアイルランドの主力産業におけるイノベーション創出の取り組みが顕著で，ここにも大学の人材，ノウハウがあてられていることは想像に難くなく，産学連携のテーマとなっていると想定される。

　産学における人材の連携に関して特筆したいのは，米国とのつながりである。アイルランドが米国にとって最も身近な EU の国としての独自ポジションを築いており，ブレグジット以降はそのポジショニングを一層際立たせているように見える。これは，米国東海岸からの距離の近さ，英語が公用語であることの他，全世界のアイルランド人の半分が米国への移民であり，人的つながりが深く寄与している。そして，大学卒業後に米国や英国あるいは EU 諸国に出ても，またアイルランドに回帰する人が少なからず見られる。これはウィスキー・ビールなどのソウルフード，アイリッシュミュージックやダンス，ラグビーといった芸能・スポーツへの愛着などが影響しており，この分野についてもリムリック大学が注力していることは特筆に値する。実際，音楽ホールをキャンパスに設けるだけでなく，地元芸術家の支援とコラボレーションも行っていることは，2.1.2 で触れたとおりである。またスポーツについても，ラグビーサイエンスという学問で Irish Rugby Injury Surveillance（IRIS）Project としてラグビー全国統括団体（IRFU）と提携して，傷害予防対策の研究を行っている。このような米国も巻き込んだ人材の流動は，アイルランドという国レベルで具現化した ITLG を構想したハーネットの存在が大きい。高度人材の供給とその人的ネットワーク，そして彼らが働く場としてのビジネスパークという組み合わせを IDA Ireland が産業政策としている。その産業政策において，リムリック都市圏では地の利を活かした航空産業と，人の利を生かしたモビリティ IT 産業（モビリティ・バッテリーのソフトウェアに特化）で他の都市と差別化がはかられている。その中核拠点として Future Mobility Campus や Analog Devices Catalyst があり，ともにリムリック大学と個人レベルのネットワークでも連携していることがよくわかった。

第14章　米国とつながるリムリック都市圏　　315

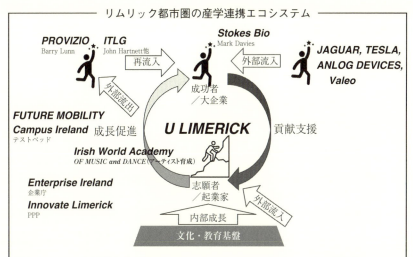

1959年にシャノン空港隣接地に世界で初めてFree Trade Zoneを設け，海外企業誘致に成功，米国と欧州を結ぶ中継地として高度産業が集積。ブレグジット後は英語が公用語のEU唯一の国としてさらに米国・英国との距離を縮め，AMDやAnalog Devicesといった半導体産業が投資を強化。

アイルランドとシリコンバレーの間のテクノロジーのつながりを促進することを目的として，リムリック出身のハーネットら，グローバルIT企業で幹部だった3人が，2007年Irish Technology Leaders Groupを設立，リムリックを含むアイルランドでスタートアップエコシステムが整う。

独自の食文化に加え，音楽やスポーツに大学も力を入れることで地域への愛着が増進し，外部に流出した人材の再流入に功を奏している。

　最後に，日本の都市への示唆に触れる。リムリックの経済都市圏の規模は20万人に過ぎないものの，大学の学生・職員が2万人おり，空港を核とした高度人材の集積事例として参考になると考えられる。人口規模が少ないため，そこでゼロから産業創出することは難しいことは否めない。そこで，地の利を活かして海外企業を誘致し，高度人材を供給することで，研究開発の一翼を担うまでになり，1人当たりのGDPも高くすることができた。米国半導体産業のアイルランドへの進出の歴史は浅くはなく，高度人材の供給と投資による受け皿の拡大が好循環している点は，日本の半導体製造業への投資が盛んになっている現状を踏まえると，人材供給の仕組みづくりという産学連携がいかに重要かがわかる。そして，合併して創立したばかりのシャノン工科大学の取り組みがさらにこの好循環にどのような影響をもたらすか，今後の行方も注視して

いきたい。

インタビュー 1

　筆者は 2024 年 5 月 30 日にリムリック大学の Department of Chemical Sciences の Tadhg Kennedy 准教授に産学連携の状況について以下のとおりヒアリングした。

　2,000 万ユーロの助成金を EU から受け，あらゆるバッテリーの製造とテストをワンストップで実施できるラボを設置。本来クリーンルームで行う実験を中国の EV 自動車メーカーである BMD が開発したといわれるクリーン BOX を連結させたシステムで効率的に実施できる環境を整えている。クリーン BOX は BOX 内をアルゴンで満たし，作業者が手袋型の袖に腕を入れて作業する装置である。これがバッテリー製造のプロセスに連結させることで，試験用のさまざまなバッテリーサンプルを効率的に制作できる。

　官学の連携については，EU の Si Drive プロジェクトに参画。このプロジェクトはソーシャルイノベーションを促進する取り組みであり，この中に EV の普及促進があり，走行距離の延長，充電時間の短縮などバッテリー性能にかかる研究開発が含まれている。またアイルランドの SEAI（Sustainable Authority of Ireland）が研究費を支援する「電池の持続性研究」や「持続可能でローコストのグリッドシステム開発研究」にもリムリック大学のこの研究室が参画している（SEAI website, "National Energy Research Funding"）。

　産学連携としては，リムリック大学に加え，ドイツのカールスルーエ工科大学（Karlsruhe Institute of Technology）やイタリアのローマ大学ラ・サピエンツァ校（University of Rome La Sapienza），Ferrari や Analog Devices などが共同で，EU の支援を受けて取り組む SIGNE プロジェクトが挙げられる。このプロジェクトは，先端リチウムイオン電池の開発を目的とし，具体的な数値目標として（Energy Density 430 Wh/kg, Charging time 10 mins, Cycle- Life 3,000）が掲げられている（Signe horizon website）。

　これらの共同プロジェクトにおける大学の役割として，バッテリー産業界において欠如するギャップを化学の専門家として埋めることに努めている。産学連携においては，論文公表する前の知財化，ライセンス取得の妨げにならないように，進め方に十分な留意が必要となる。

　バッテリー分野はスケールが勝負なので，スタートアップやスピンオフが難しい業界である。また，バッテリー産業としては，欧州では NorthVolt，欧州以外では，中国の CATL や BMD などが有力企業であるが，アイルランドには進出していな

いこともあり，博士課程のインターンシップの機会提供もなく，このラボの卒業生がバッテリー産業に就職するケースも少なく，ほとんどの卒業生が米国や他の欧州に就職する。

インタビュー2

　以下は筆者が2024年5月30日にShannon Airport GroupのBusiness Development Manager のJ. ドライズデール（John Drysdale）氏にうかがった内容である。

　米国からの利便性，EUにおいて唯一英語が公用語の国であること，IT人材が豊富に供給されること，この3点が米国企業にとって人気の理由であり，かつボストンとは5時間の時差で5時間のフライトで往来できるので，ボストンの出発時刻と同じ時刻にシャノンに到着できるという時差も魅力の1つ。天候に左右されないため年間を通じて365日24時間閉鎖されることがない空港で空港内の荷物のハンドリングなどでも最新機器を導入している。

　ビジネスパーク内のラボ付きオフィスもShell & Core方式で自ら開発し，入居企業が決まったのちに区画を決められるようにしている。Skill.netやSpring Boardという人材マッチングのサイトやリスキリングやApprenticeshipのプログラムも提供している。

　これから開発するSFZ Westはライフサイエンスなどの高付加価値産業を誘致する計画。そのために生活利便性に資するテナントのクオリティも向上させる方針。

　コロナ前は年間200万人で推移してきた旅客数は2023年には完全に回復。将来的には現状の倍にあたる400万人に増やす目標をかかげており，それを達成するためには，滑走路を増やすのでなく，離発着する航空機を大きくし，Load Factorを上げる。

　EVもAir Vehicleも急速充電システムCCS（Combined Charging System）が共通の標準充電システムとなっており，今後は空港におけるCharge Businessが重要になると見ている。その目的に向けて太陽光パネルを設置し，着脱可能なバッテリーに蓄電するサイクルをマネジメントする。

　空港を活用したドローンやeVtol開発のためのテストベッドの安全性については，滑走路が一本しかないため滑走路から距離を離すほど安全性を担保できるという大原則に則り，積極的にチャレンジしたい。

結論

　産学連携の不動産アセットはスタートアップの誕生と成長，産学連携の進化，オープンイノベーション，あるいは技術の社会実装を推進する，それゆえ地域産業を振興する重要な仕組みとなる。初期の Stanford Research Park や Research Triangle Park の成果はそうした認識を短期間に確立し，以後の多数のリサーチパークの開設を誘引した。産学連携の不動産アセットは企業誘致とスタートアップの育成をそれぞれに適当なウエイトを付けて目標とする。後者に関してはスタートアップの数，資金調達額やエグジット（IPO or M&A）件数などが成果指標となる。また，企業誘致とスタートアップの区別なく，オープンイノベーションへの誘導もその重要な役割となる。SRP をはじめとした米国の代表的なリサーチパークが公表するこれらの情報は産業政策としてのリサーチパークの有効性を強く印象付ける。翻って，日本では代表的な産学連携の不動産アセットであっても情報はおよそ施設の規模，入居企業数，就業数といくつかの入居企業の紹介に限られる[1]。入居企業数と就業数は運営企業や入居企業への各種優遇措置の適用などで膨らませられる[2]。資金調達額やエグジット件数が公表されないのはスタートアップの誕生と成長の事例が乏しいことを理由とするかもしれない。そうであれば，日本では産学連携の不動産アセットの研究・開発がまだまだ必要となる。

　リサーチパークの成果は大学・研究機関の研究，それに対する成功した起業家・財団の支援，さらにはリサーチパークやそこに立地する企業に対する政府の支援に依存する。リサーチパークの調査は大学の，そして大学に対する政府

1　湘南アイパークと東京大学のインキュベーション施設は例外的により多くの情報を提供する。

2　そのことが KBIC を開発する神戸市に対する批判や鶴岡サイエンスパークの長期的な成果に対する懐疑的な見方を惹起している。

の支援のあり方，地域の起業家精神や起業家・財団の慈善活動にも関心を広げる。経済産業省『大学発ベンチャー数実態等調査』（2023 年 6 月）によると，日本の大学発ベンチャー（スタートアップ）数は 2014 年度の 1,749 社から右肩上がりに増加し，2022 年度には 3,782 社となっている。ただし，IPO（Initial Public Offering）は 2013 年度の 13 件をピークとして 2014・15 年度には 7 件，2016-20 年度には 3 件，2021 年度には 1 件，そして 2022 年度は 0 件となっている。大学発スタートアップの設立数を日米で比較すると，日本は 2017 年度が 203 社，2018 年度が 211 社，2019 年度が 244 社，2020 年度が 275 社，2021 年度 290 社，米国はそれぞれ 1,080 社，1,080 社，987 社，1,117 社，996 社となっている。2023 PitchBook University rankings（Rubio and Thorne 2023）によると，起業家の数で米国のスタンフォード大学，ハーバード大学，MIT，UC バークレー校，ペンシルベニア大学が他を引き離し，日本の大学では東京大学が「大学院」の部門で 212 人・48 位にランクインするのみである（**表結-1**を参照のこと；学部と大学院は 100 位，MBA は 50 位まで公表されている）。さらに，これは大学発スタートアップに限定されないが，Statista によると 2024 年 2 月時点のユニコーンの数は米国が 739，中国が 278，インドが 87，英国が 60，ドイツが 39，フランスが 30，カナダが 27，イスラエルが 26，韓国が 21，シンガポールが 20，ブラジルが 19 で，日本は 14 である（Number of Unicorns Worldwide as of February 2024, by Country）。いずれの指標でも米国と日本の差は大きい。

　以下では，それに期待される社会的な役割に鑑み，またそれらがより良く実現されるために本研究の日本の産学連携の不動産アセットおよびそれが織りなす産学連携エコシステムへの示唆をまとめてみたい。

• 都市の特性に合ったエコシステムを創造する

　米国でもそれぞれの都市の成り立ちが異なり，最初に入植した移民から受け継がれた歴史や文化，価値観があり，そうしたものが教育を含むさまざまな活動にいまなお強い影響を及ぼしている。したがって，それぞれの都市の特性に沿わない方法は長続きせず，またシリコンバレーの成功モデルが日本にそのまま適用できるわけでもない。例えば，欧米での寄付活動はキリスト教を背景の 1 つとするともいわれており[3]，日本の大学が同じように寄付を募ったところで，最初は一定程度の金額が集まるかもしれないが，米国の大学のよう継続さ

結論　　　321

表結-1　大学別起業家数（2023年）

大学	学部	大学院	MBA
スタンフォード	1,435	2,731	1,092
ハーバード	1,205	1,647	1,691
MIT	1,079	1,914	649
UCバークレー校	1,433	1,105	447
ペンシルベニア	1,083	525	1,043
東京	?	212	?

出所）　Rubio and Thorne（2023）をもとに筆者らが作成した。

せることは難しいだろう。そういう意味で，今回取り上げた複数のケースを参照点として，日本の都市になじむことが何かを考え，独自の仕組みを生み出すための試行錯誤を重ねることが重要である。

・外的ショックか内なる変革への渇望か

　本書で取り上げた都市の中には国際競争の進展などにより中核産業が斜陽化したものもあり，いずれも新産業の育成に懸命に取り組んでいる。そこにはいわゆる外的ショックによる製造拠点の海外移転により産業が空洞化した日本の地方都市と重なるところがある。一方で衰退に陥らずに産業の発展を継続してきた都市があることも事実であり，ミネアポリスやオースティンがこれにあたる。ミネアポリスでいえば，医療器械産業がmedtechへの時代の要請にあわせて発展してきたが，これは内なる変革の渇望の表れといえるのではないだろうか。大企業からイノベーションが生まれ，スピンオフしたスタートアップが成長して多くの雇用を生み，産業が進化するとともに集積が進む。産業の進化による都市の発展としては，本来的にはそちらの方が健全である。なぜならば，衰退を迎えてから復活するまでには長期のタイムラグが必要だからだ。ピッツバーグは幸運にも著名な大学や次に触れる篤志家の存在があって産業構造の大転換に成功したが，それでもそれには"decades-long"な取り組みが必要とされた。

・篤志家の存在が，変革から効果が生まれるまでのタイムラグを埋める

　タイムラグを埋めるのが篤志家の存在である。産業の衰退によって，国や自

───────────────

3　ただし，日本でも明治期・昭和初期には成功した起業家が教育・研究機関や病院を設立・支援する事例が多数，存在する。詳しくは，太田（2022）を参照のこと。

治体の税収が減り，生活環境は悪化する。そうすると住民の転出に拍車がかかり，悪循環から立ち直れなくなる都市もある。トリノは石油ショックにより自動車産業が後退，その後，大幅な人口減少も経験したが，金融機関から独立した財団による支援で都市の再開発が進み，海外からの留学生を取り込みながら，大学がインキュベーション施設や産学連携のリサーチパークの建設を次々に実現させ，次世代の新産業の種まきがすすんでいる。ピッツバーグは特に篤志家の存在が顕著で，街全体に大学関係の研究開発拠点が埋め込まれ，かつての工場用地でオセロをひっくり返すように用途転換が進んでいる。その経済的な支援を行っているのがかつてその地で栄えた家系の財団であることが今回の研究で再確認された。日本の地方都市でも名士と呼ばれる家系が存在するが，資産額，税制，あるいは価値観が異なるなかで同様の役割を期待するのは難しいかもしれない。本来篤志家が担うタイムラグを埋めるのは誰か。日本になじむ仕組みを考える必要がある。

• 科学技術への飽くなき探求心を醸成する基盤

　本書で取り上げた事例では，もともと製造業で栄えた都市が多く，ものづくりが身近だったと考えられる。ソーク研究所やシカゴ大学による小学生から高校生までを対象とした各種アウトリーチ活動やニュルンベルグ博物館にあるオープンラボ JOSEPHS について触れた。そうした環境ではおのずと科学技術への関心が子どものころから育まれ，それが大人へと成長する過程で飽くなき探求心につながり，一部のものは研究者として身をささげる。そしてある研究成果は新たな産業として社会実装され，莫大な富を築くものも出てくる。そして，その富がその地域に還元されていく。これが各章で折に触れた「好奇心を持つ人材の好循環」というフレームである。持続可能な産学連携では，高度人材の母数となる科学技術へ関心を示す子どもを増やすことは大前提であり，そのための教育基盤が非常に重要である。そして，優秀な人材にとってはその子女が学ぶ教育環境の充実が魅力となることも忘れてはならない。優秀な人材の争奪戦が世界の大都市で繰り広げられていることを前提とするならば，日本の地方都市こそ教育基盤の充実，そしてそれはグローバルな教育環境の整備まで意識して注力することが重要であると考える。

• 日本の置かれた環境はピンチかチャンスか

　外的ショックという観点では，経済安保や円安の影響から，半導体産業を中心に外国企業の日本への直接投資が増えている点や日本メーカーの国内回帰志向はチャンスである。優秀な人材を供給し，その企業にとって欠かすことのできない研究開発拠点となれば，アイルランドのリムリックの事例のような長期的な高度人材の雇用創出が期待される。リムリックでは，大学はあくまでその企業が得意でない領域のアドホックな技術サポートを求められていることが確認された。その結果，ビジネスパークに大学がアウトリーチするパターンとなっていた。また，シカゴ大学による連邦政府系研究所の業務受託，ピッツバーグでは大学の選択的広域拠点進出，ミネソタ大学のロチェスター進出，エアランゲン大学のオープンラボ運営受託，トリノ工科大学の工場跡地への多拠点展開といった大学のアウトリーチがほとんどの都市で見られた。

　日本がいま置かれた環境を考えると，大学がキャンパスに閉じこもるのではなく，その地方すらも超えて外へ外へとその活動領域を拡大するまたとないチャンスであり，その足掛かりとなるのが産学連携の不動産アセットになるのではないだろうか。大学の新たなビジネスチャンスの獲得に資する産学連携の不動産アセットひいては産学連携エコシステムが日本全体の活性化につながると考えるのはこうした理由である。

• 官民の距離を縮める

　米国の州立大学が地域の産学連携の重要な主体となっており，行政との連携，すなわち産官学連携が実現されている。それゆえに州立大学の存在感や州の経済において担う役割も大きく，実際多くの州立大学ではその地域の出身者の学費も優遇して地域の人材育成にもかなり注力していることがうかがえる。日本の地方にある，地方の高校卒業後の進学先としての受け皿になっている地方の国立大学や県立大学等とは位置付けが全く異なる。日本の地方大学でその地方の将来を担う地域人材を優先的に入学させ，重点的に育成することは，地域レベルの産学連携エコシステムを実現するうえで有効と考えられる。

　同じことは日本の国家レベルでもあてはまり，日本人学生を優遇することも考慮するべきである。特に博士課程においては海外からの留学生を積極的に受け入れてきたため，海外出身者が非常に目立つようになってきた。これは第1章にも触れた多様性の観点から非常に歓迎するべきことではあるが，卒業後に

就職先が見つからずに帰国するケースも少なくなく，とどまってもらう仕組み
づくりについても産官学の連携が必要である。また，近年の経済安全保障に該
当する研究分野に関しては，日本の産学連携も官との距離を縮め，産官学連携
エコシステムを積極的に構築することが望まれよう。特に研究予算については，
大学の独立性を担保することも重要ではあるが，先端科学技術領域において他
国に後れをとることのないような国の大胆な政策に共鳴する研究の進め方も一
考に値すると思料する。

付表

米国サンベルトにおける不動産アセット

	開発名称	事業主体分類	立地	規模	機能	入居者	活動実態	方式	時期
サンディエゴ	5.2. The Alexandria at Torrey Pines	E. 民間デベ	郊外	1棟 3階建て	カタリスト+イベントスペース	起業支援ネットワーキング、レストラン他	メイン	V. VC抱き合わせ	2016年
	5.4. UCSD Science Research Park	G. LLC/LP（有限責任組合）	キャンパス内	敷地23エーカー、5棟+駐車場棟2棟	ラボ&オフィス	研究機関	メイン	H. PPP (public-private partnership)	2023年-2032年
	5.6. SDSU Mission Valley Developments	C. 大学+E.民間デベ	郊外	敷地9.8万坪、35,000席のスタジアム、186戸の住戸と621室の賃貸	複合	法人+個人	メイン	III. 寄付	2019年-
オースティン	31.J.J. Pickle Research Campus	C. 大学	郊外	約23.5万 m²	ラボ&オフィス	大学	メイン	VII. リノベーション	2012年
	4.1. Parmer Innovation Center	E. 民間デベ	ダウンタウン周縁	120.2万 m²	ラボ&オフィス、インキュベーション施設	大企業、スタートアップ	メイン	VII. リノベーション	2013年

事業主体分類　A. NPO, B. 病院, C. 大学, D. 大企業, E. 民間デベ, F. 行政, G. LLC/LP（有限責任組合）, H. PPP, I. 専業会社
方式　I. 補助金, II. 建設協力金による個別開発誘導, III. 寄付, IV. 譲渡・開放, V. VC抱き合わせ, VI. 定期借地, VII. リノベーション
出所：筆者らが作成。

サンディエゴの産学連携の不動産アセットの分布

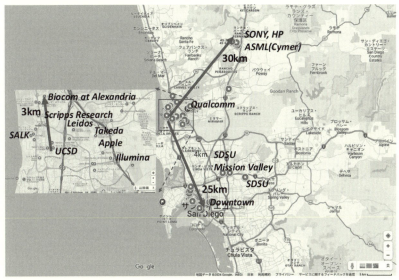

出所：地図データ ©2023 Google

サンディエゴ　5.2. The Alexandria at Torrey Pines

- 民間デベロッパー自らが VC を持ち，賃料だけでなく，スタートアップが成功した場合のキャピタルゲインを得る方式
- Biocom を入居させ，ライフサイエンス産業における産学のネットワーキングイベントや関連プログラムを開催する場を提供，利用者のステータスに合わせたグレード感のあるサービステナントも同居させることで，業界のよりどころとし，業界の最新情報も入手する

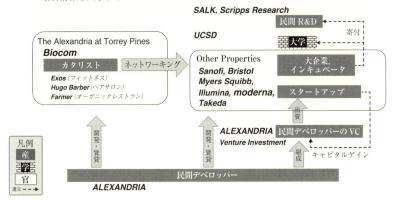

サンディエゴ 5.4. UCSD Science Research Park

- パーク内で大学が直接開発した2棟に加え、WEXFORDとPPP方式で組成したLLC（有限責任組合）が、残りの3棟と駐車場棟を開発
- WEXFORD自らVCを持ち、キャピタルゲインを得る仕組み

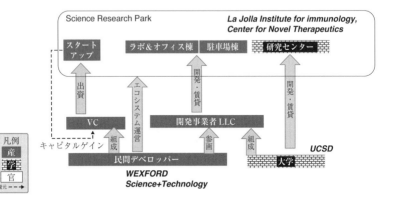

サンディエゴ 5.6. SDSU Mission Valley Developments

- 企業スポンサーと民間からの寄付を活用して、大学は大学スポーツ用のスタジアムを自ら開発し新たなキャンパスタウンの中核施設に
- 利便施設などは、定期借地した民間デベロッパーが開発・賃貸するが、連邦政府や州から税控除などのベネフィットを得る条件で、低所得者向けの住宅なども開発

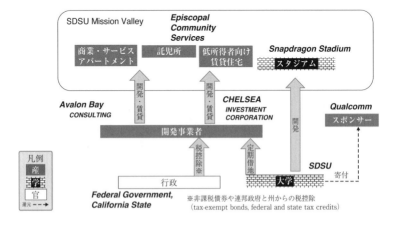

付表　　　　　　　　　　　　　　　　　329

オースティンの産学連携の不動産アセットの分布

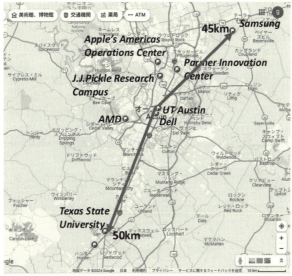

出所：地図データ ©2024 Google

オースティン　3.1. J. J. Pickle Research Campus

- 第2次大戦中に連邦政府により建設された29棟からなるマグネシウム工場を大学が購入
- 大学研究施設から，40年の間に20以上の会社をスピンオフ
- そのうちの一つ，防衛エレクトロニクス企業のTracor（現 BAE Systems）が1984年にオースティンの最初の「Fortune 500 企業」となる．

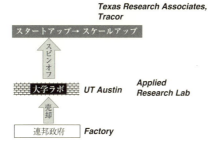

オースティン　4.1. Parmer Innovation Center

- 大企業の不動産を民間デベロッパーが取得して，追加投資によりオフィスも増やして施設全体をバリューアップ
- インキュベータ自らが VC を持ち，大学の設立したインキュベーション施設に入居するスタートアップに投資してキャピタルゲインを得る方式
- 域内に進出済みの大企業も入居し，エコシステムを形成

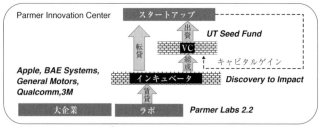

米国ラストベルトにおける不動産アセット

	開発名称	事業主体分類	立地	機能	規模	入居者	活動実態	方式	時期
ピッツバーグ	5.3. Mill19 in Hazelwood Green	A. NPO, G. LLC/LP (有限責任組合)	郊外	複合	178エーカー/25万平方フィート	大企業、スタートアップ、ホテル、商業	メイン	I. 補助金 III. 寄付	2003年-
	3.7. UPMC + BridgeSIDE	C. 大学→B. 病院× E. 民間デベ	—	ラボ&オフィス	—	研究機関、スタートアップ	メイン	III. 寄付	1986年
	5.5. U-PARC	D. 大企業→C. 大学	—	ラボ&オフィス	85エーカー 53棟	大企業、大学	メイン	—	1985年
シカゴ	3.1.3. Polsky Center for Entrepreneurship	C. 大学	キャンパス内	インキュベーション施設	建設費3,500万ドル、60人の運営スタッフ	スタートアップ、起業家	メイン	III. 寄付	2016年
	3.2.2. Querrey InQbation Lab	C. 大学	キャンパス内	インキュベーション施設他	建設費2,500万ドル	スタートアップ、大学教員	メイン	III. 寄付	2022年
シャンペーン・アーバナ	4.1 University Illinois Reseach Park	G. LLC/LP (有限責任組合) E. 民間デベ	キャンパス近接	複合	143エーカー	大企業、スタートアップ	メイン	VI. 定期借地	2001年-
ウィスコンシン	6.1. University Research Park with UW Madison	A. NPO	キャンパス近接	ラボ&オフィス、インキュベーション施設	260エーカー 37棟	大企業、スタートアップ、起業家	メイン/サブ	VI. 定期借地 + IV. 譲渡・開放	1984年
ミネアポリス/セントポール	3.2. Biomedical Discovery District	C. 大学	ダウンタウン周縁	オフィス、ラボ、インキュベーション施設	2億9,200万ドル	大企業、スタートアップ	メイン/サブ	I. 補助金	2008年
	3.2. University Enterprise Laboratories	H. PPP	ダウンタウン周縁	インキュベーション施設		大学発スタートアップ1/3	メイン	I. 補助金	2004年
ロチェスター	4.3.1 Discovery Square	A. NPO	ダウンタウン	インキュベーション施設他	275ha、30,000人の新規雇用	大企業、スタートアップ、大学	サブ	II. 建設協力金による個別開発誘導	2013年 (One Discovery 2019年)
	3. IBM (Rochester Technology Campus)	D. 大企業→E. 民間デベ	郊外	オフィス、試作ラボ、生産ライン	490エーカー 34棟	大企業、スタートアップ	メイン/サブ	IV. 譲渡・開放	同上

事業主体分類　A. NPO, B. 病院, C. 大学, D. 大企業, E. 民間デベ, F. 行政, G. LLC/LP (有限責任組合), H. PPP, I. 事業会社

方式　I. 補助金, II. 建設協力金による個別開発誘導, III. 寄付, IV. 譲渡・開放, V. VC抱き合わせ, VI. 定期借地, VII. リノベーション

332　付表

ピッツバーグの産学連携の不動産アセットの分布

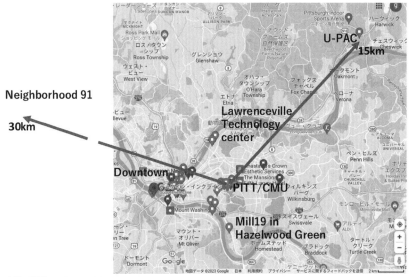

出所：地図データ ©2023 Google

ピッツバーグ　5.3. Mill19 in Hazelwood Green

- ACCDが設立したRIDCが開発，単年度ごとの収益目標に縛られずに需給バランスに応じた開発・リーシングが可能であり，賃料はマーケット水準より高く設定
- テナントは大学発のスタートアップがコアで，そのスタートアップとの交流を期待して大企業が入居（スタートアップと大企業で賃料格差）
- 郡が組成したベンチャーキャピタルがスタートアップのエグジットでも収益を得られる仕組みとなっており，それが地域経済に貢献する

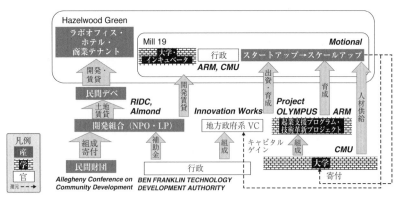

ピッツバーグ　3.7. UPMC + BridgeSIDE

- 大学病院が大学から独立，他の医療機関とも連携した NPO として地域医療にも貢献。独立後もピッツバーグ大学とカーネギーメロン大学とデータ活用連携
- その NPO のアームとして VC が展開されており，ピッツバーグ以外のスタートアップにも投資，育成
- UPMC 自身は不動産アセットを開発せず，ピッツバーグのスタートアップは，民間デベロッパーが開発したラボなどに入居

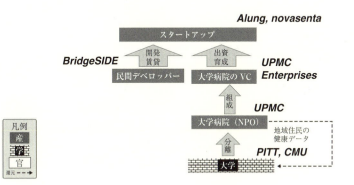

ピッツバーグ　5.5. U-PARC

- もともと Gulf Oil の研究施設だったが，同社が 1985 年に Chevron Oil に買収された際に，ピッツバーグ大学に譲渡しており，不動産アセットは大学所有
- 大企業 R&D に賃貸するとともに，1994 年にピッツバーグ大学の Swanson School of Engineering により技能者を育成するための Manufacturing Assistance Center が設立され，地域において技能人材の供給や開発した技術のショーケースを担う

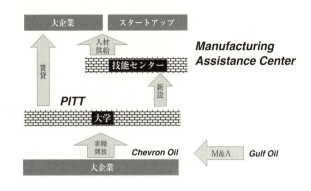

シカゴの産学連携の不動産アセットの分布

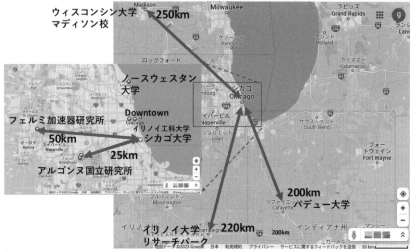

出所：地図データ ©2023 Google

シカゴ　3.1.3. Polsky Center for Entrepreneurship

- 大学が成功した卒業生の寄付により不動産アセット・プログラムを開発
- さまざまな寄付をもとに大学自ら VC も組成，キャンパス内のインキュベーション施設でスタートアップを育成
- 大学として連邦政府の研究所の運営も請け負い，それらとともにカタリストを入居させ，他大学を巻き込む広域エコシステムを展開

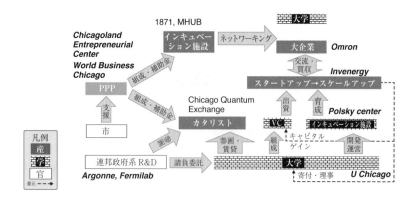

シカゴ　3.2.2 Querrey InQbation Lab

- 大学が成功した卒業生や大企業の寄付により不動産アセット・プログラムを開発
- さまざまな寄付をもとに大学自ら VC も組成し，大学だけでエコシステムが完結している
- ただし，インキュベーション施設で展開されるプログラムには連邦政府，イリノイ州，シカゴ市，他大学が提供するコンテンツが含まれる

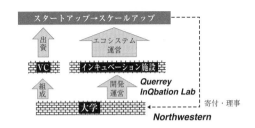

シャンペーン／アーバナ　5.1. Research Park in Urbana Champaign

- 大学の未利用地を活用するために，大学とは別組織として LCC を組成，LCC が政府の補助金を活用してインフラ整備し，地元の民間デベに定期借地
- 大学と民間デベで共同出資してエコシステム形成の場の中核となるアメニティ施設を開発・運営
- 大学発の国際プロジェクトにより国際学会の定期開催地となり，関連企業の誘致・他国の大学・行政の巻き込みに成功

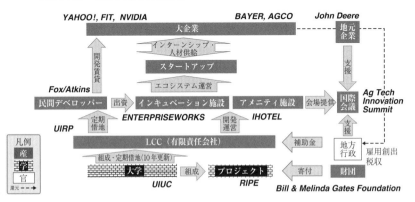

マディソン　6.1. University Research Park with UW Madison

- パーク内の敷地ごとに Request For Proposal をさまざまな民間デベロッパーが提案し採用する方式。結果，敷地内の建物 37 棟のうち約半数は URP（大学発 NPO デベロッパー）が所有，残りの半数は土地貸
- 設備持ち込みのインキュベーション施設である MGE センターから始まったが，2019 年にウィスコンシン州とともに唯一のコーワーキングラボとして Forward BIOLABS（NPO）を立ち上げ，スタートアップの間口を広げる。結果，パーク内でのスケールアップ体制が整う
- EPIC は州内の Veona に独自キャンパスを展開するまでに成長

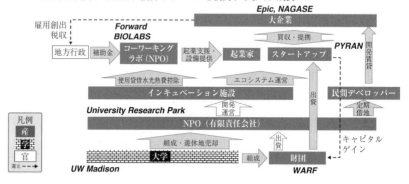

ミネアポリス／セントポールの産学連携の不動産アセットの分布

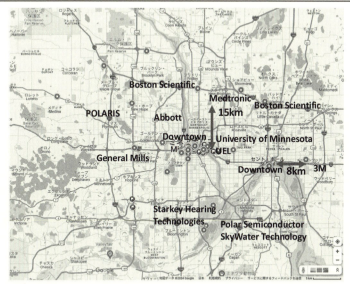

出所：地図データ ©2024 Google

ミネアポリス／セントポール　3.2. Biomedical Discovery District

- 州と大学が拠出して基金を設置
- その基金により，健康科学に関するさまざまな研究者が共同で研究を行う研究施設を大学が開発

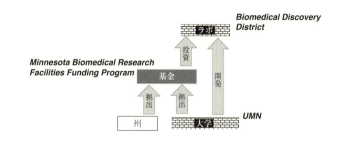

ミネアポリス／セントポール　3.2. University Enterprise Laboratories

- 2004年にミネソタ大学とセントポール市のPPPとして，NPOのUniversity Enterprise Laboratories（UEL）が設立された
- スタートアップにスペースや支援プログラムが提供されるだけでなく，大学が運営するGenomics centerでは，技術とサービスを提供
- スタートアップの約1/3はミネソタ大学の教員により設立されている

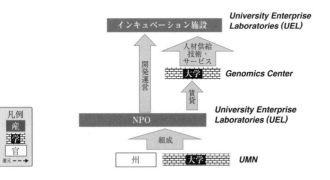

ロチェスター　4.3.1　Discovery Square

- 不足する用途に対して，その需給ギャップを埋めるべく，建設協力金を提供。結果，賃料の値上がりも抑制できる
- 起業家の流出を抑制するためのエコシステムを形成し，産官学の交流を促す
- メイヨクリニックの150年の歴史において，この10年で医師の起業が解禁された結果，起業しやすいボストンやサンフランシスコに流出し税収を取りこぼし
- 有望企業を市内に留めるためのエコシステム，教育から投資まで，一貫してサポートする仕組みづくりがDMCの仕事

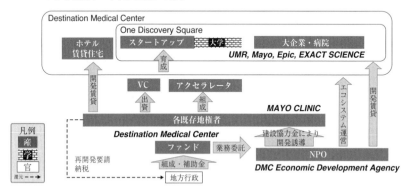

ロチェスター　3. IBM（Rochester Technology Campus）

- 大企業の巨大な製造拠点を再生するべく，空き区画にスタートアップテナントにリーズナブルかつ柔軟な経済条件で入居してもらい，その企業の成長に合わせて，空き区画を埋めていく
- 入居テナントが核となって，水平垂直展開でエコシステムが形成される可能性を秘めており，産学の交流が期待される（現状は遠隔地のUCSFとPNOCと連携）

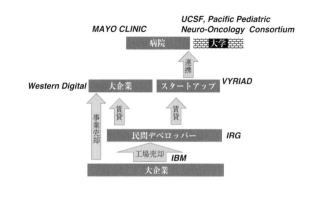

340　付表

欧州ブルーバナナにおける不動産アセット

	開発名称	事業主体分類	立地	規模	機能	入居者	活動実態	方式	時期
ニュルンベルク都市圏	5.1. Medical Valley Center	D. 大企業→ A. NPO	ダウンタウン	延床1,500坪	インキュベーション施設	大学	メイン/サブ	IV. 譲渡・開放	2003年
	5.2. JOSEPHS	I. 専業会社	ダウンタウン	賃貸床120坪	オープンラボ	なし	サブ	VII. リノベーション	2014年
	5.3. Zollhof Tech Incubator	I. 専業会社	ダウンタウン周辺	延床840坪	インキュベーション施設	起業家・スタートアップ	メイン	VII. リノベーション	2017年
トリノ	5.1. Environment Park/Technology Park	I. 専業会社	郊外	敷地約9,000坪	ラボ＆オフィス	大企業・研究機関	サブ	I. 補助金	1990年代後半 -
	2.1.3. i3P	C. 大学	キャンパス内	不明	インキュベーション施設	スタートアップ	メイン	VII. リノベーション	1999年
	5.5. OGR TECH	I. 専業会社	ダウンタウン	敷地約6,000坪。1億ユーロのリノベーション工事	カタリスト	大企業・スタートアップ	サブ	VII. リノベーション	2019年
リムリック都市圏	2.12. Bernal Institute	C. 大学	キャンパス内	延床6,000坪	ラボ＆オフィス	大学・研究機関	メイン/サブ	III. 寄付	
	5.2. Analog Devices Catalyst	D. 大企業	郊外	延床2,800坪	カタリスト	大企業顧客	サブ	IV. 譲渡・開放	2022年
	5.1. Future Mobility Campus Ireland	A.NPO	空港隣接	不明	テストベッド	大企業・スタートアップ	メイン/サブ	VII. リノベーション	2021年

事業主体分類　A. NPO, B. 病院, C. 大学, D. 大企業, E. 民間デベ, F. 行政, G. LLC/LP（有限責任組合）, H. PPP, I. 専業会社
方式　I. 補助金, II. 建設協力金による個別開発誘導, III. 寄付, IV. 譲渡・開放, V. VC抱き合わせ, VI. 定期借地, VII. リノベーション

付表　341

ニュルンベルグ都市圏の産学連携の不動産アセットの分布

Copyright 2024 Mitsui Fudosan Co., Ltd. All Rights Reserved.

ニュルンベルグ都市圏　5.1. Medical Valley Center

- Siemens が敷地の一部を 2003 年設立の医療技術に特化したインキュベーション施設 Medical Valley Center として，スタートアップに開放．バイエルン州による VC やコンソーシアムによる支援があるほか，エアランゲン市や政府系 R&D もサポート
- 現在は，FAU ZMPT が入居の大部分を占める

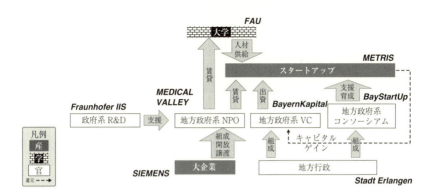

ニュルンベルグ都市圏　5.2. JOSEPHS

- 2014 年より稼働している，エアランゲン大学が仲介役となって大学や企業の技術の社会実装のために市民からフィードバックを得るためのオープンイノベーション施設
- 新たな技術を発表しても，市民がそれに嫌悪感を示すと広がっていかない。嫌悪感を抱く前に，慣れてもらうための場として，科学博物館に入居
- バイエルン州経済・地域開発・エネルギー省から 2013 年から 2019 年の 5 年間にわたる助成金を得て，Fraunhofer IIS のプロジェクトとして立ち上げられスピンオフ

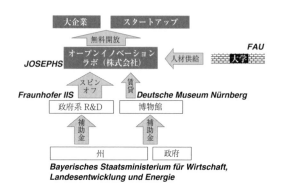

ニュルンベルグ都市圏　5.3. ZOLLHOF

- 大企業，大学，個人が地域経済活性化を目的に出資した専業株式会社が運営。ニュルンベルグ市から古い税関を土地建物ごと譲渡してもらい，リノベーションの初期投資を負担し，稼働後は賃料収入や各種プログラムに対するスポンサーで運営費用を賄っている
- 運営会社は大企業とスタートアップのつなぎ役となるパートナーマネージャー約 20 名からなり，一人で大企業 4 社，中小企業 5 社程度を担当するかたわら各種イベントやプログラムを開発・実施
- 入居基準をクリアした 2-3 人程度のスタートアップ 9 社に無料でシェアオフィスを提供。一定規模になると，レンタルスペースを貸しており，21 社が入居。合計 30 社で 120 人の従業員がこの施設を利用

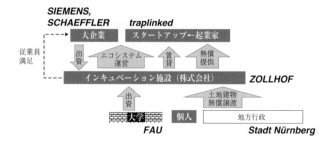

付表 343

トリノの産学連携の不動産アセットの分布

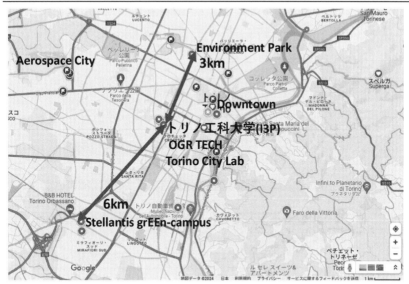

Copyright 2024 mitsui Fudosan Co., Ltd. All Rights Reserved.

トリノ　5.1. Environment Park/Technology Park

- トリノ市などが株主の株式会社で，国立研究所や大企業，大学が入居
- 収益の柱は賃料とコンサルティング。補助金も獲得するが，あくまで競争研究資金で安定的な収入ではない。スポンサーシップとしては，大企業が自ら施設を設ける替わりに，専用施設を建てるための資金を提供してもらうプログラムがある

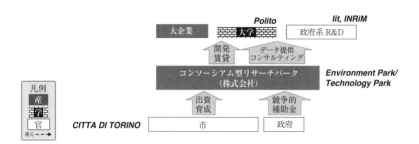

トリノ 2.1.3. I3P

- FIAT の工場跡地を大学キャンパスとし，その建物の一部をリノベーションしたインキュベーション施設
- I3P というインキュベータ・コンソーシアムが施設を管理運営し，ピッチなどのイベントを実施するとともに，起業家として有望な技術を持つ学生をスカウト。最低投資額 10 万ユーロで官庁や大企業によるスタートアップへの投資を仲介することが主たるミッション
- 地方の官民が一体で VC を組成して資金調達の支援を行う。スタートアップは 3 年間で卒業し，地方商工会議所に入会することが義務付けられる

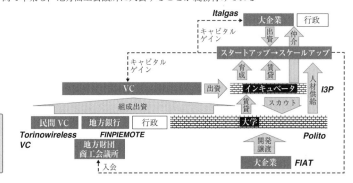

トリノ 5.5. OGR TECH

- 1895 年に建設された 190,000 ㎡の列車修理工場 Officine GrandiRiparazioni が 1992 年に操業停止。解体が検討されるものの，産業遺構として残置
- 2013 年に Société ORG-CRT が CRT 財団を組成し，20,000 ㎡の敷地を Rete Ferroviaria Italiana Sistemi Urbani（イタリア鉄道ネットワーク都市システム）から取得。1 億ユーロを投資して大規模改築し，2017 年に文化エリアを一般公開し，研究と起業支援を行うテクノエリアが 2019 年に完成
- グローバル企業を含む産学が一堂に介し，各種開発プロジェクトに取り組み，2 億 4,000 万ユーロ規模のカタライズ，協業が生まれている。競合関係のある入居企業についてはプログラムごとに参加企業を調整

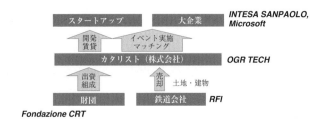

リムリック都市圏の産学連携の不動産アセットの分布

- シャノン工科大学（TUS）が複数拠点に広域に分布しているが，リムリックのダウンタウンからシャノン空港までも車で30分圏内

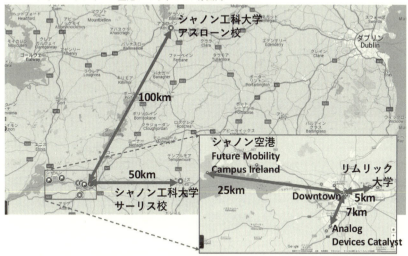

Copyright 2024 Mitsui Fudosan Co., Ltd. All Rights Reserved.

リムリック都市圏　2.1.2 Bernal Institute（Analog Devices Building）

- UL Foundation や Analog Devices などの寄付により2万㎡の研究棟が2016年に竣工。アイルランドの産業にとって重要な Diary Processing Technology Center や Pharmaceutical Manufacturing Technology Center，SFI Research Center for Pharmaceuticals といった国立研究所が入居
- 大企業との共同研究も多数行い，EUからも多額の研究資金を引き出すことで，インパクトのある研究成果を出し，大学の評価をあげる
- その結果，優秀な研究者や学生，寄付も集まりやすくなるという好循環を生み出す

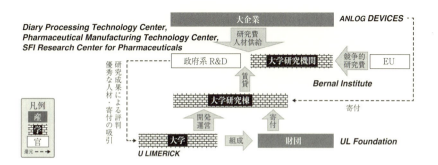

リムリック　5.2. Analog Devices Catalyst

- 1 億ユーロを投じて既存工場をリノベーション，顧客と大学に開放。2025 年までに新たに 250 人の雇用を創出することを目指す
- 持続可能なエネルギー，自動車の電動化，次世代通信などの分野におけるソフトウェア対応ソリューションと AI イノベーションの開発にフォーカス
- スタートアップと大企業，リムリック大学との協業による新産業によって，新たな半導体ニーズや高付加価値化に（ちなみに Analog Devices は 35％が内製，65％が外製なので，半導体設計がより重要に）

シャノン　5.1. Future Mobility Campus Ireland（FMI）

- EU の民営化推進によって，空港会社は政府 100％出資で民営化され，ビジネスパークも民営化。その遊休地やパーク内のインフラを新たなモビリティ開発インフラとして提供するべく，政府の 80％出資と民間企業 20％出資により FMI が設立される
- FMI は運営コストは入居企業の賃料と提供サービスで賄う NPO であり，自らスタートアップに出資したり，インキュベーション施設運営以外のビジネスはできない
- 空港ビジネスパークの Aviation クラスターと連携し，eVtol などの新産業創出を目論む

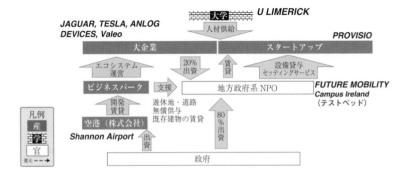

参考文献

(URL は 2024 年 8 月 24 日最終確認)

Adams, C. T. (undated) "Philadelphia Industrial Development Corporation (PIDC)," *Encyclopedia of Greater Philadelphia*, (https://philadelphiaencyclopedia.org/essays/philadelphia-industrial-development-corporation-pidc/).

Alexandria LaunchLabs (undated) Alexandria Real Estate Equities, Inc. Strategically Enhances Its Greater Stanford Innovation Cluster Footprint with Its Selection by Stanford University to Acquire 3160 Porter Drive and Extend Alexandria LaunchLabs Into Stanford Research Park, (https://www.alexandrialaunchlabs.com/Content/Articles/AlexandriaLaunchLabs09262019.pdf).

Answer Man (2023) "Cook Park Dropped the 'e' to Reclaim Its History," *Post-Bulletin*, Sep. 4.

Aquila [Commercial, LLC] (2018) "Why Austin, Texas is a Great Place to Live & Work," (https://aquilacommercial.com/learning-center/austin-texas-best-place-live-work/).

Austin Environmental Directory [AED] (2003) "The Town That Won the Pennant: A Short History of Austin's Economic Development," (https://environmentaldirectory.info/a-short-history-of-austins-economic-development/).

Baier, E. (2013a) "What Does Rochester Need to Offer to Become a Global Destination?," *MPR News*, Feb. 1.

Baier, E. (2013b) "Will Rochester Pay More for Mayo Expansion?," *MPR News*, Apr. 23.

Baird, C. (2022) "IBM Files RFP, Seeks New Austin Home," *Austin Business Journal*, Sep. 13.

Bass, D. (2023) "Research Growth Tops $1.76B With Tremendous Portfolio of Discovery and Invention," *UC San Diego Today*, Aug. 8.

Bernier, N. (2022) "Inflation and Design Changes Are Pushing the Cost of Project Connect over $10 Billion," KUT, (https://www.kut.org/transportation/2022-04-08/inflation-and-design-changes-are-pushing-the-cost-of-project-connect-over-10-billion).

Blistein, D. and K. Burns (2018) *The Mayo Clinic: Faith·Hope·Science*, Rosetta Books.

Blue, S. (2019) "1871 Tech Hub Adds to Its Story with 3.0 Expansion," *Chicago Tribune*, May 21.

Blumberg, A. (2018) "The Super-Quick Rise and Even Faster Fall of Groupon Former CEO Andrew Mason on What the Roller-Coaster Ride Felt Like," *Intelligencer*, Oct. 10.

Boston Scientific (2016) "Boston Scientific, Mayo Clinic Collaborate to Speed Development of Medical Devices," Press Release, Mar. 16.

Boulton, G. (2017) "As Epic Systems Has Soared, Madison Has Become a Center for Health Information Technology," *Milwaukee Journal Sentinel*, Oct. 6.

Brady, S. (2023) "The Most and Least Generous States," (https://www.forbes.com/advisor/banking/most-and-least-charitable-states/#:~:text=An%20analysis%20by%20Forbes%20Advisor,is%20the%20most%20charitable%20state).

Brandl, J. and R. Brooks (1982) "Public-Private Corperation for Urban Revitalization: The Minneapolis and Saint Paul Experience," in R. S. Fosler and R. A. Berger, eds., *Public-Private Partnership in American Cities: Seven Case Studies*, Lexington Books.

Brooks, M. (2021) "In Memoriam: George Pratt Shultz, 1920–2021," *U Chicago Booth Stories*, Feb. 8.

Brooks, S. (2023) "The Kozmetsky Effect," *Texas McCombs News*, May 20.

Brothers, R. (2023) "SDSU Mission Valley Developments Get Green Light," *SDSU*, Nov. 8.

Busche, K. (2021) "Q&A: New DMC Chief Has High Hopes for Rochester," *Finance & Commerce*, Jan. 15.

Bures, F. (2016) "Next Generation Philanthropy," *Minnesota Monthly*, Oct. 21.

Burka, P. (1984) "Texas Primer: The Permanent University Fund," *Texas Monthly*, Sep.

Butler, P. H., III (1976) "Moody, William Lewis, Jr. (1865-1954)," Texas State Historical Association, (https://www.tshaonline.org/handbook/entries/moody-william-lewis-jr).

Byrne, J. A. (2022) "Five Years & $150 Million Later, What a Mega-Business School Gift Can Do," *Poets and Quants*, Oct. 27.

Carlson, M. S. (1999) "A History of the University City Science Center," Penn History, (https://archives.upenn.edu/exhibits/penn-history/science-center/).

Cartwright, R. L. (2021) [2012] "Sister Kenny Institute," (https://www.mnopedia.org/thing/sister-kenny-institute).

Caserta News (2016) "The Role of 012Factory in the Challenge of Innovation," Sep. 7.

Castiglioni, R. (2022) "Meet the Wheelchair Set to Revolutionize Airport Accessibility," Reduced Mobility Rights Limited, Oct. 18.

Ceci, L. (2024) "Most Popular Language Learning Apps Worldwide 2024, by Downloads," *Statista*, Mar. 4.

Chowdhry, A. (2023) "EUV Tech: A Leader in Metrology Equipment for Enabling Semi-conductor Manufacturing Using Extreme Ultraviolet Lithography," PULSE2.0, Jul. 11.

Ciccarello, Elena (2016) "Corruzione, lo studio: "Sempre più in Comuni e Regioni". Dopo Mani pulite 64 parlamentari coinvolti in indagini," *il Fatto Quotidiano*, Dec. 16.

City of Rochester (2022a) *Tax Increment Financing Update*, City Council Study Session, July 11.

City of Rochester (2022b) "City of Rochester to Receive $19.9 Million Grant from USDOT for 6th Street SE Bridge Project," News & Announcements, Aug. 11, (https://www.rochestermn.gov/Home/Components/News/News/8839/1121).

Clark, G. (2017) "How a 1950s Egg Farm Hatched the Modern Startup Incubator," *Wired*, Jun. 28.

Clapesattle, H. (1969) [1941] *The Doctors Mayo*, 2nd edn., Mayo Foundation for Medical

参考文献　　　349

Education.

Cohn, V. (1987) "The 'Miracle' of the Mayo Clinic," *The Washington Post*, Jan. 6.

Colarizi, S. (2010) *Storia del Novecento italiano. Cent'anni di entusiasmo, di paure, di speranza*, Rizzoli（村上信一郎・橋本勝雄訳『イタリア 20 世紀史—熱狂と恐怖と希望の 100 年』名古屋大学出版会，2010 年）.

Connor, K. (2023) "Startup Developing Noninvasive Glucose Test Nets $4M in Seed Funding," *UC San Diego Today*, Nov. 28.

Copelin, L. (2012) "With New Research Park, Texas State Gets Rolling on Tech Commercialization," *Austin American-Statesman*, Sep. 21.

Cox, P. L. (2005) "Pickle, James Jarrell [Jake] (1913-2005)," *Handbook of Texas*, Texas State Historical Assoc.

Cubbage, A. (2014) "McCormick Foundation Donates $15 Million to Northwestern," *Northwestern Now*, Mar. 14.

DeLamarter, R. T. (1986) *Big Blue: IBM's Use and Abuse of Power*, Dodd, Mead & Company（青木榮一訳『ビッグブルー　IBM はいかに市場を制したか』日本経済新聞社，1987 年）.

Dell, M. with C. Fredman (1999) *Direct from Dell: Strategies that Revolutionized an Industry*, Harper Business（吉川明希訳『デルの革命：ダイレクト戦略で産業を変える』日本経済新聞出版，2000 年）.

Demirbilek, B. (2024) "How to Export Silicon Valley: Lessons from Frederick Terman," *The Stanford Review*, Apr. 6.

DePass, D. (2023) "Charlie Weaver Retiring from Minnesota Business Partnership after 20 years," *Star Tribune*, Jan. 25.

Destination Medical Center [DMC] (2019a) "New Parking Option in Downtown Rochester," Mar. 28.

Destination Medical Center [DMC] (2019b) "Historic Chateau Theatre through the Years," Nov. 22.

Destination Medical Center [DMC] (2020) *Forward: Creating Rochester's Future*.

Destination Medical Center [DMC] (2023) *2023 Impact Report*, (https://dmc.mn/wp-content/uploads/2023/10/DMC_2023ImpactReport_9.19.23.pdf).

Diaz, K. (2013) "Mayo CEO on Minnesota Expansion: 'We'll Have to Rethink… The Best Use of Our Money'," *Star Tribune*, Apr. 10.

Dickens, G. (2023) "Office Development on Parmer Lane Slows as Uncertainty Grows, Real Estate Experts Say," *Community Impact*, May 17.

Dietrich II, W. (2009) "Mike Benedum: A Character portrait in Oil Profile of a Wildcatter," *Pittsburg Quarterly*, Aug. 20.

Dornfeld, S. (2007) "The Minnesota Miracle: A Roundtable Discussion," *Minnesota History*, 60(8), pp. 312-325.

Dornfeld, S. (2011) "Citizens League: A Place to Come Together for the Common Good,"

MinnPost, Nov. 4.

Duggan, J.（2006）"Obituary of Ira Lon Morgan," *Physics Today*, Jan. 27.

Duggan, J. D.（2023）"Biotech bottleneck: How Lack of Space Is Slowing Minnesota's Biotech Growth," *Minneapolis/ St. Paul Business Journal*, Oct. 12.

Dunbar, W.（2012）"The Fine Print on Austin's $8.6 Million Deal with Apple,"（https://www.kut.org/business/2012-03-14/the-fine-print-on-austins-8-6-million-deal-with-apple）.

Egan, J.（2020）"Massive North Austin Mixed-Use Project Takes Root near New Apple Campus,"（https://austin.culturemap.com/news/real-estate/12-15-20-massive-mixed-use-project-new-apple-campus-7700-parmer-lane/）.

Elazar, D. J., V. Gray and W. Spano（1999）*Minnesota Politics and Government*, Univ. of Nebraska Press.

Ellwood, P. M. Jr.（2010）*Paul M. Ellwood, Jr., M. D. In First Person: An Oral History*, American Hospital Association, Center for Hospital and Healthcare Administration History and Health Research & Educational Trust.

Emmott, B.（2012）*Good Italy, Bad Italy: Why Italy Must Conquer Its Demons to Face the Future*, Yale University Press（烏賀陽正弘訳『なぜ国家は壊れるのか　イタリアから見た日本の未来』PHP 研究所，2012 年）.

Falvey, A.（2023）"100 of the Largest Hospitals and Health Systems in America | 2023," *Becker's Hospital Review*, Feb. 28.

Fanning, P.（2019）"43 years for Analog Devices," *Made in Ireland*, Nov. 4.

FAU（2013）"Erstes Spin-Off des FAU-Lehrstuhls für Mustererkennung mit CE-Kennzeichnung," Aug. 14.

FDI intelligence（2024）"European Cities and Regions of the Future 2024," Feb. 15.

Federal Transit Administration［U. S. Department of Transportation］（2022）"Link Rapid Transit Project Rochester, Minnesota,"（https://www.transit.dot.gov/sites/fta.dot.gov/files/2023-03/MN-Rochester-Link-Rapid-Transit-Project-Profile-FY24_0.pdf）.

Ford［Motor Co.］（2015）"Ford Opens New Silicon Valley Research Center to Drive Innovation in Connectivity, Mobility, Autonomous Vehicles," *Ford Newsroom*, Jan. 22.

Fritzsche, A. (eds.)（2020）*Innovating the Open Lab*, De Gruyter.

Fuchs, M.（2023）"Raiffeisen-Volksbank Aschaffenburg und Frankfurter Volksbank Rhein/Main kooperieren und streben Fusion in 2024 an," *Raiffeisen-Volksbank Aschaffenburg*, Oct. 24.

Gaines, L. V.（2019）"Foxconn and U of I Partner on $100 Million Smart Tech Research Center," *Illinois Public Media*, Oct. 1.

Gibson, D. V. and M. Oden（2019）"The Launch and Evolution of a Technology-Based Economy: The Case of Austin Texas," *Growth and Change*, 50(2), pp. 1–22.

Gilje, P.（2020）*How Could You Do This?*, Center for Policy Design Press.

Gilyard, B.（2023）"Medtronic Begins Global Layoffs, Following through on Plans to Cut Costs this Year," *Star Tribune*, Apr. 18.

Greene, J. P. (2000) "The Texas School Miracle Is for Real," *City Journal*, Summer.

Grove, J. (2021) "After $100M makeover, This Torrey Pines Research Campus Is the Priciest Address in Town," *The San Diego Union Tribune*, Jul. 1.

Guest Blogger (2022) "Best Music Venues in Austin," (https://www.austintexas.org/austin-insider-blog/post/live-music-capital-of-the-world/).

Hamish, M. (2022) *The World in 2050: How to Think about the Future*, Bloomsbury Publishing (遠藤真美訳『2050年の世界：見えない未来の考え方』日本経済新聞出版、2023年).

Han-na, P. (2014) "German University Epitomizes Educational Hub Vison," *The Korea Herald*, Jun.

Haurwitz, R. K. M. (2012) "UT's 'Mr. Anonymous' A Force behind Research," *Austin American-Statesman*, Sep. 1.

Haurwitz, R. K. M. (2014) "Texas State University Raises $151 Million in Donations," *Austin American-Statesman*, Feb. 28.

Hawkins, L. (2021) "Amazon Plans Major Expansion in Austin, to Hire 2,000 Workers," *Austin American-Statesman*, Dec. 21.

Hawkins, L. (2023) "IBM to Move Its Thousands of Austin Workers to New Campus in Domain by 2027," *Austin American-Statesman*, May 5.

Heilman, D. (2020) "Top Projects of 2019: Hilton Rochester Mayo Clinic Area," *Finance & Commerce*, Jul. 24.

Heinrich, T. (2002) "Cold War Armory: Military Contracting in Silicon Valley," *Enterprise & Society*, 3(2), pp. 247–284.

Hennes, D. (2006) "Trustee Profile: Harry McNeely," *St. Thomas Magazine*, Fall.

Hinze, S. and K. Baker (2005) "Minnesota's Fiscal Disparities Programs: Twin Cities Metropolitan Area and Iron Range," (https://s3.documentcloud.org/documents/6408350/Fiscaldisparities.pdf).

Howatt, G. (2018) "University of Minnesota Wins $42 Million in Federal Funds for Biomedical Research," (https://apnews.com/article/business-science-health-minnesota-medical-research-dda39ce8bd4449d2a3fc253622c82b16).

Holder, S. (2018) "Why Apple Bet on Austin's Suburbs for Its Next Big Expansion," (https://www.bloomberg.com/news/articles/2018-12-14/why-is-apple-opening-a-campus-in-the-austin-suburbs).

Hustad, K. (2016) "mHUB, a New Center for Manufacturing Innovation, to Open on Chicago's West Side," *Chicago Business Journals*, Aug. 9.

Illinois Business Journal (2022) "Intersect Illinois Releases Annual Report: $402 Million in New Investment, Project Close Rate Doubles," Dec. 10.

Illinois.gov (2024) "Gov. Pritzker Announces Location and PsiQuantum as Anchor Tenant of New Quantum Park", *The State of Illinois Newsroom*, Jul. 26.

Il Post (2012) "Oscar Farinetti talks about Oscar Farinetti," Feb. 25.

Infor (2019) "Infor Commons to House Growing Employee Base across Multiple Disciplines," *Infor New,* (https://www.infor.com/news/infor-rebrands-st-paul-office-building).

Inprentus PRweb (2022) "Inprentus has been Awarded a Contract to Supply High-Precision Diffraction Gratings to the Semiconductor Industry for Metrology Applications," *Semiconductor Online,* Oct. 5.

Institute on Taxation and Economic Policy [ITEP] (2018) "Low Tax for Whom? Texas is a "Low Tax State" Overall, But Not for Families Living in Poverty," (https://itep.org/low-tax-for-whom-texas-is-a-low-tax-state-overall-but-not-for-families-living-in-poverty/).

Jacobson, K. (2023) "Mayo Clinic Makes Transformative $22 Million Investment in Local Communities," *News Releases,* Dec. 20.

Jennings, K. (2021) "The Billionaire Who Controls Your Medical Records," *Forbes,* Apr. 8.

Jones, S. (2022) "Pitt Alum David Frederick Makes Unique Gift to Benefit Honors College," *Pitt University Times,* Jul. 6.

Jossi, F. (2023) "Top Projects of 2022: Heart of the City Peace Plaza," *Finance & Commerce,* Jul. 21.

Junge, E. R. (undated) "History of the Citizens League," (https://nationalcharterschools.org/wp-content/uploads/2020/04/Reichgott-1983-88-MN-HistoryoftheCitzensLeague-CitizensLeagueWebsite-2011-09-10.pdf).

Kalavalapalli, Y. (2015) "Lycos Founder Mauldin Returns to Company After 17 years," *Mint,* Aug. 25.

Kaler, E. W. (undated) "William Watts Follwell, 1869–1884," (https://president.umn.edu/about/presidential-history/william-watts-follwell).

Kelly, A. (2011) "Irish Tech Companies Need to Think Bigger, Says Silicon Valley Expert," *Irish Central,* Jul. 2.

Kiger, J. (2021) "Mayo to Build 11-Story Research Center in Downtown Rochester," *Post-Bulletin,* Apr. 27.

Kleiner, D. J. (1995) "J. J. Pickle Research Campus," *Handbook of Texas* (Texas State Historical Assoc.).

Krauss, M. (2021) "CMU Receives $150M Grant for 'Cutting-Edge' Science & Robotics Facilities," *90.5 WESA,* May 20.

Krauss, M. (2022) "Hazelwood Green, Pittsburgh's Largest Development Site, Has A New Lead Developer," *90.5 WESA,* Feb. 25.

Kurschner, D. (2013) "Hold the Mayo," *Twin Cities Business,* Feb. 22.

LaFranco, R. and C. Peterson-Withorn (2023) "The Definitive Ranking of the Wealthiest Americans In 2023," *Forbes,* Oct. 12.

Lang, T. (2020) "Neues Sponsoring: Adidas wird in Franken wieder aktiver," *Nordbayen,* Mar. 12.

Langlet, A. (2023) "Quiet Foundations: What NYU' s Brooklyn Campus Was Built on," *Washington Square News,* Apr. 30.

Leahy, C. (2013) "Dells' Foundation Invests $50 Million in UT Med School," *UT News*, Jan. 30.

Lerner, M. (2018) "Carlson Family Foundation Gives $15 Million to University of Minnesota," *Star Tribune*, Jul. 27.

Life in Italy (2018) "The History of Fiat," May 28.

Limerick News (2016) "UL Launches the Bernal Institute - An € 86million Science and Engineering Research Institute," Nov. 21.

Luger, M. I. and H. A. Goldstein (1991) *Technology in the Garden: Research Parks and Regional Economic Development*, Univ. of North Carolina Press.

Lyons. T. (2020) "Under the Radar: The Life and Times of Barry Lunn, a School Dropout Who Wants to Make the World Drive Safer," *The Currency*, Oct. 26.

Machosky, M. (2021) "How Pittsburgh is Transforming into the Robotics Capital of the World," *Next Pittsburgh*, Jun. 29.

Machosky, M. (2020) "What is Neighborhood 91? And More Questions About the Global Hub for 3D Printing at Pittsburgh International Airport," *Next Pittsburgh*, Nov. 4.

Maddalena, R. (2023) "La startup per lo shopping sostenibile che allunga la vita dei capi e permette di risparmiare 250 chili di co2 l'anno," *Forbes*, Mar. 6.

Made in Ireland (2023) "Analog Devices Announces Investment of € 630m in Next Generation Semiconductor R&D and Manufacturing Facility in Limerick," May 16.

Malone, M (2022) "Taoiseach Opens New Genesys R&D Centre at Bonham Quay," *Galway Daily*, Oct. 14.

Martorina, A. (2023) "mHUB Expands with a New $50M Innovation and Commercialization Center," *Chicago Star Media*, Aug. 29.

Mathis, K. B. (2023) "Mayo Clinic in Florida Adding 210-Acre North Campus," *Jacksonville Daily Record*, Feb. 2.

Matzig, K. (2022) "Ein Firmengelände der Superlative: die World of Sports von Adidas," *NZZ*, Jul. 20.

McDonnell, S. (2023) "BioEnterprise Inc., Once Created to Spark a Biotech Industry in Cleveland, Now Shut down by Its Founders," (https://www.cleveland.com/news/2023/04/bioenterprise-inc-once-created-to-spark-a-biotech-industry-in-cleveland-now-shut-down-by-its-founders.html).

McVeigh, J. (2018) "Mayo Clinic Doubling the Size of Its Phoenix Campus to Meet Patient Demand," (https://newsnetwork.mayoclinic.org/discussion/mayo-clinic-doubling-the-size-of-its-phoenix-campus-to-meet-patient-demand/).

Medical Alley (2024) "University Enterprise Labs Names Brad Larmie Executive Director," *News*, Apr. 2.

Melo, F. (2022a) "Amid Falling U. S. Enrollment, Metro State Rebrands for 50th Anniversary," *Pioneer Press*, Feb. 26.

Melo, F. (2022b) "Q&A: University Enterprise Labs Outgoing Director Talks MN Life Science Start-ups," *Pioneer Press*, Dec. 10.

Metropolitan State University [Metro State Univ.] (2023) "Metro State University Bests 400 Higher Education Institutions, Wins NSA Grant to Build and Operate Much-Needed Small Business Cybersecurity Clinic," (https://www.metrostate.edu/cybersecurity-nsa-grant).

Mewes, T. (2023) "Private Investment in Downtown Rochester Fell in 2023," *Star Tribune*, Mar. 14.

Misa, T. J. (2013) *Digital State: The Story of Minnesota's Computing Industry*, Univ. of Minnesota Press.

MIT News (2016)" MIT Center for Transportation and Logistics Alum Gifts $2.5 Million," Jan. 8.

Mlynaryk, N. (2023) "UC San Diego's Astrobiotechnology Hub to Drive Drug Discovery in Space Leaders in Academia, Biotechnology and Aerospace Industries Unite in Their Mission to Advance Stem Cell Science in Space," *UC San Diego Today*, Feb. 28.

Moore, M. P. (1992) "The Genesis of Minnesota's Medical Alley," *Medical Bulletin* (Univ. of Minnesota Medical School), Winter.

Mueller, P. K. (2016) "UC San Diego Innovators Earn Biocom Life Science Catalyst Awards," *UC San Diego Today*, Sep. 27.

Murray, C. J. (1997) *The Superman: The Story of Seymour Cray and the Technical Wizards behind the Supercomputer*, John Wiley & Sons (小林達監訳『スーパーコンピュータを創った男　世界最速のマシンに賭けたシーモア・クレイの生涯』廣済堂出版, 1998年).

Nagase PR (2020) "Nagase Specialty Materials NA LLC Created by Unifying Fitz Chem LLC and the NY Division of Nagase America," Jun. 24.

Nathanson, I. (2010) *Minneapolis in the Twentieth Century: The Growth of an American City*, Minnesota Historical Society Press.

Nelson, C. W. (1994) "Historical Profiles of Mayo: 40th Anniversary of Rochester Methodist Hospital," *Mayo Clinic Proceedings*, 69, p. 922.

Nocera, J. (2007) "Emerald City of Giving Does Exist," *The New York Times*, Dec. 22.

Northwestern Now (2022) "Kimberly Querrey, Louis Simpson Trust Give $121 Million to Northwestern," Oct. 18.

Novarini, M. (2023) "The Story of Newcleo, the Italian Nuclear Startup That Raised € 400 Million," *Forbes*, Feb. 12.

Noyes, S. B. (2018) "How Janice Feinberg and the Englewood Data Hub Are Making a Major Impact in One of Chicago' s Most Underserved Neighborhoods," *Better Magazine*, Apr. 13.

Nurnberger Nachichten (2023) "Der Zollhof wird fünf: In Nürnberg gibt es eines der erfolgreichsten Gründerzentren Bayerns," *Nurnberger Nachcichten*, Apr. 2.

O'Brien, A. (2023) "Italy Used to Be a Startup Desert. Now There are Signs of Life," *Shift-*

ed, Oct. 9.

Orfield, M. and N. Wallace（2007）"The Minnesota Fiscal Disparities Act of 1971: The Twin Cities' Struggle and Blueprint for Regional Cooperation," *William Mitchell Law Review*, 33, pp. 591-612.

Oser, A. S.（1988）"Metrotech; Lease Gives Impetus to Brooklyn Project," *The New York Times*, Apr. 3.

O'Shea, Ryan（2023）"The Future of Business in Pittsburgh," JETRO.

Ostuni, A.（2019）"Minnesota Businessman Ken Melrose Donates $18.7 Million to Healthpartners' Melrose Center," *MinnPost*, Jun. 21.

Otto Bremer Trust（2024）"Otto Bremer Trust Awards More Than 1,000 Organizations over $105 Million in Grants and Program-Related Investments in 2023, Highest Giving Amount to Date," For Immediate Release.

Packard, D.（2006）［1995］*The HP Way: How Bill Hewlett and I Built Our Company*, HarperCollins Publishers.

Page, P.（2015）"How Coyote Logistics Went From Startup to $1.8 Billion UPS Takeover Target in Under a Decade," *Wall Street Journal*, Jul. 31.

Palo Alto History. Org.（undated）"The Stanford Research Park: The Engine of Silicon Valley,"（https://www.paloaltohistory.org/stanford-research-park.php）.

Peck, E.（2009）"Cummings Research Park,"（https://encyclopediaofalabama.org/article/cummings-research-park/）.

Petersen, R.（2018）"Civic Center Helps Make Rochester a Medical Destination," *Post-Bulletin*, Mar. 25.

Petersen, R.（2020）"New Discovery Square Project Approved for TIF," *Post-Bulletin*, Apr. 21.

Petersen, R.（2021）"TIF Approved for Bryk on Broadway," *Post-Bulletin*, Jan. 22.

Photonics spectra（2006）"UChicago Inks $2.5B Deal to Retain Argonne Control," Aug. 2.

Piemonte Economy（2023）"ALBA Robot is Startup of the Year," Dec. 23.

Pietras, C.（2023）"How Predictive Oncology is Using Science, Engineering, and AI to Create More Effective Cancer Treatments," *Bio.News*, Aug. 28.

Piercey, J.（2019）"Two Billion Reasons to Celebrate," *UC San Diego State Today*, Aug. 19.

Piovaccari, G. and G. Fonte（2024）"イタリア、中国の奇瑞汽車と協議　自動車工場建設で," Reuter, Mar. 14.

Prather, A.（2018）"A Brief History of 'Investability DNA' in Incubation and Acceleration," *Entrepreneur*, India edn., Nov. 19.

PR Newswire（2023）"UT Austin Invests in Austin-Based Battery Tech Company, Group1,"（https://www.prnewswire.com/news-releases/ut-austin-invests-in-austin-based-battery-tech-company-group1-301912186.html）.

Puckett, J. L.（undated）"University City Science Center,"（https://philadelphiaencyclopedia.org/essays/university-city-science-center/#:~:text=Established%20in%201960%20 in%20West,player%20in%20the%20economic%20and).

Puniewska, M. (2017) "How a Johnson & Johnson Incubator is Helping Nurture the Next Great Healthcare Breakthroughs," *JLABS Story*, Jan. 31.

Punsky, K. (2022) "Mayo Clinic Invests in Major Hospital Expansion to Enhance Patient Experience," (https://newsnetwork.mayoclinic.org/discussion/mayo-clinic-invests-in-major-hospital-expansion-to-enhance-patient-experience/).

Reagan, A. (2016) "Finding Your Match: 5 Austin Incubators and Accelerators to Stimulate Your Startup," *Built In Austin*, (https://www.builtinaustin.com/2014/10/06/finding-your-match-6-austin-incubators-and-accelerators-stimulate-your-startup).

Rebeck, G. (2016) "Phil Soran," *Twin Cities Business*, Jul. 2.

Related (2024) "Related Midwest to Develop Pioneering Quantum Innovation Hub in Chicago", Related Press Releases, Jul. 25.

Reuters (2021) "Tesla to Expand Presence in Palo Alto Despite HQ Move to Texas," (https://www.reuters.com/business/tesla-expand-presence-palo-alto-despite-hq-move-texas-source-2021-10-12/).

Reuters (2024) "UPS Announces Sale of Coyote Logistics Unit to RXO for $1 billion," Jun. 24.

Reynolds, W. (2023) "Startup Opera Bioscience Creates Proteins for Meat Alternatives, Biofuel: In the Querrey InQbation Lab, Danielle Tullman-Ercek and Team Find a Culture of Scientific and Entrepreneurial Collaboration," *Northwestern Now*, Jun. 7.

Roche, B. (2022) "Limerick Socialist Jim Kemmy Remembered at Commemorative Conference," *The Irish Times*, Sep. 25.

Rubio, J. and J. Thorne (2023) "PitchBook Universities: Top 100 Colleges Ranked By Startup Founders," PitchBook website, "University Rankings".

Saffron, J. (2015a) "Universities Are Not Economic Saviors, So Let's Stop Pretending That They Are," (https://www.jamesgmartin.center/2015/06/universities-are-not-economic-saviors-so-lets-stop-pretending-that-they-are/).

Saffron, J. (2015b) "The Faux Field of Dreams: If You Build a University Research Park, They May Not Come," (https://www.jamesgmartin.center/2015/08/the-faux-field-of-dreams-if-you-build-a-university-research-park-they-may-not-come/).

Samsung (2023) "Austin to Bolster Semiconductor Ecosystem in Central Texas," *Newsroom U. S.*, (URL omitted).

Sandelin, J. (2004) "The Story of the Stanford Industrial/Research Park," Paper Prepared for the International Forum of University Science Park, China.

Saxenian, A. (1994) *Regional Advantage: Culture and Competition in Silicon Valley and Route 128*, Harvard University Press (大前研一訳『現代の二都物語』講談社, 1995 年).

Schmitt, L. (2012) "Foxconn Exec Lu Named Distinguished Alumni," University of Illinois, Jul. 10.

Schmitt, L. (2016) "Alumni Compound Semiconductor Wafer Company Merging with II-

VI," *UI News*, Jan. 22.

School News [Stanford Engr.] (2023) "Huang Center Dedicated, Lauded as Stanford's Engineering Anchor," Sep. 7.

Schulz, K. (2023) "Exploring Chicagoland: A World of Opportunities for Japan," *WBC*, Nov. 1, CGO.

SDSU News (2021) "SDSU Named Best of the Best for LGBTQ Students," Aug. 25.

SDSU News Team (2023) "2023 Was a Year of High Achievements with Faculty, Staff, Student Leaders and Administrators Building on Decades of Previous Work," *SDSU Year in Review 2023*, Dec.12.

Sepuka, L. (2023) "UC Regents Approve UC San Diego Science Research Park Development," *UC San Diego Today*, Sep. 26.

Setterholm, A. (2016) "Interviews Reveal Design Conundrum for DMC," *Post-Bulletin*, Dec. 7.

Shepard, P. (2018) "II-VI Incorporated Opens New Facility for Epitaxial Wafer Facility," *EE Power*, May 15.

Siemens AG (2023) "Siemens to Invest € 1 Billion in Germany and Create Blueprint for Industrial Metaverse in Nuremberg Metropolitan Region," Jul. 13.

Sklar, D. L. (2022) "Salk Institute, UCSD Get Record $126 Million to Launch Brain Mapping Center," *Times of SAN DIEGO*, Sep. 22.

Smale, W. (2020) "The Man Teaching 300 Million People a New Language," *BBC News*, Jan. 27.

Smith, M. (2013) "Manny's Medical Alley," (http://blog.invention.smithsonian.org).

Snowbeck, C. (2009) "Two Local Med-techs Vie in Sleep-apnea Market," *Pioneer Press*, Mar. 9.

Snowbeck, C. (2022a) "UnitedHealth Leader to Retire from Board," *Star Tribune*, Apr. 27.

Snowbeck, C. (2022b) "How the 'Father of the HMO' Helped Make Minnesota a Model for Health Care Reform," *Star Tribune*, Jul. 2.

Spaeth, T. (2020) "DMCC Board Approval for the Discovery Square 2 project," Memo, (https://dmc.mn/wp-content/uploads/2020/01/Discovery-Square-Two.pdf).

Srinivasan, R. (2016) *JOSEPHS®: The Service Manufactory*, Indian Institute of Management, Bangalore.

SRP (2023a) "StartX Accelerator" Mar. 2, (https://stanfordresearchpark.com/articles/success-story-startx/).

SRP (2023b) "Success Story: Ford Motor Company," Mar. 3, (https://stanfordresearchpark.com/articles/ford-motor-company/).

SRP (2023c) "PARC: Success Story," Aug. 23, (https://stanfordresearchpark.com/articles/parc/).

SRP (2023d) "Success Story: Tesla," Dec. 1, (https://stanfordresearchpark.com/articles/success-story-tesla/).

Stone, K. (2019) "New SDSU Stadium Floor to be Named Bashor Field for Donor after $15M Gift," *Times of San Diego*, Dec. 5

St. Thomas Newsroom (2006) "University of St. Thomas names Opus College of Business," (https://news.stthomas.edu/university-st-thomas-names-opus-college-business/).

Sutro, D. (2010) *The Campus Guide University of California San Diego*, UCSD.

Tesla (2010) "Tesla to Open Power Train Facility in Palo Alto, California," (https://www.tesla.com/blog/tesla-open-power-train-facility-palo-alto-california).

The Newsroom (Univ. of St. Thomas) (2023) "St. Thomas Student Enrollment Rises in Multiple Categories for 2023–24 Academic Year," (https://news.stthomas.edu/st-thomas-student-enrollment-rises-in-multiple-categories-for-2023-24-school-year/).

The Real Deal (2022) "Tishman Speyer to Lead Transformation of 178–Acre Hazelwood Green in Pittsburgh," *The Real Deal*, Feb. 27.

Thomas, T. (2012) "CIC To Be Named for Former CMU President," *The Piper*, 4/12 Issue, pp. 1, 3.

Tieni, S. (2019) "And the Oscar Goes to...," *La Cucina Italiana*, Nov. 21.

Time (1928) "National Affairs: Home & Gown," *Time*, Jul. 23.

Time (1973) "Minnesota: A State That Works," *Time*, 102(7), pp. 24, 31–35.

Traders Magazine (2014) "Don't Tell Anybody About This Story on HFT Power Jump Trading," Jul. 24.

Tripp Umbach [retained by the University of Minnesota] (2018) *Economic Impact of University of Minnesota FY17*, (https://government-relations.umn.edu/Economic-Impact-of-University-of-Minnesota-FY17).

UMN, Technological Leadership Institute (2023) "Minnesota Semiconductor Manufacturing Consortium Launches, Paving the Way for High-Skilled Jobs," *News*, Jun. 5.

URR Request for Proposal (2022) "Mixed Income Residential/Mixed-Use Development Opportunit," Dec. 7.

U. S. Economic Development Administration (2023?) "Biden-Harris Administration Designates Tech Hub in Minnesota to Boost Development of Smart Medical Technology," (https://www.eda.gov/news/press-release/2023/10/23/Minnesota-MedTech-Hub-3.0).

U. S. General Accounting Office (1989) *Federal Research: The SEMATECH Consortium's Start-Up Activities*, GAO/RCED-90-37.

UT News (2013) "Building Renamed O'Donnell Building for Applied Computational Engineering and Sciences," (https://news.utexas.edu/2013/02/13/building-renamed-odonnell-building-for-applied-computational-engineering-and-sciences/).

UT News (2022) "Texas Institute for Electronics Would Help Restore U. S. Chipmaking Leadership," (https://news.utexas.edu/2022/04/18/texas-institute-for-electronics-would-help-restore-u-s-chipmaking-leadership/).

UT News (2023) "New Lab Space for Discovery to Impact Will Support Life Science Startups," (https://news.utexas.edu/2023/09/06/new-lab-space-for-discovery-to-impactwill-support-life-science-startups/).

UW News (2002) "Donor Supports Major Technology Projects," Sep. 24.

UW PR (2004) "Grainger Foundation Gives $20 Million to University of Wisconsin," Mar. 30.

Varian, R. (undated) "The Founding of Varian Associates," in Varian Associates (undated).

Varian Associates (undated) *Varian Associates: An Early History*, Varian Associates.

[Villafaña, M.] (1997) "Conversation with Mannuel Villafaña," Minnesota Historical Center.

Walczak, J. (2024) "State and Local Sales Tax Rates, 2024," (https://taxfoundation.org/data/all/state/2024-sales-taxes/).

Wangensteen Historical Library of Biology and Medicine (Univ. of Minnesota) (undated) "Owen H. Wangensteen, 1898–1981," (https://hsl.lib.umn.edu/wangensteen/benefactor).

Watson, V. (2021) "Peter Cowhey Honored as Epitome of Innovation, Collaboration," *UCSD*, Apr. 30.

Weber, T. and M. Williams (2021) "Then and Now: Mayo Park Once Had Many Attractions," *Post-Bulletin*, Jan. 24.

Webner, R. (2023) "At STAR Park, Texas State Teams with Startups to Foster Innovation," *San Antonio Express-News*, Sep. 7.

Wessner, C. W. (ed.) (2013) *Best Practices in State and Regional Innovation Initiatives: Competing in the 21st Century*, National Academies Press.

Wingfield, N. (2011) "Camcorder Popular with Surfers Looks to Ride Professional Market," *The Inside Line*, Apr. 6.

Wisconsin Alumni Assoc. (2017) "UW-Madison Tied to an Epic Success Story: Dane County," Aug. 7.

Wood, S. (2023) "15 National Universities With the Biggest Endowments," (https://www.usnews.com/education/best-colleges/the-short-list-college/articles/10-universities-with-the-biggest-endowments).

Wright, L. (2023) "The Astonishing Transformation of Austin," *The New Yorker*, Feb. 6.

Wyder, A. (2021) "Focusing on Local and Digital, Students Help Chartwells Serve Up Fresh Dining Options," *IIT news*, Oct. 4.

York, E. and J. Walczak (2022) "State and Local Tax Burdens, Calendar Year 2022," (https://taxfoundation.org/data/all/state/tax-burden-by-state-2022/).

Young, R. (2018) "Pickle Research Campus a Potential Solution for UT's Housing Crisis," *The Daily Texan*, Mar. 1.

Yushkov, A. (2023) "Where Do People Pay the Most in Property Taxes?," (https://taxfoundation.org/data/all/state/property-taxes-by-state-county-2023/).

Zaragoza, S. (2012) "Texas State Seeks Startups," *Austin Business Journal*, Apr. 20.

Zigterman, B. (2017) "Next Stop for UI-founded Company: Space, Thanks to NASA Contract," *The News Gzette*, Nov. 12.

Zonana, K. (2020) "Why You Can't Just Use the Endowment for That," *Stanford Magazine*,

Sep.

伊東維年・中野元・田中利彦・鈴木茂（1995）『検証・日本のテクノポリス』日本評論社.

上山隆大（2010）『アカデミック・キャピタリズムを超えて』NTT 出版.

太田耕史郎（2016）『地域産業政策論』勁草書房.

太田耕史郎（2019）『ラストベルト都市の産業と産業政策』勁草書房.

太田耕史郎（2022）『地域振興と慈善活動：慈善・寄付は地域を呼び覚ます』勁草書房.

落合淳志・妹尾堅一郎・冨田勝（2022）「慶應先端研と鶴岡のまちづくり」『広報つるおか』1月号.

Open Yokohama（2019）「ウィスコンシン州ミルウォーキー郡（Milwaukee County, WI）ミルウォーキー郡の「水クラスター」による地域再生」*Open Yokohama*, Aug. 20.

上昌広（2016）「神戸市肝入り先進病院，なぜ破綻？ 他病院で断られた患者を手術，死亡例7割は多いのか」『Business Journal』，（https://biz-journal.jp/medical-care/post_14608.html）.

北野充（2022）『アイルランド現代史』中央公論新社.

川野祐司（2021）『ヨーロッパ経済の基礎知識 2022』文眞堂.

倉知良次（2023）「加速する内視鏡手術支援ロボットの普及電子デバイス」『電子デバイス産業新聞』，（https://www.sangyo-times.jp/article.aspx?ID=8150）.

桑島浩彰（2023）『米国における産業クラスターの発展─ケーススタディ1：サンディエゴ』東京財団政策研究所.

慶應義塾大学先端生命科学研究所研究成果等第5期最終評価会議（2023）『慶應義塾大学先端生命科学研究所の研究成果等に係る第5期最終評価報告書）』.

小門裕幸（2006）『米国地域市民の起業家精神とワージョナル・ガバナンス　大学・民間企業・コミュニティを核とする地域再生の3つの事例』法政大学キャリアデザイン学部.

国土交通省（2008）『筑波研究学園都市』，（https://www.mlit.go.jp/crd/daisei/tsukuba/img/tsukuba.pdf）.

小林信一（2019）「産学連携とベンチャーキャピタル」『高等教育研究』22, pp. 113-133.

JLL（2021）『サンディエゴの賃貸ラボ市場』JLL.

自動運転ラボ編集部（2022）「VW の命運握る「CARIAD」とは？　自動運転ソフト開発などに注力」自動運転ラボ，2月3日.

鈴木とも子（2020）「村岡新駅は住民のためか」『藤沢環境運動市民連絡会』p. 2.

関満博・大野二朗（編）（1999）『サイエンスパークと地域産業』新評論.

高松平蔵（2019）『ドイツの地方都市はなぜクリエイティブなのか』学芸出版社.

This is media（2022）「アンディ・ウォーホル美術館が約76億円をかけた「ポップ地区」プロジェクトを開始」*This is media*, Jun. 7.

中沢潔（2019）『鉄鋼都市からテックハブへと変貌したピッツバーグ』JETRO.

日替わりメガネ（2022）「神戸にできた「医療産業」の街 なぜそんなに企業が集まった？」『神戸市公式 note』，（https://kobe-note.jp/n/nf16bce8d1bce）.

星野香織（2022）『コマツ、米ウィスコンシン州で新本社開設，工場や研究施設など集約へ』

JETRO.

堀場雅夫・西本清一・森内敏晴（2014）「新たなイノベーションを創出し続ける京都 "i Hub KRP" の基盤を成す〈集・交・創〉京都のエートスが培う〈人財・科学・技術・産業〉をキーワードに語る」，KRP 地区開設 25 年記念対談，(https://www.krp.co.jp/assets/img/outline/index/krp25thtalk.pdf).

松原宏（2018）『産業集積地域の構造変化と立地政策』東京大学出版会.

松本康（2021）『「シカゴ学派」の社会学』有斐閣.

松山幸弘（2012）『医療産業集積ピッツバーグのビジネスモデル UPMC』竹中工務店.

三菱総研（2018）『海外大学における産学連携のマネジメント・制度に関する調査報告書』文部科学省，3 月.

宮田由紀夫（2011）『アメリカのイノベーション政策』昭和堂.

宮田由紀夫（2023）『アメリカ産業イノベーション論』昇洋書房.

諸隈紅花（2023）「京都リサーチパーク（京都市）」，(https://note.com/nikken/n/ndc406f6933ad).

脱工業化都市研究会（2017）『トリノの軌跡』藤原書店.

矢作弘（2014）『縮小都市の挑戦』岩波書店.

渡辺孝（2008）『アカデミック・イノベーション』白桃書房.

事項索引

アルファベット

Citizens League　226
City Lab　285, 288
Deep tech（ディープテック）　22, 147, 171
DMC initiative　228
Fortune 500　167, 209
　――企業　94, 86, 205, 208
Free Trade Zone　299, 306
Inc.5000 企業　27, 90
IPO　51, 79, 88, 96, 319, 320
LEED　135, 151
LQ　91, 92, 209, 210
M&A　11, 51, 96, 121, 289, 319
medtech（メドテック）　15, 65, 186, 189, 203, 321
Minnesota Business Partnership　221
MRO（Maintenance, Repair, Overhaul）　176, 306
NAICS　91
NASDAQ　72, 125, 128, 179, 184, 278, 296
NPO（非課税法人）　4, 9, 44, 126, 129, 167, 312
North American Industry Classification System　90
Permanent University Fund（PUF）　103
PoC（proof of concept）　283, 285
PPP（Public-Private Partnership, 官民連携）　80, 136, 164, 220, 226, 228, 232, 279, 283, 293, 306, 311
STEM（science, technology, engineering, and mathematics）　92, 96, 119, 146, 150
　――教育　173
Tax Increment Financing Loan　134
TD&L（輸送・流通・ロジスティックス）　142

TIF（tax incremental financing）　234, 236, 237
TLO（Technology Licensing Organization：技術移転機関）　10
　――法　11
　承認――　11
VC（ベンチャーキャピタル）　3, 27, 37, 58, 62, 66, 76, 77, 83, 100, 125, 126
Wexford SciTech Venture Fund　80

ア行

アウトリーチ（educational outreach）　14, 70, 72, 146, 173
　――活動　322
アクセラレーション施設　313
アクセラレーションプログラム　70, 168
アクセラレータ　3, 5, 30, 40, 90, 96, 98, 100, 109, 166, 214
アグテック（AgTech）　183, 185–187, 189, 203, 308
アコモデーション（accommodation）　14
アーリーステージ　11, 45, 97, 100, 131, 187, 256, 283
アングロ圏経済　299
委託研究等　270
イニシアチブ　131
イノベーション　19, 26, 33, 40, 47, 64, 125, 168, 199, 245, 247, 259, 264, 271, 272, 286, 311, 314, 321
　――クラスター　14
　――ハブ　119
　――プログラム　303
　――創出　22, 314
医療産業　49, 87, 92, 109, 113, 126, 212, 228, 240

インキュベーション施設　3, 15, 16, 41, 45, 53, 82, 166, 187, 215, 248, 277, 285, 305, 311, 313, 322

インキュベータ　3-6, 30, 40-42, 90, 95, 97, 98, 100, 109, 130, 167, 214, 241, 263, 272, 287

インセンティブ　108, 154, 164, 170, 185, 295, 305, 310

インターンシップ　10, 72, 78, 128, 146, 186, 272, 289, 317

インフラ　4, 129, 162, 170, 183, 234-239, 256, 281, 307

売上税（sales tax）　108

エグジット（IPO or M&A）　83, 96, 100, 132, 265, 319

エコシステム　83, 113, 121, 130, 263, 285, 289

エレクトロニクス　35, 39, 87, 89-91, 93, 109, 250

オープンイノベーション　3, 32, 48, 51, 319

オープンラボ　15, 322

カ行

学際的　15, 60, 83, 94, 146, 175, 211

カタリスト　165, 295

株式公開　→　IPO

官民連携　→　PPP

起業家　58, 65, 96, 100, 109, 148, 153, 175, 187, 201, 207, 212, 227, 265, 305, 319

起業支援ネットワーク　77, 83

起業支援プログラム　120, 249, 265

企業城下町（フォーディズム／ワンカンパニータウン）　24, 267, 268

企業誘致　20, 31, 45, 91, 107, 109, 117, 170, 185, 299, 310

技術移転　10, 14, 38, 66, 95, 211, 270, 310

キャンパスタウン　113

教育改革　217, 218, 226

教育制度　221

クリーンテック　83

クリエイティブクラス　19, 26

クリティカルマス　185

グローバル企業（多国籍企業）　118, 165, 261, 275, 278, 285, 299, 306

経済開発プログラム　131

研究開発拠点　32, 212, 250, 284, 301, 323

研究基金（research funding）　117

公共交通　99, 107, 109, 134

公聴会（Town hall meeting）　138, 233

工業用間接資材　→　MRO

工作室（machine shop）　81

国立研究所　71, 143, 165, 171, 301, 314

個人所得税（individual income tax）　108, 217, 291

コミュニティ形成　83, 163, 200, 303

雇用創出　122, 130, 164, 170, 185, 199, 311, 323

コーワーキング　6, 78, 201, 311

コンピューターサイエンス　64, 83, 118, 128, 150, 175, 178, 188, 196

コンベンションセンター　284

サ行

サイエンスパーク　3, 32, 52, 80, 301

財産税　36, 108

財政改革　217, 218, 226

財団　10, 171, 319, 322

サプライチェーン　95, 166, 185, 271, 289

産学（官）連携　3-5, 35, 37, 38, 52, 57

　　──エコシステム　5, 17, 19, 22, 158, 324

産業開発法（Industrial Development Acts）　310

産業クラスター　17, 20, 185, 189, 263

産業経済パートナーシップ　117

産業集積　17, 123, 126, 184, 299

ジェントリフィケーション　268

試作ラボ（prototyping lab）　81

慈善活動　221, 283, 286, 320

シード（種）・アーリー（早期）　11

シードステージ　77, 131, 283

シードマネー　77, 294

ジョイントデグリー　64, 145, 266

譲渡所得税（capital gains tax）　108

消費税　234, 291

助成金　130, 153, 241, 258, 301, 304, 316

初等・中等学校　218

初等・中等教育　106
シンクタンク　33, 209, 217, 277
スケールアップ（量産化）　14, 15, 76, 84, 155, 181, 199, 255, 310
スタートアップ（法人化）　3, 5, 15, 26, 27, 31, 43, 82, 83, 90, 95, 97, 100, 213, 231, 236, 255, 259, 262, 265, 277, 281-284, 308-310, 319, 321
　　——アクセラレータ　308
　　——エコシステム　17, 141, 264
　　——ステージ　283
スピンアウト　42, 87, 186, 206, 208, 215, 226, 241
スピンオフ　89, 94, 207, 258, 281, 316, 321
スマートグリッド　285
スマートシティ　280, 285, 288
生活環境　22, 57, 84, 109, 216, 221, 226, 322
生活の質　86, 93, 105, 109, 221
税金　107, 109
税控除　13, 81, 310
税制優遇　4, 108
製造ラボ　125

タ行
多国籍企業　→　グローバル企業
タックス・ベース・シェアリング（tax-base sharing）　218
ダブルディグリー　119
知財　11, 12, 151, 153, 305, 316
知財移転　64
地方政府（行政）　4, 44, 70, 166, 170, 171, 188
中核産業　6, 206, 246, 321
テクノポリス政策　17, 20, 31
テクノポール（technopole）　17
テストベッド　15, 186, 312
篤志家　10, 18, 63, 68, 71, 122, 138, 156, 163, 171, 187, 289, 322
特化係数　→　LQ
特許収入　127
特許出願数　153
独立研究モデル（independent institute model）　197
ドライラボ　133, 169, 215, 236

ナ行
ナノテクノロジー　83
ニューヨーク証券取引所　182
ネットワーキング　13, 77, 188, 194-196, 255, 260

ハ行
バイ・ドール法（Bayh-Dole Act）　12, 66
ハッチ法（Hatch Act）　25
ハードテック（HardTech）　22, 147, 168, 265
バリューチェーン　120, 285
半官半民　→　PPP
非課税債券　81
ビジネスパーク　35, 215, 298, 306, 313, 323
ビジネスモデル　83, 130, 253, 264, 296, 312
フォーディズム／ワンカンパニータウン　→　企業城下町
不動産アセット　3, 5, 6, 12-22, 27
ブラウンフィールド（放置されたままの土地）　268
プロトタイプ　81, 128, 167, 248, 251, 263
ヘッジファンド　119
ベンチャーキャピタル　→　VC
ベンチャー企業　15
ベンチャー投資　130
放射光（Advanced Photon Source）　32, 52, 145, 164, 183
法人所得税（corporate income tax）　108, 291

マ行
マスタープラン　13, 35, 80, 114, 129, 132, 135, 138, 187
マッチングプラットフォーム　251
メインキャンパス　14, 33, 45, 70, 83, 97, 132, 138, 143, 156, 169, 247, 269, 288, 293, 304
メディカルコンプレックス　24
メンター　41, 69, 100, 155, 167, 171, 195, 305
メンバーシップ　167, 170, 171, 296, 305
モビリティ　40, 127, 253, 259, 265, 272, 281, 287, 314

ヤ行

役員兼任 215, 226

優遇措置 4, 49, 241, 298, 319

ユニコーン 21, 27, 41, 52, 90, 179, 189, 290, 320

ラ行

ライフサイエンス 45, 58, 74, 78, 83, 138, 200, 317

リサーチパーク 3-5, 10, 14, 16, 30, 51, 95, 98, 213, 215, 226, 228, 319

リスキリング 303, 317

リビングラボ 285

レイターステージ 77, 256, 283

ローズ奨学生（Rhodes Scholar） 116

ロボティクス 113, 131, 139, 171

ロールモデル 171, 261

地名索引

アルファベット

Campidoglio 地区　　285
Castello del Valentino　　269
EU 諸国　　261, 291, 314
Half Moon Bay　　76
Pittsburgh Cultural District　　129
South Side　　172
The South Side　　142
Walworth　　192

ア行

アイルランド　　24
アスローン　　298, 305
アゼルバイジャン　　270
アトランタ　　93, 100
アルバ　　277
アレクサンドリア　　270
アンシュバッハ　　246, 261
イスラエル　　320
イタリア　　24, 245
イリノイ州　　22, 162
インディアナ州　　162, 165
インド　　22, 320
ウィスコンシン州　　197
ヴィリニュス　　21
ウィーン　　278
ヴィンセンヌ　　278
ウェストラファイエット　　45
ヴェレス　　270
ヴェローナ　　196
ウクライナ　　161
ウズベキスタン　　270
エアランゲン　　245
英国　　24, 276, 280, 290, 299, 314, 320
エバンソン　　148

欧州　　5
大阪　　26, 57
オースティン　　5, 22, 113, 321
オーストラリア　　299
オランダ　　21, 24, 276
オリバースプリングス　　162
オレゴン州　　197

カ行

カゼルタ　　287
カナダ　　299, 320
カリフォルニア州　　22, 179
韓国　　299, 320
関西文化学術研究都市　　20
カンザス州　　162
北アフリカ　　295
九州　　20
京都　　47, 48, 57
グアテマラ　　128
クパチーノ　　99
クリーブランド　　232
クロンメル地区　　298, 306
神戸市　　48, 49, 57, 119
コーク　　310
ゴールウェイ　　308

サ行

さいたま市　　113
サーリス（サーレス）　　298, 305
サンアントニオ　　166
サンディエゴ市　　5, 22, 27, 93, 202
サンノゼ　　91
サンフランシスコ　　21, 27, 100, 311
サンフランシスコ・ベイエリア　　58
サンベルト　　4, 5, 21, 22

サンマテオ　76
サンマルコス　104
シアトル　21, 166, 197
ジェノバ　280
シカゴ　5, 22, 59, 174, 179, 181, 202, 209
ジャクソンビル　229, 239
上海　270
シャンペーン／アーバナ　5, 6, 22, 190
シャンペーン郡　185
シュトゥットガルト　24
シリコンバレー（Silicon Valley）　3, 4, 20, 27,
　36, 38, 46, 76, 88, 90, 92, 109, 276, 308, 320
シリコンヒルズ　88
シンガポール　20, 295, 299, 311, 320
スイス　24
スコッツデール（Scottsdale）　229, 240
スタンフォード　35
セッティモ・トリネーゼ　278
セントルイス　63, 153
ソルトレイクシティ　45, 209

タ行
台湾　22, 299
タシケント　270
ダブリン　298, 310
ダラス・フォートワース　107
チェンナイ　22
中国　20, 22, 183, 261, 270, 320
チューリッヒ　24
筑波研究学園都市　20
ティペラリー　305
テキサス州　22, 95
テネシー州　162
テンネンローエ　253
デンバー　57, 100
ドイツ　21, 24, 261, 320
東京　26, 57
東北　20
トリノ　5, 24, 322
ドレスデン　251

ナ行
ナッシュビル　89
ナポリ　280, 287
ニーダーマイン地域　257
日本　152, 164, 176, 270, 290, 291, 299, 320
ニューオーリンズ　140
ニュージーランド　299
ニュージャージー州　46
ニューデリー　143
ニューヨーク　21, 43, 99, 100, 140, 166, 209,
　210, 232, 278
ニュルンベルク　5, 24
ノースカロライナ州　43

ハ行
バイエルン州　245, 253
ハイドパーク　142, 143
バクー　270
バーゼル　24
パリ　21, 143
バルカン半島　295
バレー　4
パロアルト　33, 35, 37, 40
ハンガリー　245
バンガロール　22
ハンブルク　256
ビエッラ　270
ピエモンテ州　274, 277
ピッツバーグ　5, 24, 59, 309, 321-323
ヒューストン　107, 232
ヒル・ディストリクト（Hill District）　116
フィラデルフィア市　43, 44
フェニックス（Phoenix）　229, 240
フュール　245
フュルト　251
ブラジル　320
フランクフルト　278
フランス　21, 291, 320
ブリュッセル　270
ブルーバナナ（Blue Banana）　24
ベイエリア　100
米国　21, 261, 276, 289-291, 299, 303, 314, 320,

地名索引 369

323
北京　143
ベルギー（フランドル）　24
ヘルツォーゲンアウラッハ　245, 252, 253,
　261
ベルファースト　309
ベルリン　260
ペンシルベニア州　24, 113, 114, 196
フランクフルト　24
ポートランド　91, 113
ボーナムキー　308
ボストン　21, 58, 100, 166, 232
ボルダー　100, 166
ボルティモア　232
ポルトガル　245
ポワシー　286
香港　143, 299

マ行
マサチューセッツ　143
マディソン市　5, 6, 22
ミズーリ州　162
ミネアポリス　6, 57, 127, 321
ミネアポリス／セントポール（MSP）　5, 24,
　204
ミネソタ州　24
ミュンヘン　245, 256, 262
ミラノ　24, 266, 281
ミラフォリ地区（ミラフィオーリ）　269, 286
ミルウォーキー　190, 199

メキシコ　67
メンフィス　209
メンロパーク　40
モンドヴィ　270

ヤ行
ユニバーシティシティディトリクト　83

ラ行
ライフサイエンス産業　58
ラストベルト　5, 21, 113
ラッセルスハイム（Russelsheim）　286
ランツフート（Landshut）　256
ランドスタット　24
リサーチトライアングル　93
リサーチパーク　5
リトアニア　21
リムリック（都市圏）　5, 6, 24, 323
リンゴット　269, 275, 279
ルイビル　210
ルール地方　24
ロサンゼルス　21, 57, 92, 100, 140, 209, 232
ロチェスター　5, 6, 24, 182, 206, 229, 231,
　232
ローマ　281
ロンドン　99, 143, 180, 278

ワ行
ワシントンDC　78
ワシントン州　197

人名索引

A

アバモンテ, P.（Peter Abbamonte） 183
アニェッリ, C.（Carlo Agnelli） 278
アニェッリ, G.（Giovanni Carlo Francesco Agnelli） 274, 275
アニェッリ家 289
アーマリ, D.（David Ahmari） 184
アン, L.（Luis von Ahn） 128
アンダーセン, A.（Arthur Andersen） 148
アントニオ, F.（Franklin Antonio） 61
アッペンツェラー, L.（Laura Appenzeller） 186
アーマー, P.（Philip Danforth Armour Sr.） 155, 156
アトキンソン, R.（Richard Atkinson） 77, 83

B

バブコック, S.（Stephen M. Babcock） 193
ベア, J.（Joshua Baer） 100
バッケン, E.（Earl Bakken） 208, 213
バンホルザー, W.（William Banholzer） 198
ベイショア, D.（Dianne L. Bashor） 67
ベイショア, ジェームス（James Bashor） 68
バライス, S.（Siegfried Balleis） 246
バーンズ, J.（John Barnes） 127, 137, 139
バーネット, C.（Craig R. Barrett） 308
バーネット, K.（Kevin Barnett） 198
バウディーノ, E.（Eligio Baudino） 278
ベックマン, A.（Arnold Beckman） 178
ベル, C.（Charles B. Bell Jr.） 67, 69
バーナル, J.（John Desmond Bernal） 301
ベルタイア, A.（Andrea Bertaia） 281

ベイスター, J.（J. Robert Beyster） 71
ブルーム, F.（Floyd Bloom） 70
ボック, L.（Larry Bock） 75
ブース, D.（David Booth） 144
ボートン, K.（Kara Bortone） 82
ブラウン, W. フォン（Wernher von Braun） 44
ブラウン, T.（Ted Brown） 178
バフェット, W.（Warren Buffet） 152
ブオーノ, S.（Stefano Buono） 274, 280, 283
バーク, R.（Richard Burke） 209
ブッシュ, P.（Pamela Bush） 129

C

カムラス, M.（Marvin Camras） 156
カールソン, C.（Curtis Carlson） 222
カーネギー, A.（Andrew Carnegie） 121, 139
Cartwright, R. L. 209
カステラーニ, V.（Valentino Castellani） 268, 269
チェン, S.（陳士駿, Steve Shih-chun Chen） 175, 179, 189
クリストファー, C.（Clayton Christopher） 101
チノッティ, L.（Luciano Cinotti） 280
Clapesattle, H. 229
クーパー, M.（Martin Cooper） 156
カーウェイ, P.（Peter F. Cowhey） 62
クレイ, S.（Seymour Cray） 206, 213
クラウン, ヘンリー（Henry Crown） 159
クラウン, J.（James Crown） 159
クラウン, L.（Lester Crown） 159
カミングス, M.（Milton Cummings） 43, 44

ツァルニク，A.（Anthony Czarnik）　75

D

ダルオスト，S.（Shana Dall'Osto）　197
ドルトン，T.（Tara Dalton）　309
ダスラー，アドルフ（Adolf Dassler）　252
ダスラー，ホルスト（Holst Dassler）　252
ダスラー，ルドルフ（Rudolf Dassler）　252
ダウム，V.（Volker Daum）　254
デビーズ，M.（Mark Davies）　309
デイビス，M.（Marguerite Davis）　193
デイヴィソン，H.（Hugh L. Davison）　182
デイトン，ケネス（Kenneth Dayton）　224
ディア，J.（John Deere）　182
デル，M.（Michael Dell）　88, 96, 104, 109
ディートリック，ケネス2世（Kenneth Dietrich）　115
ディル，C.（Charles Dill）　72
ディソマ，B.（Bill DiSomma）　181
ドハティ，R.（Robert Doherty）　129
ドーア，J.（John Doerr）　34
ドハ（ウア）ティ，M.（Mike Dougherty）　223
Dornfeld, S.　218
ドゥサール，M.（Prof. Marc Doussard）　188
ドゥルベッコ，R.（Renato Dulbecco）　273

E

エッカリー，J.（Jessica Martin Eckerly）　201
エデルマン，G.（Gerald Edelman）　70
アイゼンハワー（Dwight David Eisenhower）　147
エルデ，R.（Robert Elde）　214
エリソン，L.（Larry Ellison）　89
エリオット，R.（Roberta Elliott）　152
エルウッド，P.（Paul Ellwood）　209
エスコフィア，B.（Bjorn Eskofier）　255

F

ファビアニ，M.（Monica Fabiani）　178
フォルクナー，J.（Judith Faulkner）　196, 202
ファリネッティ，O.（Oscar Farinetti）　279, 288
フェダーマン（Irwin Federman）　76
ファインバーグ，ジャニス（Janice Feinberg）　148
ファインバーグ，ジョー（Joe Feinberg）　148
ファインバーグ，R.（Reuben Feinberg）　148
フェン，M.（Milton Feng）　184
フェレロ，ジョバンニ（Giovanni Ferrero）　277
フェレロ，ピエトロ（Pietro Ferrero）　277
フェレロ，マイケル（Michele Ferrero）　277
フェレロ（Ferrero）家　288
フランセーズ，A.（Alessandro Franzese）　287
フレデリック，D.（David Charles Frederick）　116, 139
フライド，J.（Jennifer Fried）　147
ファン，Y.（Y. C. Fung）　61

G

ゲイツ，ビル（Bill Gates）　180
ガイゼル，T. S.（Theodor Seuss Geisel）　60
ゲリーニ，A.（Anne Gherini）　66
ギーズ，L.（Larry W. Gies）　151, 177
Gies, Bess　177
ジョルジオ，V.（Vincenzo Giorgio）　280
グッダール，J.（Jack Goodall）　68
グレインジャー，W.（William W. "Bill" Grainger）　176, 194
グラートン，G.（Gabriele Gratton）　178
グライスト，J.（John Greist）　196
グレ（グレス?），M.（Marcel Gres）　94
グーパ，K.（Kirtu Gupta）　66
グリナス，P.（Paul Gurinas）　18

H

ハッカー，S.（Severin Hacker）　128
ハーン，D.（Dieter Hahn）　254
ハリシオール，T.（Taner Halicioglu）　64

ホール，C. M.（Charles Martin Hall）　125

ハーレー，W.（William Sylvester Harley）
190

ハリス，I.（Irving B. Harris）　145

ハートマン，Q.（Quesnell Hartmann）　184

ハーネット，J.（John Hartnett）　305, 308,
314

ハート（J. Hartwell）　124

ハインツ，H. J.（H. J. Heinz）　119, 123, 139

ハインツ，H. J. 2 世（Henry John Heinz II）
123

ヘニコフ，T.（Troy Henikoff）　165, 172,
179

ヘネシー，J.（John Hennessy）　34, 35

ヒューレット，W.（William Hewlett）　34,
36

ヒックス，S.（Steve Hicks）　102

ヒルマン，H. L.（Henry Lea Hillman）　123,
139

ホロニャック，N.（Nick Holonyak, Jr.）　184

フーバー，H.（Herbert Hoover）　33

ホルンボステル，H.（Henry Hornbostel）
138

ホルネガー，J.（Joachim Hornegger）　254

黄仁勲（Jensen Huang）　34

フーバー，G.（George Huber）　198

フンボルト，W. von（Wilhelm von Humboldt）
26

I

伊東維年　32

J

ジャクソン，J.（John Jackson）　101

ジェーコブス，I.（Irwin Jacobs）　61, 64, 73,
83

ジェーコブス（Jacobs）夫妻　84

Jacobson, K.　231

ヤーン，H.（Helmut Jahn）　146, 158

ジェイミソン，C.（Catriona Jamieson）　60

ジョンソン，S.（Samuel Curtis Johnson）
190

K

カーン，L.（Louis Kahn）　72

カプラン，E.（Edward L. Kaplan）　157, 161

カリム，J.（Jawed Karim）　175, 179

カッツ，J.（Joseph M. Katz）　116

カール，F.（Frederik Kaul）　255

ケック，W.（William Myron Keck）　63

ケロッグ，J.（John L. Kellogg）　151

ケミー，J.（Jim Kemmy）　302

ケンフ，D.（Dieter Kempf）　259, 261

ケニー（Elizabeth Kenny）　209

キバー，O.（Osman Kibar）　75, 84

キルペンシュタイジン，D.（Dennis Kirpen-
steijin）　261

コーマン，B.（Bill Koman）　63

コールハース，R.（Rem Koolhaas）　158

コストナー，C.（Carolina Kostner）　274

コトラー，P.（Philip Kotler）　148, 151

コズメツキー，G.（George Kozmetsky）　96

クロール，E.（Ed Krol）　179

クローナー，K.（Ken Kroner）　64

L

ランブライト，J.（James Lambright）　66

ランガーマン，A.（Alex Langerman）　147

ラバッツァ，L.（Luigi Lavazza）　278, 288

レフコフスキー，E.（Eric Paul Lefkofsky）
162

レフコフスキー，L.（Liz Lefkofsky）　162

レマス，S.（Seán Francis Lemass）　298

レフチン，M.（Max Rafael Levchin）　175,
179, 189

ルイス，A.（Allen C. Lewis）　155, 156

リリハイ，C.W.（C. Walt Lillehei）　208

リウ，A.（Alan Liu）　61

ロング，S.（Stephen P. Long）　180

リウ，S.（Sidney Lu）　177, 189

ルトケンス，M.（Mel Luetkens）　198

ルン，B.（Barry Lunn）　308

ルリア，S.（Salvador Edward Luria）　273

ライオン，E.（Elizabeth Lyons）　65

M

マーリー, D.（David Mallery）　66
マンクーソ, ジョー（Joe Mancuso）　41
マンスエート, J.（Joseph Mansueto）　146
メイソン, A.（Andrew Mason）　162
マルティーニ, A.（Alessandro Martini）
　278
マティアス, V.（Vic Mathias）　107, 108,
　109
マシュー, J.（Joachim Mattheus）　250
モールディン, M.（Michael Lauren Mauldin）
　127
メイヨ, チャールズ（Charles Mayo）　229,
　230
メイヨ, ウィリアム, J.（William J. Mayo）
　229, 230
メイヨ, W. W.（William W.（W. W.）Mayo）
　228-230
マクビー, F.（Frank McBee）　94
マッコイ, E.（Emmett McCoy）　104
マッカラム, E. V.（E. V. McCollum）　193
マコーミック, C.（Cyrus McCormick）
　160
マコーミック, R.（Robert R. McCormick）
　149, 160
McDonnell, S.　241
マキナニー, R.（Rory McInerney）　308
マクニーリー, ハリー Jr.（Harry McNeely Jr.）
　222
マクニーリー, P.（Harry "Paddy" McNeely,
　III）　216
メディル, J.（Joseph Medill）　150
メラビアン, R.（Robert Mehrabian）　134,
　139
メロン, A. W.（Andrew William Mellon）
　118
メロン, R. B.（Richard Beatty Mellon）　118
メロン, R. K.（Richard King Mellon）　119,
　129
メロン, トーマス（Tomas Melon）　122, 139
ミカエル, C.（Clemente Michael）　278
ミース, L.（Ludwig Mies van der Rohe）

155, 156
モーグリッジ, J.（John P. Morgridge）　197,
　201
モーグリッジ夫妻（John P. and Tashia
　Morgridge）　194
モンタルチーニ, R.（Rita Levi-Montalcini）
　273
ムーディ, Jr., W.（William Moody Jr.）　102
ムーア, J.（Jeff Moore）　178
モーガン, L.（Lon Morgan）　94, 109
モリソン, J.（John Morrison）　223
モリセイ, M.（Mike Morrissey）　313
モシュレイン, K.（Kathrin M. Möslein）　261
マーフィー, J.（James Murphy）　161
マーフィー, W.（Walter Patton Murphy）
　149
マスク, E.（Elon Musk）　92, 179

N

ナポリターノ, A.（Antonio Carmine Napolita-
　no）　287
ノーロー, P.（Dr. Patrick Naulleau）　184
ニーハウス, P.（Paul Niehaus）　66
ニーレンベルグ, W.（William A. Nierenberg）
　62
ニグロ, S.（Stefano Nigro）　295
ニクソン（Richard Milhous Nixon）　147
ノリス, W.（William Norris）　206
ノセク, L.（Lukasz Nosek）　175
ノーバ, T.（Tina Nova）　76

O

オチョア, E.（Ellen Ochoa）　67, 69
オドネル, Jr., P.（Peter O'Donnell Jr.）　102,
　103
オーム, G.（Georg Simon Ohm）　248
オリベッティ, A.（Adriano Olivetti）　269,
　276
オリベッティ, C.（Camillo Olivetti）　276
大野二朗　32
太田耕史郎　213
オサリバン, B.（Barry O'Sullivan）　308

オッタソン，W.（William Otterson）　77

P

パッカード，D.（David Packard）　34, 36, 38

パルマ，L.（Leon Parma）　68

ペイン，B.（Bob Payne）　68

ペッチェイ，A.（Aurelio Peccei）　273

ペレーラ，R.（Dr. Rupert Perera）　184

ペレーラ，W.（William Pereira）　60

ペトリーニ，C.（Carlo Petrini）　279, 288

ピアチェンティーニ，D.（Diego Piacentini）　276

プロナー，N.（Nico Ploner）　255

ポルスキー，M.（Michael Polsky）　146, 161

プリツカー，A.（Abraham Nicholas Pritzker）　145

プリツカー，ドナルド（Donald Pritzker）　159

プリツカー，J. A.（Jay Arthur Pritzker）　159

プリツカー，J. B.（J. B. Pritzker）　150, 159, 166

プリツカー，J. N.（James N. Pritzker）　159

プリツカー，R.（Robert Alan Pritzker）　157

プロフーモ，F.（Francesco Profumo）　269

プラマー，M.（Marcus Prümmer）　254

プナロ，A.（Arnold Punaro）　71

Q

クエリー，K.（Kimberly K. Querrey）　153, 155

R

ラディ，E.（Ernest Rady）　63, 64

ライファイゼン，F.（Friedrich Wilhelm Raiffeisen）　257

ローエンホースト，G.（Gerald Rauenhorst）　222

レ，C.（Carlo Re）　278

レーガン（Ronald Wilson Reagan）　147

レーバー，G.（Grote Reber）　156

リード，J.（Joel Reed）　130

ライニガー，E.（Erwin Moritz Reiniger）　246, 249

レスラー，S. W.（Shari W. Ressler）　100

ロックフェラー，J.（John Rockefeller）　142, 143

ロジャーズ，J.（J. C. Thomas Rogers）　182

ロモフ，J.（Jeffrey Romoff）　126

ルーズベルト，F. D.（Franklin D. Roosevelt）　57, 72

ローゼンベルグ，D.（Don Rosenberg）　66

ロッシ，L.（Luigi Rossi）　278

ロウ，J.（John W. Rowe）　158

ルビア，C.（Carlo Rubbia）　280

S

ソーク，J.（Jonas Salk）　72

サピエンツァ，G.（Gerry Sapienza）　153

サンフォード，T.（T. Denny Sanford）　62, 64, 83

スケラート，G.（Giuseppe Scellato）　283

シェフラー，ヴィルヘルム（Wilhelm Schaeffler）　253

シェフラー，ジョージ（E. h. Georg Schaeffler）　253

シュルツ，R.（Richard Schulze）　222

シャローネ，R.（Rocco Sciarrone）　291

スクリプス，E.（Ellen Browning Scripps）　68, 70, 84

セビガー，H.（Heinz Sebiger）　250

シーガル，C.（C. Segal）　149

シーガル，G.（G. Segal）　149, 151

関満博　32

センイェイ，A.（Andrew Senyei）　66

シャドヤブ，A.（Aladdin Shadyab）　60

シェイン，I.（Irving Shain）　200

シーヒー，B.（Bob Sheehy）　210

ショックレー，W.（William Shockley Jr.）　36

シュルツ，G.（George Pratt Shultz）　147

ジーベル，T.（Thomas M. Siebel）　178
シーメンス，E. A.（Ernst Albrecht von
　Siemens）　250
シーメンス，E. W.（Ernst Werner von
　Siemens）　249, 250
シルバー，J.（Jeff Silver）　163
シルバー，マリアンヌ（Marianne Silver）
　163
シンプソン，ルイス（Louis Simpson）　153
シモンズ，J.（J. Lea Hillman Simonds）　132
スキャッグス，L. S.（Lennie Sam Skaggs Jr.）
　71
スミス，C. B.（C. B. Smith）　108, 109
ソーラ，T.（Teofilo Sola）　278
ソラーロ，R.（Raffaele Solaro）　287
ソラン，P.（Phil Soran）　207, 216
スタンフォード，ジェーン（Jane Stanford）
　32, 33
スタンフォード，L.（Leland Stanford Sr.）
　32, 33
スティーンボック，H.（Harry Steenbock）
　193, 194
シュタイデル，R.（Ralph Steidl）　255
スティルマン，G.（Greg Stillman）　184
スチュアート，H.（Harold Leonard Stuart）
　156
ステュエルプナゲル，J.（John Stuelpnagel）
　75
スィラバン，M.（Mícheál Ó Súilleabháin）
　302
サリバン，R.（Robert S. Sullivan）　63
スワンソン，J.（John A. Swanson）　116,
　125, 139
スワーツ，J.（J. Swartz）　120

T
テイテルマン，C.（Cameron Teitelman）　40
ターマン，F.（Frederick Terman）　35-38,

46
冨田勝　52
トルシャード，J.（James Truchard）　94
タルマンエルチェク，D.（Danielle Tullman-
　Ercek）　153

V
ヴァレッタ，V.（Vittorio Valletta）　275
バリアン，R.（Russell Varian）　36
バリアン，シガード（Sigurd Varian）　36
ヴィッカーズ，R.（Russel Vickers）　312
ヴィラファナ，M.（Manuel Villafaña）　208,
　211

W
ウォルショック，M.（Mary Walshok）　77
ウォルト，D.（David Walt）　75
ウォーホル，A.（Andy Warhol）　118, 124
ウェインバーグ，デイビッド（David
　Weinberg）　151
ウェインバーグ，J.（Judd A. Weinberg）
　151
ウィンクラー，S.（Simon Winkler）　255
ウッセ，C.（Carl R. Woese）　179
ウッドマン，D.（Dean Woodman）　76, 84
ウッドマン，N.（Nick Woodman）　76
ライト，フランク・ロイド（Frank Lloyd
　Wright）　190
Wright, L.　87

Y
山中伸弥　47
楊致遠（Jerry Yang）　34
イン，L.（Lu Yin）　61
Yushkov, A.　108

Z
ジーグラー，B.（Betsy Ziegler）　167

組織名索引

数字・アルファベット
1871 154, 170
7700 Parmer 98
AACSB 302
Abbott 187
Acalta 255
ACCD 124, 129
Adidas 245, 248, 259, 261
Advanced Accelerator Applications 280
Advanced Manufacturing National Program
　Office（AMNPO） 131
Aeritalia 280
Aerospace City 288
Aerospace Logistics Technology Engineering
　Company（ALTEC） 279, 280, 284
Agco 188
AgTech Innovation Summit 183, 185, 187
Air Campus 259, 261
Alba Robot 281
Alcatel Lucent 259
Alcoa Foundation 125
Alcoa Inc. 125
Alexandria LaunchLabs 42, 83
Allegheny Teledyne Incorporated（ATI）
　134
Almono LP 134
AMBA 302
AMD（Advanced Micro Devices） 310
American Assets Trust 63
American Lithium Energy Corporation（ALE）
　78
American Stores Company 71
Analog Devices Catalyst 307, 313, 314
ANSYS 125
Apple 83, 134

ARM 136
Armour Institute 149, 155
Association of University Research Parks
　（AURP） 187
ATT 118
Aurora Innovation Inc. 130
Austin Technology Incubator（ATI） 94,
　96
AWS（Amazon Web Services） 311
Bacardi-Martini Limited 278
Bank of New York 122
Bank of New York Mellon Corporation 122,
　134
Batavia Industrial Center（BIC） 3, 41
Ben Franklin Technology Development
　Authority 131
Ben Franklin Technology Partners（BFTP）
　131
Bernal Institute 301, 313
Bill & Melinda Gates Foundation 180, 187,
　189
Biocom California 77
Biomedical Discovery District 214
BioSplice 76
Boston Dynamics 127
BP Chemicals-Europe 198
Brooklyn Commons 43-45
ByteDance 311
Cal West Apartments 67
Capital Factory 100
CARIAD 260
Carl Friedrich von Siemens Stiftung 250
Carle Foundation 180
Carle Illinois College of Medicine 186, 189
Carnegie Mellon University's Collaborative

組織名索引   377

Innovation Center (CIC)　120
Carnegie Mellon's Center for Technology
　Transfer and Enterprise Creation (CTTEC)
　120
Carnegie Robotics　136
Cassa di Risparmio di Torino（トリノ貯蓄銀行）
　286
Caterpillar　186, 187
CCEDC　188
CEIPiemonnte（Centro Estero
　Intenazionalizzazone Piemonnte）　282
Center for Supercomputing Research and
　Development　178
Chevron Oil　136
Chicago Community Trust　160
Chicagoland Entrepreneurial Center　166
CHIMAERA　254
Chrysler　275
Cisco Systems　194, 197, 308
Citizens League　216, 217
Collaborative Innovation Center　134
Columbia Pictures Entertainment　151
Confindustria　282
Confindustria Piemonte　282
Connect　77
CQE　170
Crate and Barrel　150, 289
CRP　43, 44
Cummings Research Park (CRP)　30, 43
DATEV　250, 259, 261
DENSO　131
Der Beck　253
Digital Computer Laboratory　178
Discovery to Impact　96, 99
DMC initiative　232
DMM.make TOKYO　13
Donald H. Jones Center for Entrepreneurship
　(DJC)　120
Draper Technology Innovation Fund（TIF）
　196
Duliongo　128
Eaterly　288

ebay　179
EC　299
echstars Austin　100
Element Six　299
Elizabeth McCormick Memorial Fund　160
Energie Campus Nurnberg　261
Enterprise Ireland（EI）　309, 310
EnterpriseWorks　183, 187, 189
Environment Park　288
Epic　196, 202
Equalize　153
EQUIS　302
EU　268, 273, 282
European Digital Hubs（EDIH）Network
　282
European Federation of Roasted Coffee
　Associations（EUCA）　278
European Organization for Nuclear Research
　(CERN)　280
European Space Agencies（ESA）　280
EUV Tech Inc.　183, 84
Exact Sciences　201
Exor　275, 288, 289
F. & J. Heinz Company　123
Facebook　64
FAU WiSo　249
FCSP　283
FEDEX　118
Ferrero Foundation　277
FIAT　24, 266, 275, 280, 286
FIAT Chrysler Automobiles N.V.（FCA）
　271, 275
Finmeccanica　280
Five Percent Club　224
Fondazione Adariano Olivetti（Fondazione）
　276
Fondazione Compagnia di San Paolo　283
Fondazione CRT　286
Foxconn　188
GE Sensing　299
GECAS　299
Genoptix　76, 84

GFK　261

Giuseppe e Pericle Lavazza Foundation　278

Global Healthcare Exchange（GHX）　147

Google　134, 179

GoPro　84

Gottlieb's Baffle Ball　151

Grainger Foundation　194

grEEn Campus　288

Gulf Information Technology Exhibition　281

Gulf Oil　122, 136

Harley-Davidson　190

Hazel Wood Green　122, 138

Heinz Lofts　124

Hillman Family Foundation　124, 132

Hillman Co.　123

I3P　272, 281, 283, 287, 288

IBM　165

IDA Ireland　307, 310, 314

Illinois Center of Excellence in Aerospace
Computing　178

Innovation Works　131

Innovative Limerick　311

Intel　134, 285, 299, 308

Intel Capital　184

Intersect Illinois　185, 188

Intesa Sanpaolo グループ　277, 283, 285, 288,
289

Intesa Sanpaolo Innovation Center　277

Invenergy　161

Irish World Academy of Music and Dance
301, 314

ISMB　288

ITLG　308, 314

JETRO　167

J. J. Pickle Research Campus（PRC）　94

John Deere　186, 189

Johnson & Johnson（J&J）　81, 82, 301

Joseph and Bessie Feinberg Foundation
（JBFF）　148

JOSEPHS　248, 258, 322

Joy Global　192

JP Morgan　121

Jump Trading LLC　181

Juventus FC　276

Karlsruhe Insutitute of Technology　253

Knowledge Transfer Ireland（KTI）　309

KRP　52

Lavazza　288

Lawrence Berkeley National Laboratory
184

Lawrenceville Technology Center　127, 136,
138

Leonardo　284, 288

Lewis Institute　155

LFR（Lead Fast Reactors）運営委員会　280

LIFTT　280, 283, 291

Limerick City and County Council　311

Linkedin　179

Links Foundation　283

LLC　76

Lufthansa Technik　299

Luigi Lavazza SPA　278

M7（Milwaukee 7）　199

Madison Industries　177

Madison Region Partnership（MadREP）
199

Manna　310

Manufacturing USA Institutes　131

Martini and Rossi　278

Mastery　163

Mayo Clinic College of Medicin　231

MCC　93, 94, 96, 105, 109

McCormick Harvesting Machine Co.　160

MCM Ingegneria　281

MDC　226

Medical Valley Center　257

Melon & Sons Bank　122

Melon National Bank　122

Metropolitan（Met）Council　217

MetroTech　46

MetroTech Center　44

MGE イノベーションセンター　200

mHUB　168, 170

Microelectronics and Computer Consortium

組織名索引　　　379

(Microelectronics and Computer Corp)
　86, 87
Mill 19　　134, 138
Minneapolis Downtown Council　　216, 220
Minnesota Business Partnership　　216
Minnesota Keystone Program　　224
Minnesota Masonic Charities　　223
MiraCosta College Technology Career Institute
　(TCI)　　78
MIT　　163, 320
Morgridge Institute of Research　　197
Motorola　　188
NanoTerasu（ナノテラス）　　52
NASA　　178, 183, 280
National Center for Supercomputing
　Applications　　178
National Institutes of Health　　73, 214
National Science Foundation（NSF）　　60, 178
Newcleo　　276, 280, 288
Nokia　　259
Novartis　　76
NU　→　ノースウェスタン大学
NVIDIA　　184, 187
OGR　　285
Olivetti　　276, 289
Open Badge　　271
Opera Bioscience　　153, 154, 155
Oracle　　178
P&G　　121
P33　　165
PAAC　　287
Palm　　308
Parmer Innovation Center（Parmer Austin）
　98-100
PayPal　　175, 179, 189
Paypal マフィア　　16
Peter Fox/Atkins Development, LLC　　186
PITT　→　ピッツバーグ大学
Pittsburg Reduction Company　　125
Pittsburgh Airport Innovation Campus　　117
Pittsburgh Brewing Company　　125
Pittsburgh City Council　　132

Pittsburgh Cultural Trust　　123
Pittsburgh Reduction　　122
PNC　　118
Polaris　　127
Portabilities HealthCare Technologies　　255
PPG Industries, Inc.　　122, 134
PRC　　95
Predictive Oncology　　136
Pritzker Foundation　　145
PRN　　130
Project Olympus　　120
Provizio　　308
PUMA　　245, 252
Purdue Research Park（PRP）　　45
PWC　　121
Qualcomm　　61, 66, 73, 80
Raiffeisen Volksbank　　257
Realizing Increased Photosynthetic Efficiency
　(RIPE)　　179, 187, 189
Redstone Arsenal　　44
Reiniger, Gebbert & Schall　　249
Research Park at the UIUC　　6, 45
Research Triangle Park（RTP）　　43, 44
Riata Corporate Park　　98
RIDC　　135
RMR　　79
Robert R. McCormick Charitable Trust
　160
Robert R. McCormick Foundation　　149, 150,
　158
Roots & Wings　　197
San Diego Nathan Shock Center（SD-NSC）
　73
Sanford Stem Cell Institute　　60
SBIR（Small Business Innovation Research）
　153, 154
SC Johnson & Son　　190
Schaeffler　　245, 253, 261
Schindler　　248
School of Computer, Data & Information
　Sciences　　197
Science, Technology, and Advanced Research

(STAR) Park　97
Scripps Institution of Oceanography　75
SDREDC　78
SEMATECH consortium　86, 88, 109
Shannon Airport Group　312
Shannon Free Zone　306
Siemens（シーメンス）　24, 246, 260, 261
Siemens AG　250
Siemens Healthineers（ヘルシニアーズ）
　248, 250
Sisco　285
SKU　101
SkyGen Energy　161
Spring 8　164
SRP　43, 45, 46
ST Micro　285
Standard Railway Equipment Company　149
Stanford Innovative Medicines Accelerator
　41
Stanford Research Park　4, 5, 20, 30, 32
STAR One　97
START Global　256
Stellantis　268, 271, 275, 286, 288
STTR　154
Superior Oil Company　63
Swanson School of Engineering　125
Tech Ranch Austin　100
Techstar　70
Techstar Chicago　166
Techstars　100, 101
Tepper Quad　119, 121
Tepper School of Business　129, 134
Thales Alenia Space Italy　279
The ALSAM Foundation　70
The Commonwealth Scientific and Industrial
　Research Organisation（CSIRO）　180
The Economist Group　276
The Garage　155
The Lefkofsky Family Foundation　162
The Skaggs Center for Chemical Biology
　70
TID　227

Tishman Speyer　135
Torino City Lab　288
TOSA Foundation　194
Towerside Innovation District（TID）　214
Tracor　94
Triangle Research Park　20
Tribune　150
U.S. Venture Partners　76
UAH　44
UCB　299
UCLA　75
UCSC　44, 47
UCSD　→　カリフォルニア大学サンディエゴ
　校
UCSD Science Research Park　80
UF Scripps Biomedical Research　70
UIUC　→　イリノイ大学アーバナ・シャンペ
　ーン校
UL Foundation　301
UniEuro　279
UNITA-Universitas Montium　274
United Parcel Service（UPS）　163
United Technologies　122
University Enterprise Laboratories（UEL）
　214, 215, 227
University of Illinois Research Park（UIRP）
　183, 185-187
University of Pittsburgh Applied Research
　Center（U-Park）　45
University of Utah Research Park　44
University Research Park Inc.（URP）　6,
　45, 200, 201
UPMC　→　ピッツバーグ医療センター
US Steel　121
UURP　46
UW-Madison　→　ウィスコンシン大学マディ
　ソン校
VENTO　276
W. M. Keck Foundation　63
Walter P. Murphy Foundation　149
Waterloo Gasoline Engine Company　183
WBC　162, 164

組織名索引 381

Westfield　83
Westinghouse　71, 122
Wexford Science and Technology　80, 169
William J. von Liebig Foundation　61
Wirtschafts- und Sozialwissenschaften, WiSo
　247
Wisconsin Alumni Research Foundation
　（WARF）　194, 196
World Business Chicago　167
World Trade Center San Diego　78
Xilinx　310
XORI Group　281
Y Combinator　3, 41
Yahoo　187
Yelp　179
YKK AP　136
YouTube　179
Zebra Technologies Corp.　161
Zimmer　299
ZOLLHOF　248, 255, 259, 261

ア行
アイダホ州立大学　71
アイルランド大学協会（Irish Universities
　Association, IUA）　309
アデコ株式会社　13
アーバナ市　182
アラバマ大学ハンツビル校　43
アリゾナ大学　71
アリゾナ州立大学（Arizona State of Universi-
　ty）　80
アルゴンヌ国立研究所（Argonne National
　Laboratory）　143, 145, 164
アンシュバッハ大学　248, 259–261
アンディ・ウォーホル美術館　118, 122
イェール大学　34, 123, 142
イヴレア市　276
イスラエル工科大学（Israel Institute of
　Technology）　165
イタリア宇宙局（Italian Space Agency）
　279
イタリア政府　268, 273, 280, 282, 288, 293

イリノイ工科大学（IIT）　142, 155, 166, 169,
　170, 304
イリノイ州　170, 176, 178, 188, 190
　——商務局（Illinois Department of Com-
　merce & Economic Opportunity）　184
　——製造業協会（Illinois Manufacturers'
　Association）　181
イリノイ大学　30, 161, 174
　——アーバナ・シャンペーン校（UIUC）
　6, 16, 45, 75, 165, 175, 181, 182, 185, 188
　——財団（University of Illinois Foundation）
　176, 187
　——シカゴ校（University of Illinois at
　Chicago, UIC）　175
　——付属高校（University Laboratory High
　School, Uni High）　174
イルミナ（Illumina）　75, 63, 75, 83
インド工科大学ボンベイ校（Indian Institute
　of Technology（IIT）Bombay）　165
インド工科大学マドラス校（IIT Madras）
　22
ウィスコンシン大学（UWM）　6, 30
　——財団（University of Wisconsin
　Foundation）　194
　——マディソン校（UW-Madison）　45,
　75, 165, 190, 193, 197, 201
ウェイクフォレスト大学（Wake Forest
　University）　80
ウェスティンハウス宇宙原子力研究所
　（Westinghouse Astronuclear Laboratory）
　116
ウォーター・カウンシル（The Water Council,
　TWC）　200
ウォーター・リーダーズ・サミット（Water
　Leaders Summit）　200
エアランゲン医科大学（Uniklinikum
　Erlangen）　246
エアランゲン市　257
エアランゲン大学（FAU）　246, 255, 323
エアランゲン大学病院　255
エセックス大学（University of Essex）　180
エミリアロマーニャ州　289

欧州社会基金　255
大阪市　141
大阪大学　152
オーストラリア国立大学　180
オーストラリア政府　170, 180
岡山大学　51
沖縄科学技術大学院大学　57
オクスフォード大学　21
オムロン　168

カ行
桂イノベーションパーク　53
カーネギー技術学校（Carnegie Technical
　Schools）　118, 122
カーネギー研究所（Carnegie institution）
　122
カーネギー博物館（Carnegie Museum of
　Pittsburg）　122
カーネギー美術館（Carnegie Museum of Art）
　122
カーネギーメロン大学（Carnegie Mellon
　University, CMU）　27, 113, 114, 118, 119,
　122, 125-130, 133-135, 309
カリフォルニア州立大学（California State
　University, CSU）　68
カリフォルニア大学
　──サンディエゴ校（University of Califor-
　nia San Diego, UCSD）　57-60, 63-65, 67,
　71, 73, 75-77, 79, 82-84
　──デイビス校（UC Davis）　75, 80
　──バークレー校　180, 320
　──理事会　80
カーロー大学（Carlow University）　114
関西医科大学　270
キッコーマン　192
九州大学　12
教育局　24
京大桂ベンチャープラザ　53
京都工芸繊維大学　270
京都大学　47, 52, 53
京都リサーチパーク　5, 30, 32, 47
クオネ　268

クラウン財団　160
クリエイション・コア京都御車　53
クリーブランドクリニック　126
グルーポン　162
慶應義塾大学　152
　──鶴岡タウンキャンパス　51
経済開発省（Ministry of Economic
　Development）　285
ケースウエスタンリザーブ大学（Case
　Western Reserve University）　92
ケンブリッジ大学（University of Cambridge）
　21, 75, 180
工学専門能力開発評議会（Engineering Council
　for Professional Development）　149
神戸医療産業都市　32, 48
神戸芸術工科大学　270
神戸市　48, 49
神戸大学　49
国防総省（Department of Defense）　62
国立科学技術員会（NSTC）　131
国立研究所　171
国立放射光研究所　183
国立老化研究所（National Institute on Aging,
　NIA）　72
国家安全保障局（National Security Agency）
　62
コーネル大学　116
コマツ　192
コロラド大学　71
コロンビア大学　75

サ行
サヴォナ　268
産業開発庁（IDA）　298
サンディエゴ群　59
サンディエゴ経済開発公社（San Diego
　Regional Economic Development
　Corporation, SDREDC）　78
サンディエゴ市　57
サンディエゴ州立大学（San Diego State
　University, SDSU）　58, 67, 69, 70, 79, 83
ジェノバ　268

組織名索引　　　383

シカゴ市　　141, 142, 154, 164
シカゴ大学　　142, 170, 289, 322, 323
自然史博物館（Carnegie Museum of Natural History）　　122
社会間研究協議会（Council for Intersocietal Studies）　　152
シャノン工科大学　　300, 304, 307, 313
シャンペーン郡　　182, 188
シャンペーン市　　187
商工会議所連合（Unioncamere Piemonte）　　282
湘南ヘルスイノベーションパーク　　32, 50
食科学大学（Università degli Studi di Scienze Gastronomiche）　　289
ジョンズ・ホプキンス大学　　149
スクリプス海洋研究所（Scripps Institution of Oceanography）　　59, 62
スクリプス研究所（Scripps Research Institute）　　58, 70
スタンフォード大学　　4, 20, 30, 32, 34-38, 41, 42, 46, 69, 149, 151, 320
スプリングフィールド校（University of Illinois at Springfield, UIS）　　175
住友商事　　176
スローフード協会　　289
世界貿易機関（World Trade Organization）　　62
セントトーマス大学（University of St. Thomas）　　212, 213, 216, 220-222
全米脳腫瘍協会（American Brain Tumor Association）　　162
ソーク研究所（Salk institute）　　57, 58, 63, 72, 73, 84, 322
ソニー　　299

タ行

大学研究省（MIUR）　　283
タワニ財団（Tawani Foundation）　　159
千葉県　　192
中国科学院（Max Planck Institute）　　180
筑波研究学園都市　　32
鶴岡市　　52

鶴岡サイエンスパーク　　30, 32, 51
ディキンソン大学（Dickinson College）　　196
ディズニー　　134
テキサス州　　101, 103
テキサス州立大学　　93, 97, 104
テキサス大学（University of Texas）　　27, 86, 88, 92, 97, 104, 109, 116
デューク大学（Duke University）　　20, 43, 80, 128
デュケイン大学（Duquesne University）　　114
ドイツ研究振興協会（Deutsche Forschungs-gemeinschaft）　　247
ドイツ政府　　247
東京科学大学　　51, 270
東京大学　　12, 51, 152, 320
東京都　　13
東芝　　165
トリノ工科大学（Politecnico di Torino, PoliTo）　　268, 269, 276, 280, 281, 283-285, 287, 288, 304, 323
トリノ市　　267, 281, 285
トリノ商工会議所　　272
トリノ大学（Università di Torino）　　269, 273, 280, 284, 285, 289, 291
ドレクセル大学（Drexel University）　　43, 80, 165

ナ行

長瀬産業　　198
名古屋工業大学　　266
名古屋市　　267
奈良県立医科大学　　51
ニース　　268
ニューサウスウェールズ大学（University of New South Wales）　　75
ニューヨーク大学　　43, 44, 75
ニュルンベルク工科大学　　248, 260, 261
ニュルンベルク市　　260, 264
ノースウェスタン大学（NU）　　142, 147, 166, 170, 177
ノースカロライナ州立大学　　20, 44
ノースカロライナ大学　　20

———チャペルヒル校　44

ハ行

バイエルン州　256, 257, 260

———政府　248

———経済・地域開発・エネルギー省（Bayerisches Staatsministerium für Wirtschaft, Landesentwicklung und Energie）　256, 258

ハインツ＆ノーブル社　123

ハインツ基金　119

ハインツ財団　134

バカルディ社　278

パークランド大学（Parkland College）　182

パデュー大学　45, 165

ハーバード大学　25, 34, 38, 149, 151, 320

ピエモンテ州　281, 284, 288, 289, 293

ピッツバーグ医療センター（University of Pittsburgh Medical Center, UPMC）　115, 118, 122, 123, 126, 138

ピッツバーグ大学（University of Pittsburgh, PITT）　45, 72, 80, 113–115, 122, 123, 126, 135, 137, 138

一橋大学　152

兵庫県　49

兵庫県立大学　119

ヒルマン財団（Hilman Foundation）　123

フィンピエモンテ（地域金融機関）　272

フェデリコ2世ナポリ大学（Università degli Studi di Napoli Federico II）　280

フェルミ加速器研究所（Fermilab）　143, 164

フォード財団　145, 152

ブラウン大学（Brown University）　80, 165

ブラザー工業　299

ブリガムヤング大学（Brigham Young University）　71

プリンストン大学　123

ブルービルディング　127

フロリダ州　70

米国運輸省（U. S. Department of Transportation）　238

米国エネルギー省　171, 184

米国国立科学アカデミー　180

米国商務省　135

米国総合大学協会（Association of American Universities, AAU）　25

米国中小企業庁（U. S. Small Business Administration）　181

米国特許商標庁（U. S. Patent and Trademark Office）　169

米国農務省 Agricultural Research Service　180

米国立スーパーコンピューター応用研究所（National Center for Supercomputing Applications, NCSA）　6, 175

ベネダム財団（Claude Worthington Benedum Foundation）　134

ベルリン大学　26

ペンシルベニア州立大学（Penn States）　80

ペンシルベニア大学（University of Pennsylvania）　43, 80, 320

ボードウィン大学（Bowdoin College）　75

マ行

マイアミ大学（University of Miami）　80

マイクロソフト　134, 165

マサチューセッツ総合病院　126

マーチ・オブ・ダイムズ（March of Dimes）　72

丸井　13

ミシガン大学（University of Michigan）　75, 163

ミネソタ州　226, 234, 236, 238, 240

ミネソタ大学（UMN）　30, 93, 209–215, 220–223, 230, 323

———ロチェスター校（University of Minnesota Rochester: UMR）　236

ミルウォーキー郡　186

メイヨクリニック（Mayo Clinic）　126, 182, 209, 211, 228, 229, 232, 235–238

メトロポリタン州立大学（Metropolitan State University（メトロ州立大学（Metro State University））　217, 219

メリーランド大学（University of Maryland）

80

メルヴィル J. ハースコビッツ・アフリカ研究
　図書館（Melville J. Herskovits Library of
　African Studies）　152
メロン工業研究所（Mellon Institute of Indus-
　trial Research）　118
モトローラー（Motorola Mobility）　167
モリーン市　183
モンタナ大学　71
文部科学省　9

ヤ行
山形県　52
ユタ大学　45, 46, 71
ユナイテッド航空　165
横浜市　57

ラ行
ランカスター大学　180
リチャード・キング・メロン財団（Richard
　King Melon Foundation）　122, 124, 130,
　134

リムリック大学（University of Limerick）
　300, 307, 313
龍谷大学　270
ルイジアナ州立大学　180
連邦経済・気候保護省　255
連邦産業省（BDI）　259
連邦政府　4, 38, 60, 87, 95, 154, 171
ロスアラモス国立研究所（Los Alamos National
　Laboratory）　71
ロチェスター市　234
ロックフェラー財団　142
ロックフェラー財閥　136
ロボティクスセンター（National Robotics
　Engineering Center, NREC）　127
ローマクラブ　273
ロンドン王立協会　180

ワ行
ワシントン大学　153
　──セントルイス校（Washington Universi-
　ty in St. Louis）　80

筆者紹介

湯川俊一（ゆかわ　しゅんいち）
（担当：プロジェクト総括，結論）
- 1967年12月　東京都に生まれる
- 1990年3月　東京大学経済学部卒業
- 1990年4月　三井不動産株式会社入社
- 住宅・オフィスビル事業および金融機関の不良債権処理や法人の資産活用営業に従事
- 2020年4月より，産学連携推進部長としてアカデミアからイノベーションの種を探索

藤塚和弘（ふじつか　かずひろ）
（担当：第1章，第2章，第4章，第6章〜第9章，第12章〜第14章，結論，付表）
- 1973年8月　新潟県新潟市に生まれる
- 1996年3月　東京大学工学部卒業後，学士入学
- 1998年4月　株式会社電通入社
- 2005年1月 - 2005年9月　北京電通廣告有限公司　出向
- 2005年10月 - 2008年12月　DENTSU SINGAPORE PTE LTD　出向
- 2009年2月　三井不動産株式会社入社
日本国内外市場におけるブランディング，マーケティング調査業務に従事したのち，商業施設や物流施設の開発に従事，2022年4月より，産学連携推進部。

太田耕史郎（おおた　こうしろう）
（担当：序論，第2章補論，第3章，第5章，第10章，第11章，結論）
- 1965年1月　静岡県天竜市（現浜松市天竜区）に生まれる
- 1992年3月　青山学院大学大学院経済学研究科博士後期課程満期退学
- 広島修道大学経済科学部専任講師，助教授などを経て
- 2003年4月　同大学教授
- 2002年8月 - 2003年8月　ジョージメイソン大学 Center for Study of Public Choice, Visiting Scholar
- 2010年8月 - 2011年8月　サウスオーストラリア大学 Center for Regulation and Market Analysis, Visiting Academic.
- 著書　『地域産業政策論』（勁草書房，2016），『ラストベルト都市の産業と産業政策——地方都市復活への教訓——』（勁草書房，2019），『地域振興と慈善活動——慈善・寄付は地域を呼び覚ます——』（勁草書房，2022），黒川和美著『官僚行動の公共選択分析』（勁草書房，2013（編集代表者）），*The Application of Economic Sciences to Civic Life and Local Economies*（九州大学出版会，2024（共編者）），など

三井不動産　産学連携推進部について
　2020年4月に設立以来，共同研究をはじめとするアカデミアとの協働を通して，イノベーションの創出に挑戦。当社自らのイノベーションのみならず，大学と連携して先端技術開発に挑戦するさまざまな企業のイノベーション創出の支援を行う。

都市の産学連携エコシステム

2024年12月10日　第1版第1刷発行

　　監修　三井不動産　産学連携推進部
　　　　　　湯　川　俊　一
　著　者　藤　塚　和　弘
　　　　　太　田　耕史郎
　　　　発行者　井　村　寿　人

　　　発行所　株式会社　勁　草　書　房
112-0005 東京都文京区水道2-1-1　振替　00150-2-175253
　　（編集）電話 03-3815-5277／FAX 03-3814-6968
　　（営業）電話 03-3814-6861／FAX 03-3814-6854
　　　　本文組版 プログレス・大日本法令印刷・牧製本

©YUKAWA Shunichi, FUJITSUKA Kazuhiro, OTA Koshiro　2024

ISBN978-4-326-50509-8　　Printed in Japan

 ＜出版者著作権管理機構　委託出版物＞
本書の無断複製は著作権法上での例外を除き禁じられています。
複製される場合は、そのつど事前に、出版者著作権管理機構
（電話 03-5244-5088、FAX 03-5244-5089、e-mail: info@jcopy.or.jp）
の許諾を得てください。

＊落丁本・乱丁本はお取替いたします。
　ご感想・お問い合わせは小社ホームページから
　お願いいたします。

https://www.keisoshobo.co.jp

太田耕史郎
地域振興と慈善活動
慈善・寄付は地域を呼び覚ます

A5判 3,080 円
30318-2

太田耕史郎
ラストベルト都市の産業と産業政策
地方都市復活への教訓

A5判 3,300 円
50465-7

太田耕史郎
地域産業政策論

A5判 3,300 円
50429-9

鷲見英司
地方財政効率化の政治経済分析

A5判 4,950 円
50479-4

中澤克佳・宮下量久
「平成の大合併」の政治経済学【オンデマンド版】

A5判 4,950 円
98316-2

川崎一泰
官民連携の地域再生【オンデマンド版】
民間投資が地域を復活させる

A5判 4,070 円
98626-2

勁草書房刊

＊表示価格は 2024 年 12 月現在。消費税（10%）が含まれています。